JIANKANG LYUYOU YANJIU

健康旅游研究

李永文　徐春光　编著

河南大学出版社
HENAN UNIVERSITY PRESS
·郑州·

图书在版编目(CIP)数据

健康旅游研究 / 李永文,徐春光编著.
--郑州:河南大学出版社,2024.6.(2025.7重印)
ISBN 978-7-5649-5943-2

Ⅰ.F592.3

中国国家版本馆 CIP 数据核字第 20243TE347 号

责任编辑	郑　鑫　董庆超
责任校对	柳　涛
封面设计	马　龙

出版发行	河南大学出版社		
	地址:郑州市郑东新区商务外环中华大厦 2401 号	邮编:450046	
	电话:0371-86059750(高等教育与职业教育出版分社)		
	0371-86059701(营销部)	网址:hupress.henu.edu.cn	
排　版	郑州市今日文教印制有限公司		
印　刷	郑州尚品数码快印有限公司		
版　次	2024 年 6 月第 1 版	印　次	2025 年 7 月第 2 次印刷
开　本	787 mm×1092 mm　1/16	印　张	18.5
字　数	427 千字	定　价	48.00 元

《健康旅游研究》编著委员会

主　　任　李永文　徐春光
副 主 任　闫东坡　韩瑞娟
编委成员（按姓氏笔画排序）
　　　　　　巴　鹏　王　丽　王媛明
　　　　　　王绍迪　冯志军　闫东坡
　　　　　　李永文　苏兰兰　赵　爽
　　　　　　徐国良　徐春光　原燕妮
　　　　　　韩瑞娟

前　言

　　近五年来，不论国际与国内健康旅游都在迅猛地发展。首先，国际方面，现在有100多个国家和地区正在蓬勃发展健康旅游这个新兴产业。据健康旅游权威机构Patients Beyond Borders等发表的研究成果估算，2020年全世界健康旅游人数预计达到2600万人，人均健康旅游消费支出约3550美元，健康旅游消费总额预计达到740~920亿美元。今后，健康旅游市场将以15%以上的速度发展，2030年将实现3000亿美元的市场规模。一些国家政府机关和决策者为促进国家健康旅游事业的发展竭尽全力。印度、泰国、新加坡、马来西亚、波兰、匈牙利、马耳他等国政府充分挖掘本国在国际贸易市场中国家健康旅游目的地的比较优势，在海外报纸上进行广告宣传，在本国经济发展和旅游政策上予以支持。我国的近邻韩国与日本在国际健康旅游市场的开发上也紧随其后，取得了明显成效。其次，从国内来看，由于我国居民生活水平的日益提高，人们的健康意识不断深化，健康观念逐渐由传统的"关注疾病治疗"转变为"关注身心健康"、提高生活幸福感和讲究养生保健；人们的旅游活动也由过去的观光旅游、购物旅游逐渐向高消费层次的健康旅游过渡。健康旅游作为一种新生事物，也早已被国家政府和旅游发展决策管理部门所发现，自2009年以来国务院办公厅、各部委、国家中医药管理局等，先后出台了20多个与健康旅游相关的文件，大力支持健康旅游事业的发展。国家卫健委等五部门全面启动第一批健康旅游示范基地建设工作，天津健康产业园等13家单位被列入第一批健康旅游示范基地名单。

　　健康旅游产业的发展有力催生了健康旅游教育和健康旅游科学研究的发展，我国很多高等院校和旅游科研院所都在积极开展与健康旅游相关的教育与研究工作。一大批健康旅游方面的研究成果先后问世。2020年海南健康管理职业技术学院适应国家健康旅游发展需要，率先成立了健康旅游管理专业，开始招生并开展"健康旅游"课程的教学。2020年我作为该院旅游管理系的系主任，为了适应教学工作的需要就开始筹划《健康旅游研究》一书的编写工作。但是，由于多种事情和原因的干扰，该书的编写工作一拖再拖，始终未能得到落实。2020年9月，我从海南健康管理职业技术学院调到河南开封科技传媒学院工作以后，特别是到该校的商学院旅游管理系担任学科带头人以后，经和商学院院长徐春光教授商议，才决定重新开始《健康旅游研究》一书的写作工作。

　　该书是河南开封科技传媒学院商学院旅游管理系全体教师、河南中医药大学第一附属医院的韩瑞娟、河南大学第一附属医院的冯志军和徐国良等集体劳动的结晶，是在"河南省文旅大数据规划与应用工程技术研究中心"、"开封市文旅大数据规划与应用工程技术研究中心"这些科研平台的支撑下取得的第二项科研成果。该书由李永文教授和徐春光教授任主编，负责全书的写作组织、提纲拟定、审稿定稿，以及部分章节的执笔写作等工作；副主编闫东坡和韩瑞娟负责对部分章节的审定与写作工作。按章节顺序，参加本书编写的人员及分工是：李永文负责第一章、第五章的编写；闫东坡负责第二章、第九章的编写；原燕妮负责第三章的编写；徐春光负责第四章、第八章、第九章的编写；王丽负责第六章的编写；王媛明负责第七章的编写；苏兰兰负责第十章的编写；赵爽负责第十一章的编写；韩瑞娟负责第十二章的编写；冯志军、徐国良、王邵迪、巴鹏负责第十三章的编写。

在该书的编写过程中，我们参阅了很多专家、学者的著作、文章、图表和照片，吸收了其中的某些成果内容，在此我们一并表示崇高的敬意和感谢。

该书的出版得到了河南开封科技传媒学院的资金资助。

在该书的编写过程中，河南开封科技传媒学院商学院名誉院长刘建中教授、商学院党总支书记王清智书记、商学院左咏梅副院长等各位领导给予了很多关心与大力支持，在该书即将出版之际我们全体作者谨向他们表示衷心感谢。

在该书的出版过程中，河南大学出版社的郑鑫主任、董庆超编辑也提供了很多帮助和支持，在此我们也一并表示谢意。

李永文　徐春光
2023.10.于开封

目　　录

第一章　导论 …………………………………………………………………（1）
　　第一节　健康旅游概述 ……………………………………………………（1）
　　　　一、健康旅游的概念 ……………………………………………………（1）
　　　　二、健康旅游的特征 ……………………………………………………（3）
　　　　三、健康旅游的作用 ……………………………………………………（5）
　　　　四、我国发展大健康产业的优势 ………………………………………（8）
　　第二节　健康旅游发展及研究进展 ………………………………………（10）
　　　　一、国外健康旅游发展及研究进展 …………………………………（10）
　　　　二、中国的健康旅游发展及研究进展 ………………………………（15）
　　第三节　健康旅游的研究对象与研究内容 ………………………………（19）
　　　　一、健康旅游的研究对象 ……………………………………………（19）
　　　　二、健康旅游的研究内容 ……………………………………………（20）
第二章　健康旅游研究的基础理论、研究方法和学科联系 ………………（26）
　　第一节　健康旅游研究的相关理论基础 …………………………………（26）
　　　　一、健康旅游研究的经济学基础理论——产业融合理论 …………（26）
　　　　二、健康旅游研究的心理学基础理论——动机需求理论 …………（27）
　　　　三、健康旅游的社会学理论基础——和谐理论 ……………………（27）
　　　　四、健康旅游研究的旅游学基础理论——旅游产品开发理论 ……（28）
　　　　五、健康旅游研究的管理学基础理论——利益相关理论 …………（28）
　　第二节　健康旅游研究方法 ………………………………………………（29）
　　　　一、健康旅游的哲学研究方法——辩证分析方法 …………………（29）
　　　　二、健康旅游的具体研究方法 ………………………………………（31）
　　　　三、健康旅游研究数据收集方法 ……………………………………（35）
　　第三节　健康旅游研究与其它学科的关系 ………………………………（37）
　　　　一、与旅游学的关系 …………………………………………………（37）
　　　　二、与心理学的关系 …………………………………………………（38）
　　　　三、与环境学的关系 …………………………………………………（39）
　　　　四、健康旅游与运动学的关系 ………………………………………（40）
　　　　五、与文化学的关系 …………………………………………………（41）
　　　　六、与养生学的关系 …………………………………………………（42）

七、与营养学的关系 …………………………………………………………（43）
　　八、与医学的关系 ……………………………………………………………（44）
第三章　健康旅游者 ……………………………………………………………（46）
　第一节　健康旅游者概述 ………………………………………………………（46）
　　一、健康旅游者的概念 ………………………………………………………（46）
　　二、健康旅游者与普通旅游者的区别和联系 ………………………………（48）
　　三、健康旅游者的分类 ………………………………………………………（49）
　第二节　健康旅游者的形成条件 ………………………………………………（52）
　　一、健康旅游者形成的客观条件 ……………………………………………（53）
　　二、健康旅游者形成的主观条件 ……………………………………………（55）
第四章　健康旅游资源 …………………………………………………………（57）
　第一节　健康旅游资源概述 ……………………………………………………（57）
　　一、健康旅游资源的概念与内涵 ……………………………………………（57）
　　二、健康旅游资源的特征 ……………………………………………………（58）
　第二节　健康旅游资源的分类 …………………………………………………（59）
　　一、健康旅游资源分类的目的和意义 ………………………………………（59）
　　二、健康旅游资源分类的原则和依据 ………………………………………（60）
　　三、健康旅游资源的类型划分 ………………………………………………（61）
　第三节　健康旅游资源的调查与评价 …………………………………………（64）
　　一、健康旅游资源的调查 ……………………………………………………（64）
　　二、健康旅游资源的评价 ……………………………………………………（66）
　第四节　健康旅游资源的开发与保护 …………………………………………（74）
　　一、康旅游资源的开发利用 …………………………………………………（74）
　　二、健康旅游资源的保护 ……………………………………………………（77）
第五章　环境与健康旅游 ………………………………………………………（79）
　第一节　环境与健康 ……………………………………………………………（79）
　　一、自然环境 …………………………………………………………………（79）
　　二、人文环境 …………………………………………………………………（83）
　　三、健康旅游与环境的关系 …………………………………………………（84）
　第二节　自然环境与健康旅游 …………………………………………………（87）
　　一、地质地貌环境与健康旅游 ………………………………………………（87）
　　二、气象气候环境与健康旅游 ………………………………………………（92）
　　三、生物环境与健康旅游 ……………………………………………………（94）
　　四、水体环境与健康旅游 ……………………………………………………（98）
　第三节　人文环境与健康旅游 …………………………………………………（100）
　　一、人文地理环境对健康旅游活动的影响 …………………………………（101）
　　二、人文地理环境要素作为旅游资源对健康旅游活动的影响 ……………（102）

案例：澄迈,世界长寿之乡 ………………………………………………… (103)

第六章　心理与健康旅游 ……………………………………………………… (105)

第一节　心理与健康 ………………………………………………………… (105)
　　一、心理活动 …………………………………………………………… (105)
　　二、心理健康 …………………………………………………………… (109)
　　三、心理健康与旅游的关系 …………………………………………… (112)

第二节　旅游活动的心理健康促进机制 …………………………………… (112)
　　一、心理异常的人本主义模型 ………………………………………… (113)
　　二、旅游的需要满足机制 ……………………………………………… (113)
　　三、旅游满足需要的特殊性 …………………………………………… (115)

第三节　心理健康旅游 ……………………………………………………… (116)
　　一、心理健康旅游的概念 ……………………………………………… (116)
　　二、心理健康旅游活动的组织原则 …………………………………… (117)
　　三、心理健康旅游管理程序 …………………………………………… (118)
　　案例：旅游与心理健康 …………………………………………………… (119)

第七章　运动与健康旅游 ……………………………………………………… (121)

第一节　运动与健康 ………………………………………………………… (121)
　　一、运动的概念与内涵 ………………………………………………… (121)
　　二、运动与健康的关系 ………………………………………………… (122)
　　三、运动与健康旅游 …………………………………………………… (127)

第二节　户外运动与健康旅游 ……………………………………………… (130)
　　一、登山运动与健康旅游 ……………………………………………… (130)
　　二、水上运动与健康旅游 ……………………………………………… (131)
　　三、林草地运动与健康旅游 …………………………………………… (132)

第三节　体育运动与健康旅游 ……………………………………………… (133)
　　一、体育的概念与内涵 ………………………………………………… (133)
　　二、体育运动与健康的关系 …………………………………………… (133)
　　三、体育旅游的服务与管理 …………………………………………… (135)

第四节　拓展运动与健康旅游 ……………………………………………… (137)
　　一、拓展运动的概念与内涵 …………………………………………… (137)
　　二、拓展旅游的产生与发展 …………………………………………… (138)
　　三、拓展运动与健康的关系 …………………………………………… (138)
　　四、拓展旅游的服务与管理 …………………………………………… (139)

第八章　营养与健康旅游 ……………………………………………………… (142)

第一节　营养与健康 ………………………………………………………… (142)
　　一、营养的概念与内涵 ………………………………………………… (142)
　　二、营养与健康的关系 ………………………………………………… (143)

三、营养与健康旅游 …………………………………………………… (144)
　第二节　旅游活动中的营养素需求 ………………………………………… (146)
　　一、水 ……………………………………………………………………… (146)
　　二、蛋白质 ………………………………………………………………… (146)
　　三、脂肪 …………………………………………………………………… (147)
　　四、碳水化合物 …………………………………………………………… (147)
　　五、糖 ……………………………………………………………………… (148)
　　六、维生素 ………………………………………………………………… (149)
　　七、无机盐 ………………………………………………………………… (149)
　第三节　旅游活动中的营养配餐 …………………………………………… (150)
　　一、旅游活动中营养配餐的原则与注意事项 …………………………… (151)
　　二、健康旅游活动中的营养配餐建议 …………………………………… (152)
　　案例：一、开封美食文化 ………………………………………………… (157)
　　案例：二、中国美食旅游的重要组成——四大菜系的特色与价值 …… (157)

第九章　文化与健康旅游 ………………………………………………… (159)
　第一节　文化与健康旅游 …………………………………………………… (159)
　　一、文化的概念与特点 …………………………………………………… (159)
　　二、文化与健康的关系 …………………………………………………… (161)
　　三、文化与健康旅游 ……………………………………………………… (163)
　　四、文旅产业与健康产业融合发展模式 ………………………………… (165)
　　案例：武当山太极湖，宗教文化型康养旅游成功典范 ………………… (167)
　第二节　文化欣赏与健康旅游 ……………………………………………… (168)
　　一、红色文化欣赏与健康旅游 …………………………………………… (169)
　　二、古文化欣赏与健康旅游 ……………………………………………… (174)
　　三、民族文化欣赏与健康旅游 …………………………………………… (178)
　　四、自然文化欣赏与健康旅游 …………………………………………… (184)
　　案例：拥抱数字生态安吉打造"智慧养老"新高地 ……………………… (188)

第十章　休闲与健康旅游 ………………………………………………… (190)
　第一节　休闲与健康 ………………………………………………………… (190)
　　一、休闲的概念与特点 …………………………………………………… (190)
　　二、休闲与健康的关系 …………………………………………………… (195)
　　三、休闲活动的产生与发展 ……………………………………………… (197)
　第二节　休闲旅游的内容与形式 …………………………………………… (201)
　　一、城市休闲（含SPA） …………………………………………………… (201)
　　二、乡村休闲 ……………………………………………………………… (206)
　　三、野外休闲 ……………………………………………………………… (211)
　　案例：乡村休闲创新业态与要点打造 …………………………………… (216)

第十一章 养生(养老)与健康旅游 (219)
第一节 养生与健康 (219)
  一、养生的概念与特点 (219)
  二、养生与健康的关系 (220)
  三、养生旅游的形成与发展 (221)
  四、养生旅游的产品类型与产品设计 (223)
第二节 养老与健康旅游 (225)
  一、养老的概念与特点 (225)
  二、养老与健康的关系 (227)
  三、养老旅游的形成与发展 (228)
  四、养老旅游的产品类型与创新 (229)
  五、养老旅游的服务与管理 (230)
  案例:南宁嘉和城温泉养生天堂 (235)

第十二章 医疗与健康旅游 (238)
第一节 医疗旅游概述 (238)
  一、医疗旅游的概念与内涵 (238)
  二、医疗旅游的特征 (239)
  三、医疗旅游的产生与发展 (240)
第二节 医疗旅游的服务与管理 (243)
  一、医疗旅游的服务内容、流程与服务要求 (243)
  二、医疗旅游管理内容、过程与管理要求 (246)
  案例:海南博鳌乐城国际医疗旅游先行区 (248)

第十三章 旅游急救与处理 (250)
第一节 旅游突发事件引起的急救与处理 (250)
  一、旅游突发事件的概念与类型 (250)
  二、旅游突发事件的急救原则 (250)
  三、旅游突发事件的急救要求 (251)
第二节 旅游突发疾病的急救处理 (253)
  一、衣 (253)
  二、食 (256)
  三、住 (261)
  四、行 (264)

参考文献 (278)

第一章 导 论

第一节 健康旅游概述

一、健康旅游的概念

（一）健康的概念

健康是伴随一个人生命全过程的最重要的资本。有健康才有生命，才有一切。关于健康的概念，有狭义与广义之分。前者仅仅是指身体的无病状态，只要身体没有疾病就称为健康。后来人们逐渐发现，很多疾病的发生不单纯是身体本身的因素，而是与社会的、心理的、情绪的变化等多种因素有关。

广义的健康概念不再仅仅限于生物学领域，而是与社会、心理、精神、环境等诸多因素联系在一起。在现代健康概念的众多说法中，当今普遍接受和最受重视的是世界卫生组织（WHO）的观点。1948年世界卫生组织成立时，在宪章中把健康定义为："健康乃是一种生理、心理和社会适应都日臻完满的状态，而不仅仅是没有疾病和虚弱的状态。"1989年，世界卫生组织关于健康的概念有了新的发展，把道德修养也纳入了健康的范畴，将健康的定义修改为："健康不仅仅是身体没有疾病，而且还要具备心理健康、社会适应良好、道德健康。"这个概念纠正了把身体、心理和社会分割的传统观念，纠正了"健康就是人体生理功能正常、没有缺陷"的偏颇观点；把健康放在人类社会生活中，指出健康是身体、精神和社会幸福的总和。

因而，健康不仅是医务人员的工作目标，而且也是个人、国家及社会的责任。这标志着医学模式从单纯的生物医学模式向社会－心理－生物现代医学模式的转变。可见，WHO提出的健康概念是一个揭示人类健康本质的概念，是人类对健康要领的深化和发展。我们知道，生理健康是以人体各器官组织结构完整、发育正常、功能良好、生理化指标正常、没有疾病或身体不处于虚弱状态为标准。

心理健康、社会适应良好、道德健康分别指的是什么呢？

心理健康是指个体心理活动正常、关系协调、与现实保持一致，以及人格处于相对稳定的状态。通俗来说，心理健康一般有以下三个方面的标志：第一，心理健康的个体，其人格完整,自我感觉良好,情绪稳定,积极情绪多于消极情绪,具备良好的自控能力,能保持心理平衡,自尊、自爱、自信,并且有自知之明。第二,他们能够适应环境,有足够的安全感,能够保持正常的人际关系,很好地处理来自各方面的压力,受到他人的欢迎和信任。第三,他们对未来有明确的生活目标,有幸福感;在工作和职业中,能充分发挥自己的能力,过着有效率的生活,同时能够切合实际地不断进取,有理想和事业上的追求。

社会适应良好则是指个体的心理活动和行为能够适应复杂多变的社会环境,被他人所理解,被社会所接受。

道德健康主要是指个体不会为了满足自己的需要去损害他人的利益,能够辨别真伪、善恶、荣辱、美丑等是非观念,并能按照社会公认的道德规范来约束和支配自己的思想和行为。将道德健康纳入健康的范畴是有其合理性和科学依据的。那些违背社会道德准则的人,他们的不良行为必然会导致紧张、恐惧、内疚等负面情绪,这种精神压力会引发神经中枢、内分泌系统的功能失调,干扰身体各器官的正常生理代谢,削弱免疫系统的防御能力,最终在恶劣情绪的重压和各种疾病的折磨下,可能导致早衰甚至死亡。

很明显,健康包括三个要素:生理健康、心理健康和道德健康(社会健康)。这三者之间相互影响、相辅相成、密不可分。生理健康是健康的基础,是必要条件;心理健康是维持正常生理健康的重要保证;道德健康(社会健康)则是人体健康的最高层次反映。失去了道德健康(社会健康),就失去了社会适应能力,也就失去了人类区别于其他动物的主要特征,更谈不上良好的生活质量。然而,道德健康(社会健康)是建立在生理健康和心理健康基础上的。

因此,只有生理、心理和道德(社会适应)都健康的人,才能算是一个完美的健康人。提高个体的健康水平,不仅是提升自身素质和生活质量、保障家庭幸福的重要条件,而且是体现我们民族兴旺、社会和谐、国家昌盛以及高度精神文明的重要标志。

(二)健康旅游的概念

健康旅游(Health Tourism),与购物旅游、文化旅游、美食旅游等相似,是旅游活动的一种类型。健康旅游以追求健康为目标,借助旅游活动的形式来实现这一健康目的。

由于人们对健康的理解有狭义与广义之分,因此关于健康旅游概念的理解也相应地有广义和狭义之别。狭义的健康旅游仅指那些为了追求身体(Body)、心理(Mind)和精神(Psychic, mental)健康而进行的旅游活动。例如,罗明义(2006)认为,康体旅游是指能够使旅游者身体素质得到不同程度改善的旅游活动。郭鲁芳(2005)则认为,健康旅游是帮助旅游者摆脱第三状态的必然选择,她所指的第三状态即人们身体的亚健康状态。而广义的健康旅游则涵盖了追求生理健康、心理健康和社会健康的各种旅游活动,其中的社会健康包含了诸多道德和精神文明层面的内容。

(三)健康旅游内涵

根据健康旅游的概念,其含义可以总结为以下几个方面:

第一,健康旅游的目的是旅游者追求自身的健康。

第二,健康旅游的开展必须依赖良好的自然环境和社会环境作为保障。

第三,健康旅游是一种更高级的旅游产品,或者说是一种更时尚的旅游方式。它融合了观光旅游、休闲旅游、体育旅游、文化旅游、生态旅游、养生旅游、医疗旅游等众多旅游形式,成为一种具有更高附加值的旅游方式。

第四,健康旅游的文化特性深厚,其开展需要现代医学、心理学、运动学、管理学、伦理学、法学、美学等众多学科的理论指导与支撑。

第五,健康旅游技术性强,其活动的开展对服务管理人员的技术条件和管理能力要求较高。

二、健康旅游的特征

(一) 健康旅游对环境的高度依赖性

旅游活动的开展本身就对环境条件有很高的要求,而健康旅游活动更是如此。无论是自然环境还是社会环境,其要求都相当严苛。在自然环境方面,无论是森林旅游(氧气和负氧离子含量高)、温泉旅游(水质优良)、滨海旅游(阳光、海水、沙滩兼备),还是草原旅游(草原辽阔,动物众多)、冰雪旅游、山地旅游(生物景观丰富多样)等,都对相应的自然环境有极高要求。此外,一些度假旅游、休养旅游、医疗旅游的场所,也往往要求自然环境优美,各种自然要素和谐共存,景观布局相得益彰。在社会环境方面,尽管要求不如自然环境那么严格,但基本且相对良好的社会环境条件也是必不可少的,如便捷的交通、充足的物资供应、灵活的信息沟通和安全和谐的人际交往等。若缺乏这些优良的自然与社会环境条件作为保障,健康旅游的开展及其目标的实现将变得异常困难。

(二) 健康旅游产品的高度综合性

健康旅游产品构成了一个庞大的系统,其产品特性极具综合性。这类产品将医疗、保健、养生、休养、运动、美容、体检等多元化要素与旅游的食、住、行、游、购、娱六大要素紧密结合,通过丰富多样的服务和活动形式得以展现。它们是旅游业与医疗健康产业携手合作的成果。因此,这些产品的综合性不仅体现在外观形态和活动形式上,更贯穿于不同的服务流程和生产环节。例如,温泉健康旅游就融合了泡温泉、SPA 服务、水中运动、推拿按摩、餐饮服务、住宿服务等多项服务和活动,集休闲、度假、康体、健身、娱乐等多种功能于一体,充分展现了旅游产品功能的高度综合性。

(三) 健康旅游的二元产业密切相关性

从性质上看,健康产业与旅游业均属于与人们日常生活息息相关的第三产业,它们所提供的产品都属于人们生活消费的高端产品——享受型消费产品。正因如此,从生产到消费的各个环节,二者都很容易形成紧密的相互关联。从数千年前的传统旅游到当今各种形式的现代旅游,其中都蕴含着深厚的健康元素。旅游活动有益健康已成为世人的普遍共识,为了追求健康而进行的旅游活动已成为多数人的首选。如今,随着社会经济的快速发展和人们可支配收入的持续增加,人们的生活水平不断提高,旅游和健康消费也逐渐成为人们日常生活的追求目标。有鉴于此,党中央和国家政府顺应时势,号召全国人民大力发展健康和旅游产业。这不仅有助于推动国民经济的蓬勃发展,还满足了广大人民群众改善生活的需求,是一件利国利民的大事。因此,未来健康旅游的大发展是毋庸置疑的。

(四)健康旅游活动的浓厚文化性

在我国,旅游文化、健康文化、长寿文化、养生文化等均博大精深。健康旅游的开展,离不开旅游学、医学、心理学、运动学、管理学、伦理学、法学、美学、环境学、地理学、社会学等众多学科的理论指导与支撑。从健康旅游所涵盖的文化范围来看,它属于典型的交叉科学中的综合科学,即健康旅游学是上述各门科学的高度交叉与融合,其发展时刻离不开这些科学的应用和指导。

健康旅游的文化性还体现在其活动与自然环境、社会环境的关系,以及人与人的关系方面,即人地关系和人际关系。在健康旅游活动中,人们对这两种关系的处理,凸显了人类的文化性。此外,健康旅游的文化性也反映在人们的价值观和生活方式上,健康旅游产品的生产和消费实际上是人们对健康旅游文化不同追求的体现。

(五)健康旅游开发利用的高科技性

由于健康旅游涉及众多学科,并跨越一、二、三产业的多个部门,因此其活动的开展或产品的推出并不容易,往往需要许多技术,甚至是非常高端的科学技术作为支撑。例如,温泉健康旅游是许多游客喜爱的旅游项目,也是许多旅游开发商最想开发的项目。因为温泉旅游具有疗疾、健体、娱乐等多种功能,经济效益显著。以疗疾而言,温泉因其理化性质、水温等的不同,对于一些皮肤病、关节病、肠胃病等有良好的治疗作用。然而,在健康旅游的开发利用过程中,首先需要对其水质进行理化分析,充分了解水中含有哪些微量元素、含量如何、水温多高,以及适合哪种疾病的治疗和如何治疗等一系列问题。要解答这些问题,就需要物理、化学、医学等专业技术人士的参与。再如,森林疗养旅游的开发利用,首先需要对森林中的含氧量、负氧离子数量,以及森林中不同时间的温度、湿度、温度日较差、年较差、四季长短等一系列情况进行研究,以确定在此环境条件下适合哪些人群度假疗养,以及对于不同体质、不同年龄的人群来说,应该注意哪些事项。而要搞清楚这些内容,就需要地学、医学的专业技术人士参与其中进行研究。当然,其他健康旅游产品和项目的开发,同样离不开相关科学技术的指导。总之,健康旅游不是一句简单、动听的宣传口号,也不是一种时髦的营销手段,而是实实在在需要一定科学技术支撑的高科技产品。离开了高科技的支撑,健康旅游的目的和效益是很难实现的。

特别需要指出的是,健康旅游与信息技术、生物技术的深度融合,借助移动应用、大数据、远程医疗等新技术,不断推出崭新的健康旅游高科技产品。

(六)健康旅游消费的时尚性与超前性

旅游是体验异地生活方式的一种活动,它涵盖了包括健康在内的目的地生活环境的各个方面。过去,我们对旅游的认知主要局限于自然风光、历史古迹和民俗文化,而市场主体的定位也基本以传统旅游资源为依托。然而,在大众旅游新时代和全域旅游新背景下,我们清楚地看到,广大游客不仅追求美丽的风景,更注重健康的生活方式。旅游目的地建设和旅游产业发展正逐渐从传统的、封闭的世界向开放、健康的新领域迈进。特别是随着"健康中国"理念的提出,健康已成为人民生活中不可或缺的最时尚元素。医疗、卫生、美容、健身、疗养以及中医、中药等健康资源日益成为重要的旅游吸引物,同时也是提升游客满意度的重要途径。过去以审美、猎奇、购物、享受为特点的旅游需求,正逐渐被健康、长寿的旅游需求所取代。甚至有不少人对健康旅游产品的需求正在从医疗向预防转变,这体现了高度的超前性。

在"旅游+"的融合发展过程中,富有创业创新精神的旅游市场主体广泛运用移动互联网、移动通信、大数据、云计算、人工智能等先进技术,将越来越多的健康旅游资源转化为旅游产品。越来越多的游客通过携程、美团、大众点评、马蜂窝、穷游、驴妈妈、高德地图等APP,就能轻松获取目的地信息、查询交通线路、预订机票、住宿及景区门票,以及筛选目的地健康旅游项目,从而实现一场说走就走的健康旅行。目前,日本、韩国、美国等国家凭借先进的医疗技术,每年吸引大量中国游客前往。据携程发布的《2017年在线医疗旅游报告》显示,2016年海外体检等医疗旅游人数增长至前一年的5倍,其相应花费约为我国出境游人均费用的10倍。健康旅游正逐渐成为人们趋之若鹜的首选旅游生活方式。

(七)健康旅游的高附加值性

健康旅游产品之所以能够成为目前最时尚、最受游客青睐的选择,关键在于其高附加值特点。健康旅游目的地及其产品不仅具有良好的审美价值、极高的养生文化价值和舒适的服务享受价值,而且还具备贴近自然、返璞归真的生态环境价值,以及健身美体、体检治病、恢复健康的医疗价值。它们集多种价值于一身,能够满足人们多样化的旅游消费需求。由于健康旅游产品物超所值,即使价格较高,旅游消费者也乐意接受,从而为旅游目的地和旅游企业带来了可观的收入。

(八)健康旅游发展的全球性

随着社会经济的持续发展,特别是发展中国家经济水平的不断提高,人们对健康旅游产品的追求日益成为一种全球性趋势。此外,由于健康旅游产品具有高附加值特点,这又吸引了大量旅游产品生产商纷纷投身健康旅游产品的生产行列,进一步推动了健康旅游产品的持续供给。如此海量的健康旅游产品需求和充足的供给,使得健康旅游在全球范围内的发展如虎添翼,飞速前进。

三、健康旅游的作用

(一)健康旅游对旅游经济发展和国民经济发展的促进作用

《"健康中国2030"规划纲要》中明确指出,2020年我国大健康产业规模达到8万亿,2030年将达到16万亿。未来,在我国经济结构向服务业转型的过程中,大健康产业将成为我国国民经济的支柱型产业。

2016年,我国大健康产业规模占GDP的5%,仅为美国的1/4、日本的1/2。根据发达国家健康产业占比均超过10%的经验,我国大健康产业的发展潜力巨大。

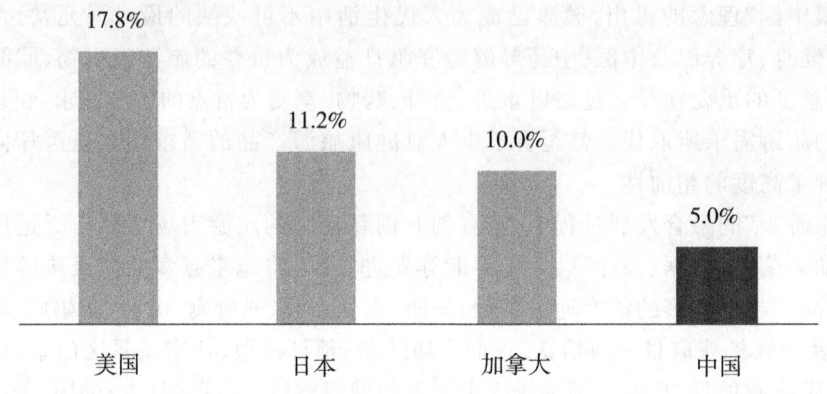

图1-1　世界主要国家大健康产业在GDP中占比

在健康产业中,健康旅游是其重要内容之一,当然也是旅游业的重要组成部分。健康旅游产业因其广泛的联系性(涉及旅游的食、住、行、游、购、娱各个方面)和高附加值特点,为旅游业创造了可观的收入。健康旅游的发展将极大地丰富和促进旅游业的发展。

此外,健康旅游产业的广泛联系性不仅体现在旅游业内部,还体现在与国民经济各行业的联系上。健康旅游的发展要求第一产业为其提供更多的优质食材,以满足健康旅游中"吃"的需求;要求第二产业为其提供更多的医疗用品、保健用品、强身健体用品和休养用品,以满足健康旅游中"用"的需求;同时,它还要求第三产业为其提供更多的文化娱乐、医疗保健、健身服务和健康教育等产品,以满足游客"享受"和"发展"的需求。也就是说,健康旅游对国民经济三大产业的发展所产生的乘数效应不容小觑,它必然会带来强大的推动作用。

(二)健康旅游对旅游消费的提升作用

健康旅游对国民经济发展的影响,既体现在对各产业生产的推动上,也体现在对各产业消费的促进上。健康旅游涵盖的方面广泛,涉及的产业部门众多,其发展将大幅提升旅游消费的数量和质量。

首先,从旅游消费产品的数量来看。过去,一些与旅游产品无直接关联的物品,随着健康旅游的发展,现已成为旅游产品。例如,中药、推拿、按摩、针灸、美容、减肥、健身等传统医疗产品,现在都融入了健康旅游产品中。同样,营养餐饮、专项体检、心理咨询、健康培训、健美训练等不同的社会服务项目,如今也都跻身于健康旅游产品的行列。还有一些过去属于艺术、体育、民俗活动类的产品,现在也成为健康旅游产品的一部分,如广场舞、健美操、太极拳、瑜伽、球类活动、抖空竹、放风筝、打陀螺、甩响鞭等。

其次,从旅游消费产品的质量来看。由于许多健康旅游产品具有高度的科技性或艺术性,因此其产品质量要高于传统的旅游产品。如药膳、推拿按摩、针灸、美容等产品都是融合了传统医学技术的高科技产品,非专业人士所能轻易提供。而广场舞、健美操、太极拳、瑜伽等活动,则具有高度的艺术美、形体美、节律美,需要经过长时间的训练才能完成,非一般人所能轻易表演。这些产品,无论是作为健康旅游欣赏的对象,还是作为健康旅游活动的锻炼内容,其高质量的特点都是显而易见的。

(三)健康旅游大大促进了旅游文化的发展

由于健康旅游产品具有高度的高科技性和艺术性,其文化性特点也远超一般旅游产品。健康旅游的发展势必会极大地推动旅游文化的进步。这种促进作用既体现在旅游文化的广度上,也体现在旅游文化的深度上。

从广度来看,健康旅游的发展使得人们将众多与健康相关的医疗医药文化、体育运动文化、健美养生文化、民间艺术文化和民俗活动文化等纳入健康旅游的范畴内,从而极大地丰富了旅游文化的内容。

从深度来看,健康旅游所涵盖的文化并非像传统旅游所展示的那样只具有简单的表象性,如色彩美、声音美、形体美、结构美、运动美。相反,它更多地体现在其内在性上,是一种综合的、交叉的、融合了深厚现代科学理念和传统阴阳和谐思想的文化精华。例如,中药、针灸、武术、养生术等都是中华民族的文化瑰宝,具有极高的价值和意义。

(四)健康旅游增强了不同地区间人们的交往活动

虽然增进不同地区间人们的交往是旅游活动的基本功能之一,但健康旅游在这方面的作用更为显著。因为其他旅游活动中的人际交往大多较为肤浅、应酬性且时间短暂,而健康旅游则恰恰相反。在健康旅游过程中,无论是医疗疾病还是心理调节,无论是美容美体还是康体健身、休疗养活动,活动交往双方通常都会进行深入的人际交流。例如,在医疗旅游中,医生通常需要先深入了解病人的病情、病史以及当前症状等,然后才能根据具体情况制定合理的治疗方案。在治疗过程中,医生还需要经常观察治疗效果并及时调整治疗方法,直至病人痊愈。整个过程持续时间长且交往深入。此外,像康体健身、休疗养活动以及习武学艺等健康旅游活动更是需要长时间的坚持才能取得效果,这无疑会大大增加游客与目的地人们之间的交流和相互理解。随着健康旅游客流的大规模增加以及长距离、长时间、多途径的密切沟通,健康旅游对不同地区间人们交往活动的促进作用日益凸显。

(五)健康旅游会大大促进人们生活水平的提高,尤其是健康水平的提升和寿命的延长

众所周知,人们的生活消费可分为三个层次,即生存消费、发展消费和享受消费。其中,享受消费是人们生活消费的最终追求,而旅游消费便属于这一类别。更进一步地说,健康旅游位于旅游消费的顶端,是旅游消费的最高形态,自然也是享受消费的最高表现。

随着社会经济持续发展,人们的可支配收入不断增加,生活水平日益提升。而衡量人们生活水平提高程度的一个重要指标,便是享受消费在总体生活消费中所占的比重。据《2018中国旅游消费大数据报告》显示,近三年国内居民的出游意愿持续增强,旅游已逐渐成为刚性需求。该报告还指出,2018年国内居民出游力指数达到新高,为17.8%,标志

着旅游消费大众化趋势已经形成。另外,根据《2017年中国居民消费发展报告》,2017年全国居民消费恩格尔系数为29.39%,已进入联合国所划定的20%至30%的富足区间。其中,教育、文化、娱乐以及医疗保健的支出在居民消费中的比重已上升至19.3%,显示出享受型消费比重正不断增加。值得一提的是,2018年全国平均寿命达到了74.83岁,相比1949年的44岁,提高了整整30.83岁。这一切都表明,健康旅游在提升人们生活水平,尤其是健康水平和寿命方面,发挥着不可忽视的作用。

四、我国发展大健康产业的优势

(一)优势的表现

我国发展大健康产业的优势主要体现在以下几个方面:

积极的政策支持:国家层面已出台一系列健康产业发展战略及政策,例如"健康中国"战略和新医改方案,这些政策为大健康产业的发展提供了有力支持。

庞大的消费市场:我国拥有庞大的人口基数,随着人们收入的增加和健康意识的提升,市场需求将进一步扩大。同时,中高收入人群对健康产品和服务的需求日益多样化,为新兴健康产业提供了坚实的客户基础。

丰富的人力资源:我国劳动力资源相对丰富,能够为劳动力需求较大的健康服务业提供充足的人力支持。此外,随着我国经济结构的调整,下岗工人和农村富余劳动力可以通过再培训进入健康产业。

独特的中医药资源:中医药是我国独具特色的健康资源,同时也是具有原创优势的科技资源。在疾病治疗和预防保健方面,我国中医药展现出显著的特色和优势。

源远流长的养生文化:我国历史悠久,拥有丰富的养生文化,如宗教养生、太极养生、气功养生等。这些养生文化可以与大健康产业相结合,共同打造具有中国特色的健康产业。

多样的生态旅游资源:我国地域辽阔,自然环境复杂多样,形成了丰富多样的生态旅游环境。中西部地区拥有大量可供开发的生态资源,为健康养生旅游提供了广阔的发展空间。

(二)大健康产业类型及其与概述

大健康产业的类型及其概述见表1-1。

表1-1 大健康产业的类型及其概述

产业类别	主要内容	发展现状	发展趋势
健康医疗	以医疗服务机构为核心,以保健用品/药品、诊断试剂/检测服务为支撑产业	2011年至2015年,我国医疗服务支出总额由16472亿元增至32503亿元,期间复合年增长率为18.5%	随着我国医改实施,公立医院数量减少,民营医院逐年增加,社会资本持续进入信息技术在医疗领域应用日益广泛 未来医疗服务发展方向将会呈现"基本需求公益化,高端需求市场化"趋势

续表

产业类别	主要内容	发展现状	发展趋势
健康医药	医药研发、医药制造、医药流通	2015年医药工业实现主营业务收入26885.2亿元，同比增长9.0%，高于全国工业增速8.2个百分点	我国医药行业投资将持续增加，投资并购整合涉及生物技术、医药制造等领域 随着国内外技术进步和成果的不断转化，我国生物制药板块具有较好的市场前景
健康养老	养老产品、养老服务、养老金融	当前我国养老产业刚刚起步，尚未形成完整、健全的产业链与产品标准体系 2015年我国养老服务产业规模为1.8万亿元（暂时不含养老地产），未来还有较大的发展空间	国家提出"医养结合"养老规划，代表了养老服务业重要发展方向 健康养老服务逐步市场化养老服务内容向多元化发展，如老年健身、休闲与文化教育、多样化护理陪伴服务等
健康运动	产品包括健身器械、运动服饰和体质检测设备及软件管理系统等；服务包括场馆服务、培训服务及管理咨询服务等	随着国民收入的提高，追求健康、形体美等生活观念日益普遍，健康运动行业处于快速成长时期 城市居民用于个人健身的消费每年以30%的速度递增	健康运动的商业模式不断创新，形成了24小时自助健身室、小团课、运动健身APP等多种模式 健康运动的社交属性开始强化，推动健康运动潮流化发展
健康管理	采集信息、建立档案、评估风险、制定方案、实施干预、跟踪动态	目前处于起步期，但发展速度较快 2011—2015年，我国专业健康管理服务市场规模从587亿元增长到1290亿元，年均复合增长率为21.7%	技术的不断成熟与应用创新，促进健康管理科学化发展，如智能手环健康监测 人体大数据的应用促进健康管理升级发展
健康旅游（养生）	温泉养生、森林康养、文化养生等	养生服务业是新兴朝阳产业，正处于快速发展期 持续增长的消费能力、健康需求将推动健康旅游快速增长	养生服务功能由过去单一模式向休闲、保健、度假多功能转变 健康养生产品向高端化、多样化发展 中医养生同时具备治疗和保健双重功能，市场前景广阔
健康药食材	药食同源、健康食品、保健品	随着人们日益重视饮食健康，对健康药食材的需求日益增强	健康药食材产品的消费者日趋大众化，老少咸宜 健康药食材产品的"天然功能化"及"零食化"趋势明显

第二节 健康旅游发展及研究进展

一、国外健康旅游发展及研究进展

（一）国外健康旅游的发展

健康旅游被视为旅游活动的最高形式，同时也是旅游消费的最高追求。根据生活消费的内容、性质及其发展顺序，生活消费可以被划分为生存消费、发展消费和享受消费，而旅游则明确属于享受消费的范畴。然而，在旅游享受消费的领域内，我们根据消费的目的、内容、作用和价值，又可以进一步将旅游消费细分为观光旅游、参与旅游、购物旅游、娱乐旅游以及健康旅游等层级。在这其中，健康旅游无疑占据了至高的地位。

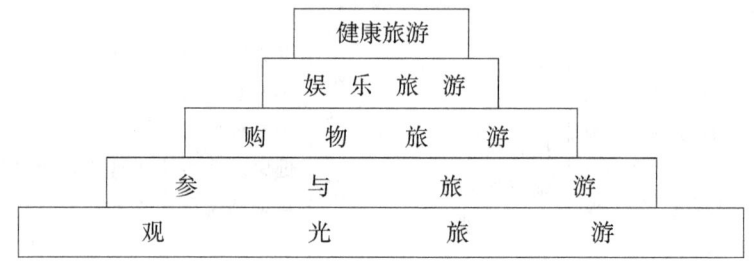

图1-2　健康旅游位序示意图

由上图可以清晰看出，在人们的旅游消费中，生态和健康旅游消费代表了人们对物质文明和精神文明成果的最高追求。健康旅游不仅积极主动地拓展了旅游消费的类型和方式，还极大地丰富了旅游活动和旅游消费的内涵。随着人们生活水平的持续提高，健康旅游有望逐步成为大多数旅游者的首选，它预示着未来旅游产业的主要发展方向，同时也体现了人类社会发展的必然趋势。

从旅游活动在社会中出现的顺序和活动规模来看，观光旅游无疑排在首位。观光旅游不仅起源早、规模大、内容广泛，而且在整个旅游活动的发展演变过程中起到了引领作用。其他旅游活动形式几乎都是伴随其发展或衍生而来的。受社会生产力水平和人们生活水平的影响，健康旅游在发展时间和规模上暂时还无法与观光旅游相提并论。然而，从健康旅游未来的发展前景、内容和作用来看，它有望远超观光旅游。此外，从历史角度看，健康旅游的发展其实并不算晚，它几乎是与旅游活动同时诞生的，只不过早期参与的人数有限，社会影响相对较小。例如，早在2000多年前的欧洲，人们就已经开始利用河流、温泉进行沐浴和洗涤，以此净化身心；在自然环境优越的地方，如湖泊、温泉、河流、海岸和森林附近建造别墅、馆舍、城堡与村庄。具体实例包括，公元前25年，法老Cleopatra在死海海岸建立了第一个温泉；在公元前54年到公元450年间，罗马人在欧洲、北非、中东等地建造了诸多城堡式建筑以及浴房、温泉等洗浴设施,旨在追求健康舒适的生活或吸引富人前来享受服务、休闲娱乐。再如,欧洲最古老的十大城堡之一的西庸城堡,它位于瑞士蒙特勒附近,是一座宏伟的中世纪水上城堡。西庸城堡矗立在日内瓦湖畔的岩石上,远远望去仿佛漂浮在水面之上,被誉为建筑史上的一颗璀璨明珠。在以自然风光著称的瑞士,它也是最为著名的古迹之一。"西庸"在法文中意为"石头",其名便源自它所在的那块凸出于湖岸的巨大岩石。

再如德国的"温泉之城"威斯巴登,这里不仅有举世闻名的温泉,更有多姿多彩的生活,令人流连忘返。在威斯巴登市内,分布着 26 个神奇的热喷泉,这些热喷泉早在 1366 年便有记录。

还有奥地利首都维也纳的美泉宫,它曾是神圣罗马帝国、奥地利帝国、奥匈帝国和哈布斯堡王朝家族的皇宫,如今已成为维也纳最负盛名的旅游景点。美泉宫及其花园已被联合国教科文组织列入《世界文化遗产名录》。

除上述著名景点外,瑞士的洛桑、德国的巴登—巴登、匈牙利的布达佩斯等,都是在温泉附近发展起来的著名温泉城市。这些地方建设了大量的温泉设施,用于疗疾、康体、保健和娱乐。从中世纪至今,它们作为健康旅游胜地一直繁荣不衰。

美洲的健康旅游发展相对于欧洲较晚。直到 16 世纪,庞塞·德·莱昂(Ponce de Leon)在美洲寻找温泉时,才将利用温泉进行健康旅游的观念引入北美洲。在温泉附近,人们建设了一批温泉小镇和温泉洗浴设施。19 世纪后期,随着社会经济的发展和城市中产阶级的兴起,人们对健康旅游的需求增加,一大批健康旅游地在自然环境条件较好的海边、森林附近地区相继建立,这标志着美国健康旅游新时代的开端。美国发展较早且最著名的温泉健康旅游地包括以下几处:

美国黄石公园内的大棱镜温泉,这是美国最大、世界第三大的温泉,直径约 100 米,水温高达 85℃,每分钟大约会涌出 2000 升泉水。这个温泉最早是在 1839 年被探险家发现的。

美国西部被誉为最美的费尔班克斯小镇温泉,这是一座可以边泡温泉边看极光的小镇,也被称为"极光之城"。

位于美国纽约州中东部的萨拉托加温泉,坐落在著名的"萨拉托加"小镇。这个小镇以温泉闻名,不大的城区内汇聚了大大小小几十家温泉旅店。每逢节假日,这里便游人如织。该市温泉旅游发展历史悠久,如今这个小镇依然保持着欣欣向荣的势头。

美国纽约市的沙伦斯普林斯(SHALUNSIPULINSI)温泉,是 19 世纪中叶美国最好的温泉之一。4 处矿泉吸引了上万名游客到访进行水疗。除了有名的矿泉,这里还经常举办各种盛会,如"花园派对"、"丰收节"和"维多利亚假日庆典"等,让小镇经常充满欢声笑语。

除了欧美地区,日本的健康旅游发展也起步较早,其中温泉旅游是其最典型的健康旅游内容。温泉文化作为日本最具特色的文化之一,与旅游的结合形成了世界上独具特色的温泉健康旅游。

日本温泉拥有悠久的历史,在《古事记》《日本书纪》等古老历史文献中,就有关于天皇泡温泉的详细记载,这表明日本人在很久以前就已经学会了利用温泉。

到了奈良时代，由于佛教的传入，各地开始兴建寺庙。其中，僧侣们的沐浴习惯对温泉的开发起到了很大的推动作用。那时，人们就已经发现了温泉具有治疗作用。

平安时代的《万叶集》中记载的神奈川县的汤河原温泉和长野县的上山田温泉，说明东部的温泉也得到了开发。当时，温泉主要被用作贵族和僧侣们休闲、治疗以及进行各种宗教活动的场所，温泉与宗教之间有着深厚的联系。源赖朝开创镰仓幕府，将首都从京都迁至镰仓后，东海、东北、甲信等地的温泉也开始出现在史料文献中，患病的僧侣们为了治疗而前往各地的温泉。

在室町时代，温泉成为达官贵人等休闲娱乐的场所，并不对普通民众开放。而到了安土桃山时代，温泉已经广泛地被用于治疗负伤的士兵，特别是在甲州和信州地区，武田信玄以及真田幸村等战国武将们都有自己的"秘汤"。

到了近代的江户时代，由于医学尚不十分发达，温泉的医疗效果备受重视，因此得到了很大程度的开发。在这个时期，不仅将军、名流之间盛行温泉治疗，普通民众也开始享受温泉。

日本是一个多火山、多地震的国家，因此温泉种类繁多。温泉随着季节的变化可分为春泉、秋泉、寒泉等；按照成分还可分为单纯泉、食盐泉、碳酸泉、硫磺泉等；按照洗浴方式又可分为蒸气浴、沙泉浴、泥泉浴等；而按照常见类型则可分为疗养温泉、露天温泉、混浴温泉等。所谓的疗养温泉，是指通过反复入浴，结合温泉地的气候、环境、运动、饮食和其他物理疗法，达到对慢性疾病的治疗目的。露天温泉，顾名思义，是暴露在大自然中的洗浴场所。设计人员在建造露天温泉时颇费心思，根据地形和自然环境把露天温泉修建得各具特色，同时也注意遮挡，无需担心被人窥视。有的露天温泉修建在绿色环境之中，使沐浴与欣赏大自然融为一体。置身于露天温泉中的人可以眺望四周连绵的山峰、茂密的林海，让人全身心放松，有一种解放和超脱之感。据说，日本人一开始并不知道温泉具有解除疲劳、治疗疾病的功能，后来是因为看到一只受伤的小动物在泡过温泉之后奇迹般地迅速复原，这才开始认真研究起温泉的功能，并逐渐把泡温泉用于休闲养生、解除疲劳、疗疾治病，后来此趋势才迅速在全球蔓延。

日本温泉文化的发展，大体经历了以下几个阶段：第一代温泉文化只是洗浴，就是人们常说的"泡汤"；第二代温泉文化是洗浴加游戏，将娱乐融入洗浴之中；第三代温泉文化则是洗浴加休闲，突出温泉是一种休闲旅游；最新的第四代温泉文化是最具包容性的，它不再专属年轻人，而是与上一代共同享有的引入保健概念的全新温泉。这就是温泉的文化变迁，它最直接地反映着人们不同时期的不同需求。随着社会大众对健康的日益重视，第四代温泉应运而生。这类温泉最显著的特点就是提供适合不同体质的温泉浴，且通常会在入口处设有诊所，让游客在泡汤前接受简单的体检，以体现保健温泉的宗旨。根据体检结果，可在保健医师的指导下选择适合自己的温泉。另外，还有消除疲劳、减肥美容等水疗方案可供人们选择，以及多种多样的设施保证游客一年四季都可尽情享受。

据有关资料报道，日本从北到南约有2600多座温泉，有7.5万家温泉旅馆。据悉，每年日本约有1.1亿人次使用温泉，相当于日本的总人口数。因而，日本有"温泉王国"的美称。日本的温泉不仅数量多、种类多，而且质量很高，各地几乎都有当地有名的温泉。其中，最负盛名的温泉有别府温泉、热海温泉、草津温泉、有马温泉、佐渡温泉、月冈温泉和汤沢温泉等。

在国外,健康旅游的主要形式除了温泉旅游,保健旅游、医疗旅游、运动旅游等也开展得较早,尤其是在发达国家和地区。

(二)国外健康旅游研究概述

1. 温泉与 SPA 旅游

在国外,健康旅游的研究范围和内容与健康旅游活动的开展密切相关。例如,与温泉等水体相关的 SPA 旅游、温泉旅游、水上运动旅游等活动开展得较早,参与人数较多,因此其研究成果也就较早、较多。例如,加拿大的 SPA 协会(2004)对本国的温泉旅游现状进行了调查、统计、分析和评价,预测了其发展趋势。SPA FINDER 作为全球最大的 SPA 度假旅行批发商,对 SPA 产品的变化、消费主体、消费行为等进行了认真的分析评价,并在此基础上指出了 SPA 产业的发展趋势。学者 K. ADRIAN 和 R. ADAM(2008)对波兰 1949—2006 年间温泉 SPA 的健康旅游发展进行了研究,并就 SPA 健康旅游发展进程中所发生的具体事件进行了案例分析。M. SMITH 和 L. PUCZKO(2009)对健康旅游的定义与分类进行了研究与界定,探讨了激发健康旅游动机的因素,阐述了健康旅游的发展过程,分析了健康旅游的管理与营销,预测了其未来发展。其研究内容覆盖了温泉、医疗健康、瑜伽、SPA、生活健康指导、节日健康活动指导,甚至与朝圣相关的健康内容等。在研究过程中,两位学者还结合俄罗斯、葡萄牙、巴西等地的 SPA 健康旅游资源的开发情况,以及这些资源对健康旅游发展的促进作用进行了较为深入的案例分析。MURAT SAYILIA(2007)等指出,在土耳其,温泉旅游在健康旅游中的作用越来越受到重视。通过研究,人们发现很多温泉资源可以用于治疗一些普通疾病,如坎加尔鱼温泉以其"鱼医生"治疗牛皮癣而闻名。MURAT SAYILIA 曾经对坎加尔鱼温泉进行了认真的社会经济调查,走访了 100 多名曾到该温泉的旅游者,对温泉特征进行了分析总结,对土耳其健康旅游业的未来发展进行了预测分析。

2. 保健旅游

在保健和医疗健康旅游的研究方面,研究学者和研究成果都比较多。例如,JONATHAN N. GOODRICH 和 GRACE E. GOODRICH(1987)在研究中探讨了保健旅游的概念,并基于对旅游者、旅行代理商、保健医生的调查,初步指出了保健旅游的未来发展及其趋势,提出了保健旅游侧重研究的领域等建议。JONATHAN N. GOODRICH(1990—1991)在对包括牙买加、巴哈马等 14 个国家在内的加勒比海地区的保健旅游设施和状况进行调查分析的基础上,认真探讨了该地区的健康旅游发展问题。G. A. ANNA(2005)结合地区实际,认真分析了保健旅游兴起的原因,揭示了发展过程中存在的主要问题,并提出了具体的解决办法。

3. 医疗旅游

医疗旅游是近年来飞速发展的一项健康旅游项目,其内容主要侧重于侵入性手术(也称开放性手术,即切割皮肤和组织,医生直接接触组织或器官的手术)和医疗诊断等,例如减肥、整容、塑形、美容、变性手术,以及一些疑难杂症的专科治疗等。在国外,医疗旅游的出现和发展历史相当久远,最早可以追溯到英国的殖民时代,但真正兴起却是最近二三十年的事情。

20世纪90年代以来,随着全球社会经济发展水平的提高,尤其是发展中国家社会经济的快速发展,人们的旅游支付能力进一步增强,包括医疗旅游在内的健康旅游的发展也日新月异。特别是互联网的普及、交通运输的便捷、医疗技术的进步、金融汇率的有利变动,以及社会老龄化现象的加剧等一系列因素,更加推动了医疗旅游的发展。从地区分布来看,医疗旅游在全球都有开展,但主要集中于亚太和欧美地区。据统计,2010年全球医疗旅游人数达到250万人,其中亚洲占170万人,近占70%;全球营业额为400亿美元,其中亚洲达到300亿美元,占75%。WILLIAM BIES 和 LEFTERIS ZACHARIA(2007)在研究文献中指出,近年来由于发展中国家的医疗和旅游费用相对较低,等待时间较短等原因,来自发达国家(如美国、英国、日本等)和部分发展中国家(如中国)的游客到发展中国家进行医疗旅游活动的人数不断增加。泰国、印度、马来西亚、新加坡、中国等都是重要的医疗旅游目的地,尤其是泰国的医疗旅游业十分发达,医疗旅游内容多为手术医疗。另外,韩国也是世界重要的医疗旅游目的地,游客以女性为主,旅游消费主要集中在整容、美容和减肥方面。

近年来,受医疗旅游产业发展影响,大量医疗旅游研究的学术成果涌现,研究内容覆盖面广泛。例如,YE,YUEN,QIU 和 ZHANG(2008)采用拉力和推理的动机理论,研究了香港医疗旅游游客的动机问题,指出在医疗旅游消费中,游客更关注的是医疗质量、医疗价格和医疗声誉等,其次才是促销、服务态度等其他问题。JIYUN YU 和 TAE GYOU KO(2011)采用跨文化研究方法,利用医疗旅游活动中的一些可感知因素,对来自中国、韩国和日本的游客进行了感知差异研究,揭示了这三个地区游客在感知因素组成、旅游便利性、医疗旅游首选产品和价格等方面的差异性。VINCENT C. S. HEUNG,DENIZ KUCUKUSTA 和 HAIYAN SONG(2011)利用定性和定量研究方法,对香港的医疗旅游发展问题进行了研究。作者在对香港医疗旅游业的发展条件、发展现状进行分析的基础上,指出了香港医疗旅游发展的主要障碍,并提出了主要应对策略。

日本学者李卿博士(2004)利用日本国家重点科研课题"森林浴对人体免疫机能的影响"进行了研究,结果证实森林浴可提高人体的抗癌能力。在整个研究方案中,李卿博士在"森林疗效"研究目标框架下,构建了"森林浴对人们生理影响的调查研究方案"设计,利用真实的森林环境和实验室进行了对照生理试验研究,以揭示是"整个森林环境"还是森林环境中的"某项特定因素(如树木的气味、森林的景色、溪流的声音)"对人体产生了生理影响。他通过监控中枢神经活动、自主神经活动和生物压力反馈的生理研究方法,以在东京某公司工作的12名37—55岁的男性职员为样本,按照自己的研究路径进行了研究。他让这些人于2005年9月住进长野县饭山市的森林里,在不同类型的树林中散步,然后在森林浴后的第二天和第三天分别对12个人的血液、尿液、唾液进行化验分析。结果发现,与平日相比,杀伤癌细胞的自然杀伤(NATURAL KILLER,NK)细胞的活性度(即"NK细胞活性")在第二天上升了26.5%,在第三天上升了52.6%,血液中的NK细胞数和NK细胞内的抗癌蛋白数量也有所增加。一般认为,如果NK细胞的机能提高了,人体的抗癌能力也就提高了。据此发现,森林浴确实具有抗癌效果。

通过这项研究,大大增强了研究者的信心,他们决定对森林浴的健康作用进行持续研究,以搞清楚以下几个方面的问题:一是对森林浴作为"森林疗法"的确定;二是森林浴与森林种类的关系;三是森林浴与温泉结合的效果;四是冬天森林浴、滑雪和温泉结合的效果。我们相信,他们的不懈研究,一定会有更加惊人的发现,让我们期待这一天的早日到来。

除以上研究外,目前医疗旅游研究的内容还涉及医疗旅游的作用研究、医疗旅游的市场研究、医疗旅游的区域研究和医疗旅游的个案分析研究等。

4. 运动旅游

运动旅游是运动与旅游的结合,是健康旅游的一个重要方面。在国外,无论是活动的开展还是其学术研究,都非常活跃。运动旅游的内涵非常广泛,它既包括各种户外运动旅游项目,也包括在旅游目的地的运动场地进行的各种运动项目。如最受欢迎的户外运动项目有以下几类:

水面、水下运动类包括:潜水、游泳、跳水、水球、漂流、冲浪、滑水、风帆、舢板、帆船、游艇、摩托艇、水上摩托等。

陆地及单车运动包括:散步、行军、跑步、暴走、定向越野、单车骑行、公路车长途骑行、山地车越野、小轮车机动、山地速降等。

山地运动及地下活动包括:徒步登山、山地穿越、攀爬登山、攀登雪山、滑雪、滑梯、滑草、岩降、溪降、攀岩、器械攀登、探洞等。

野营活动及猎捕饮食包括:野营露宿、打猎野炊、采集花草、模拟野战、拓展训练、荒岛生存、钓鱼(塘钓、海钓、钓虾)、捕鱼捉蟹、捉蟛逮鼠、捉虫捕蝶、烧烤烹调等。

摄影写生与野外科考包括:地质考察、采集矿石、调查民俗、考察古迹、采访奇闻等。

机动车船及航空运动包括:摩托山地越野、摩托公路竞赛、摩托长途旅游、汽车赛车、汽车越野、跳伞、滑翔伞、动力伞、热气球、滑翔机、超轻型飞机等。

球类包括:篮球、排球、足球、羽毛球、垒球、棒球、乒乓球、网球等。

射击类包括:气枪、猎枪、射箭、镖弩、彩弹野战等。

休闲体育是一个宏观的概念,它包含大部分的体育项目,其中典型的有:保龄球、高尔夫、沙滩足球等。竞技活动项目有:篮球、乒乓球、羽毛球、田径、足球、排球、游泳、自行车等。体操类项目有健美操等。舞蹈类则包括集体舞、交谊舞、现代舞、民间舞、拉丁舞、印度舞等。传统体育活动有武术、气功、太极拳、跆拳道、划龙舟等。

二、中国的健康旅游发展及研究进展

关于健康的理论和方法的研究,在我国历史久远,内容丰富。尤其是在养生思想理论和方法方面,学术积累丰厚。从早期的《黄帝内经》中的"养生学""运气学"理论,到老子《道德经》中"知足不辱,知止不殆。委曲求全,大巧若拙。顺其自然,健康长寿"的养生原则,以及《庄子》的"缘督以为经"的养生之道(即养生最重要的是要做到秉承事物中虚之道,顺应自然的变化与发展),再到后期的道教、医学等诸子百家,都对健康养生有所论述。其思想、理论、方法,广泛见于历代经书子集、医学巨著、文学名著、史记传书、笔记诗赋等。然而,谈及健康旅游,它真是一件非常稚嫩、非常现代的事物。健康旅游是随着旅游业的深入发展而形成的一种全新的旅游消费理念或旅游消费产品。与健康、养生等思想理论及产业发展历史相比,健康旅游难以相提并论。即使在旅游业的发展领域,其发展理论和产业发展规模也只能算作名不见经传的新面孔,是刚刚破土而出的幼苗,是刚刚涉世不久的婴儿。其发展历史,准确地说,仅有20多年。当然,我们这样谈论健康旅游的发展,绝无贬低我国健康旅游之意,只是实事求是地就事论事。健康旅游虽是一种新事物,但其发展前景不可估量,这已被众多学者的研究分析所揭示。

当然,从健康旅游思想的产生和对健康旅游生活的追求来看,我国的健康旅游发展并不算太晚。例如,早在数千年前,我国的一些富人、商人、官宦人员等,就在河流、温泉、海滨、湖畔、山前等环境优美的地方(过去叫风水好的地方)建造馆舍、豪宅与别墅,以享受新鲜的空气、明媚的阳光,并通过便利的沐浴、洗涤条件,追求洁净身体与健康长寿。在一二百年前,国外的一些商人、传教士和我国的一些富人、官员等,已经在庐山、鸡公山等风景区修建了别墅洋房,充分利用当地优良的环境条件,享受奢华生活。然而,在万恶的封建社会,作为中国人,又有多少人能够做到这一点呢?这与今天大众性的健康旅游又怎能相提并论?因此,我们客观地说,我国真正的健康旅游是在社会主义新中国发展起来的,是在改革开放的今天蓬勃兴起的。今天的健康旅游才是名副其实的健康旅游,是大多数人都能参与得起,并作为一个产业部门在社会上得以广泛发展的健康旅游。所以说,中国真正的健康旅游发展和学术研究进展,应该从今天算起。我国的健康旅游发展,大体可分为以下几个阶段。

(一)2000年前后,是中国健康旅游思想的孕育形成阶段

自1978年我国实行改革开放以后,旅游业得到了突飞猛进的发展,旅游产品已经变得丰富多样。旅游消费由旅游业发展初期的"有啥看啥",转变成"看啥有啥"。消费内容由原来的观光旅游,向参与旅游、购物旅游、生态旅游、度假旅游等多种形式发展,旅游消费的数量和质量得到大幅度提升。旅游研究的重点也开始由旅游资源开发、评价,向旅游资源与环境保护、旅游经济可持续发展、旅游休闲度假、健康旅游等方面转移。旅游研究成果呈现出一派百花齐放的景象,当然也伴随有一定数量的健康旅游研究成果问世。例如,孟仲法(1999)的《药膳—旅游益体健行》、荣小翔(2000)的《爬山—带来健康与活力的运动》、文子(2000)的《游轮之旅:全新身心健康感受》、李香华(2004)等人的《体育健身旅游与亚健康康复研究》、郭鲁芳和虞丹丹(2005)的《健康旅游探析》、朴伟和李艳芝(2007)的《旅游环境与身体健康》、王艳和高元衡(2007)的《健康旅游概念、类型与发展展望》、张维梅和黄垂为(2008)的《国内老年健康旅游市场的开发》,以及李继国(2008)、温波能(2009)、唐建兵(2010)、薛群慧(2010)等学者的健康旅游研究成果相继问世。然而,仔细研究这些成果,我们可以明显发现其不足之处,那就是多为就事论事,缺乏理论性分析与规律性探索,即应用性较强,理论性欠缺。

(二)2010年以来,国内开始关注健康旅游的发展

如果说2000年前后是中国健康旅游的孕育和萌芽阶段,那么2010年以来则是健康旅游的快速成长阶段,其标志便是2012年文化和旅游部推出的"欢乐健康游"。自2012

年 10 月 24 日文化和旅游部推出"欢乐健康游"的宣传主题以来,许多地方都开展了欢乐健康游活动规划,推出了一系列旅游景区景点。"欢乐健康游"的推出,旨在迎合我国旅游发展的新形势,进一步丰富和深化旅游内涵,倡导旅游康体益智,丰富阅历,增长知识,强健体魄,修身养性,对国内外营造更加积极向上的中国旅游形象,展现中国社会的和谐氛围。同时,这也丰富了我国的自然与文化旅游产品,促进了旅游新业态的发展与产业升级。

自文化和旅游部提出"欢乐健康游"的旅游主题后,全国各地纷纷响应,掀起了一股如火如荼的健康旅游热潮。例如,由杭州市旅游委员会、绍兴市旅游委员会、湖州市旅游局、嘉兴市旅游局、上城区人民政府主办,上城区风景旅游局承办的"2012 欢乐健康游"——杭州都市圈醉美乡村体验游暨杭州都市圈醉美乡村展示活动,于 4 月 21 日在吴山广场隆重启动。活动当日,曾组织市民参加"2012 欢乐健康游",走进杭州都市圈醉美乡村体验游,分赴杭、湖、嘉、绍四地体验当地的乡村旅游线路。同时,通过展示、推广、现场互动、醉美乡村主题旅游推介和民俗风情演绎,将杭州都市圈丰富多彩的自然、人文风情展现给杭州市民和外地游客。

围绕"中国健康游"这一主题,广西推出了四大欢乐健康游精品线路:以温泉疗养、中医保健、养生药膳、长寿养生资源为主题的长寿养生健康游;以北部湾滨海旅游资源为主题的北部湾滨海度假游;以传统民族风情为主题的民族风情欢乐游;以及以山水体验、快乐健康、运动健体为主题的欢乐健康自驾游。此外,广西的 14 个城市还针对"欢乐健康游"主题推出了一系列活动,从整体上提升了广西的旅游品质。

陕西省则围绕"2012 中国欢乐健康游"主题,在西安举行了"欢乐健康游陕西启动仪式"。该活动仪式倡导陕西全省大力开展健康旅游,希望人们能通过健康旅游来丰富阅历、增长知识、强身健体、修身养性;同时,通过特色健康旅游产品的开发,大力促进健康旅游的发展。

除以上省份外,云南、贵州、湖北、山东等全国各省市区都举行了形式不同的宣传活动,以促进本地区健康旅游的发展。

在学术界,我国的许多学者也积极响应了文化和旅游部的主题宣传,将研究重点转移到了健康旅游的研究领域,并发表了大量的研究成果。如薛群慧、卢继东、杨书霞等学者,及时出版了学术专著《健康旅游概论》,比较系统地论述了健康旅游的一些基本理论,并介绍了健康旅游的一些主要项目;毛晓莉、薛群慧两位学者对国外健康旅游的发展进行了研究;王荣红发表了《探析健康旅游》的文章,从健康旅游的本质和健康旅游设计两大方面进行了讨论;薛群慧、白鸥两位学者则对健康旅游的特征进行了系统总结。李慧芳等对健康旅游的基本特征和开发模式进行了研究;徐红罡、王珂从康复性流动视角探讨了健康与养生旅游的发展;陈建波、明庆忠两位学者基于改进层次分析法,对健康旅游资源进行了评价研究;明庆忠、李婷则从大健康产业的角度对健康地理学和健康旅游发展进行了分析研究。与 2000 年前后的成果相比,该阶段的研究成果理论性明显增强,更偏重于对健康旅游本质性规律的探讨以及整体性、系统性的把握,即对健康旅游研究的广度和深度都有所加强。

(三)《健康中国 2030 规划纲要》的出台,是我国健康产业发展的行动纲领,更是健康旅游进一步发展的助推器

在 2012 年"中国欢乐健康游"的春风吹拂下,健康旅游在我国得到了迅猛发展,无论是业界还是学界,都呈现出一派生机盎然的景象。在此大好形势下,中共中央、国务院出台了《"健康中国 2030"规划纲要》(后文简称《纲要》),并发出通知,要求各地区各部门结合实际认真贯彻落实。

《纲要》全面规划了包括健康旅游在内的我国健康产业的发展问题,从健康产业发展的总体战略、指导思想、战略主题、战略目标,到健康生活的普及、健康教育的加强、健康行为的塑造、健康服务的优化,以及健康产业各个方面的发展布局等,都做了比较详尽的规划安排。其中,在《纲要》的第六篇第十八章《发展健康服务新业态》中,专门提到了健康旅游的发展问题,明确要求健康旅游发展过程中要"制定健康医疗旅游行业标准、规范,打造具有国际竞争力的健康医疗旅游目的地。大力发展中医药健康旅游,打造一批知名品牌和良性循环的健康服务产业集群,扶持一大批中小微企业配套发展。"

自《纲要》出台以后,为切实贯彻落实《纲要》提出的战略目标和任务,旅游行业迅速行动,从中央到地方在全国各地掀起了健康旅游建设的新高潮。文化和旅游部与国家中医药管理局联合下发了《关于促进中医药健康旅游发展的指导意见》和《关于开展国家中医药旅游示范区(基地、项目)创建工作的通知》,决定用 3 年时间在全国建成 10 个国家中医药健康旅游示范区、100 个国家中医药健康旅游示范基地、1000 个国家中医药健康旅游示范项目。在以上两个文件的指导下,全国各省市区都相应确定了本地区的中医药健康旅游示范基地和示范项目。

在学界,围绕中医药健康旅游示范区、示范基地和示范项目的建设,我们与当地政府相结合,联合编制了相应的发展规划,并出台了相应的发展政策和管理规定。当然,关于中医药健康旅游的发展,也有大量的学术论文发表。例如,王诗源等针对当时我国中医药健康旅游发展所存在的问题,提出了相应对策;杨晓敏评价了浙江省中医药健康旅游的发展潜力;庄严、庄子凡等认真探讨了山东健康旅游发展与"健康山东"的关系;陈永成等则从财政政策层面揭示了江西中医药健康旅游发展的问题;黄蓓深入探讨了中医药健康旅游的创新问题;孙立奇基于 SERVQUAL 理论,评价了社区中医药健康旅游的服务质量;罗亚敏以老龄化为背景,研究了我国老年人的健康旅游和健康管理问题;张娟从规范供求关系的角度,对中医药健康旅游的服务合同进行了立体研究;甘棋文结合广西药用植物园的发展,探讨了药用植物园的中医药健康旅游开发问题。总之,由于学者们的学术背景不同,大家所关注的侧重点也有所不同。但是,有一点是相同的,那就是对"中医药健康旅游"发展的关注。

第三节 健康旅游的研究对象与研究内容

一、健康旅游的研究对象

所谓研究对象,指的是一门科学或一项研究所专注的目标事物。科学或学科之间的最大差异,便在于其研究对象的不同;换言之,研究对象是区分科学或学科的基本准则。健康旅游,作为旅游研究的一个重要分支,自然也应有其独特的研究对象。

在探讨健康旅游的研究对象时,不同学者可能各有表述。我们认为,健康旅游的研究对象应为健康旅游系统及其所处的环境。健康旅游系统涵盖三个层面:其一,健康旅游系统中的人;其二,健康旅游系统中的物;其三,健康旅游系统中的事。

(一) 关于健康旅游系统中的"人"

此处的"人",是一个宽泛的概念,它包含了所有与健康旅游有直接关联的参与者,诸如游客、旅游管理者、旅游企业运营者以及旅游科研与教学人员等。对健康旅游系统中"人"的研究,主要聚焦于他们的主体空间行为、人与人之间的各种关系,以及人与物之间的互动关系等。

(二) 关于健康旅游系统中的"物"

"物"在健康旅游系统中,指的是"人"的活动所作用的对象,它由多样的客观事物构成,包括健康旅游资源、旅游景观、旅游服务设施以及旅游基础设施等。

(三) 关于健康旅游系统中的"事"

这里的"事",指的是健康旅游系统中的人所从事的各种活动。这些活动可归结为四个方面:首先是游客的旅行游览活动;其次是旅游经营者为满足游客需求所进行的各类服务性健康旅游生产活动;再者是旅游资源和旅游产品的开发、生产活动;最后是旅游科研、教学活动,以及各级政府所实施的旅游管理活动。

(四) 关于健康旅游系统所处的客观环境

健康旅游系统的运作,不仅受其内部结构和具体内容的制约,还与其外部环境条件紧密相关。因为健康旅游系统是一个开放性的系统,它不断地与外部环境进行人流、物流、能量流、信息流、价值流等的交换与联系。倘若这些交换与联系中断,健康旅游系统将难以维系与运作。因此,探究健康旅游系统与外部环境的相互作用与联系,同样是健康旅游研究不可或缺的一部分——即健康旅游研究不仅聚焦于旅游系统本身,还需深入探讨旅游系统与周遭环境的关系。

二、健康旅游的研究内容

(一) 对健康旅游系统中的"人"的研究

健康旅游系统中的人主要包含三个方面,即旅游消费者(需求者、游客)、旅游生产者(生产者、经营者)和服务人员(涵盖管理、科研、教育等人员)。

旅游消费者和旅游生产者是健康旅游系统中人的核心主体。

1. 旅游消费者

旅游消费者,亦称旅游者、游客或旅游产品需求者,与旅游生产者共同构成健康旅游活动的主体。二者的紧密结合推动了健康旅游产业的发展,形成了健康旅游活动的矛盾统一体。它们之间的关系是否和谐,直接决定了健康旅游业能否正常、稳定、健康地发展。

对于健康旅游中的消费者研究,主要聚焦于旅游消费者的分类、结构、消费效果、消费心理、消费偏好、消费规律以及影响消费的因素等。

2. 旅游生产者

旅游生产者,又称旅游经营者、旅游供给者或旅游企业等。在健康旅游领域,对生产者的研究主要体现在旅游生产者的分类、旅游产品的构成、生产条件、供给规律、供求矛盾的表现以及影响旅游产品生产的因素等方面。

3. 旅游服务人员

旅游服务人员指的是那些围绕旅游活动主体(旅游消费者和旅游生产者)提供各类服务的人员。他们通常包括政府旅游管理者、旅游科研工作者、旅游教育工作者,以及从事旅游信息、文化、咨询和金融服务等方面的人员。简而言之,他们是除旅游消费者和生产者之外,为旅游产业发展提供服务的全体人员。这些人员作为旅游活动的第三方,主要为旅游消费和生产(即旅游经济发展)提供支撑和保障,构成了旅游经济发展的重要外部环境条件(特别是社会环境条件)。

在健康旅游领域,对旅游服务人员的研究主要集中在政府旅游管理的水平和责任心、科研成果的数量和质量及其与旅游经济发展需求的契合度、旅游教育的发达程度和教育者素质、旅游产学研的融合程度,以及旅游信息、金融等服务对旅游经济发展的支撑能力等方面。

(二) 对健康旅游系统中的"物"的研究

健康旅游系统中的"物"包含两大方面:一是健康旅游系统内部的物,例如旅游资源、旅游景观和旅游服务设施等;二是健康旅游系统外部的物,即作为旅游经济发展外部环境条件存在的物,如基础设施、社会环境、物资供应保障和金融支撑能力等。

1. 健康旅游系统内部的物

如前所述,该部分的"物"主要指旅游资源、旅游景观和旅游服务设施等。

(1) 健康旅游资源

健康旅游资源是健康旅游发展的基石,它在一定程度上对健康旅游经济的发展起着决定性作用。例如,健康旅游资源的数量与质量、功能与价值、品位与特色等,都深刻影响着健康旅游经济发展的广度和深度,甚至决定其能否得以发展。同时,旅游资源所处的地理位置是否优越、可进入性的强弱,以及资源所在地的环境条件好坏,也在一定程度上决定了旅游资源开发与利用的难度、旅游投资的规模、对旅游市场的影响力,最终影响到旅游经济效益的好坏。因此,在开发健康旅游资源之前,对其进行全面的评价是至关重要的。

(2)健康旅游景观

健康旅游景观,亦称健康旅游吸引物。健康旅游景观与健康旅游资源在概念上既有共通之处,又存在差异。共通之处在于它们都对游客具有吸引力,均可被视为健康旅游吸引物;差异则主要体现在是否已被开发利用。若旅游资源未得到有效开发利用,它仅能被视为旅游资源,而非旅游景观,即尚未转化为可供游客欣赏的对象,其旅游资源价值尚未转化为旅游经济价值。相反,若旅游资源已得到开发利用,其景观价值与经济价值得以统一,此时我们既可称其为旅游资源,也可称其为旅游景观或旅游吸引物。

健康旅游对旅游景观的研究主要聚焦于景观的功能与使用价值、景观的特色与经济价值、景观结构与利用程度,以及景观与健康旅游的关系处理等方面。

(3)健康旅游服务设施

健康旅游设施指的是旅游目的地旅游行业人员为游客提供服务时所依赖的各项物质设施和设备,通常涵盖景区交通运输设施、食宿接待设施、休闲娱乐设施和旅游购物设施等。此外,游客接待服务中心、安全救护设施、卫生环保设施、电力通信设施、供排水设施、旅游导览服务设施、旅游信息咨询服务设施等也是不可或缺的部分。一般而言,健康旅游设施越完备,越有利于地区健康旅游活动的开展和健康旅游经济的发展。

从健康旅游经济的整体发展来看,良好的健康旅游服务设施条件既是健康旅游发展的基本保障,也是健康旅游经济收入的重要来源。因此,健康旅游服务设施应是健康旅游研究,尤其是健康旅游景区规划研究中不可忽视的重要内容。

2. 健康旅游系统外部的物

健康旅游系统外部的"物"是指作为健康旅游经济发展外在环境条件的存在,包括基础设施、社会政治与经济环境等。

(1)基础设施

基础设施通常涵盖交通运输条件、电信通信条件、水电供应条件等。一个健康旅游活动地,必须有良好的基础设施作为保障。否则,既不利于游客的游览活动,也不利于旅游企业的生产经营活动。

(2)社会政治与经济环境

社会政治与经济环境是一个宽泛的概念。社会政治环境既包含政府对旅游区的有效施政与管理,也涉及当地的社会治安状况、精神文明程度和社会的法治建设水平等。而社会经济环境则主要是指当地的社会经济发展水平、生活物资供应保障条件、投融资条件等。

健康旅游系统发展的外在环境是健康旅游发展的重要载体和依托,其条件的好坏直接影响着健康旅游地的发展。因此,创造一个良好的外部环境是健康旅游得以发展的基

（三）对健康旅游系统中的"事"的研究

健康旅游系统中的"事"是指在该系统中，"人"与"物"之间所发生的各种关系，以及由此引发的各种交往活动。例如，健康旅游消费者与生产者之间的供求关系及其交易活动，消费者、生产者与政府（管理者）之间的服务或管理关系及其相应的活动，以及游客、旅游经营者与旅游地社区居民之间的各种关系和交往活动等，这些都属于健康旅游研究中关于"事"的研究范畴。

1. 供求关系及其交易活动研究

健康旅游系统中的供求关系及其交易活动是健康旅游的核心。没有这些活动，其他所有活动都显得多余且毫无意义。正是健康旅游中的供求关系及其交易活动的进行，才催生了健康旅游系统中的其他活动，使得整个系统充满活力，甚至生机盎然。其重要性不言而喻。

供求关系及其交易活动研究的主要内容是探讨供求规律、供求均衡程度、供求矛盾的表现，并寻求解决措施。一般来说，任何一个健康旅游地的供求均衡都是暂时的、短期的，而不均衡才是常态。因此，不断解决健康旅游地的供求矛盾，追求供求均衡，是我们健康旅游工作者的基本任务之一，对区域旅游经济研究者来说更是如此。

2. 服务或管理关系及其活动研究

服务或管理关系及其活动通常发生在游客、旅游企业经营者与政府（管理者）之间。这两者是服务和被服务、管理与被管理的关系。如果服务与管理政策得当、措施合理，符合旅游经济发展规律和交际行为习惯，且具备很强的公平性、公正性和公益性，那么管理者和被管理者之间的关系通常是协调的，其活动也能顺利进行。这样的管理活动将在和谐顺畅的状态下进行，有利于健康旅游地旅游经济的发展。反之，则会产生不利影响。因此，对健康旅游地管理活动的研究，主要体现在管理政策、管理措施、管理行为和管理效果等多个方面。

3. 游客、旅游经营者与旅游地社区居民间的关系及其交往活动

游客、旅游经营者与旅游地社区居民均是健康旅游经济发展的受益者。通常情况下，游客通过健康旅游活动获得精神的享受、物质的收获以及健康的增强；旅游经营者则通过此类活动实现经营收入的增加、企业的发展和市场竞争力的提升；而旅游地社区居民通过开展健康旅游活动，得到的益处更多，包括经济收入的增加、社会效益的提升，以及生态环境条件的改善，可谓一举多得。

然而，需要强调的是，以上三方利益的获取是建立在合理交往关系的基础之上，且必须遵循一定的行为准则。若离开这些前提条件，三者的利益都难以得到保障，至少无法得到很好的保证。这里所说的"合理的交往关系"和"一定的行为准则"对三者而言都提出了不同的要求。

对于游客而言，应成为文明游客，讲究自己的行为举止，遵守社会公德，尊重旅游地的风土民情和文化，并遵守旅游地或旅游企业对游客在政策法规、交易行为、旅游活动管理等方面的具体要求。

对于旅游企业而言,应向游客提供多样化的旅游产品、公平合理的价格、上乘的产品质量以及一流的服务水平,确保游客高兴而来、满意而归;同时,也应对旅游地社区的社会经济发展、居民生活水平的提高、精神文明的建设以及生态环境条件的改善等方面做出积极贡献。

对于旅游地社区居民而言,应扮演好东道主的角色,以热情欢迎、尊重与厚爱对待游客;同时,也应关心并支持当地旅游企业的发展。

(四)对健康旅游系统所存在的客观环境的研究

健康旅游系统所存在的客观环境包括两大方面:一是自然环境,二是社会环境。

1. 对自然环境的研究

自然环境,又称自然地理环境,是由地球表层中各种自然物质和能量所组成的,它具有一定的地理结构特征,并按照自然规律发展变化。自然地理环境囊括了整个水圈、生物圈、岩石圈、大气圈等,构成了人类进行社会活动的基本空间。自然环境对健康旅游的影响主要体现在以下几个方面:

(1)造就了多样化的健康旅游资源,塑造了各异的自然地理环境

自然地理环境各要素的时空组合不仅形成了丰富多样的健康旅游资源,也塑造了各地独特的自然地理环境。而优越的自然地理环境对旅游经济发展具有极大的促进作用。特别是在人们追求健康旅游的今天,良好的自然地理环境成为了健康旅游经济发展的宝贵财富。例如,海口清新的空气、优质的水源、和煦的阳光等,为其赢得了"全国最适宜居住的城市"的美誉,每天都吸引着数以万计的游人前往;昆明四季如春的气候,则使它获得了"春城"的雅称,成为中国著名的旅游胜地之一。

(2)各自然地理环境要素对健康旅游经济发展起着不同程度的促进与制约作用

例如,地形条件不仅是构成自然风景的基础框架,严重影响着旅游地风景特色的形成,而且直接决定了旅游地的可进入性、旅游经济发展的时间、速度与规模。在水资源匮乏的地区,不仅不利于自然美景的培育、游人的生存,也限制了区域经济(如耗水工业、灌溉农业)的发展。因此,这些地区很难谈得上健康旅游经济的良好发展。

(3)自然环境的承载能力在一定程度上制约着健康旅游经济的发展规模

自然环境容量是指在一定时期内,旅游地的自然生态环境在不致退化的前提下所能容纳的旅游活动量。这一容量是基于当地原有的自然环境质量,并考虑到自然环境对于旅游活动所产生的污染物具有完全的吸收与净化能力,同时旅游活动不会导致其他自然要素发生异向演替,也不会对其他物种造成生存干扰和数量减少的基础上来设定的。

2. 社会环境

社会环境条件主要是指由社会、历史、文化、经济、政策和政府行为等因素所构成的影响区域经济发展的环境。从这些因素的形成条件来看,可分为政府环境、经济环境和社会行为环境三个方面。

(1)政府环境

政府环境主要是指由政府行为各因素(如法律、政策、制度、政府管理与服务等)所构成的环境氛围。在健康旅游经济发展的过程中,各级政府或公共机构通常会为实现一定

的社会经济目标而对区域经济运行进行有目的的干预。一般认为,政府在发动、促进与支持区域经济发展过程中的主要作用包括以下四个方面:第一,为区域经济活动提供一个环境保证,如法治环境、安全保障等;第二,提供公共产品,即那些为社会大众所利用、不具有排他性的产品(如道路)或排他性不能为社会所接受的产品(如基础教育);第三,负责处理社会认为是必要的,但由于投资规模原因(如铁路网建设)或对私人投资者而言缺乏短期获利能力(如环境保护项目),私人部门无法介入的领域;第四,解决或避免由地方经济活动引发的问题,如失业、资源过度利用与破坏、环境污染等。

(2) 经济环境

经济环境指的是一个地区在长期经济发展过程中,由区域经济发达程度、诚信状况、商业道德等多种因素共同形成的环境。

区域经济的发达程度对旅游资源的开发利用以及旅游业的发展具有深远的影响,同时也是投资者重点考量的因素。若一个地区经济发达,基础设施和服务设施完善,那么旅游经济的发展相对会更为顺畅,无论是本地投资还是吸引外地资金都不会面临太大的困难。相反,若一个地区经济衰落,发展前景不明朗,社会经济环境欠佳,则会对区域旅游经济的发展造成极大的阻碍。此外,区域经济的发达程度还会在一定程度上影响区域旅游经济开发中人力、财力、物力的供应能力,以及高新技术的引进和消化吸收能力,从而进一步影响区域旅游经济的发展。

(3) 信用环境

信用环境是指经济主体之间在资金借贷和商品赊销等商业活动中所形成的信用关系的状况。商业信用在经济生活中占据着不可或缺的重要地位。在一个信用环境不佳的地区,各种经济交往都会因缺乏信任而受到严重阻碍,从而影响区域经济的发展。

商业道德是在商业活动中被当地社会所认同并遵循的规范化的基本伦理观念。一个地区的商业道德水平构成了该地区的商业道德环境。在商业经营活动中,有许多责任和利益无法通过契约明确界定,但对当事人却具有重大影响,这就需要依靠商业道德来进行约束。因此,商业道德环境是构成健康旅游经济环境的重要组成部分,必须给予高度重视并加强建设。

(4) 社会行为环境

社会行为环境是指由社会、传统和文化等多种因素所共同构成的环境氛围。它涵盖了道德风尚、风俗习惯、行为模式、信仰、偏好以及人际关系等诸多方面。对于健康旅游经济的发展而言,社会行为环境属于重要的影响因素之一。它直接影响到区域内旅游企业在组织要素、投资决策以及产品生产时,必须充分考虑所处的社会行为环境,并根据具体情况来确定企业的投资、生产和经营行为。例如,良好的道德风尚和行为模式对区域旅游经济的发展具有积极的推动作用,使得企业能够放心地进行投资和经营;而富有特色的风俗习惯则构成旅游地吸引力的一个重要组成部分,可供旅游企业作为旅游资源进行开发利用;同时,和谐的人际关系和文明的行为举止有利于提高旅游地的形象,给游客留下美好的回忆。社会行为环境在任何地区都是客观存在的,其好坏与一个地区对精神文明建设的重视程度密切相关。一般来说,随着社会经济的不断发展,社区政府应积极倡导新文化、新观念、新风尚和新文明,同时反对和废除那些不健康、不文明、不科学的旧风俗、旧习惯、旧传统和旧观念,为包括旅游业在内的区域经济发展创造一个良好的社会行为环境。

　　从以上分析可以看出,健康旅游所研究的对象涉及健康旅游系统及其所在环境,研究内容非常丰富。然而,作为教材用书,我们在内容安排上进行了一定的取舍。例如,在健康旅游系统中关于"人"的部分,我们仅涉及了健康旅游者;在关于"物"的部分,我们仅介绍了健康旅游资源与环境;在关于"事"的部分,我们重点介绍了主要的健康旅游活动类型及其产品形式;而在涉及健康旅游系统所依存的"环境"这部分内容时,我们则安排了环境与健康旅游的相关内容。

第二章 健康旅游研究的基础理论、研究方法和学科联系

第一节 健康旅游研究的相关理论基础

"理论"是指人们对自然、社会现象,依据已有的知识或认知,通过一般化与演绎推理等方法,进行合乎逻辑的推论性总结。科学研究都需要理论支撑,旅游学作为一门交叉学科,借鉴了大量来自经济学、管理学、社会学、心理学的理论和方法。健康旅游研究,作为旅游学研究的一个分支,自然也带有多学科研究的特色。目前,其研究的理论基础主要包括经济学的产业融合理论、心理学的动机需求理论、社会学的和谐理论、旅游学的旅游资源开发和评价理论,以及管理学的利益相关者理论等。

一、健康旅游研究的经济学基础理论——产业融合理论

早在19世纪六七十年代,马克思在《资本论》中指出:在一定条件下,分工程度将会缩小,并在此基础上出现结合生产的现象。这实际上是产业融合思想的雏形。19世纪90年代,马歇尔在《经济学原理》中展示了他对产业融合的预见与感知:"倘若分工越来越细致化,不同行业之间的界线将会缩小,并有越过的可能"。马克思与马歇尔虽是产业融合思想的先驱,但未将其上升至理论高度,没有明确阐述产业融合的内涵与范畴。直到1963年,美国学者Rosenberg在《机械工具产业技术进步》中从技术视角提出产业融合,产业融合的概念才被正式提出。产业融合从本质上来看,强调三方面内容:一是产业间的契合度与关联度是产业融合的基础。二是产业融合是一个技术、业务、组织、管理、市场等全方位融合,循序渐进、逐步深入的动态演化过程。三是曾经清晰的传统产业边界趋于模糊是产业融合的先决条件。

产业融合具有宏观社会层面、中观产业层面、微观企业层面三层次意义。在宏观社会层面,产业融合的意义主要体现在:提高生产力,促进经济增长,催生新兴业态,优化经济结构等。在中观产业层面,产业融合的意义主要体现在:产业创新力提升、产业竞争力增强、产业链拓展、产业价值增值、区域产业联合等。在微观企业层面,产业融合具有产品创新、组织变革、市场改善、资源共享、功能整合、品牌培育等意义。

旅游产业具有综合性的特点,它是多元产业的综合集成,包括住宿业、餐饮业、交通运

输业等传统产业,其内部存在着强烈的互动共生关联。健康旅游本身就是健康产业和旅游产业在游客需求多样化背景下的产物。从产业形态来看,健康旅游具有包容性,能够并且需要与其他产业相互融合、共同发展。作为一个融合型产业,健康旅游产业与养老、医疗等产业具有先天的融合属性和趋势,并且还需要与文化产业、农业等产业融合发展以增加附加值。因此,运用产业融合理论对健康旅游产业面临的现实问题进行系统的研究与讨论,有助于康养旅游产业突破发展瓶颈,增强可持续发展能力。

二、健康旅游研究的心理学基础理论——动机需求理论

谢彦君在《基础旅游学》一书中将旅游动机定义为:旅游行动产生的心理原动力,是驱使旅游行动的力量,它由旅游需要催发,受社会观念和规范标准的影响,直接规定具体旅游行为的内在驱动力。旅游动机理论中,著名的相关理论为推拉理论。托尔曼将驱力理论和期待价值理论结合,将动机分为内在动机和外在动机。内在动机包含以驱力为基础的情感(推的因素),外在动机包含认知(拉的因素)。因此,在旅游业中运用推拉理论时,"推"是指游客因当下生活的压力或不平衡造成的内心紧张等情感,刺激游客产生旅游的需求;而"拉"是指游客通过对旅游目的地的认识和了解,形成自身关于旅游目的地的形象,且目的地某些因素能吸引游客做出选择。推和拉共同作用于旅游者的目的地选择,推的因素激发游客的旅游意愿,拉的因素则促使游客选择特定的旅游目的地。因此,在康养旅游的开发研究中,应从推和拉两方面进行研究,才能从游客的内在旅游需求和目的地吸引力上影响游客决策,增加目的地客流量。

开发健康旅游产品必须依据游客需求进行,需探讨游客的需求,并以此作为健康旅游设计的依据,设计出满足大众需求的健康旅游产品。

三、健康旅游的社会学理论基础——和谐理论

和谐理论的基本思想是在各个子系统中形成一种和谐状态,从而达到整体和谐的目的。和谐管理的要旨在于,组织为达到其目标,在变动的环境中,围绕和谐主题的辨识,通过优化和不确定性消减的手段,提供问题解决方案的实践活动。其中,"和谐主题"指的是:"在特定的环境中,人与物要素互动过程中所产生的核心组织问题。"

和谐理论既可以从管理学的角度去理解,也可以从社会学的角度去探索。在社会学中,和谐理论通常被视为一种应用广泛的综合性理论。它主要关注社会系统中不同部分之间的协调与平衡,强调的是社会系统各组成部分之间的相互联系和相互影响。任何一部分的变化都会对整个社会系统产生影响。因此,和谐理论的目标是寻求一种能使社会系统达到和谐稳定状态的方法。

总的来说,和谐理论是一种以协调、平衡、公正、稳定和创新为核心的理论。它有助于我们理解社会现象的内在联系,并提供解决社会问题的思路和方法。

人与自然的关系是人类需要调节的众多伦理关系中最为基础的一项。健康旅游,作为旅游业的一个分支,将自然环境视为重要的基础性载体。如何平衡人与自然之间的关

系,是健康旅游服务机构必须重视的问题。这促使健康旅游机构合理开发旅游资源,承担起人类对自然生态环境的责任,真正达到"天人合一"的境界。

健康旅游是一种社会经济活动,其每一个环节都与经济存在一定的联系。各利益主体在面对利益冲突时能否维持一定的和谐关系,是健康旅游机构能否得到长久发展的基础条件之一。在和谐理论框架下,健康旅游产业若能使各利益主体间的利益关系和道德伦理问题得到妥善解决,确保资源得到合理分配,避免牺牲一个主体的利益来换取其他主体利益的现象发生,以一种公平的原则实现健康旅游各市场主体间利益关系的和谐稳定,就能确保各利益主体严格遵守市场道德规范。

四、健康旅游研究的旅游学基础理论——旅游产品开发理论

旅游产品开发理论是一个综合性概念,它涉及旅游系统理论、旅游经济学和旅游行为学理论等多个方面。从旅游系统理论的角度来看,无论是 Gunn 的 FTS 模型、McKercher 的旅游混沌模型、Leiper 的空间旅游系统,还是吴必虎提出的旅游系统框架,都表明旅游系统是一个依赖于众多行业的复杂系统。因此,旅游规划必须协调旅游业与这些相关行业的关系,而旅游产品的开发也需要多方面的统筹考虑。

旅游产品开发能否取得成功,与其能否实现预期经济效益有重大关系。因此,旅游产品开发必须运用旅游经济学理论。旅游经济学是运用经济学原理和方法分析旅游活动中的经济现象与规律的一门学科,它关注如何在宏观和微观层面上分配稀缺旅游资源以满足消费者需求,并探讨旅游的影响。由此可见,旅游产品开发最终是面向消费者的,以消费者需求为导向。旅游行为学,又称旅游消费者行为学,以旅游者在旅游活动过程中的特征、规律及影响因素为研究对象。综上所述,旅游产品开发是根据市场需求,对旅游资源、旅游设施、旅游人力资源及旅游景点等进行规划、设计、开发和组合的活动,具有特殊的发展方向和模式。旅游产品开发应遵循特定的原则:首先,应在对自身环境进行分析研究的基础上,进行市场需求、市场环境等的调查研究;再根据这些因素的分析和比较,最终产生出一系列的旅游产品设计方案和规划方案。

健康旅游的发展,面临的首要问题就是将旅游资源开发成旅游产品。这就必须根据相应的开发原则和方法,综合考虑各个方面,对相应的健康资源进行整合,从而组合成适合市场需求的旅游产品。

五、健康旅游研究的管理学基础理论——利益相关理论

Freeman 在 1984 年创作的《战略管理:利益相关者管理的分析方法》中提出:"利益相关者是能够影响一个组织目标的实现,或者能够被组织实现目标过程影响的群体或个人。"这是国内外学术界出现较早且影响较大的关于利益相关者的定义。后来,国内学者综合了多种观点指出,利益相关者是在企业范围内,对企业生产活动进行了专用性投资,并承担了投资风险的个体及群体。它们的投资性活动可以改变或影响企业发展目标,或者它们会在企业实现自身发展目标的过程中受到影响。由此可见,利益相关者理论早期

主要是应用于管理学领域。随着大众旅游的蓬勃发展，旅游发展中的平等参与、组织协作等问题逐渐引起国内外学者们的关注。直至1999年，利益相关者理论被世界旅游组织纳入其推出的《全球旅游伦理规范》一书当中，标志着利益相关者理论正式开始在旅游研究领域进行广泛应用。当前市场经济的发展催生了旅游产业利益主体的分化，参与主体类别越来越多，各类参与主体的角色分工和利益诉求也逐渐明确。利益相关者理论能够为平衡各方资源配置和利益分配问题提供思路，有助于推动旅游行业的均衡发展。细化到康养旅游层面，充分发挥各类利益相关者职能，协调其相互之间的关系也是实现康养旅游产业高质量发展、可持续发展的必然要求。

20世纪90年代末，美国学者提出了一种量化的利益相关者分类方法，称为"Mitchell Score(米切尔评分法)"。该方法以重要性、紧急性和主动性三个属性为出发点，来衡量和评价每个利益相关者，根据评分排序确定利益相关者的具体类型。这种分类方法是对利益相关者理论的一项创新性应用，不仅拓宽了该理论研究的广度，更显著提高了对利益相关者分类的操作可行性和科学性，在学术界受到广泛认可。

旅游活动的复杂性及涉及要素的多样性，注定了旅游活动的相关利益群体的多样性。利益相关者理论一直是旅游学者研究问题的主要理论之一。健康旅游除传统的旅游相关利益群体之外，还必须融入养生和医疗相关群体，使其利益群体更加复杂。因此，利用利益相关者理论平衡各利益群体关系，实现可持续发展具有重要意义。

需要说明的是，以上列举的几个理论为目前我国健康旅游研究中主要利用的相关理论。除此之外，如经济学中的竞争优势理论、区域协调理论，心理学中的感知理论，管理学中的消费者行为理论等，也被用作健康旅游研究的基础理论。随着研究的深入和扩展，会有更多的新视角和新理论被用于健康旅游研究。

第二节 健康旅游研究方法

作为一门以寻求真实为本质的科学，健康旅游也应坚守价值中立、可重复性、逻辑上可信与事实上可验证的科学准则。作为旅游学研究的一个分支，健康旅游可以从旅游学的研究方法中汲取养分。经过几十年的发展与多学科学者的共同努力，旅游学研究已形成了一套较为成熟的研究范式和方法，并涌现出一些优秀的专门著作，如澳大利亚学者A.J.维尔(A.J.VEAL)的《旅游与休闲研究方法》和我国旅游学者谢彦君的《旅游研究方法》。旅游研究人员若需系统学习旅游研究方法，可参考这些著作。本书的主要目的是系统介绍健康旅游的内容，而关于健康旅游的研究方法，仅作为本书的一个章节简要概述。

一、健康旅游的哲学研究方法——辩证分析方法

辩证分析法是一种哲学思维方法，旨在通过综合性地思考和分析事物的矛盾、变化和发展，揭示事物内部的矛盾关系，并把握其发展的规律性。这一方法的起源可追溯至古希

腊哲学,后在马克思主义哲学中得到了深入的发展和运用。

辩证分析法的萌芽可以追溯到古希腊哲学家赫拉克利特和希波克拉底,他们分别提出了"一切流动"和"万物皆有矛盾"的思想。然而,在古代,辩证法并未形成系统的理论体系。直至19世纪,德国哲学家黑格尔将辩证法发展成为一种哲学方法,他认为事物的发展是通过矛盾的斗争来实现的。

马克思和恩格斯对黑格尔的辩证法进行了批判性的继承和发展,创立了唯物辩证法,这成为辩证法的一个重要分支。他们将辩证法与历史唯物主义相结合,强调矛盾的普遍性和事物的发展规律,并将辩证法应用于对社会现象、历史变革等的分析。

辩证分析方法是一种基于辩证唯物主义思想的分析方法,它通过对事物的矛盾运动和发展过程进行综合、深入、全面的分析。在研究中,辩证分析方法强调对事物的内在联系、矛盾及其解决,以及事物发展的规律性进行深入思考和探究。在旅游研究中,辩证分析方法能够帮助研究者更全面地理解旅游现象和问题,揭示其中的矛盾和发展规律。辩证分析方法是一种抽象的方法,它上升到哲学思维的高度,已经涉及到认识论层面。在健康旅游研究中,辩证分析方法的应用主要包括以下几种:

（一）矛盾分析

辩证分析方法强调矛盾是事物发展的动力。通过分析矛盾的存在、斗争和解决,可以揭示事物发展的内在机制。在健康旅游研究中,我们可以通过分析健康旅游内外的矛盾,如健康旅游资源开发与保护的矛盾、健康旅游需求与供给的矛盾等,来探讨如何促进健康旅游的可持续发展。

（二）全面分析与综合分析

辩证分析方法注重从多个方面、多个角度对事物进行全面的分析,以避免片面性和表面性。在健康旅游研究中,我们可以从经济、社会、文化、环境等多个维度对旅游问题进行综合考虑,以获取更深刻的洞察。

（三）发展规律性

辩证分析方法关注事物发展的规律性和趋势。通过分析事物的历史变化和未来趋势,我们可以预测并引导事物的发展。在健康旅游研究中,我们可以分析健康旅游的发展阶段、趋势和变化规律,为政策制定和规划提供依据。

（四）主体性与实践性

辩证分析方法强调人的能动性和实践作用。研究者在分析中应积极参与、深入实践,探索解决问题的方法和途径。在健康旅游研究中,我们可以通过实地调查、参与观察等方式获取实践性数据,从而更准确地分析和解决旅游问题。

（五）变革和创新

辩证分析方法鼓励寻找事物内部的矛盾和不足,以促进变革和创新。在健康旅游研究中,可以通过分析现有问题和挑战,提出新的思路和方法,从而推动健康旅游的改善与创新。

总之,辩证分析方法在旅游研究中能够帮助研究者深入理解旅游现象的本质,揭示其内在的矛盾和发展规律,为旅游业的发展和管理提供更全面、深刻的思考与指导。

二、健康旅游的具体研究方法

(一)定量研究方法

定量研究是对社会现象的数量特征、数量关系与数量变化进行分析的方法。要考察和研究事物的量,就需运用数学工具对事物进行数量分析。定量研究,也称量化研究,是社会科学领域的一种基本研究范式,也是科学研究的重要步骤和方法之一。在健康旅游研究中,具体运用到的定量方法包括统计分析法、关联分析法、实验分析法。

1. 统计分析方法

统计分析方法是一种利用统计学原理和技术对数据进行处理、分析和解释的方法。在健康旅游研究中,统计分析方法帮助研究者从收集到的大量数据中提取有用信息,揭示趋势、规律和关联,以支持决策和研究结论。常见的统计分析方法主要包括以下几种:

(1)描述性统计分析

描述性统计分析用于总结和描述数据的基本特征,如均值、中位数、标准差、频率分布等,帮助研究者理解数据的分布和变异程度。在旅游研究中,描述性统计分析有广泛应用,它可以帮助研究者更好地理解旅游相关数据的基本特征、趋势和分布情况,从而为研究提供有关旅游行为、偏好和趋势的重要信息。在健康旅游研究中,该方法可用于健康旅游者特征分析、推广效果评估等。

描述性统计分析在健康旅游研究中起到了洞察和概括数据的重要作用,为研究者提供了基础性的信息,帮助他们更好地理解旅游现象、行为和趋势,从而为决策制定和深入分析提供支持。

(2)推论性统计分析

推论性统计分析是通过对样本数据进行分析,从而对总体进行推断的方法。常见的推论性统计方法包括假设检验、置信区间估计、方差分析等。推论性统计分析是一种基于样本数据对总体进行推断的统计分析方法,其主要目的是通过从一个相对较小的样本中获得的信息,来推断整个总体的性质、关系或特征。在旅游研究中,推论性统计分析扮演着重要角色,它可以帮助研究者得出关于旅游现象的普遍性结论,并为政策制定、市场策略等提供科学依据。

通过推论性统计分析,研究者能够利用相对较小的样本数据,对总体情况做出合理的推断和结论。这有助于揭示健康旅游现象的规律和趋势,为健康旅游决策提供科学支持。然而,需要注意的是,在进行推论性统计分析时,必须确保样本的随机性和代表性,并遵循适当的统计假设和方法。回归分析和相关分析是经常用到的方法,下文将对此展开详细介绍。

(3) 回归分析

回归分析用于研究变量之间的关系,特别是因变量与一个或多个自变量之间的关系。线性回归和多元回归是常见的回归方法,在旅游研究中可用于分析影响因素和进行预测。回归分析在旅游研究中有广泛应用,它是一种重要的统计方法,用于探究不同变量之间的关系,尤其是用于建立预测模型。通过回归分析,研究人员可以理解健康旅游者选择特定目的地的动因。具体做法是,将目的地选择作为因变量,而将旅游者特征、目的地特点、交通便利性等作为自变量,以此揭示不同因素对游客目的地选择的影响。

需要注意的是,回归分析需要满足一些前提条件,如线性关系、独立性、同方差性等。同时,选择合适的自变量、样本数据的采集和处理,以及模型的评价与解释,都是回归分析的重要步骤。总之,回归分析在旅游研究中有着多种应用,它有助于揭示不同因素之间的关系,为决策制定和市场策略提供科学依据。

(4) 相关分析

相关分析用于衡量两个或多个变量之间的相关性强度和方向。Pearson 相关系数和 Spearman 等级相关系数是常用的相关分析方法。在旅游研究中,相关分析是一种常用的统计方法,用来研究两个或多个变量之间的关联程度。它可以帮助研究人员理解变量之间的关系,揭示可能存在的相关性,从而更好地理解旅游现象。以下是相关分析在健康旅游研究中的一些具体应用。

(5) 因子分析

因子分析用于降维和整合多个变量,以揭示隐藏的结构关系。在旅游研究中,它可以用于识别影响旅游体验和满意度的关键因素。因子分析是一种常用的多变量统计分析方法,旨在揭示多个变量之间的潜在结构和关系。

需要注意的是,因子分析的结果应结合领域知识和研究背景进行解释和应用。在应用因子分析时,还需考虑样本大小、数据的合理性以及分析方法的选择等因素,以确保分析结果的可靠性和有效性。

(6) 聚类分析

聚类分析将数据分成类似的群组,帮助发现数据中的模式和类别。在旅游研究中,它可以用于对游客进行分群,了解不同群体的特征。聚类分析是一种常用的数据挖掘和统计分析方法,它能够将相似的样本或观察对象归为同一组,从而帮助揭示数据中的内在模式和结构。在健康旅游研究中,聚类分析可以帮助研究人员理解不同游客群体的满意度特点。通过对健康旅游者满意度调查数据进行聚类分析,可以发现不同群体在满意度上的差异和共同点,为健康旅游企业改善服务提供有针对性的建议。

在应用聚类分析时,需要选择适当的聚类方法(如层次聚类、k 均值聚类等)和合适的变量进行分析,同时也需要对分析结果进行解释和验证,以确保得到有意义且可靠的结论。

这些统计分析方法可以根据研究问题和数据类型的不同进行选择和应用,帮助研究者深入理解健康旅游现象,从而做出准确的分析和结论。

2. 关联分析方法

关联分析法(Association Analysis),也被称为关联规则挖掘(Association Rule Mining),是一种数据挖掘技术,用于发现数据集中项目之间的关联关系。该方法主要用于寻找数据集中频繁出现的项集(itemset)之间的关联规则,这些规则有助于揭示不同项之间的联系和依赖性。最典型的应用是在市场篮子分析中,用于发现购物篮中商品之间的关联关系,从而进行交叉销售、推荐等。

关联分析法最早是由 IBM 研究员 Agrawal 和 Srikant 于 1993 年提出的。他们的研究聚焦于从大规模交易数据中发现频繁项集,并推导出这些频繁项集之间的关联规则。此后,关联分析方法逐渐被广泛应用于市场营销、销售、客户行为分析等领域。发展至今,随着大数据时代的到来,关联分析方法在商业智能、网络分析、医疗健康等领域也得到了广泛应用。

关联分析(Association Analysis)是一种用于挖掘数据集中项目之间关联关系的统计方法。在旅游研究中,关联分析可以揭示旅游数据中的规律和关系,帮助研究人员了解不同元素之间的关联程度,从而为旅游业务决策提供有价值的信息。在健康旅游研究中,关联分析可应用于市场篮分析、旅游项目关联性分析、健康旅游市场细分、健康旅游推荐系统、健康旅游景区(点)关联度分析以及健康旅游营销策略优化等方面。

3. 实验分析法

实验法是指有目的地控制一定条件或创设特定情境,以引发被测试者某些心理活动从而进行研究的一种方法。实验法分为实验室实验法和自然实验法两种。

实验室实验法,是指在实验室内利用特定设施,控制一定条件,并借助专门实验仪器进行研究的一种方法。它用于探索自变量和因变量之间的关系。实验室实验法便于严格控制各种因素,并能通过专门仪器进行测试和记录实验数据,通常具有较高的信度。这种方法多用于研究心理过程和某些心理活动的生理机制等方面的问题,但在研究个性心理和其他较复杂的心理现象时,仍有一定的局限性。

自然实验法,则是在日常生活等自然条件下,有目的、有计划地创设和控制一定条件来进行研究的一种方法。自然实验法比较贴近人的生活实际,易于实施,同时兼具实验法和观察法的优点,因此被广泛用于研究旅游心理学、旅游消费心理学和社会健康心理学的大量课题。

除了以上健康旅游研究中经常使用的基本方法外,还有一些特殊场景下所使用的方法。例如,在对一个地区的健康旅游发展条件进行分析时,经常用到地理科学的区域差异分析法、综合要素分析法;在对旅游者进行健康状况分析时,会使用医学的亚健康状态检测法、康奈尔医学指数(CORNER MEDICAL INDEX, CMI)和症状自评量表(SCL-90);在进行健康旅游资源评价时,会用到加权求和多指标综合评价模型等。特别是在健康环境评价时,有时会涉及大气环境、水环境、土壤环境、光环境、噪声环境等多种因素,所使用的评价方法更是多种多样。如气象气候评价中的气候舒适指数评价、空气负离子评价、空气污染指数评价;水环境评价中的单项水质参数评价、多项水质参数综合评价、水质感官适宜性评价;土壤环境评价中的土壤踩踏影响指数、土壤污染指数;光环境评价中的眩光指数评价;噪声评价中的工矿企业环境噪声影响评价方法、铁路(或公路)噪声环境影响评价方法等。

(二) 定性研究方法

"定性"是用来描述一类研究方法和手段的术语,这些方法和手段使用定性信息而非定量信息进行研究,从而得出的研究结果也是定性的。总体而言,定性的方法倾向于从相对较少的事例中收集大量丰富的信息,而不是像典型的定量研究那样,采集大量事例但在每个事例中仅收集非常有限的信息。具体可行的方法包括:访谈法、参与式观察、文本分析等。

1. 访谈法

访谈法涉及对研究对象进行集体或个别访谈。在访谈过程中,访谈者扮演着讨论润滑剂的角色,而非仅仅是一个普通的访谈者。访谈法适用于以下情形:当一项研究中某个特殊群体至关重要,但该群体成员数量稀少,以至于在常规调查中其代表性不足。例如,少数民族成员或残疾人群成员。

选择一名或一组受访者(通常由 5 至 12 名参与者组成),选中他们参与访谈,可能是因为他们在群体中恰好是研究者能够接触到的人,或者他们是对调查有特别帮助的特定群体成员,如某一特定地区的居民、某健康俱乐部的成员、一组参加健康旅游团的人。这些人可能相互认识,也可能互不相识。

通常的程序是对他们的讨论进行录音,并为研究人员制作录音摘要。过程可以是非正式的,但访谈者(或讨论的引导者)仍需对讨论进行引导,并确保话题的各个方面都能得到讨论。此外,在群体访谈中,确保小组内的每个人都有发言机会,并防止一两个爱发表意见的人主导讨论,也是访谈者的任务。

2. 参与式观察

在参与式观察中,研究者成为所研究社交过程的一名参与者。这种方法在休闲和旅游业研究的许多类型中经常被采用。例如,若研究者要探究某停车场或海边度假区的使用情况,他们可以轻易地花上一段时间亲自体验。这是参与式观察法最简单的一种应用。传统上,这个过程要求研究者与研究对象之间有更多的互动。在许多情境下,某种形式的参与式观察是研究特定现象的唯一途径。

参与式观察引发了许多实际应用和策略上的问题。例如,在许多情况下,进入感兴趣的社会环境可能成为一个难题。比如,想要融入一个组织严密的群体,进入社会环境后,是应该伪装成群体中的典型成员,用看似真实的方式来隐瞒身份(例如,假扮成记者或作家),还是坦诚自己是一个研究者。在受研究群体中,最容易与之沟通的是那些最友好、最健谈的人,但这样获得的关于该群体行为和观点的判断可能会存在偏差。

另一个需要面对的实际问题是如何记录信息。如果研究者没有表明自己的研究者身份,就不能做笔记,也不能使用录音机进行录音。即使研究者已经公开了自己的身份,或是假扮了其他看似真实的身份,使用录音机等设备也可能会干扰研究者试图与群体成员建立的自然和谐关系。信息记录可能成为一个问题,尤其是当研究者隐瞒了自己的身份时。然而,有规律且详细地记录信息又是基本的数据收集方法。在某些情况下,照相、录像和录音可以作为辅助手段。

3. 文本分析方法

文本（文本）主要指由一定的符号或符码组成的信息结构体，这种结构体能够以不同的形式表现，如语言的、文字的、影像的等等。文本由特定的人制作而成，其语义必然会反映出人的特定立场、观点、价值和利益等意识形态内容。而文本分析法（文本分析）指的是从文本的表层深入到文本的深层，从而发现那些普通阅读难以把握的深层意义。

文本分析的理论资源源自阐释学和人文主义，存在几种不同的研究取向，比如以罗兰·巴尔特为代表的符号学分析法、着重于故事分析与叙述视角分析的叙述学分析法、兼顾宏观社会环境和微观文本解构的互文与对话理论、德里达的解构主义分析法、文本社会学研究方法和英国文化研究等。这些方法对文本（相关报告、评论）的分析，构成了一些人文学科的基础，例如英语研究、传媒研究和文化研究。当研究者将他们的注意力从这些学科中转移到休闲和旅游业的问题上来，且休闲、旅游业与文化产品之间的关系已经得到人们认识时，这种方法便会在休闲和旅游业的研究中扮演越来越重要的角色。这里的文本不仅包括文字性的材料，也包括图片、海报、音乐、电影和电视节目。特别是近些年，在线旅游平台和自媒体的发展，使得游客网络评论成为文本分析的重要资料。

4. 案例研究法

案例分析方法，亦称个案分析方法或典型分析方法，是一种科学分析方法，旨在对有代表性的事物（现象）进行深入、周密而仔细的研究，从而获得总体认识。利用案例分析法，既可以对某个旅游者、旅游工作者进行长时间的、连续的观察、了解，研究其心理、行为发展变化的全过程，然后得出结论性的判断；当然，也可以利用该方法对某个旅游企业进行研究。

该方法的分析研究步骤为：

① 依据分析目的，选择有代表性的事件作为分析研究对象；

② 全面收集有关被选对象的资料，包括直接资料和间接资料。可以收集他人对该对象研究的间接资料，但主要收集的是第一手资料（直接资料），包括事件参与者亲自撰写的实验记录、学术报告、著作、论文及笔记等，尤其重视收集系统的数据资料；

③ 系统地整理收集到的资料，依据分析研究的项目和内容进行分类；

④ 对所要求分析的内容（如特征、属性、关系等）进行逐项分析研究；

⑤ 对各项分析结果进行综合分析，探求反映总体的规律性认识。

该法既可用来为某种假说作论证，又可将得到的研究成果作为进行更广泛研究的基础。在从个别到一般或从一般到个别的认识过程中，它均能发挥作用。该分析法具有代表性、系统性、深刻性、具体性等特点。但是，该方法也有一定的局限性，个别不等于一般，而且在选取研究对象时存在一定的主观随意性。在实际研究工作中，应与其他研究方法结合起来使用。

三、健康旅游研究数据收集方法

在研究中，数据类型主要分为第一手资料和第二手资料。

第一手资料，又称原始资料，主要是调研者直接从被调研对象那里收集到的关于消费需求、消费结构、市场竞争等方面的信息资料。它是研究人员根据当前特定需要,通过现场实地调查,直接向相关调研对象收集的资料。第一手资料具有实证性、生动性和可读性的优点,其特点是证据直接,准确性与科学性强。

第二手资料,则是经过他人收集、记录、整理所积累的各种数据和资料。它并非研究人员亲自调查取得,而是来源于公开出版或公开报道的材料,以及他人调查的数据。在当今数据时代,获取二手资料变得极为便利,但同时也增加了我们识别资料科学性的难度。一般来说,评估二手数据的标准有三个:(1)公正性,指提供数据的人员或组织不怀有偏见或恶意;(2)有效性,指研究人员是否采用了科学的测量方法来收集数据;(3)可靠性,指从某一群体中抽出的样本数据能否准确反映整个群体的实际情况。关于二手资料的获取,本书不加赘述,下面对一手资料获取的主要方法进行简要概述。

(一) 问卷调查

问卷调查是收集定量数据的常用方法。研究者设计一系列问题,然后将问卷分发给目标受众,以收集他们的回答。问卷内容可以涵盖健康旅游者的个人信息、旅游偏好、满意度、消费行为等方面。通过分析问卷数据,可以了解健康旅游者的特征、需求和态度。

(二) 访谈调查

访谈是一种用于收集定性数据的方法。研究者通过与健康旅游者进行面对面或电话访谈,深入了解他们的观点、经历和态度。访谈调查能够揭示游客更深层次的看法和情感,帮助研究者更深入地理解健康旅游现象。

(三) 焦点小组讨论

焦点小组是由一小组参与者组成的讨论会,研究者引导他们就特定主题进行讨论。这种方法可以收集多个参与者的观点,并探讨他们之间的共同点和差异。

(四) 观察研究

观察研究是通过直接观察健康旅游者在旅游环境中的行为和互动来收集数据的方法。观察可以是非参与性的(观察者仅进行观察,不进行干预)或参与性的(观察者与游客进行互动)。观察能够揭示健康旅游者的实际行为,例如游览路线、参与的活动等。

(五) 内容分析

内容分析是对文本、图像、视频等内容进行系统分析的一种方法,可用于分析健康旅游相关的媒体报道、社交媒体内容等。内容分析有助于研究者了解公众对健康旅游目的地或产品的看法和态度。

(六) 数据挖掘

数据挖掘是从大规模数据集中自动发现模式、关联和趋势的方法。在健康旅游研究中,数据挖掘能够帮助研究者发现隐藏在数据中的有价值信息,如健康旅游者的偏好、行为模式等。

（七）在线调查

随着互联网的发展，在线调查变得越来越普遍。研究者可以利用在线调查平台设计和分发问卷，从全球范围内收集数据，并更方便地进行分析和处理。

（八）地理信息系统（GIS）分析

GIS 技术能够将地理空间信息与其他数据集整合，用于分析健康旅游目的地的空间分布、健康旅游者的流动等情况，有助于规划和管理旅游资源。

不同的调查分析方法适用于不同的研究目的和问题，研究者可以根据需要选择合适的方法或结合多种方法进行综合分析。

第三节 健康旅游研究与其他学科的关系

健康旅游，作为健康服务与旅游深度融合发展的新业态，是一个高收益的专项细分市场和利基市场。伴随着健康旅游市场的蓬勃发展，健康旅游研究在我国也正处于高速发展阶段。健康旅游学，作为一个新兴的研究领域，与旅游学、心理学、环境学、营养学等其他学科紧密相连，既从这些学科中汲取营养，又促进了相关学科的丰富与扩展。

一、与旅游学的关系

健康旅游研究与旅游学之间存在着紧密的联系。健康旅游研究是旅游学的一个重要分支，两者相互影响、相互交叉，共同推动了旅游领域的发展和深化。它们相互依存、相互促进。关于健康旅游研究与旅游学的关系，可以从以下几个方面进行理解：

（一）健康旅游研究的背景

随着人们生活水平的提高和健康意识的增强，健康旅游逐渐崭露头角。人们在旅行中不仅追求风景和娱乐，还更加关注身体健康和心理舒适。这一趋势使得健康旅游逐渐成为旅游业的一个重要分支，需要深入研究来理解其特点、需求和发展模式。

（二）健康旅游研究的内容

健康旅游研究聚焦于旅游与健康领域的结合，涉及旅游对人体身心健康的影响、旅游与医疗保健的关系、旅游与心理健康的联系等方面。这些研究内容需要借助旅游学的理论和方法，来探讨旅游与健康的相互作用，从而更好地满足人们对于健康、休闲和娱乐的需求。

（三）旅游学的贡献

旅游学，作为一个综合性学科，涵盖了旅游的各个方面，包括旅游行为、旅游市场、旅游规划、旅游管理等。在健康旅游研究中，旅游学能够为健康旅游提供理论支持和方法指导，帮助分析和预测健康旅游市场的需求和趋势，制定科学合理的旅游规划和管理措施，从而推动健康旅游的可持续发展。

（四）健康旅游的影响

同时，健康旅游的发展也对旅游学产生了积极影响。作为新兴的旅游形式，健康旅游为旅游学领域带来了新的研究方向和挑战，激发了学者对旅游与健康关系的深入思考和研究，丰富了旅游学的理论体系和实践应用。

（五）跨学科交叉

健康旅游研究涉及医学、心理学、社会学等多个学科，与旅游学的交叉合作也促进了不同领域之间的合作和知识共享。例如，心理学可以研究旅游对人们心理健康的影响，医学可以探讨旅游对身体健康的益处，而旅游学则能够整合这些不同领域的研究成果，形成更全面的理解。

综上所述，健康旅游研究与旅游学密切关联。旅游学提供了理论基础和方法支持，帮助解析健康旅游的发展模式和市场需求；同时，健康旅游的兴起也丰富了旅游学领域的研究内容和创新思路，促进了跨学科的合作与发展。

二、与心理学的关系

健康旅游研究与心理学之间存在着密切的关系，两者相互影响、相互交叉，共同为探究人们在旅游过程中的心理体验、需求和健康效益提供了深入的理解和解释。首先，健康旅游研究需要关注游客的心理健康；其次，心理学也可以为健康旅游业提供支持。健康旅游研究与心理学的关系可以从以下几个方面进行认识：

（一）健康旅游研究关注心理健康

健康旅游研究的一个重要方向是探究旅游对人们心理健康的影响。心理健康是人们生活质量的重要组成部分，而旅游作为一种休闲和娱乐活动，对人们的心理状态具有重要影响。健康旅游研究可以借助心理学的理论和方法，分析旅游活动对个体情绪、压力、满足感等方面的影响，进而揭示旅游如何促进心理健康。

（二）旅游对心理需求的满足

健康旅游不仅满足了人们身体上的休息和放松，还满足了心理层面的需求。心理学研究可以帮助我们理解人们旅游的动机和期望，如逃避日常压力、寻求新奇体验、满足探索欲望等。同时，健康旅游还能够改善人们的情感状态，缓解焦虑和抑郁等心理问题，这与心理学的干预和治疗方法息息相关。

（三）旅游的心理体验

心理学有助于解析旅游的心理体验过程。人们在旅游中会经历兴奋、满足、期待、放松等多种情绪，心理学可以深入探讨这些情绪的产生机制、影响因素和变化规律。通过研究健康旅游的心理体验，可以更好地了解人们对于不同类型旅游的情感反应，从而优化健康旅游产品和服务的设计。

（四）健康旅游的心理干预

在健康旅游中，心理学的干预方法也有着重要应用。例如，在旅游活动中融入心理健康教育、放松训练、心理咨询等，可以帮助旅游者更好地管理压力、放松身心，从而获得更好的健康效益。

（五）旅游的心理适应和应对

健康旅游中常常伴随着新环境、陌生文化等因素，这要求健康旅游者进行心理适应和应对。心理学可以研究旅游者的适应过程，探究不同人群在旅游中的心理反应和应对策略，为提供针对性的旅游建议和服务奠定理论基础。

综上所述，健康旅游研究与心理学之间紧密相连。心理学为健康旅游研究提供了理论框架和方法论支持，同时健康旅游也为心理学提供了实践场景和研究对象，两者共同推动了这一领域的发展和深化。

三、与环境学的关系

健康旅游研究与环境学之间存在着密切的关系，这两个领域相互交叉影响，共同关注旅游活动对自然环境的影响以及如何通过健康旅游的方式促进环境保护和可持续发展。首先，健康旅游业的发展需要依托于环境保护；其次，环境学也可以为健康旅游业提供支持。此外，健康旅游研究中还涉及了与环境相关的问题。健康旅游研究与环境学的关系可以从以下几个方面进行认识：

（一）健康旅游与自然环境

健康旅游强调人们通过旅游活动来改善身体和心理健康，而自然环境作为健康旅游的重要组成部分之一，具有独特的治愈效果。自然风光、清新空气、宁静的自然声音等都对旅游者的心理健康产生积极影响。健康旅游研究关注旅游者在自然环境中的感知、体验和心理效益，探究不同类型自然环境对旅游者健康的影响。

（二）健康旅游与生态环境

健康旅游的发展必须与生态环境保护相结合。健康旅游不仅要满足旅游者的健康需求，还要确保旅游活动对生态环境的影响最小化。环境学研究了生态系统的结构、功能和相互关系,对于评估旅游活动对自然环境的影响以及提出环保建议具有重要意义。健康旅游研究需要考虑如何在满足旅游者需求的同时保护生态系统,以实现健康与环保的双重目标。

(三)健康旅游与可持续发展

环境学强调可持续发展,即满足当前需求而不危及未来世代的需求。健康旅游的可持续发展需要考虑社会、经济和环境三方面的平衡。环境学提供了可持续发展的理论框架和方法,可以帮助健康旅游研究者制定可持续的旅游策略,促进旅游业的长期发展并保护自然环境。

(四)健康旅游的自然疗法

健康旅游中的一种重要形式是自然疗法,即通过自然环境的元素(如气候、水、土壤等)来改善人体健康。环境学研究这些自然元素对人体健康的影响机制,有助于揭示自然疗法的科学基础,并为健康旅游的设计和推广提供依据。

(五)健康旅游的环境教育

健康旅游可以成为促进环境教育的途径之一。通过旅游活动,人们能更深入地了解自然环境的重要性,培养环保意识,并推动社会对环境保护的关注和行动。环境学的知识可用于开发旅游项目,通过引导旅游者亲身体验、参与环保活动等,增强他们对环境的认知和理解。

综上所述,健康旅游研究与环境学之间的关系体现在环境对健康旅游的影响、健康旅游如何促进环境保护以及如何实现可持续的健康旅游发展等多个方面。这种关系有助于确保旅游业的可持续性,同时使人们在享受健康旅游的同时,更好地认识和珍惜自然环境。

四、健康旅游与运动学的关系

健康旅游研究与运动学之间存在着密切的关系,两者相互交叉影响,共同关注人们通过旅游活动中的运动参与对身体健康和心理健康的影响,以及如何在旅游过程中促进人们的运动行为,以达到健康促进和全面福祉的目标。首先,健康旅游业的发展需要依托于体育运动;其次,运动学也可以为健康旅游业提供支持。健康旅游研究与运动学的关系可以从以下几个方面进行认识:

(一)运动旅游与健康旅游

运动旅游是健康旅游的一种重要形式,强调通过体育运动和户外活动来增进健康。人们通过徒步、徒步旅行、骑行、登山、滑雪等运动形式,不仅可以锻炼身体、增强体能,还能享受自然风光,释放压力,改善心理健康。健康旅游研究关注运动旅游对健康的积极影响,深入探讨不同运动形式对身心健康的效益,以及如何将运动与旅游结合,实现全面的健康效果。

(二) 运动旅游的促进效应

健康旅游研究强调旅游活动对身体和心理的积极影响,而运动作为健康促进的一种方式,可以在旅游中得到有效实现。通过旅游目的地的设计和规划,可以提供丰富的运动项目和设施,鼓励旅游者积极参与运动,达到锻炼身体、减压放松的效果。这进一步体现了健康旅游研究与运动学的交叉关系。

(三) 运动旅游的目的地选择

运动旅游强调旅游者在健身和体育运动方面的需求。健康旅游研究可以分析旅游者的健康需求和喜好,为他们提供适合的运动目的地选择。不同地区的运动资源、设施以及运动文化都会影响旅游者的选择,同时也会影响他们在运动旅游中的满意度和体验。

(四) 运动旅游的心理影响

运动不仅对身体健康有益,还对心理健康产生积极影响。运动可以释放压力、缓解焦虑、提升情绪,有助于改善心理状态。健康旅游研究可以探究运动旅游对旅游者心理健康的影响机制,从认知、情感和行为等多个角度分析运动旅游的心理效应。

(五) 促进健康生活方式

运动旅游有助于促进人们养成积极的健康生活方式。通过参与运动旅游,人们可以在旅游活动中感受到运动的乐趣和价值,进而在日常生活中更加重视运动,养成良好的运动习惯。健康旅游研究可以探究如何通过运动旅游培养人们的健康意识,引导他们在日常生活中更多地参与运动活动。

综上所述,健康旅游研究与运动学之间的关系体现在运动旅游对健康的积极影响、运动在旅游中的应用、运动活动对目的地选择的影响、运动对心理健康的影响以及促进健康生活方式等多个方面。两者的交叉研究有助于更好地理解健康旅游的效益,为旅游者提供更加全面的健康体验。

五、与文化学的关系

健康旅游研究与文化学之间存在着紧密的关系。文化是健康旅游的重要组成部分,两者相互影响并共同塑造了旅游活动的特色和体验。健康旅游研究和文化的关系可以从以下几个方面进行认识:

(一) 文化对健康旅游的影响

文化是一种社会群体共同的信仰、价值观、习惯、传统和艺术表现等的体现,它对健康旅游的发展和形态产生深远影响。在不同地区和社会中,人们对健康和旅游的理解和追求会因文化差异而有所不同。例如,一些地区的传统疗法、草药治疗、冥想和瑜伽等健康实践可能与特定的文化观念密切相关。因此,了解和尊重不同文化对健康的认知和实践,有助于为健康旅游提供更符合当地文化特点的体验。

(二)文化体验的健康效应

文化活动和体验在旅游中具有重要地位,它们可以带来积极的心理和生理健康效应。参与当地的文化活动、艺术表演、宗教仪式等,可以促进心灵的宁静与放松,增强人们的幸福感和满足感。这些文化体验有助于减轻压力、改善心情,对健康旅游的全面效益具有积极的影响。

(三)文化资源的整合与开发

在旅游目的地的开发中,健康旅游往往会充分整合当地的文化资源,这包括民俗文化、传统医疗、风土人情等。将健康旅游与文化元素有机结合,可以为旅游者提供独特的文化体验,吸引他们前来参与,同时也有助于保护和传承当地的文化传统。

(四)文化因素的市场吸引力

一些地区因其独特的文化背景和传统而成为热门的健康旅游目的地。例如,一些寺庙、宗教圣地、古老村落等,常常因其历史悠久的文化底蕴和独特的文化氛围而受到游客的追捧。医药文化、体育文化、武术文化,以及温泉文化、环境文化等,都可以在健康旅游研究中探讨这些文化因素在旅游市场中的吸引力和影响。

(五)跨文化交流与健康促进

健康旅游可以促进不同文化之间的交流与互动。通过跨文化的体验,人们可以了解其他文化的养生和健康传统,借鉴其他文化的健康实践。这有助于丰富个人的健康知识,拓宽视野,实现全面的健康促进。

综上所述,健康旅游研究与文化学之间的关系表现在文化对健康旅游的影响、文化体验的健康效应、文化资源的整合与开发、文化因素的市场吸引力,以及跨文化交流与健康促进等多个方面。两者相互交融,为旅游活动赋予了丰富的内涵和价值,也为文化的传承和发展提供了新的平台和机遇。

六、与养生学的关系

健康旅游研究与养生学之间存在着密切的关系。养生学作为一门研究人类健康与长寿的学科,与健康旅游的理念和实践紧密相连。首先,健康旅游是一种基于健康设施、自然环境与健康项目的一类旅游产品;其次,在健康旅游中,养生学是一个重要的研究领域。健康旅游研究和养生学的关系可以从以下几个方面进行认识:

(一)健康旅游与养生实践的结合

健康旅游强调通过旅行体验来提升身心健康,而养生学则关注通过特定的生活方式、饮食、锻炼等手段来维护健康和预防疾病。健康旅游往往提供了一个促使人们参与养生实践的机会，例如，在健康旅游中可以参与瑜伽、冥想、温泉疗法等养生活动，将旅游与养生紧密结合，达到身体健康和心灵愉悦的双重效果。

（二）传统养生文化的应用

很多健康旅游目的地常常融入了传统的养生文化元素，如中医养生、气功、草药疗法等。旅游者可以在健康旅游中接触到并学习传统的养生知识和技巧，将这些知识融入到日常生活中，从而实现健康促进的目标。

（三）健康教育与宣传

健康旅游可以成为传播养生知识和理念的平台。旅游目的地常常会开展健康教育活动，向游客介绍当地的养生传统、健康习惯等。这种方式能够提高游客对健康的认识，增加他们对养生实践的兴趣和意愿。

（四）科学研究与创新

健康旅游研究可以促进养生学的科学研究和创新。通过对健康旅游的实践和效果进行研究，可以深入了解养生方法在不同环境下的适用性和效果。这有助于不断优化养生方法，使其更符合现代人的需求和健康状态。

（五）跨学科合作

健康旅游研究和养生学的交叉，促进了不同领域的跨学科合作。养生学涉及医学、营养学、心理学等多个学科，而健康旅游涵盖了旅游学、社会学、心理学等多个领域。这种跨学科合作可以促进更全面、多角度的研究和探讨，为人们提供更有效的健康促进方法。

综上所述，健康旅游研究与养生学之间的关系表现在结合养生实践、应用传统养生文化、传播健康知识、推动科学研究和跨学科合作等多个方面。这种关系不仅丰富了健康旅游的内涵，也为养生学的发展和应用提供了新的途径和视角。

七、与营养学的关系

健康旅游研究与营养学之间存在着密切的关系，因为饮食与营养是影响人体健康的重要因素之一，而健康旅游则强调通过旅行体验来促进身心健康。健康旅游研究和营养学的关系可以从以下几个方面进行认识：

（一）健康饮食与健康旅游

健康旅游常常涉及到游客在旅途中的饮食安排。营养学强调饮食对健康的影响，而健康旅游则为游客提供了体验当地健康饮食文化的机会，例如品尝本地特色的营养食物，学习健康饮食的知识和原则，从而在旅行中改善饮食习惯。

(二) 健康饮食指导

健康旅游中的饮食指导常常融合营养学的原则,为游客提供如何选择健康食物、合理搭配餐点以及满足特定健康需求的建议。这有助于游客在旅行中保持均衡饮食,提高身体免疫力和整体健康状况。

(三) 营养知识宣传

健康旅游目的地经常会举办营养知识宣传活动,如健康饮食讲座、烹饪课程等。通过这些活动,游客可以学习营养、饮食搭配、食物选择等方面的知识,提升他们对营养健康的认识。

(四) 体验性学习

健康旅游为游客提供了亲身体验饮食和营养的机会,例如参与农产品采摘、制作健康餐食等活动。这种体验性学习有助于游客更深入地理解营养学原则,并将所学知识应用于日常生活中。

(五) 健康饮食的影响

健康旅游研究可以探讨游客在旅行中饮食习惯的变化以及这些变化对健康的影响。这涉及营养素摄入、饮食多样性、食物安全等方面的研究,可为制定更科学的健康旅游方案提供依据。

(六) 饮食文化与旅游体验

健康旅游强调文化体验,而饮食是文化的重要组成部分。在健康旅游中,游客可以体验当地的饮食文化,了解食材来源、烹饪方式、餐桌礼仪等。这种文化体验不仅丰富了旅行经历,还有助于提升游客对营养和饮食文化的认知。

综上所述,健康旅游研究与营养学之间的关系体现在健康饮食与健康旅游的结合、饮食指导、营养知识宣传、体验性学习、健康饮食影响研究以及饮食文化与旅游体验等多个方面。这种关系不仅促进了人们对健康饮食的认识和实践,也为健康旅游的发展提供了有益的支持和指导。

八、与医学的关系

健康旅游研究和医学之间存在着密切的关系,因为健康旅游强调通过旅行体验来促进身心健康,而医学则是研究和应用有关疾病诊断、治疗和预防的科学领域。健康旅游研究和医学的关系可以从以下几个方面进行认识。

(一) 健康促进和疾病预防

健康旅游的一个主要目标是促进游客的身心健康,预防疾病的发生。医学同样关注疾病的预防和健康的维护,而健康旅游则通过提供有益的旅行体验、健康饮食、运动等方式来帮助游客增强免疫力、改善健康状况,从而达到医学健康促进的目标。

(二)康复和医疗旅游

健康旅游可以作为康复和医疗的一种补充方式。一些人可能会选择到具有特定医疗设施和资源的目的地进行健康康复,如温泉疗养、水疗等。在这种情况下,健康旅游和医学的结合可以为患者提供综合性的治疗体验,促进康复过程。

(三)心理健康

健康旅游强调心理健康的重要性,而心理健康问题常常需要医学专业的关注和干预。旅行可以帮助减轻压力、缓解焦虑和抑郁等心理问题,从而改善游客的心理健康状况。医学心理学在这方面发挥着重要作用。

(四)健康检测和评估

健康旅游研究可结合医学方法,对游客的健康状况进行检测和评估。通过生理指标检测、健康问卷调查等方式,可以了解游客的健康水平和潜在风险,进而为他们提供个性化的健康建议。

(五)医疗资源整合

在一些健康旅游目的地,可能会整合医疗资源,提供健康体检、医疗咨询等服务。这有助于游客在旅行中获得医疗保障,同时也为当地医疗机构提供了发展机遇。

(六)健康教育和知识传播

健康旅游研究可通过健康教育活动向游客传播健康、医学和预防知识。这有助于提高游客的健康素养,使他们在旅行中更加关注健康。

综上所述,健康旅游研究和医学之间的关系体现在健康促进、疾病预防、康复治疗、心理健康、健康检测、医疗资源整合、健康教育等多个方面。这种关系丰富了旅游研究的内容,也为健康旅游的发展提供了科学支持。

第三章 健康旅游者

随着工业化进程中资源消耗、环境污染等问题的出现,我国国民对健康的重视程度不断提高。加之受到新冠疫情的影响,人们对康养保健、缓解压力、放松身心和休闲养生的需求也逐渐增加。旅游因其健康属性而备受消费者推崇,健康旅游需求的旺盛也在无形中推动着健康旅游市场的壮大。在前面章节的讨论中,我们认识到健康旅游的目的是旅游者追求自身健康,它借助于环境、产品、技术、文化和服务,在良好的自然和人文环境中满足旅游者的健康诉求,并形成一个取得良好经济效益的综合产业体系。因此,从旅游活动和产业发展的综合性视角出发,我们可以认为,健康旅游活动归根到底是旅游者追求身心健康的活动。健康旅游产业的发展和行业接待工作的开展,无一不是围绕适应和满足健康旅游者的需求进行的。因此,认识健康旅游活动的主体,了解健康旅游者的概念、与普通旅游者的异同,以及健康旅游者的形成、动机与需求等,也成为健康旅游研究中不可或缺的内容。

第一节 健康旅游者概述

一、健康旅游者的概念

(一)健康旅游者的概念研究

目前,学界和业界已经对旅游者的概念进行了较为深入和广泛的探讨,并且形成了基本共识。随着健康旅游观念的深入人心,健康旅游者也逐渐成为学术界的研究对象,但当前对于健康旅游者这一概念的探究和思考仍处于起步阶段。

由于学者们的研究背景和研究目的不同,对于健康旅游者的定义可能存在差异。然而,从现有相关定义来看,学者们普遍认为健康旅游者是指那些有意识地追求身心健康而从事旅游活动的人,即通过旅游活动来促进身心健康的个体。例如,英国学者史密斯较早地定义了健康旅游者,认为他们是指参与医疗、健康、预防等保健活动的旅游者。美国学者穆勒和勒斯汀则将健康旅游者定义为:为改善或维护其健康状况,选择前往其他国家或地区接受医疗或保健服务的旅游者。加拿大的艾伦和郭诚则将健康旅游者定义为为获得身心健康的效益,前往特殊的地理环境或利用某些健康资源,参与旅游活动的人。

国内也有一些学者对健康旅游者的定义进行了探究。根据张燕玲和孔繁海的定义，健康旅游者是指对其个人健康状况进行防治性或恢复性的改善和提高，专门前往具有特色的健康旅游区进行医疗、保健、休闲和旅游活动的人。刘世杰等人则将健康旅游者定义为参与、体验特定的健康旅游产品，以满足其身心健康需求，实现休闲、健康和治疗等目的的旅游者。王刚认为健康旅游者是指具备健康意识、借助旅游活动达到身心健康目标，并能主动参与旅游行为的个体。王元则认为健康旅游者是指拥有良好身心状态、关注健康、注重个人健康增值以及通过旅游活动来提升生活质量的人群。

此外，还有学者围绕健康探索者、养生旅游者、康复旅游者、自然疗法追随者等几个与健康旅游者相关的概念进行了探索，主要观点如下：

1. 健康探索者

这类定义强调健康旅游者的主动性和独特性，他们通过旅游来主动探索和提升健康境界，追求身体、心理和精神的全面健康。

2. 养生旅游者

这类定义强调健康旅游者的目的是通过旅游活动来养生保健，预防疾病和延缓衰老。

3. 康复旅游者

这类定义指出健康旅游者中有一类人群患有疾病或残疾，他们通过旅游活动来进行康复治疗，提高身心功能。

4. 自然疗法追随者

这类定义强调健康旅游者追随自然疗法的理念，通过接触自然环境、参与自然疗法活动来促进身心健康。

（二）健康旅游者的内涵与特点

根据现有研究，本书认为健康旅游者是指在旅行中注重身心健康、重视预防和维护健康状况的个体。他们将旅行视为一种改善健康、提高生活质量的方式，并主动选择对健康有益的旅行活动和目的地。健康旅游者的特点包括：

1. 关注健康

健康旅游者非常关注自身健康状况，懂得如何保持健康、预防疾病，并积极寻求健康的旅行体验。

2. 寻求身心平衡

健康旅游者追求身心平衡，注重精神放松、心灵愉悦，通过旅行来消除压力、缓解焦虑，恢复活力。

3. 健康目标明确

健康旅游者设定了明确的健康目标，如减重、增加体能、改善健康问题等，他们希望通过旅行实现这些目标。

4. 参与健康活动

健康旅游者积极参与各种健康活动，如瑜伽、太极、登山、慢跑等，享受锻炼身体和提升健康水平的过程。

5. 选择健康的旅行方式

健康旅游者倾向于选择健康、环境友好的旅行方式，如徒步旅行、生态旅游、温泉疗养等，远离喧嚣、污染和压力。

6. 关注食物和饮食

健康旅游者注重营养健康的饮食，选择新鲜、有机的食材，尽可能减少加工食品和垃圾食品的摄入。

7. 风险管理意识较强

健康旅游者对旅行中可能遇到的风险有一定的认知，并会采取相应的安全措施和预防措施，如购买旅行保险、维持良好的个人卫生等。

总之，健康旅游者是一群注重健康、积极追求身心平衡和预防保健的旅行者。他们通过旅行来获得身心愉悦，提高健康水平，并在旅途中坚持健康的生活方式和行为习惯。

二、健康旅游者与普通旅游者的区别和联系

健康旅游者是旅游者的一种类型，与普通旅游者之间既存在相似之处，又在旅行目的、旅行方式、健康导向等方面存在明显的区别。

（一）健康旅游者与普通旅游者的相似之处

1. 旅行条件

无论是健康旅游者还是普通旅游者，都必须具备"闲"和"钱"这两个旅行的基本条件，方可开展旅游活动。

2. 旅游目的地

健康旅游者和普通旅游者可能都喜欢探索不同的旅游目的地，享受新鲜的景观和文化。

3. 旅游方式

无论是健康旅游者还是普通旅游者，旅行通常都被视为一种放松和休闲的方式。

4. 社交互动

无论是健康旅游者还是普通旅游者，旅行都为他们提供了与当地人和其他旅行者交流的机会。他们都可以在旅途中结交新朋友，分享旅行经验和感受，建立社交网络，促进社交联系。

5. 健康价值

无论是健康旅游者还是普通旅游者，旅行都是为了放松心情、摆脱日常压力、增加快乐感受。

6. 文化体验

无论是健康旅游还是普通旅游，旅行者都可以体验当地的文化、美食和传统习俗。

（二）健康旅游者与普通旅游者之间的区别

1. 旅行目的不同

健康旅游者的主要目的是关注身体健康和福祉。他们可能寻求参加瑜伽、冥想、水疗

或健身活动等旅游体验,以提高身心健康。相比之下,普通旅游者可能更注重观光、购物或享受当地美食等传统旅游活动。

2. 健康导向不同

健康旅游者可能有更高的健康意识,并在旅行中更加注重健康饮食、锻炼和亲近自然。他们可能选择前往度假胜地、疗养村或健康度假村,以获得身体和心理的恢复。相比之下,普通旅游者的优先考虑因素可能更多是观光景点、当地文化和娱乐活动等。

3. 行程安排不同

健康旅游者可能会更加注重行程的规划和安排,以确保旅行中的健康需求得到满足。他们可能会寻找有机食品、健身活动和康复疗法等服务。而普通旅游者则可能更加自由地探索和决定旅行行程。

4. 旅行方式不同

健康旅游者通常选择健康度假村、温泉疗养地、生态旅游目的地等;普通旅游者可能更喜欢酒店、景区和城市旅游。

5. 生活方式不同

健康旅游者普遍注重饮食健康、保持良好心态和积极态度;而普通旅游者在旅途中可能更加自由随意,容易忽略身体保健。

总之,健康旅游者注重身体和心灵的和谐发展,而普通旅游者则更注重游玩和娱乐。然而,两者也存在一些共同点,比如都希望在旅行中获得快乐和文化体验,并通过旅行与人交流和建立联系。

表 3-1 健康旅游者与普通旅游者之间的区别

内容	健康旅游者	普通旅游者
旅行目的	关注身体健康和福祉,获得身体和心理的恢复	注重观光、购物或享受当地美食等传统旅游活动
健康导向	健康意识更高	更关注旅行本身
行程安排	注重行程的规划和安排	更向往自由
旅行方式	通常选择健康度假村、温泉疗养地、生态旅游目的地等	更喜欢酒店、景区和城市旅游
生活方式	注重饮食健康、保持良好心态和积极态度	在旅途中可能更自由随意,忽略身体保健

三、健康旅游者的分类

健康旅游者的分类研究是健康旅游市场研究的一项基础性工作。在现有健康旅游类的研究文献中,学者们基于不同的分类标准对健康旅游者的类型进行了划分。下文将依据现有学者的划分依据与标准,结合本书作者的观点,对健康旅游者的类型做进一步的展开和详细阐述。

(一)按照年龄不同,对健康旅游者的分类

依据年龄大小,健康旅游者可以分为以下几种类型:

1. 老年养生度假旅游者

老年养生度假旅游者主要指年龄在60岁以上的老年人,也被称为银发族、银发旅游市场。由于他们的身体大多有劳损、慢性疾病,因此对健康问题非常重视,是对养生、健康需求最强烈的群体。

2. 中青年健康旅游者

中青年健康旅游者主要指大都市、经济发达地区的中青年人,其人均消费水平较高。特别是都市白领阶层,他们极为推崇走出办公室去享受大自然。这些地区的白领阶层,年龄在25—60岁,受教育程度在大专以上,主要为IT、金融、外贸、保险等行业的中高级管理人员或部分高层技术人员。由于工作压力大,部分人处于亚健康状态,因此他们对健康休闲、度假的需求很高,将会成为生态健康旅游的主力军。

3. 学生健康旅游者

学生健康旅游者主要指年龄在13—24岁的学生群体,尤其以都市在校大学生为代表。这一群体是开展青少年科普教育、探险、户外运动、游赏观光旅游的目标人群。同时,他们也是未来健康休闲、度假的潜力群体,是不可忽视的健康旅游客源市场。

(二)依据消费层次,对健康旅游者的分类

1. 追求品质的高端健康旅游者

中国国内高端消费人群拥有相当财富、身份和地位,是处于财富金字塔上层的那一部分人群。他们或拥有雄厚的经济资源,或占据独特的优势资源,不断创造更多的物质财富。作为社会上层,他们拥有特质化的价值取向,主要体现在对健康、人文内涵、生态环境、私密性、服务等方面的特别关注。《安邸AD》专项调研发现,中国高消费人群重视家人,希望时刻保持年轻的心态,并积极进取,努力完成自己设定的目标。此部分人群还包括台商、港商、驻华使节及众多外籍高收入人员。他们工作压力大,对健康需求强烈,收入高,是高端、豪华型健康旅游产品的消费人群。

2. 注重身份的中端健康旅游者

这是一个新的"中产"阶层,他们刚脱离为生存而奔走的状态,但还没有达到富裕阶层那样随心所欲的消费水平。因此,在向下对比时,他们有一定的优越感;而在向上对比时,则又感到自卑。这种心理使他们对身份比较在乎、比较敏感。有些年长的人可能对过去"求生存"的日子记忆犹新,尽管手头有富裕的可支配收入,但仍然比较节俭;而有些年长的人则可能相反,尽情消费,以弥补年轻时没有享受到的生活乐趣。"消费"对中产阶级有超过物质满足的意义,他们倾向于用消费来加强身份和社会地位的归属感。

由于部分人身体出现了亚健康的状况,越来越多的中产阶级愿意为身心健康消费。加之他们对自己的生活品质也很重视,因此他们是中端健康旅游产品的重要消费群体。

3. 经济型低端健康旅游者

经济型低端健康旅游者收入相对较少,且从某种意义上而言,他们才是中国的主流消费群体。由于支付不起昂贵的价格,他们在消费中更加讲求经济性和实惠性,所以经常退而求其次,更注重消费低端产品。他们也有健康旅游的需求和期待,也想通过健康旅游项目调整失衡的身心。但是,他们往往对高昂的健康旅游消费望而却步,只能选择价格低廉

的农家乐旅游或不需要买门票的景区、景点进行休闲、娱乐。可见,他们是健康旅游不可小觑的潜在消费大军。一旦机遇到来,他们的健康旅游消费需求也会蓄势待发。

(三) 依据旅游特征,对健康旅游者的分类

1. 康复型健康旅游者

这类旅游者通常具有特定的健康问题或疾病,他们选择旅游目的地和活动来进行康复和恢复健康。这可能包括水疗、热疗、物理康复、心理康复等。

2. 预防型健康旅游者

这类旅游者是为了预防疾病和提高健康状况而选择旅游。他们可能会选择参加健身活动、瑜伽、冥想、健康讲座等,以保持身体和心理的健康状态。

3. 自我提升型健康旅游者

这类旅游者旨在提升个人技能、知识和修养而选择旅游。他们可能会选择参加健康工作坊、烹饪课程、文化交流活动等,以丰富自己的生活体验并提升个人素质。

4. 生态环保型健康旅游者

这类旅游者注重自然和环境保护,并选择与自然互动的旅游活动。他们可能会选择参加生态保护项目、登山徒步、生态探险等,以享受大自然的美丽,同时积极保护环境。

5. 养生度假型健康旅游者

这类旅游者注重身心的放松和养生,他们选择的旅游活动主要是为了享受度假,并寻求放松身心、恢复活力的方法。因此,他们可能会选择温泉疗养、水疗、按摩、静心冥想等活动。

(四) 依据旅游动机,对健康旅游者的分类

1. 主动追求型的健康旅游者

"主动追求型"旅游者的旅游动机复杂多样。在旅游过程中,他们通过休闲度假、运动锻炼、养生疗养、放松身心、文化体验等活动,既能提高和改善自身的身体和心理健康,又能达到培养爱好、结交朋友、自我实现等多种目的。

(1) 追求美

爱美之心人皆有之,对美的追求一直是人类不变且不懈的努力。以追求美为主导的健康旅游者多以女性为主,她们出于对美的追求、保养、呵护,积极主动寻求健身、运动以及诸如温泉SPA、水疗、香薰、美容、整形等方式,以保持体形完美,达到心理舒适。

(2) 追求时尚

"旅游"一词自产生至今,就与"时尚"有着不解之缘。特别是随着旅游者旅游需求日益个性化、多样化,对健康的追求为旅游注入了新的内涵和活力,衍生出诸如定向运动、探险、滑雪、高尔夫等时尚旅游产品。以追求时尚为主导的健康旅游者多是年轻旅游者和富有阶层所追逐的,他们往往通过健康旅游满足了其健康和时尚等多重旅游需求。

(3) 追求文化体验

中华五千年灿烂文化,先辈们在追求"天人合一"、"强身健体"、"延年益寿"的过程中,不断实践和探索,总结和形成了武术、太极、针灸、拔罐、踏青、登山等中医文化活动和龙

舟、骑马、射箭、摔跤等传统体育项目。这些活动寓娱乐健身休闲于旅游,寓文化旅游于一体,数千年来源远流长,经久不衰,甚至不断被发扬光大,走出国门,深受人们喜爱和追捧。因此,出于对这些文化现象和传统活动的好奇、喜爱、研究、学习等目的,一些旅游者希望通过旅游活动亲自体验和参与其中。这既能达到强身健体的目的,又能体验、传承和弘扬了优秀文化,增长了知识、扩大了视野。

（4）宗教信仰

追溯我国悠久历史,在人与自然、人与人、人与社会矛盾统一的过程中,形成了儒、道、释等既独立又统一的处事、出世、修身、养性等理念和方法,如饮食、晨钟暮鼓、打坐参禅,成为人们修身养性、强身健体的不二法门。以此为由,一些旅行者暂时放下工作生活,离开尘世纷杂,寻访宗教圣地,吃斋、参禅、聆听、打坐,得以内心平静,以此达到心理康复和身心放松。

（5）培养兴趣爱好

培养一门兴趣爱好,积极主动参与到旅游活动中,是人类不断发展和完善的需要。健康旅游与运动、文化紧密相连,有助于人们形成和培养一门体育爱好和文化乐趣。近些年,体育旅游逐年火热,一些热爱运动的年轻人为了参加或参观体育活动,参与到体育旅游活动中。这对于人们延年益寿、休养生息、强身健体具有重要意义。

（6）结交朋友

人作为社会人,广交朋友、深交朋友,融入集体,沟通交流,享受生活,成为一种生存和发展需要。人们出于兴趣爱好、文化追求、强身健体等原因参加旅游活动。在旅游中,既锻炼身体,又结交朋友,这也是健康旅游深受人们喜爱的一种价值追求。

2. 被动追求型

所谓"被动追求型"是指,由于环境污染、"5+2"、"996"的工作和生活方式导致生活节奏加快、工作压力加大等,使得身体和心理不堪重负,出现"亚健康"状态,或者被疾病所困扰。特别是新冠疫情以后,居民在旅游取向上更加重视健康与安全。在此情况下,为了治疗、治愈疾病,逃避现实,解除紧张情绪,释放压力,放松身心,达到身体和心理的调适与康复,人们在采取到医疗机构检查、治疗等常规途径之外,被迫暂时放下工作,重新审视生活、工作和家庭,寻求参加运动、保健、治疗等旅游活动,以达到身体康复的目的。这是一种被动但行之有效的方式,其动机和需要相对单一。

总的来说,健康旅游者的划分依据和类型特征主要是基于他们的旅游目的、关注的健康问题以及选择的旅游活动。无论是康复、预防、自我提升、生态环保、养生度假,还是主动追求健康抑或是被动的逃离放松,健康旅游者都追求在旅途中获得身体和心理上的健康与满足。

第二节　健康旅游者的形成条件

健康旅游者形成的条件是指影响一个人成为健康旅游者的因素,主要可以分为客观条件和主观条件两个方面。

客观条件是指不依赖于主观思维而独立存在的因素集合，如物质条件、时间因素、环境等。主观条件则是指个人的内在因素，包括个人的兴趣、动机、价值观、目标、意识、教育背景等。这些条件均会影响一个人对旅游活动的需求和选择。需要注意的是，健康旅游者的形成是主客观条件共同作用的结果。

一、健康旅游者形成的客观条件

健康旅游者形成的客观条件可以从以下几个方面考虑：

（一）环境层面

1. 大健康产业的发展

在大力发展现代服务业的背景下，以健康产业为发展基础的健康旅游逐渐成为重要的旅游经济业态，为健康旅游者旅行活动的顺利开展提供了重要前提。健康产业是为人类身体健康提供产品与服务的产业，在适应时代需求变化的过程中不断发展，逐渐形成蕴含"大思维"的大健康产业——以医疗健康为核心，以恢复身体健康、调理心态健康为核心目标的一切产品和业态的组合，涉及医药产品、保健用品、医疗器械、休闲健身、健康管理等多个生产和服务领域，是具有巨大市场潜力的新兴产业。2016年，国务院印发并实施的《"健康中国2030"规划纲要》为"中国式大健康产业体系"带来了新的挑战与机遇。在市场、政策和投资的共同作用下，我国大健康产业已进入一个快速成长期。

2. 社会养老需求升级

在社会环境方面，新时期我国人口老龄化趋势日益明显。我国是世界上第一人口大国，也是老年人口数量最多的国家，同时老龄化发展速度大大快于世界平均水平。伴随着中国人口老龄化的迅猛发展，老年人口日益增多，老年人对维护身心健康和延年益寿的诉求也与日俱增。这种巨大的市场需求必将成为健康旅游市场发展的基础。与此同时，伴随而来的是我国家庭结构和功能发生了变化，家庭结构趋于小型化和空巢化，家庭功能趋于核心化，这导致家庭的养老功能不断弱化。越来越多的家庭寻求社会服务来满足养老需求，这直接推动了养老旅游、医疗旅游、养生保健旅游等健康旅游业态的发展，促进了健康旅游市场规模的壮大。

3. 亚健康人群扩大

世界卫生组织（WHO）一项全球性调查表明，真正健康的人仅占人类总数的5%，患有疾病的人占20%，而人类总数中有75%的人群处于健康和疾病之间的一种状态，即亚健康状态。根据全国健康普查，我国有23.1%的高收入人群患有"三高"疾病，33.7%的高收入人群有胃肠消化系统疾病，92.3%的高收入人群存在身体和精神健康问题。另有数据显示，目前在我国，超过70%的都市从业人群处于心理亚健康状态。这种现象产生的原因是由于现代化进程的加速，社会竞争日益激烈，择业艰难、工作繁重以及生活节奏的加快，使得人们的负荷越来越重，生活不规律，加班加点导致严重缺乏休息和睡眠。长此以往，极易感到疲劳，而疲劳是目前危害健康的一个重要因素。并且，长期处于竞争激烈、超负荷运转的强压紧张状态下,平日精神高度集中,很少使自己的身心得到放松,很容易陷入亚健康状态。因此,健康旅游成为人们治愈身体与心灵的良药。随着人们生活水平的提升,在旅游消费领域,健康旅游正在快速成为人们的刚性需求,刺激着健康旅游者的形成。

4. 可自由支配收入提升

一个人的收入水平和富足程度,或者确切些说是其家庭的收入水平和富足程度,不仅决定着他能否产生和实现其旅游需求,而且决定着其外出旅游过程中的消费水平。这意味着,收入达到足够高的水平是一个人产生旅游需求的重要前提,影响着一个人是否能成为一个现实的健康旅游者,影响着旅游者在外旅游期间的消费构成,甚至还会影响旅游者旅游目的地的选择及对出行方式的选择。

5. 闲暇时间充裕

健康旅游活动的开展需要有可利用的时间,因为"所有旅游活动的开展都在闲暇时间内发生"(Mill & Morrison,2002)。这意味着一个人需要拥有足够数量且比较集中的闲暇时间,才有可能实现外出旅游。虽然并非所有的闲暇时间都可用于开展旅游活动,但在旅游需求理论上,拥有足够的闲暇时间乃是实现个人旅游需求不可缺少的必要条件。

(二)个体层面

1. 健康状况

健康旅游虽是以追求身心健康为出发点的旅游活动,但也需要健康旅游者本身是身体健康或者有一定健康基础的人群。他们可能没有严重的慢性疾病,如心脏病、高血压等,也没有传染性疾病,如传染性肺结核等。

2. 身体条件

旅游是一种"活动",而活动自然伴随着一定的体力消耗。健康旅游者通常具备一定的体力和体能,能够适应旅行中的长时间步行、徒步、爬山等身体活动。他们可能有一定的体能锻炼基础,并具备一定的体力储备。

3. 年龄

英国一家旅游咨询公司在大众旅游兴起之初对旅游者的旅游倾向及个人因素之间的关系进行了调查。调查结果显示,老年人特别是年龄在65岁以上的人,在旅游者中所占的比例较低。然而,年龄本身似乎并非造成这一状况的根本原因。老年人外出旅游者所占比例较小,很大程度上是因为体力不支,这才是实质的影响因素。随着人们生活水平的提高,旅游的全民化和医疗保健技术的发展,旅游的康养功能日益凸显,也逐渐吸引众多旅游者,特别是老年旅游者参与到健康旅游中来。相对于儿童和中青年群体,老年人的健康问题更为突出,老年人对健康状况的改善需求更高。同时,当今老年人退休后有了更多的休闲时间和充足的退休金,许多老年人都希望退休后亲自去体验旅游带来的惊喜和快乐。因此,针对健康旅游新业态,关注老年健康旅游者具有重要意义。

4. 个体所处的家庭生命周期

家庭生命周期最初由美国人类学家格里克于1947年提出,它反映了一个家庭从形成、发展到消亡的过程,以及家庭从形成到解体呈循环运动的变化规律。一个家庭在形成期、成长期、成熟期、衰老期等不同的阶段中,其经济情况、时间情况和身体状况等各方面都会对旅游活动的发生有重要影响。比如,通常情况下,有婴幼儿的家庭外出旅游的可能性很小。这一方面是因为婴幼儿需要特殊照顾,麻烦很多;另一方面是因为在外出旅游期间,往往不容易找到适合婴幼儿生活需要的特殊接待设施。

需要注意的是,以上条件只是一般情况下健康旅游者形成的客观条件,具体条件还会因个体的差异而不同。

二、健康旅游者形成的主观条件

健康旅游者形成的主观条件可以从以下几个方面考虑:

（一）健康旅游动机

旅游需求层次理论是旅游健康学研究的重要基础理论之一。它是在马斯洛需求层次理论基础上建立起来的,并且从人的本质和心理需求的角度对旅游活动中健康需求做出了心理学的解释,也是了解旅游者旅游需求及旅游动机的基础。马斯洛把人的需求分为生理需求、安全需求、情感与归属的需求、受尊重需求、自我实现需求五个层次。从旅游需求层次理论来看,追求健康既是旅游者参与旅游活动最原始的动机,同时也是最高目标。因此,健康的旅游需求既是旅游者最基本的需求,同时又贯穿于整个旅游需求层次的始终,并且在目前的旅游活动中显得尤为迫切。

【知识延伸】

> **现代人的健康观**
>
> 传统健康观指"无病即健康",而现代人的健康观已经转换为"整体健康"。世界卫生组织提出:"健康不仅是躯体没有疾病,还要具备心理健康、社会适应良好和有道德"。其中心理健康是健康的重要组成部分,我国每年约有100万人因抑郁症自杀,并且数量仍在不断地增长,因此健康不应只限于狭义健康观的躯体层面,在医疗技术不断优化的当今,也应同时大力开展心理健康教育和知识普及、强化心理健康服务行业的监管、增强心理健康服务业发展动力。此外,不合理、不科学的作息、消费、娱乐、工作等也对健康有所影响,健康的内涵与范围随着现代生活方式的多元化正在不断外延、扩展。

（二）心理状态

对于旅游活动而言,一个人到异国他乡旅游,由于生活环境和生活节奏的变化,他们的心理活动也会随之变化。例如,在整个旅游活动中,旅游者可能会经历群体心理、求安全心理、求新求奇心理和懒散心态,甚至会出现注意、疲劳、紧张、轻松、忧伤、喜悦等状态。在不同的旅行阶段,某些心理特征会占据主导地位。健康旅游者通常需要具备良好的心理健康状态,能够积极应对旅行中可能遇到的各种困难和挑战,并保持积极的心态。

(三) 具备健康意识和健康目标

健康旅游者需要具备较强的健康意识,注重自身健康和身心平衡。他们能够认识到旅行对健康的重要性,并有意识地选择健康的旅行方式和活动。同时,健康旅游者需要设定明确的健康目标,并在旅行中通过相应的措施与行动来实现这些目标,例如减压放松、增强体力、改善健康问题等。若不具备健康意识,没有明确的健康目标,则与普通旅游者无异。

(四) 其他主观条件

1. 健康观念和知识

健康旅游者通常具备良好的健康观念和健康知识,能够有意识地选择健康的旅行方式和活动。他们可能会了解一些健康饮食、生活方式的知识,并能够根据自身情况进行健康选择。

2. 自我管理能力

健康旅游者具备自我管理能力,能够制定并坚持健康的生活方式、饮食习惯和锻炼计划。他们能够自觉地控制自己的行为,遵循健康原则。

3. 风险认知和管理

健康旅游者能够正确认识旅行中的风险,并采取相应的措施进行管理和防范。他们可能会提前了解目的地的卫生状况、医疗设施等,并做好充分的准备。

4. 适应能力

健康旅游者具备较强的适应能力和抗压能力,能够应对旅行中可能遇到的不适和困境。他们能够快速适应新的环境和节奏,并保持积极的心态。

需要注意的是,以上主观条件主要包含健康旅游者个体的内在特质、素质,以及旅游者的自我认知和行为表现。每个人在选择健康旅游时,都可以通过提升自己的主观条件,使旅行更加健康和有益。

第四章　健康旅游资源

第一节　健康旅游资源概述

一、健康旅游资源的概念与内涵

（一）健康旅游资源的概念

旅游资源作为旅游活动的客体，是旅游业发展的基石。正确认识和科学调查评价旅游资源，对于合理开发与保护旅游资源、推动旅游业发展具有重要意义。健康旅游资源作为旅游资源的一个分支，指的是旅游目的地所提供的，对健康旅游者具有吸引力，能够满足其追求身体健康、心理健康或思想行为健康目标的各种事物和因素的总和。它是一种特殊的旅游资源，将健康元素融入旅游活动中。随着人们对健康生活需求的日益增长，健康旅游已成为全球性的旅游趋势。健康旅游资源的发展不仅促进了旅游业的发展，也助力于推动全球健康生活方式的普及与提升。

（二）健康旅游资源的内涵

对于健康旅游资源含义的理解，应从以下三个方面进行判别：

第一，健康旅游资源需对健康旅游者产生一定的吸引力，并能满足健康旅游的目的，这是判别健康旅游资源的首要条件。作为旅游资源的一部分，健康旅游资源自然应具备旅游资源的共性，即对游人的吸引性。

第二，健康旅游资源必须能为健康旅游活动的开展所利用，并通过这些活动达到健康旅游的目的。目前虽能对健康旅游者产生吸引力，但由于技术等客观条件限制，目前还难以开发利用，未来有可能被开发利用的客观实体或因素，属于潜在健康旅游资源。此外，应认识到健康旅游资源是一个不断发展变化的概念。随着社会的进步、经济的发展、科学技术水平的提高，人们对健康旅游的需求日益多样化、个性化，健康旅游资源的范畴也在不断扩大。从"能为健康旅游活动所利用"这一内涵来看，未来健康旅游资源的范围还将继续扩大，某些现在看似不属于健康旅游资源的客体或因素，很可能未来会成为健康旅游资源。

第三，健康旅游资源的开发要实现经济、社会和生态三大效益的统一。例如，用于招揽游客的赌博、色情、迷信活动等，由于忽略了长远的经济和社会效益，不宜作为健康旅游资源。

二、健康旅游资源的特征

1. 吸引向性

旅游活动以旅游者在空间上的移动为前提，而旅游资源对旅游者所具有的吸引力，是引发这一空间移动行为的重要原因。吸引向性是旅游资源理论的核心，也是衡量某一事物或现象是否为旅游资源的首要指标。无论是令人陶醉的自然风景、风格独特的古今建筑，还是特色浓郁的民族风情和各具特色的美味佳肴，都因对旅游者具有一定的吸引力，而成为被旅游业所利用的旅游资源。

2. 健康性

健康旅游资源与其他旅游资源的最大区别在于其健康作用。凡是健康旅游资源，通常都对健康旅游者具有吸引力，通过旅游活动，都能使健康旅游者达到身体、心理或思想道德方面的健康目的。尤其是那些具有疗疾、强身、健体、休疗养等更为突出的健康功能的旅游资源，其健康性更强。

3. 高雅的文化性

旅游资源都蕴含着丰富的文化内涵，即包含一定的科学自然知识、社会知识和理论。旅游者通过观光游览、参与体验，可以获得各种科学知识和美的享受，增长智力，陶冶情操。但对于不同文化层次的旅游者而言，健康旅游资源所形成的旅游产品似乎更具文化特色。健康旅游产品的文化特色主要表现在两方面：一是它的历史性，二是它的民族性。健康旅游资源有些是自然的赋存物，有些是历史的赋存物。但无论是前者还是后者，都是经过人类的长期实践和利用，才逐渐认识到其健康特性的，它们是人类健康文化的积淀和体现。今天，我们对健康旅游资源的开发和利用，实际上也是对健康文化的保护和传承。

4. 区域差异性

健康旅游资源总是分布于特定的地理空间，其形成受特定区域地理环境各要素的制约，并反过来反映着区域环境的特色，这就是健康旅游资源的区域性。例如，中国北方与南方地理环境的差异，使得健康旅游资源条件南北特色截然不同。无论是体育活动、疗疾活动、健身活动、疗养活动还是养生活动，都存在着明显的区域差异。

5. 多样性和综合性

健康旅游资源的组成是多种多样的，因此每个地区都可依据本地的资源条件发展具有本地特色的健康旅游活动。此外，任何一种健康旅游资源都不是孤立存在的，而是与其他各种健康旅游资源相互依存、相互作用，共同形成一个和谐的有机整体。存在于特定地域上的各种健康旅游资源，正是以一个有机整体的形式发挥其旅游吸引力，实现其健康旅游价值的。这就是旅游资源的综合性。一般来说，一个地区的健康旅游资源种类越多，联系越紧密，其生命力就越强，地区综合开发利用的潜力也就越大。

6. 季节性

健康旅游资源的季节特征是指景物会随季节变化,并且这种变化会影响到健康旅游活动和旅游流的季节变化。由于气候的季节变化,使得在北京、张家口等地开展冰雪体育运动旅游只能在严寒的冬季,而海南海口的海上冲浪运动则要到盛夏才能进行。受季节性因素的影响,人文健康旅游资源中的一些旅游节庆活动也呈现出季节性特征。如北方沿海地带和山林地带的夏季休疗养活动,到了冬季则要暂停营业;而南方的三亚一到冬季就有大批的北方游客来此避寒越冬。由于健康旅游资源的季节性变化,健康旅游活动在一年之中出现了较明显的淡旺季之分。

7. 永续性和不可再生性

永续性是指健康旅游资源具有可以重复使用的特点。因此,在合理利用的前提下,健康旅游资源可以长期甚至永远地重复使用。但是,正如自然生态和文化遗产容易受到破坏一样,健康旅游资源若使用不当也会遭到破坏。而且,绝大多数健康旅游资源都具有易于破坏、难以再生的特点。因此,其使用的"永续性"也并非绝对成立。健康旅游资源是在一定条件下产生的,是自然界造化和人类历史的遗存。尽管它种类丰富,但对于旅游业的持续发展来说,数量毕竟有限。这就要求我们对健康旅游资源的开发必须以科学合理的旅游规划为依据,有序有度地进行。同时,要依靠一定的经济、法律手段切实加强健康旅游资源的保护和管理工作。

第二节 健康旅游资源的分类

一、健康旅游资源分类的目的和意义

(一)健康旅游资源分类的概念

健康旅游资源分类,与其他旅游资源分类相似,是以比较为基础。通过比较,识别出事物之间的共同点和差异点,然后依据共同点将其归并为较大的类别,依据差异点将其划分为较小的类别,从而将事物区分为具有一定从属关系的不同等级的系统。健康旅游资源的分类,是根据健康旅游资源的相似性和差异性进行归并或划分,形成具有一定从属关系的不同等级类别的工作过程。在所划分出的每一种类别(类型)中,其属性上彼此有相似之处;而不同类别(类型)之间,则存在着一定的差异。

(二)旅游资源分类的目的和意义

1. 为进一步开发利用、科学研究提供便利

分类可以使众多繁杂的健康旅游资源条理化、系统化,从而为进一步开发利用和科学研究提供便利。通过健康旅游资源的比较、归纳及划分,所形成的旅游资源分类系统,实

际上是一个关于旅游资源相关资料的存取系统(即信息系统),为人们从整体上或局部(分门别类)认识健康旅游资源创造了有利条件。区域性健康旅游资源分类系统的建立,又可为区域旅游开发提供一定的科学依据。若不进行健康旅游资源的分类,杂乱无章的旅游资源个体就难以被人们认识和利用。因此,健康旅游资源分类是研究、认识旅游资源及开发利用旅游资源的重要基础,对实践具有重要的指导意义。

2. 健康旅游资源分类是健康旅游资源研究、开发、利用和保护的基础

健康旅游资源的分类过程,实际上是人们加深对健康旅游资源属性认识的过程。分类总是通过分析大量健康旅游资源属性的共性或差异性,分出不同级别的从属关系及其联系。通过不断补充新的资料,提出新的分类系统;或通过不同地区、不同要求的旅游资源分类,都可以从不同侧面加深对旅游资源属性的认识,甚至发现、总结出某些新的规律性认识,从而促进有关健康旅游资源开发利用理论水平的提高。因此,健康旅游资源分类也具有一定的理论意义。

综上所述,健康旅游资源分类的目的,在于通过各种分类系统的建立、补充,加深对健康旅游资源整体或区域健康旅游资源属性的认识,掌握其特点、规律,为进一步开发利用、保护及科学研究服务。

二、健康旅游资源分类的原则和依据

(一)分类原则

分类的原则是分类的准绳、标准,只有遵循一定的原则,才能确保分类的科学性和实用性。健康旅游资源分类的原则与一般旅游资源的分类并无本质差别,主要包括以下几点:

1. 相似性与差异性原则

健康旅游资源的分类应尽可能寻找共同性,并区别差异性。所划分出的同一级别、同一类型的旅游资源必须具有共同的属性,而不同类型之间应具有一定的差异,以实现健康旅游资源分类的系统化和规范化,防止所划分的健康旅游资源类型出现相互包容和重叠的情况。

2. 对应性原则

所划分出的次一级类型内容,必须完全对应于上一级类型的内容。不能出现下一级内容超出上一级或少于上一级内容的现象,否则就会产生逻辑上的错误。例如,对体育类健康旅游资源进行进一步分类时,应包括所有的体育类健康旅游资源,不能只包括某一类体育健康旅游资源(如球类)而不包括其他类型的体育健康旅游资源(如水上运动类),更不能包括非体育类的健康旅游资源。

3. 逐级划分的原则

即分级与分类相结合的原则。健康旅游资源是一个复杂的系统,它可以分为不同级别、不同层次的亚系统。在分类时,应把分级与分类结合起来,逐级进行分类,避免出现越级划分的逻辑性错误。例如,可以先将健康旅游资源分为高一级的类别,然后分别对其进行次一级类型的划分;如果需要,还可以再向下划分更低一级的类型。

(二) 分类依据

要进行分类,除了应遵循基本原则外,还必须有一定的具体依据(标准),即必须根据健康旅游资源本身的某些具体属性或关系进行分类。

1. 成因

成因是指健康旅游资源形成的基本原因与过程。例如,地貌旅游资源按成因可分为流水作用的旅游地貌、风力作用的旅游地貌、溶蚀作用的旅游地貌等。

2. 属性

属性是指健康旅游资源的性质、特点、存在形式和状态等。例如,自然旅游资源中的地质地貌旅游资源、水体旅游资源、气候旅游资源、生物旅游资源等,由于它们的性状不同,因此可以区分为不同的类别。

3. 功能

所谓健康旅游资源的功能,是指其能够满足开展健康旅游活动需求的作用。有的健康旅游资源可以满足开展多种健康旅游活动的需求,因而具有多种健康旅游功能。根据旅游资源功能的不同,可以把旅游资源区分为不同的类别,例如观光游览型、参与体验型、医疗保健型等旅游资源。

4. 时间

时间指健康旅游资源因形成的时间不同,据此可将旅游资源区分为不同的类别。例如,依据时间因素,可把武术旅游资源区分为传统武术旅游资源和现代武术旅游资源。

5. 其他

即以上分类依据之外的其他分类依据。例如,开发利用情况、管理级别、旅游资源质量高低等,均可作为不同目的要求的旅游资源分类依据。

三、健康旅游资源的类型划分

我国为了对旅游资源进行分类,于 2003 年 5 月制定了国家标准《旅游资源分类、调查与评价》(GB/T18972—2003)。在该标准中,旅游资源被分为"主类"、"亚类"和"基本类型"三个层次。其中,若干属性相同或相近的基本类型被归并为亚类,而若干亚类又被归并为主类,这两级均不开展实际调查;基本类型(即"旅游资源基本类型"的简称)是普查的具体对象。全部基本类型共有 155 种,它们被归为 31 个亚类和 8 个主类。健康旅游资源作为旅游资源的组成部分,其分类应当符合这一国家标准。

表 4-1 健康旅游资源分类表

主类	亚 类	基本类型举例
A 地文景观	AA 综合自然旅游地	AAA 山丘型旅游地
B 水域风光	BA 河段	BAA 观光游憩河段
	BB 天然湖泊与池沼	
	BD 泉	BDA 冷泉　BDB 地热与温泉
	BE 河口与海面	BEA 观光游憩海域

续表

主类	亚类	基本类型举例
B 水域风光	BF 冰雪地	BFA 冰川观光地　BFB 常年积雪地
C 生物景观	CA 树木	CAA 林地
	CB 草原与草地	CBA 草地　CBB 疏林草地
	CC 花卉地	CCA 草场花卉地　CCB 林间花卉地
	CD 野生动物栖息地	CDA 水生动物栖息地　CDB 陆地动物栖息地　CDC 鸟类栖息地　CDE 蝶类栖息地
	DB 天气与气候现象	DBA 云雾多发区　DBB 避暑气候地　DBC 避寒气候地
F 建筑与设施	FA 综合人文旅游地	FAB 康体游乐休闲度假地　FAD 园林游憩区域　FAE 文化活动场所
	FB 单体活动场馆	FBD 体育健身馆场　FBE 歌舞游乐场馆
	FD 居住地与社区	FDA 传统与乡土建筑　FDB 特色街巷　FDC 特色社区　FDD 名人故居与历史纪念建筑　FDE 书院　FDF 会馆　FDG 特色店铺　FDH 特色市场
G 旅游商品	GA 地方旅游商品	GAA 菜品饮食　GAB 农林畜产品与制品　GAC 水产品与制品　GAD 中草药材及制品　GAE 传统手工产品与工艺品　GAF 日用工业品　GAG 其他物品
	HB 艺术	HBA 文艺团体　HBB 文学艺术作品
	HC 民间习俗	HCA 地方风俗与民间礼仪　HCB 民间节庆　HCC 民间演艺　HCD 民间健身活动与赛事　HCF 庙会与民间集会　HCG 饮食习俗　HGH 特色服饰
	HD 现代节庆	HDA 旅游节　HDB 文化节　HDC 商贸农事节　HDD 体育节

资料来源：旅游资源分类、调查与评价（GB/T 18972—2003）

（二）根据管理级别的分类

按照管理级别的高低，健康旅游资源可以划分为世界级、国家级、省级和市（县）级等四种类型。

1. 世界级旅游资源

主要包括经联合国教科文组织批准，分别被列为世界遗产、世界地质公园的自然景观和人文景观，以及列入联合国"人与生物圈"保护区网络的自然保护区。这些资源具有全球性的艺术观赏、历史文化和科学研究价值，是世界上品位和知名度最高的旅游资源，是全人类的宝贵遗产，也是海内外广大游客向往的旅游胜地。

2. 国家级旅游资源

主要包括由国务院审定公布的国家级风景名胜区、国家历史文化名城和国家重点文物保护单位，以及由原林业部批准建立的国家级自然保护区和国家森林公园。它们都是中国壮丽河山的精粹和中华文化的瑰宝，具有重要的艺术欣赏、历史文化和科学研究价值，在国内外享有较高的知名度。

3. 省级旅游资源

主要包括为数众多的省级风景名胜区、省级历史文化名城。有些省份还公布有历史文化名镇和省级文物保护单位，以及省级自然保护区、省级森林公园等。它们均具有重要的艺术欣赏、历史文化和科学研究价值，以及浓郁的地方特色，在省内外有较大的影响。

4. 市（县）级旅游资源

主要包括市（县）级文物保护单位等。它们具有一定的艺术欣赏、历史文化和科学研究价值，是本地游人的主要游览对象。

（三）根据旅游活动的性质和功能分类

根据旅游活动的性质，旅游资源一般可分为观赏型、运动型、休养（疗）型、娱乐型以及特殊型（如具有科学考察价值的旅游资源）等几种。

1. 环境类旅游资源

主要包括各种优美的自然与人文环境，如水体环境、大气环境、森林环境、社区环境、医疗环境等。

2. 文体运动类旅游资源

（1）体育类旅游资源：包含各种体育项目。

（2）健身类旅游资源：包括各种拓展活动、娱乐活动以及有益健康的文化活动等。

3. 营养类旅游资源

（1）营养类食品：包括具有各种营养价值的水、糖、蛋白质、脂肪、维生素、矿物质等。

（2）药膳类食品：指含有各种药物医疗价值的膳食。

（3）美食类：包括各种具有地方特色的风味小吃、食品等。

4. 游憩休闲类旅游资源

（1）野外游憩类：可供攀岩、登山活动的山地；可供漂流活动的河段；可供滑雪、滑翔、骑马、飞行或热气球活动的场地。

（2）室内竞赛类：包括各种棋类、牌类、球类等。

5. 康复保健性旅游资源

包括 SPA、美容、美体、减肥、健身活动等服务机构。

6. 疾病医疗类旅游资源

医疗旅游是指游人因定居地对某种疾病的治疗技术欠缺或价格昂贵等原因，而到较远异地寻求相宜的治疗服务。承担这些服务的各种特色医院、诊所等医疗机构，就是我们所指的疾病医疗类旅游资源，如白癜风、牛皮癣、关节炎、食管癌等特色医院。

7. 养生类旅游资源

所谓养生旅游，是指以寻求延年益寿、强身健体、修身养性、保健修复为目的所进行的旅游活动。而提供这些服务的单位、技术人员和场所设施，就是我们所说的养生旅游资源。主要的养生活动有静观养生、听颂养生、动形养生、吐纳养生、饮食养生、浴拿养生等。典型的养生产品有运动养生（健身气功、五禽戏、太极拳、八段锦）、按摩推拿养生、中医诊疗养生三种。

第三节 健康旅游资源的调查与评价

一、健康旅游资源的调查

健康旅游资源调查是旅游资源开发利用和区域旅游发展规划编制的基础工作之一。根据旅游资源开发的目的要求,采用科学的方法确定调查内容,经过一系列调查,形成直接供旅游资源评价的调查结果。

(一)健康旅游资源调查的意义

健康旅游资源调查旨在了解调查区域内健康旅游资源的类型、数量、质量、特点、成因、规模和开发潜力等情况,从而为健康旅游资源评价和开发利用提供准确可靠的第一手资料。特别是通过对健康旅游资源自身及其外部开发条件的定期及不定期调查,可以全面、系统、动态地掌握健康旅游资源开发、保护和利用的进展状况、存在问题以及发展趋势。这为确定健康旅游资源开发方向、时序和重点提供了可靠的依据,也为旅游管理部门及时、准确获得相关信息并迅速采取相应措施创造了条件。因此,健康旅游资源调查是进行健康旅游资源评价和规划开发的基础,也是科学开发利用和保护健康旅游资源、做好健康旅游管理工作的前提。

(二)健康旅游资源调查原则

在调查过程中,应遵循以下三条基本原则:

1. 可靠性原则

健康旅游资源的调查者必须亲临现场进行考察、测量、拍照、录像、记录、分析。即便是那些经过搜集整理而获得的健康旅游资源方面的文献、报告和图表等书面资料,也只能作为野外调查的参考。调查者必须到现场进行核实,以确认资源的真实性、完整程度以及未来开发利用的可能性。

2. 创造性原则

进行健康旅游资源调查就是要寻找更多、更美的健康资源。调查者要善于发现更多事物的健康性作用与特点。例如,一处泉水,在旁人眼里可能只是一块普通的自然水体,而调查者却能根据其水体内的矿物质组成、含量和特征,分析出其理化特性,以及它在人们健身治病方面的重要作用,从而使之成为一个健康旅游目的地。通过调查,调查者还能够将一个地区散乱的健康旅游资源系统化、综合化,使游客面对的不再是杂乱无章的东西,而是在健康旅游方面完整有序、具有众多健康功能的旅游目的地。这样的健康旅游资源调查,实际上也是一个健康旅游目的地的发现和创造过程。

3. 选择性原则

在调查过程中,调查者应选择那些有利于旅游者和旅游区居民身心健康的、能促进物质文明与精神文明建设的旅游资源内容和环境条件。要将科学的健康历史文化与宗教活动和封建迷信明确区分开来,剔除历史遗留下来的一些恶习以及愚昧、腐朽的元素。旅游地应成为一个展示传统健康文化、具有强身健体作用、有利于游人身心健康的优良场所。

(三)健康旅游资源调查的内容

旅游资源的种类繁多、成因各异、构成要素复杂。因此,对其调查既要注重旅游资源自身的各种情况,也要关注所处外界环境的现状与发展趋势。旅游资源的调查内容应涵盖旅游资源形成的背景条件、旅游资源自身状况以及旅游资源开发条件及环境等。

1. 旅游资源形成的背景条件

主要了解和掌握调查区域内健康旅游资源的基本情况,从而找出资源的整体特色及内在联系。

(1) 调查区的地貌特征

包括调查区所处的地貌单元、地质构造状况、岩性、地壳活动状况等。

(2) 调查区的水文特征

包括地表水和地下水的类型、分布、理化性质、水文特征及特殊的水文现象。

(3) 调查区的动植物特征

包括调查区动植物的类型、分布、作用、珍稀性,以及在健康旅游发展方面的特殊表现和利用价值。

(4) 调查区的气象、气候和环境因素

包括调查区内降水、气温、光照、湿度的基本气象状况和气候变化特征。

(5) 调查区的历史沿革

包括调查区在人类历史上的发展历程及遗留下的各种健康历史文化资源情况。

2. 旅游资源状况

旅游资源状况包括旅游资源的名称、位置、类型、数量、规模、性质、结构、级别、特征、成因等,以及与当地旅游资源有关的重大历史事件、社会风情、名人活动、文化作品的情况,还有调查区的资源分布图、照片、录像等有关资料。对于每一项旅游资源,都应尽可能详细地收集资料,特别是有关旅游资源单体本身个性方面的资料,即单体的性质、形态、结构、组成成分的外在表现和内在因素,以及单体生成过程、演化历史、人事影响等主要环境因素等。

对于旅游资源单体本身个性方面的资料,可做如下提示:

(1) 外观形态与结构类

旅游资源单体的整体状况、形态及突出(醒目)点;代表形象的细节变化;整体色彩及其变化,奇异华美现象,装饰艺术特色等。同时,需描述组成单体各部分的搭配关系和安排情况,以及构成单体主体部分的构造细节、构景要素等。

(2) 内在性质类

描述旅游资源单体的特质,例如功能特性、历史文化内涵与格调、科学价值、艺术价值、经济背景、实际用途等。

（3）组成成分类

说明构成旅游资源单体的物质、建筑材料、原料等。

（4）成因机制与演化过程类

阐述旅游资源单体的发生、演化过程及演变的时序数值；其生成和运行方式，例如形成机制、形成年龄和初建时代、废弃时代、发现或制造时间、盛衰变化、历史演变、现代运动过程、生长情况、存在方式等。同时，描述其展示演示及活动内容、开放时间。

（5）规模与体量类

表现旅游资源单体的空间数值，例如占地面积、建筑面积、体积、容积等；个性数值如长度、宽度、高度、深度、直径、周长、进深、面宽、海拔、高差、产值、数量、生长期等；比率关系数值如矿化度、曲度、比降、覆盖度、圆度等。

（6）环境背景类

描述旅游资源单体周围的境况，包括其具体位置及外部环境。例如，与其共存并成为单体不可分离的自然要素和人文要素，如气候、水文、生物、文物、民族等；以及影响单体存在与发展的外在条件，如特殊功能、雪线高度、重要战事、主要矿物质等。同时，说明单体的旅游价值、社会地位、级别、知名度等。

（7）关联事物类

阐述与旅游资源单体形成、演化、存在密切相关的典型历史人物与事件等。

另外，旅游资源所在区域的进出条件、保护与开发现状等也应加以说明。

3. 旅游资源开发条件及环境的调查

该调查涵盖区位交通条件、依托城镇的经济状况、旅游接待设施、通讯和医疗卫生条件、客源条件、投资条件及与之紧密相关的社会经济环境等方面。其中，客源条件调查旨在基于旅游资源的吸引力和当地社会经济状况，初步分析客源市场的形成范围和数量，并探讨邻近地区及同类资源区对调查区客源的积极或消极影响。投资条件及环境调查则着重了解当地居民和政府部门对于旅游资源开发与保护的意见和支持程度。通过综合分析旅游资源开发条件及环境，可以预测调查区内旅游资源开发的前景、深度及潜在效益。

二、健康旅游资源的评价

所谓健康旅游资源评价，即从合理利用和保护健康旅游资源以及获取最大社会经济效益的角度出发，采用特定方法，对某一区域内的健康旅游资源自身价值及其外部开发条件等进行综合评估与鉴定的过程。此评价建立在健康旅游资源调查的基础之上，是一项更为深入的研究工作。

健康旅游资源评价是科学开发与利用健康旅游资源的重要前提。通过对特定区域内健康旅游资源的评价，我们能够全面而客观地了解这些资源的品质、特点与开发条件，进而明确这些资源在同类资源或所在区域中的地位，确定不同健康旅游资源的开发优先级，从而为健康旅游资源的开发提供科学的判断标准与理论依据。

（一）健康旅游资源评价的原则

健康旅游资源评价是一项极其复杂而重要的工作。由于健康旅游资源涉及范围广，结构复杂，种类及性质千差万别，因此很难确立一个统一的评价标准。同时，不同民族、不同文化背景、不同阶层的评价者往往持有不同的审美观，这必然导致评价结论的差异。为了尽量减少这一差异，确保评价的客观性和公正性，健康旅游资源评价必须遵循一定的原则。

1. 客观性原则

健康旅游资源是客观存在的事物，其特点、价值和功能也是客观存在的。在评价时，应实事求是，既不夸大也不缩小其价值和开发前景，确保评价客观实际、恰如其分。

2. 科学性原则

健康旅游资源的评价应从客观实际出发，即在旅游资源调查的基础上，运用医学、健康学、运动学、物理学、化学、地理学、历史学、经济学、美学、建筑学等相关理论和知识，对健康旅游资源的形成、本质、属性、价值、功能等核心内容作出科学的评价。

3. 全面系统原则

在评价健康旅游资源时，既要考虑其价值和功能，又要涉及开发条件。旅游资源的价值体现在疗疾、健身、历史、文化、艺术、审美、科考和社会等多个方面，其功能也多种多样，如观光、度假、娱乐、健身、医疗、康复、探险、科考等。因此，评价时要全面、系统、综合地衡量。同时，旅游资源的开发条件包括自然、社会、经济环境和区位、投资、客源、施工等，评价时也要综合考虑。

4. 效益估算原则

在评价健康旅游资源时，需考虑三方面的效益：①经济效益，即能增加经济收入，开拓财源，对当地经济发展起促进作用；②社会效益，即能吸引游客，为其提供去除疾病、强身健体、疗养康复的场所，同时通过与外界的交流提高健康旅游资源所在地的社会环境质量；③环境效益，即能美化、改善和保护环境，为人类提供有利身心健康和生态平衡的空间场所。总之，通过健康旅游资源效益评价，使其得以充分合理地开发利用，发挥其潜在的资源优势。

5. 高度概括原则

健康旅游资源评价过程中涉及的内容众多。为了使评价结论具有可操作性，评价结论应明确、精练，高度概括其价值、特色和功能，以便于游客进行消费选择。

6. 力求定量原则

在对调查区的健康旅游资源进行评价时，应尽量避免带有强烈主观个人色彩的定性评价，而应追求定量或半定量评价。同时，要求不同调查区尽量采用统一的定量评价标准，以便于对评价结果进行对比分析。

（二）健康旅游资源评价的内容

旅游资源评价既包括对旅游资源价值的评价，也包括对旅游资源开发外部条件的评价。

1. 健康旅游资源价值评价

健康旅游资源价值评价，指的是对健康旅游资源能够满足健康旅游主体需求的程度、效益、效应进行评判。这属于对客体的属性和功能与主体需求之间效用、效益或效应关系的客观、科学分析。评价包括健康旅游的功能表现、作用大小、经济效益高低、资源规模与组合状况以及健康旅游环境容量等五项主要指标。

（1）功能表现

这主要是指健康旅游资源能满足健康旅游者在哪些方面的需求，以及健康的种类和强度。健康旅游形式多样，其基本目的在于追求健康。因此，对健康旅游资源进行价值评价时，首要考虑的就是其"健康功能"的有无。一般来说，旅游资源都具有一定的健康作用，即通过旅游达到健康的目的。而相对于一般旅游资源，健康旅游资源的健康功能更为突出。例如，泉水通常具有沐浴、饮用、酿造、SPA、观光等旅游功能。但是，某些特殊的泉水，由于其水中含有某些特殊的化学元素或水温较高，如果长时间持续使用这些泉水，甚至可以达到治愈某些胃病、皮肤病、关节病的目的。这样，在旅游资源的分类与评价上，一般旅游资源和健康旅游资源就有了显著的区别；在旅游功能上，也同样具有显著差异。如果进一步分析研究，在具有健康功能的泉水中，由于其理化性质的不同，其功能与作用也会有所不同。这些差异都需要我们在对健康旅游资源进行功能评价时明确指出。

（2）作用大小

所谓作用大小，是指某种健康旅游资源在发挥某些健康功能时所表现出的强度大小和健康效果显现的速度。例如，两个都可以治疗皮肤病的温泉，一个效果显著，病人在此疗养两周即可痊愈；而另一个则需要三到五周才能治愈。

（3）经济效益高低

经济效益是指经济活动中劳动耗费与劳动成果之间的对比，它反映了社会再生产各个环节对人力、物力、财力的利用效果。经济效益的高低受多种因素影响，仅从资源角度看，资源的质量、地理区位、环境条件、赋存条件等最为重要。一般来说，资源中蕴含的有效成分越多、地理区位越优越（如距离市场近、交通方便）、环境条件越有利（即资源周围的自然与社会因素越优越）、赋存条件越好（如资源的埋藏深度越浅、资源开发利用的难易程度越低），则健康旅游资源开发所能获得的经济效益就会越高。反之，则会降低。

（4）资源规模与组合状况

这指的是健康旅游资源的存在面积、蕴藏量以及与其他资源的组合关系等。具体来说，一是健康旅游资源与其他自然、人文旅游资源的结合与互补情况；二是各资源要素之间的组合及其协调性；三是健康旅游资源的集聚程度。只有在一定区域内，旅游资源密度大、类型丰富、搭配协调，并形成一定规模，这样的旅游资源才具有较高的健康旅游开发价值。五大连池便是这方面的典型例子。五大连池的矿泉富含二氧化碳、铁、硅酸盐、碳酸氢盐等，均达到医疗矿泉的标准，同时含有铁、钙、锌等人体必需的微量元素，对消化、血液、运动、神经、分泌等系统和心脑血管、皮肤等多种疾病都有良好疗效，是世界上稀有的珍贵医用矿泉水。五大连池风景区以"氧吧－泉水－地磁"为特色，形成了五个生态康养组合功能区；空气负离子浓度在高峰时段每立方厘米超过 5000 个，达到氧吧标准，空气质量优良，有助于提高人们的免疫力；区域内地磁异常阈值在 300 纳特至 650 纳特之间，全磁环境对人体健康有益。

五大连池不仅医用价值极高,是不可多得的健康旅游资源赋存地,而且这里的自然风光也极其美丽。这里水中有鱼,空中有鸟,空气清新,山清水秀,是一个面积巨大的自然风光旅游胜地。

(5) 健康旅游环境容量

旅游环境容量,又称旅游生态容量,指的是在不对一个旅游点或旅游区环境造成永久性破坏的前提下,其环境空间所能容纳的旅游者数量。环境容量的概念最早由比利时数学家、生物学家弗胡斯特根据马尔萨斯的人口论提出。他认为,生物种群在环境中可利用的食量有一个最大值,动植物的增加也应该有一个极限,这个极限数值在生态学中被定义为环境容量。

旅游环境容量则是指在一定时间内,一定旅游资源空间范围内的旅游活动能力,也就是在不严重影响旅游资源特性、质量及旅游者体验的前提下,旅游资源的特质和空间规模所能持续维持的最高旅游利用水平,又称为旅游承载力或饱和度。它主要受旅游资源的特性、旅游功能、旅游活动方式及旅游者偏好等多种因素的影响,并涉及旅游者心理需求、旅游资源保护、生态平衡、旅游社会经济效益等多方面的问题。在一定时间、一定范围内,并非接待的旅游者越多越好。超过合理的旅游环境容量,旅游活动就会受影响,旅游资源及其环境就会遭破坏。当然,在充分满足上述前提条件下,旅游环境容量越大,旅游资源价值就越高。

2. 健康旅游资源开发条件评价

(1) 区位条件

健康旅游资源的区位条件,主要是指旅游资源所在区域的地理位置、交通条件,以及旅游资源与其所在区域内的其他旅游资源、与周边区域旅游资源的关系等。例如,我国为了发展健康旅游,经国家卫生健康委员会会同国家发展改革委、财政部、文化和旅游部、国家中医药局研究,拟定了天津健康产业园、河北秦皇岛市北戴河、上海新虹桥国际医学中心、江苏泰州市姜堰区、浙江舟山群岛新区、安徽池州市九华山、福建平潭综合实验区、山东青岛崂山湾国际生态健康城、广东广州南沙新区、广西桂林市、海南三亚市、海南博鳌乐城国际医疗旅游先行区、贵州遵义市桃花江等13家单位为我国首批健康旅游示范基地。这些单位均具备优越的区位条件和特别良好的自然与社会经济条件。

(2) 客源条件

客源条件是影响健康旅游资源开发效益的重要因素。客源应包括本区与外地两个方面。客源条件评价可以从空间和时间两个方面进行分析。在空间方面,应分析健康旅游资源所能吸引的客源范围、最大辐射半径、吸引客源的层次及特点。具体包括:主要客源地有哪些,与主要客源地的距离及交通条件如何,以及主要客源地的人口特征及其社会经济文化状况。在时间方面,应分析因健康旅游资源季节变化可能形成的旅游淡旺季,这与旅游资源所在地的气候特征有一定关系。不同类型的健康旅游资源、不同等级的健康旅游资源,其客源市场指向也不同。根据健康旅游资源的价值和作用大小,客源市场可分为国际性、全国性和区域性,评价时应实事求是地指出。评价客源条件时,需与健康旅游资源的价值、区位条件等因素结合起来综合考虑。

(3) 自然环境

自然环境即由健康旅游资源所在地的地质地貌、气象气候、水文、土壤、植被等要素构成。它对健康旅游资源的质量、时间节律和开发产生直接影响。植被、水文、气象等本身就是健康旅游资源不可分割的组成部分,直接关系到资源的品质。健康旅游资源所处的外部环境必须清洁宁静,令人心旷神怡。没有良好的环境,即使健康旅游资源价值再大,也会阻碍旅游者的到来。著名的健康旅游地都拥有保存完好的植被、山清水秀的景色,资源与环境和谐相融。宜人的气候是健康旅游的必要条件,并起着重要的导向作用。水既是孕育健康旅游环境的活跃因素,也是景区设施和旅游者生活的必需品,同时,水质的好坏直接关系到游客的健康。大气环境和土壤元素中是否含有有害物质,也将影响游客健康,从而影响旅游开发。另外,对旅游资源所在地地质地貌的分析也十分重要。例如,地质地貌环境是否脆弱,地震、滑坡、泥石流、洪水、水土流失等自然灾害发生的可能性大小,这些都与旅游者的人身安全密切相关,进而直接影响到旅游者的数量、旅游开发及其效益。

(4) 经济环境

经济环境即指健康旅游资源所在地的经济状况,主要包括投资、劳动力、物产和物资供应及基础设施等条件。资金是旅游资源开发的必要条件,特别是在经济尚不发达、资金比较匮乏的区域,评价投资条件更为重要。资金来源是否充裕、财力是否雄厚,直接关系到健康旅游开发的深度、广度和进度以及开发的可能性。我国东部地区健康旅游之所以能快速发展,经济较为发达是重要因素之一。劳动力条件是指能满足健康旅游资源开发所需的人力资源数量和质量,包括脑力劳动和体力劳动两种类型。使用当地劳动力既可以节约资金,又由于当地人熟悉情况而有利于工作的开展,同时能提高当地人发展旅游的积极性。能否吸引高素质的旅游人才对健康旅游资源的开发及旅游业的发展具有十分重要的意义。物产和物资供应条件是指为健康旅游资源开发、旅游经济活动正常运行所必需的建筑材料、设备、食品、原材料、地方特产的供应情况,它直接关系到旅游开发的成本与效益。当地若有充足的物产和物资供应,则不仅可以使旅游业因较低成本而带来较高收益,还可使旅游服务、旅游导购等具有鲜明的地方特色。基础设施条件是指水、电、交通、邮政、通信等公共设施的先进程度和完善程度。如果这些设施不完善或比较落后,将直接影响到健康旅游资源的可达性和旅游服务质量,对健康旅游资源开发、旅游经济效益的形成极为不利。

(5) 社会文化条件

社会文化条件主要指健康旅游资源所在地的政治局势、政策法令、社会治安、政府及当地居民对旅游业的态度、卫生保健状况、地方开放程度及风俗习惯等。社会治安差的地方,即使有品质很高的健康旅游资源,旅游者也不愿前往。如果政府领导重视,政策向旅游业倾斜,那么人们发展健康旅游的积极性就会提高,多方面的资金就会投向健康旅游地,从而使旅游效益更加显著。卫生状况良好的健康旅游地更能吸引健康旅游者。如果当地的文化传统比较开放,人民热情好客,对旅游业有正确的认识,能使游客有宾至如归的感觉,就会对健康旅游资源的开发及旅游业的发展产生积极的推动作用。

(6) 经济、社会、环境效益

经济效益是指健康旅游资源开发利用后可能带来的经济收入；社会效益是指旅游资源开发利用对人们的智力开发、知识增长、眼界开阔、思想教育、科技文化交流、友好往来等方面的作用；环境效益是指健康旅游资源开发和利用对自然环境产生的影响。旅游业是经济型产业，必须进行投入产出分析。对旅游资源开发后的经济效益进行评价，不仅要估算投资量、投资回收期等直接经济指标，还应评价因关联带动作用及乘数效应带来的综合经济效益。旅游开发的社会效益包括正面和负面两个方面。正面效应如开阔视野、增长知识、增强爱国主义与国际主义精神、打破保守落后和地区封锁的思想、利于同各国各地人民建立友好关系等。但负面影响也可能出现，如对旅游地的社会风尚、伦理道德的影响等，例如吸毒、赌博、色情等丑恶现象可能随着旅游地的开放而涌来。因此，应对可能带来的社会效益进行分析，杜绝一切与我国社会主义精神文明背道而驰的旅游项目。旅游开发会带来城市绿化、环境美化、交通顺畅、自然保护区建立、珍稀动植物得到保护等积极影响，但旅游业也可能给环境带来不良影响，如景区超负荷接待导致资源破坏、生态环境恶化。因此，对旅游资源开发的环境效益进行评价也十分必要。如果旅游资源开发与环境保护存在较大矛盾，则应以保护环境为重。经济效益、社会效益、环境效益是相互关联、互相影响的，评价时应综合分析、权衡利弊，以得出科学的结论。

(三) 健康旅游资源的评价方法

健康旅游资源评价是一项复杂而重要的工作。由于评价的目的、资源的赋存条件、开发导向等不同，可采用不同的评价方法，大体可分为定性评价和定量评价两大类。在具体应用时，根据情况采用定性与定量评价相结合的方法比较理想。

1. 定性评价法

定性评价法是在健康旅游资源调查的基础上，根据调查者的印象所作的主观评价，采用定性描述的方法。评价的结果主要与评价者的经验与水平有关，因此也叫作经验评价法。该方法简单易行，对数据资料和精确度要求不高，但不可避免地存在结论的非精确性和推理过程的相对不确定性。在健康旅游资源的评价中，该方法应慎重使用。

2. 定量评价法

定量评价法根据一定的评价指标体系和评价方法，将健康旅游资源的各评价指标予以量化，利用评价方法对健康旅游资源进行综合评价。评价结果相对于定性评价更直观准确。

定量评价法首先要建立健康旅游资源评价指标体系，该体系包括评价健康旅游资源的各个方面和维度的指标分类及量化。评价指标体系是联系评价方法与评价对象的桥梁，评价指标的确定是定量评价的基础。健康旅游资源评价体系的具体内容可以根据实际情况进行调整和修改。健康旅游资源评价指标主要包括以下几类：

一是养生类指标，用来评价健康旅游资源的健康养生价值，包括健康养生项目数量、种类、品质和服务水平等指标。

二是环境类指标，用来评价健康旅游资源的环境质量，包括空气质量、水质量、土壤质量、自然生态环境、景观和植被覆盖率等指标。

三是文化类指标,用来评价健康旅游资源的文化及历史价值,包括历史文化遗迹、传统民俗和文化底蕴等指标。

四是安全类指标,用来评价健康旅游资源的安全性,包括安全设施、管理制度、应急响应机制和游客安全保障等指标。

五是设施类指标,用来评价健康旅游资源的基础设施和旅游设施的完善程度,包括交通设施、餐饮住宿设施和游乐设施等指标。

六是服务质量类指标,用来评价健康旅游资源的服务质量,包括服务态度、服务质量、工作效率和景区管理等指标。

七是经济效益类指标,用来评价健康旅游资源的经济效益,包括旅游收入、投资回报、就业机会和旅游消费等指标。

八是社会效益类指标,用来评价健康旅游资源的社会效益,包括文化传承、环境保护和社会和谐等指标。

九是游客满意度类指标,用来评价游客对健康旅游资源的满意程度,包括环境满意度、设施满意度、服务满意度、文化底蕴满意度和安全满意度等指标。

综合上述指标,可以得到一个比较完整和客观的健康旅游资源评价指标体系,该体系为相关部门和企业提供参考和指导。

在健康旅游资源评价指标体系建立的基础上,通过引入数学方法对健康旅游资源进行定量评价。定量评价主要有以下几种常用方法:

一是层次分析法,通过对各个评价指标之间的重要性进行比较和排序,确定各个指标的权重,进而综合评价健康旅游资源的质量。

二是灰色关联度分析法,通过对各个指标之间的关联程度进行分析,确定各个指标对健康旅游资源评价的贡献度,从而实现对健康旅游资源的评价。

三是主成分分析法,通过对健康旅游资源多个指标进行主成分分析,确定各个指标在健康旅游资源评价中的作用,进而综合评价健康旅游资源的质量。

四是模糊评价法,通过对健康旅游资源各个指标进行模糊化处理,将评价结果转化为数值,从而实现对健康旅游资源的评价。

五是综合评价法,该方法首先是给出健康旅游资源各个指标值,再按照各指标的相对重要性赋予不同的权重,求出总的综合指标值,最后按评价标准划分不同的评价等级。通过对多个指标进行综合评价,得出对健康旅游资源的总体评价。

这些方法各有特点,应根据实际情况选择合适的方法进行评价。同时,评价过程中还需要考虑指标的选取和权重的确定等问题,以确保评价结果客观、科学、准确。

通过对上述指标的量化和综合评价,可以得到一个比较全面和客观的健康旅游资源评价结果,为相关部门和企业提供参考和指导。

以上是一些常见的健康旅游资源评价指标,通过对这些指标的量化和综合分析,可以对健康旅游资源进行评价、分析和研究。

3. 比较常见的评价方法

健康旅游资源评价方法可以从多个维度进行,以下是一些常见的评价方法:

(1) SWOT 分析法

通过对健康旅游资源进行 SWOT 分析,可以了解其优势、劣势、机会和威胁。在 SWOT 分析中,健康旅游资源的优势和劣势可从自然环境、文化历史、旅游设施、服务质量等方面进行评价;机会和威胁则可从市场需求、竞争对手、政策法规等方面进行考量。SWOT 分析法旨在为优化和改进健康旅游资源提供科学依据。

(2) 问卷调查法

采用问卷调查的方式,可以了解游客对健康旅游资源的需求和评价。问卷可涵盖自然环境、文化历史、健康养生、旅游服务等多个方面的问题,以全面收集游客的反馈。

(3) 实地考察法

通过亲身前往当地,实地考察健康旅游资源的情况,可以直接感受当地的自然环境、文化历史、健康养生、旅游服务等方面的实际状况,从而进行更加客观和准确的评价。

(4) 专家评估法

邀请相关领域的专家对健康旅游资源进行评估和指导。专家可依据自己的专业知识和经验,对当地的自然环境、文化历史、健康养生、旅游服务等方面进行评价,并提出改进和优化建议。

(5) 数据统计法

通过数据统计的方式,对健康旅游资源进行评价和分析。数据可包括当地的旅游收入、游客数量、旅游设施数量和质量、健康养生资源数量和质量等指标。通过数据分析,可以客观地评估当地健康旅游资源的发展状况和趋势。

(6) 口碑评价法

通过互联网等平台,收集游客对健康旅游资源的评价和反馈。口碑评价法能够直接反映游客的真实感受和体验,是一种客观且有效的评价方法。

综合采用多种评价方法,可以获得更加全面和客观的评价结果,从而为健康旅游资源的优化和改进提供科学依据。

健康旅游资源评价通常包括以下方面:

自然环境评价:自然环境是健康旅游的基础。可考虑当地的空气质量、水质情况、气候条件等指标,评估自然环境对健康旅游的适宜程度。

文化和历史资源评价:文化和历史资源是健康旅游的重要组成部分。可考虑当地的文化底蕴、历史遗迹等指标,评估其对健康旅游的吸引力。

休闲设施评价:健康旅游需要配备适合的休闲设施。可考虑当地的酒店、度假村、温泉、高尔夫球场等设施的数量和质量。

健康养生资源评价:健康养生资源是健康旅游的核心。可考虑当地的药膳、中医、SPA、瑜伽、针灸等健康养生资源的种类和质量,评估其对健康旅游的吸引力和贡献度。

旅游服务评价:旅游服务是健康旅游的保障。可考虑当地的旅游服务水平、旅游安全情况、旅游文化交流等指标,评估旅游服务对健康旅游的贡献度。

在评价健康旅游资源时,可采用问卷调查、专家评估、实地考察等方法,并综合考虑多个方面的指标和意见,以获得更全面和客观的评价结果。

第四节 健康旅游资源的开发与保护

一、健康旅游资源的开发利用

健康旅游资源的开发利用,指的是通过整合、规划和开发旅游资源,创造并提供符合人们健康需求的旅游产品和服务,以满足游客的健康旅游需求。

(一)健康旅游资源开发利用的基本原则

1. 特色原则

特色是旅游资源吸引游客的灵魂和动力。因此,旅游资源的开发必须突出特色,主题鲜明。尤其要强调健康特色,以满足游客的健康消费需求,从而增强旅游竞争力。在旅游资源开发规划中,应避免模仿、抄袭,确保拥有自己的创意和特色。缺乏特色的旅游区将失去生命力,难以吸引游客,也难以取得良好的经济效益和社会效益。

2. 美学原则

美学原则是旅游资源开发普遍遵循的原则,健康旅游资源的开发也不例外。健康旅游资源的美学表现主要体现在三个方面:首先是自然环境美,健康旅游地的自然环境必须精心打造,为游人提供一个自然美的空间,其山、水、林、路、花、草、动物应巧妙配置,协调安排,形成一个山清水秀、空气清新、鸟语花香的自然景区;其次,在自然美的基础上,通过人工构筑手段对景区内的道路、建筑、园林景观等进行统一处理,任何人工建筑物的体量、造型、风格、色彩等都要与所处环境和健康活动要求融为一体,达到自然美与人工美的协调统一。

3. 效益原则

注重旅游资源的综合利用。开发利用时应充分考虑旅游资源的综合性和系统性,实现资源的优化配置和整合,以达到更好的经济、社会和环境效益。经济效益的实现主要与健康旅游资源开发的突破口以及所形成的主打产品有关。社会效益一方面表现在健康旅游资源开发给资源所在地带来的就业、经济收益以及对其他产业发展形成的连锁效应;另一方面则体现在当地旅游业发展对社会所做的贡献,特别是在健康方面对社会的贡献。环境效益既包括自然环境效益,也包括社会环境效益。总之,健康旅游资源的开发对自然环境和社会环境都应是有益而无害的。健康旅游资源的开发利用应强调以人为本,即注重人的需求和利益,提供符合人们健康需求的旅游产品和服务,增强游客的旅游体验和满意度。

4. 保护原则

绝大多数健康旅游资源都具有"遗产"属性,有些是自然遗产,有些是人类历史文化遗产,其珍贵性不容置疑。因此,健康旅游资源的开发利用应注重生态、环境、文化的保护和传承,避免过度开发和破坏,实现可持续发展。

5. 市场导向原则

健康旅游资源的开发利用应充分考虑市场需求和市场化运作,强调市场导向。要提高旅游产品和服务的市场竞争力,实现经济效益和社会效益的双赢。为了使健康旅游产品拥有良好的市场,健康旅游资源的开发利用应注重技术创新,提升旅游产品和服务的质量和竞争力,推动健康旅游产业的可持续发展。

(二) 健康旅游资源开发利用的主要模式

1. 资源导向模式

该模式的开发思路是从本地旅游资源的基础情况出发,制订适合本地旅游发展的开发计划,并进行旅游业发展战略研究。旅游资源导向模式的特征包括:

(1) 资源导向模式的适用对象

旅游资源导向模式主要适用于健康旅游资源丰富、品位较高的传统旅游开发地。这种旅游资源所在地,即使没有经过系统开发,也会因其自身的魅力吸引众多慕名而来的旅游者。在此模式指导下,旅游资源被置于核心位置,旅游开发工作紧密围绕旅游资源的分类、评价及特色分析展开。因此,此类旅游地开发的重点不仅在于旅游市场的选择、配套设施的建设以及旅游业人力资源的开发,更在于如何开发旅游资源,以最大程度地挖掘其所蕴涵的价值。

(2) 资源导向模式的评价

所谓资源导向模式,是指旅游开发仅依据本地旅游资源的赋存情况,而不考虑旅游市场的需求以及周边地区的竞争状况来进行旅游产品的开发。该模式的局限性在于,它往往导致在旅游开发时,以单个旅游资源类型为出发点来强调旅游产品的优化和组合,却忽略了区域内各种类型旅游资源的综合开发以及区域外部的合作开发,缺乏整体综合开发的观念。同时,对市场、政策、开发配套条件等方面的考虑也相对较少。由于该模式的旅游资源开发具有较强的主观性,旅游产品与市场的契合度不佳,因此现在的旅游资源开发多转向采用市场导向模式。在我国旅游业发展初期,旅游资源的开发大多采用了资源导向模式。

2. 市场导向模式

旅游市场导向模式的重点在于旅游市场,整个旅游开发过程都要以市场为核心进行研究。一切开发设计都应以市场需求分析为前提,通过市场分析为旅游地提供开发方向,使旅游资源的开发与市场需求进行有效对接。旅游市场导向模式的特征包括:

(1) 市场导向模式的开发路径

市场导向模式的旅游开发,同样是在对旅游资源进行科学调查评价的基础上进行的;但其旅游产品的设计和开发则是依据客观实际的旅游市场需求来进行的。这样,旅游地的开发在市场需求的引导下,可以最大限度地发挥区域的综合优势,通过满足旅游消费者的需求来获得最大的经济效益,并实现区域旅游的可持续发展,从而避免了旅游产品开发的盲目性。

(2) 市场导向模式的评价

首先,市场导向模式下的旅游开发不仅注重了本地各种旅游资源的组合开发,而且对区域间的经济联动性有了一定的考虑,因此在设计开发时能够将区域市场中的竞争与合作有机结合,在竞争中求合作,以合作促发展。其次,多变的市场环境和多变的市场需求决定了不同时期开发出的旅游产品是各不相同的。为了满足旅游消费者的多变需求,旅游开发工作者必须对旅游市场需求的趋势保持高度敏感,及时准确地调整开发设计方案。

3. 旅游产品导向模式

就旅游资源与旅游产品的关系而言,一种旅游资源所能生产的旅游产品并非唯一,往往是一种旅游资源可以生产出多种旅游产品。至于在旅游资源开发过程中应生产何种产品,首先要研究旅游市场,在此基础上再分析何种产品最受欢迎,从而筛选出要生产的产品。

(1) 产品导向模式的关注焦点

在该模式中,人们关注的焦点主要有三个:其一,本地旅游资源的可利用度;其二,旅游产品的市场推广问题;第三,旅游产品及项目投资的投入产出经济效益分析。该模式的开发思路偏重于旅游项目及产品的创意设计。

(2) 产品导向模式的评价

该模式主要适用于那些并不具备传统自然旅游资源与人文旅游资源优势的地区。开发者从单纯关注旅游资源的分析与评价,转向对旅游市场需求的重视,进而又转向以旅游产品为中心的旅游开发。产品导向模式的旅游开发必须高度重视旅游产品的创新,不断推出有个性、多样化的旅游产品。在旅游产品导向模式中,旅游产品或旅游项目的开发是核心工作,因此,相比其他开发导向模式,该模式具有更明显的经济性。根据投资经济学的原理,产品开发或项目投资必然涉及投资年限、回收期、建设规模、预期收益等经济指标,并且附带有旅游项目的投资可行性分析报告。因此,产品导向的开发模式更具有经济性特征。

4. 旅游形象导向模式

旅游形象导向模式是从系统开发的角度,对旅游目的地进行整体的形象策划和旅游业发展规划。它通过对目的地旅游形象的塑造与提升,来达到区域内旅游资源的有效整合和可持续开发利用的目的。该模式的特征包括:

(1) 实行资源—形象—市场的开发路线

它要求旅游开发工作者从整体的角度对旅游地进行深入思考,即将旅游地的主题选择、形象塑造、市场定位、营销策划等作为一个有机的系统,围绕着一个共同目标而发挥作用。这样,旅游地即可形成一个完整统一的旅游形象。而这种鲜明的旅游形象一旦投入市场,将获得人们更多的关注,使旅游地能在激烈的市场竞争中异军突起,占据有利地位。

(2) 旅游地的开发工作系统化

旅游形象导向模式将旅游地系统的各个部分按照其内在的功能联系,组合成一个开发的整体,并对该旅游地综合体(包括市场、资源、产品、形象、营销、环境、人力、资本等)进行全面系统的开发。这样可以使旅游地的开发和其今后的经营与管理达成一致,促进旅游地产业结构的整合升级,这是旅游开发地今后能够保持持续稳定发展的关键所在。

(3) 旅游主题形象的塑造具有相对稳定性

从旅游心理学的角度来看,旅游者对旅游目的地的选择不是受制于客观环境本身,而是受制于旅游地带给旅游者的认知形象的影响。因此,塑造一个旗帜鲜明的旅游主题形象是开发工作中的另一个关注焦点。而相对稳定的主题形象,更有利于进行统一的策划设计和传播。

二、健康旅游资源的保护

健康旅游资源的保护是指采取一系列措施,以维护和保持其完整性、稳定性和可持续性,避免因过度开发、污染及其他不良行为导致的破坏和损害,从而确保旅游资源能够为游客提供安全、健康、满意的旅游体验。

(一)健康旅游资源的立法保护

许多健康旅游资源的破坏主要是由于法制不健全,人为因素所致。为了有效保护健康旅游资源,世界各地均采取立法和制定公约的法律手段进行保护。1972年,联合国教科文组织在巴黎公布了《关于保护世界文化与自然遗产的公约》,现已有109个缔约国。该公约承认所有国家对保护独特的自然和文化区域应承担的义务,并分批公布了世界遗产保护点,建立了"世界遗产基金",以确保保护措施得以有效实施。

自新中国成立以来,我国也先后颁布了《文物保护法》《环境保护法》《森林法》《风景名胜区暂行管理条例》等一系列法律法规。这些保护法规为遏制我国健康旅游资源的破坏奠定了法律基础。

(二)健康旅游资源保护的宣传教育

旅游资源保护的相关法规条例的出台,对旅游资源的保护起到了极为重要的作用。然而,这些法规出台后,旅游资源的人为破坏并未停止,甚至破坏范围和情节极为严重。究其原因,主要有两点:一是"旅游业是无烟工业"的宣传误导;二是旅游资源及环境保护的法规条例宣传不够深入广泛。许多人,包括许多旅游开发决策者,根本就不知道自己所做之事是违反保护法规和条例的。这说明,旅游资源的保护还需要从认识、宣传、教育以及执法力度上着手,以达到真正有效地保护旅游资源的目的。

(三)健康旅游资源的管理不可忽视

旅游资源的破坏大多源于管理不当。对于潜在旅游资源、开发中的旅游资源和利用中的旅游资源,我们需要采取不同的保护管理对策。

对于潜在旅游资源,保护应放在首位。我国大量的自然保护区和历史文物古迹所在地均属于此类。回顾旅游业的发展,我们当前开发利用的旅游资源,大多是因自然和历史文化价值特别重要而被保护下来的。例如张家界、九寨沟、秦始皇陵、十三陵等旅游地,若没有当年的强力保护,它们不会成为今日的旅游热点。

对于开发中的旅游资源,必须在科学规划的指导和严格保护的措施下进行开发,不允许在开发过程中再对旅游资源和环境造成严重破坏。其管理对策有三:一是将旅游资源开发工作提升到系统的高度去认识,即旅游资源开发应从系统和整体的观点出发考虑问题,不能因局部利益、近期利益、本部门利益和某子系统利益而牺牲整体利益、长远利益。二是旅游资源开发必须遵循生态学原则,包括自然生态和社会生态两个方面。在自然生态方面,要注意保护自然生态系统的平衡,尤其是在脆弱生态环境条件下的旅游资源开发,更应把生态系统平衡和环境保护放在首位。在社会生态方面,旅游资源的开发要与其周围的社会生态环境相协调,以保持当地原汁原味的社会人文环境和历史文化氛围,保护吸引游客的魅力所在。否则,旅游资源的开发过程就会变成旅游资源的破坏过程。另外,在旅游资源开发过程中,有一部科学的、符合当地实际的旅游规划作为指导,是十分必要的。

对于利用中的旅游景点景区的保护,主要从以下几点认真做起:一是根据本景点景区的实际情况,制定一套科学的、有针对性的、行之有效的保护方案,如明确保护对象、保护措施和责任人;加强对旅游资源与旅游地环境破坏的责任追究和处罚;建立一支保护意识强、责任心强、有保护专业知识的管理队伍;加强对游客的宣传、教育与行为管理等。

(四)健康旅游资源的恢复性建设要修旧如旧

绝大多数旅游资源一旦遭受破坏就很难恢复。但有些文物古迹的文化价值和旅游价值都相当高,虽然已经衰败或破坏,甚至不复存在,但仍可通过修补和重建恢复其风采。修补和重建的原则有四:一是培修复原,整旧如故;二是仿古重修,要尊重原始风貌;三是景区建设,生态环境效益优先;四是现有文物古迹保护,要高度重视,刻不容缓。

第五章　环境与健康旅游

第一节　环境与健康

环境,是指相对于中心事物(主体事物)而言的周边事物,即存在于中心事物外部的所有其他事物。众所周知,任何事物的发展都与其所存在的环境密切相关,健康旅游也不例外。环境包括两个大的方面:一是自然环境,二是人文环境。

一、自然环境

自然环境,也称自然地理环境,包括地质、地貌、气候、水文、生物、土壤等要素。自然环境对健康旅游的最大影响在于其地域差异,这种差异既体现在自然环境的单个要素上,也体现在各要素共同作用所形成的自然综合体上。前者如温暖的气候、适宜的降水、良好的植被等,都是健康旅游所不可缺少的最关键的自然环境要素。如果气温过高或过低,降水过多或过少,都会不利于健康旅游活动的开展;后者如新疆的东部和南部地区,不仅降水极少,蒸发量大,气温高,而且植被稀少,这些要素共同作用所形成的干旱气候环境就非常不利于疗养、度假等健康旅游的开展。而云南、海南,以及我国的东南沿海地区,与新疆的东、南部地区正好相反,温暖湿润的气候和降水、良好的植被和清新的空气等各种自然要素共同作用所形成的优越的综合自然环境,非常有利于休闲度假、治病疗养、体育锻炼等一系列健康旅游活动的开展。

(一) 自然环境对人体健康影响的表现

1. 双重性

如自然环境因素中的气温,过高会引起中暑,过低会导致冻伤;紫外线过强会引发皮肤癌,过弱则可能导致佝偻病;空气中负离子浓度高可镇静安眠、增进食欲,正离子浓度高则正好相反;饮用的水体和食用的食物中,若微量元素过高可引起中毒症(如铁过剩造成心肌损害、糖尿病、性腺功能不全及肝硬化;锌过多可引起发热;锰过多可导致中枢神经障碍、运动失调;钴过多可造成心脏病、甲状腺功能异常、听觉障碍等;锡过多可造成呕吐、腹泻、腹痛及肝脏损伤;汞过多中毒时会发生"水俣病";镉中毒造成疼痛、肾损伤及骨折的"疼痛病"),过少则会导致微量元素缺乏症(如缺铁会导致缺铁性贫血,缺锌会导致食欲减退、生长发育迟缓)。

2. 多样性

多样性主要表现在以下三个方面:①相加作用,即几种环境因素联合作用的影响是各单项因素影响的总和,如高温和一氧化碳的综合作用;②增毒作用,即几种环境因素联合作用时,其中某一因素可使其他因素的影响(毒性)加剧,如吸烟同时接触石棉可显著增加肺癌死亡率;③拮抗作用,即联合作用的毒性小于其中各毒物成分单独作用毒性的总和。也就是说,其中某一毒物因素成分能促进机体对其他毒物成分的降解加速、排泄加快、吸收减少或产生低毒性代谢物等,从而使混合物毒性降低。例如,胰岛素的降血糖作用与胰高血糖素的升血糖作用相互拮抗。

3. 选择性

选择性作用又称特异性作用(specific action),即环境危害因素对某种细胞、组织、器官或机体产生特殊的或专一的作用(见表5-1)。

表5-1 不同环境危害因素对特定机体的危害

环境因素	特定机体
甲基汞	神经系统中枢及末梢、胎盘
苯	造血系统
铅	骨骼系统
石棉	肺
联苯胺	膀胱
氯乙烯	肝
钴	心脏、甲状腺

4. 非特异性

与特异性相对,特异性是指遵循某项规律而产生的病症,而非特异性是指没有规律可言,如环境因素中的汞与砷,见表5-2。

表5-2 环境因素对机体的非特异性影响

环境因素	非特异性症状
铅	脱发、贫血、肌痛、肌无力、胃肠炎、肾病、运动失调、脑功能障碍、致畸
汞	胃肠炎、肾脏疾病、运动失调、脑功能障碍、致畸
砷	脱发、鼻刺激、皮炎、色素沉着、胃肠炎、致畸

5. 剂量—反应关系

自然环境中物理的或化学的危害因素进入机体后产生效应的决定因素有以下四个方面:其一,进入机体的危害因素的强度或剂量水平;其二,危害因素的毒性大小;其三,机体对环境危害因素的抵抗能力;其四,环境危害因素对机体作用时间的长短。一般情况下,机体对环境危害因素的强度和剂量反应关系呈正相关。

6. 个体差异

自然环境中那些物理的或化学的危害因素对机体的影响还表现在个体差异方面,即有些人对危害因素反应强烈,有些人则反应不大。这种差异主要体现在五个方面:一是年龄大小,如老年人和儿童的免疫、应激功能低下,通常对某些环境危害因素的耐受性差,敏感性较高;二是性别方面,因为性激素对肝微粒体酶功能有明显影响,从而影响有毒物质的生物转化及其对机体的毒性反应,如女性对铅、苯等毒性物质较男性敏感;三是健康状况,即不同的身体健康状况对环境危害因素的抵抗力是不同的,例如有慢性肺部疾病的人对一氧化碳、二氧化硫等刺激性气体比较敏感,肺结核患者对二氧化硅粉尘的危害抵抗力很差;四是营养状况,营养不良时对臭氧、铅、多环芳烃比较敏感,而蛋白质缺乏时对黄曲霉素的解毒能力变差;五是遗传因素,如遗传性红细胞缺乏症者在接触氧化性化合物及辐射因素时,易发生溶血,在接触芳香族硝基和氨基化合物时,危险性可能更大。

(二) 自然地理环境对健康旅游活动及其资源开发的影响

近年来,生态旅游已被确定为世界旅游业中迅速发展的领域。生态旅游是一种以吸收自然和文化知识为取向,以自然地理环境为载体的健康旅游活动。其活动的开展及资源的开发均建立在具有一定价值的健康旅游资源基础之上。人们通过对该地区不同自然地理环境的合理利用与适度改造,获得具有当地特色的健康旅游资源,这样的旅游形式往往更能吸引旅游者。也就是说,自然地理环境已经成为旅游活动与开发过程中不可或缺的重要因素。

1. 积极影响

自然地理环境本身具有差异性,而这种差异性所形成的旅游资源的互补性是旅游活动发生的根本原因。

(1) 自然地理环境各要素对旅游活动具有独特的吸引作用

最典型的自然要素有三个方面:其一是地形,地形是自然地理环境地域分异的主要原因之一。近年来,西藏地区的开发以及青藏铁路的建设成功,促使许多东部和中部的旅游者来到西藏。西藏海拔高、空气稀薄、温度低、太阳辐射强、风大,物理风化和冰川流水作用强烈,多冰川、湖泊和河源。西藏雪山和冰川风景广布,适合登山与探险旅游。这种因地形差异而导致的自然地理综合环境的差异性,对东、中部平原地区旅游者产生巨大吸引力。其二是水体,水在自然地理环境中是最为活跃的自然因素,其分布状况直接决定了生物的自然分布,从而形成千差万别的自然景观。我国东部季风地区降水丰富,气候湿润,所以自然旅游资源季节变化大,多旅游名山与海滨风景,田园景色秀丽,河网密布,泉、湖众多,山水风景突出。而反观西北地区,降水稀少,以干旱、半干旱气候为主,多为荒漠植被和荒漠草原植被,大部分面积属内陆流域,多冰雪融水和咸水湖。因此,高原与盆地风景典型,草原和荒漠景观突出,森林少见。加上外力作用以风力作用为主,因而形成的雅丹地貌、沙漠地貌、砾石地貌较多,吸引众多旅游者前往游览。其三是生物,生物在自然地理环境中是唯一有生命的自然要素,因而是最生动、最活泼的自然风景素材。"橘生淮南则为橘,生于淮北则为枳"。由于气候、降水等许多原因,使得同一物种在不同地区生长,呈现出不同的状态。而生物的差异也会成为驱使人们外出旅游的动力。我国南秀北雄景观特点的形成,生物在一定程度上起了相当重要的作用。

(2) 自然地理环境各要素组合而成的综合自然环境差异

自然地理环境各要素组合而成的综合自然环境差异,是引起各地区人文环境差异的重要原因,是各地区人文景观特色形成的客观基础。同时,自然地理环境的差异也是促进人们开展旅游活动与从事旅游资源开发的重要原因。例如,四川成都被誉为天府之国,自古以来水旱从人,不知饥馑。淳朴的民风、悠闲的生活状态,使不少游客为之向往。这主要归功于当地自然地理环境的优异。成都位于四川盆地,雾气大、湿气大,保温作用强,四季温暖,紫色土壤比较肥沃,物产丰富。独特的民风民俗作为旅游资源,同样对游人产生吸引。因此,自然地理环境的差异引起的人文环境差异,也对旅游活动及开发产生积极影响。

2. 消极影响

自然地理环境各要素对旅游活动的消极影响是各异的。如果地形条件恶劣,不仅会严重影响旅游地的风景特色,还会导致旅游地可进入性减弱、游人活动量减少,活动方式变得单一。气象气候条件对旅游活动的消极影响主要表现在两方面:一是气象气候条件的季节变化,使得旅游活动具有很强的季节性,从而导致旅游旺季人满为患的现象;二是直接影响与天气有关的一些旅游活动,如台风限制海滨旅游项目,暴风雨会影响人们的户外旅游等。生物条件对旅游活动的消极影响主要是通过其存在恶化所在地区的生态环境,进而影响旅游活动的开展。例如,2007年的太湖蓝藻事件,不仅导致当地居民生活不便,也致使太湖旅游活动几乎停滞。综上所述,地理环境条件对旅游活动的开展起着不同程度的促进或制约作用,因此旅游活动及开发必须建立在合理的自然地理环境基础之上。所以,为了保护未来旅游开发赖以存在的环境质量,必须实现旅游可持续发展,维持生态平衡,保护自然环境。

环境是人类进行生产和生活活动的场所,是人类生存和发展的基础。环境对支持人类生命、生存及其活动至关重要。如果环境出现问题,人类的生命及生存势必受到影响。而环境可以分为外环境与内环境。外环境包括自然环境和社会环境,内环境包括生理环境和心理环境。生理环境是指为了维持生理平衡状态,各系统之间持续不断地相互作用,并与外环境进行物质、能量和信息交换。心理环境多指心理因素,它对疾病的进程、患者配合治疗的程度以及疾病的预后都有很大的影响。外环境中各种自然环境对健康的影响是不同的。例如空气,空气包括了室外空气和室内空气,二者无论谁遭到污染都会对健康造成不良影响。其中需要注意的是,吸烟会污染室内空气,它是导致癌症、心血管病、慢性支气管炎、肺气肿和胃溃疡等多种疾病的主要危险因素。水是人们生产和生活中不可缺少的物质,水环境的质量将直接影响人们的身体健康。比如水体受化学物质污染后,通过饮水或食物链进入人体即可造成中毒。

污染物引起的急性中毒和慢性中毒是水污染对人体健康危害的主要方面。再者,某些具有致癌、致畸、致突变作用的化学物质,如砷、镍、苯胺和其他多环芳香烃等,在污染水体后,如果长期接触或饮用被这些物质污染的水,就很可能诱发癌症,引起胎儿畸形或行为异常。此外,肠道内常见的细菌性和病毒性疾病也可以通过水污染引起相应的传染病。同时,水还可以传播各种寄生虫病。气候的改变也会影响身体健康。例如,持续的高温环境可导致中暑,并增加肾脏、循环系统疾病及脑卒中的风险;而极冷的环境则可能增加呼吸道疾病和发生冻伤的可能性。地形地质的不同会导致各种化学元素含量不同,对人类健康产生不同程度的影响。如环境中缺碘会导致地方性甲状腺肿;环境中氟过量会导致氟骨症;地方性砷中毒、克山病等都与当地地质物质成分的含量有关。噪声可以干扰睡眠和休息,造成暂时性或永久性听力损害。轻度噪声可使人感到厌烦,精神不易集中,工作效率降低；而长期在强噪声环境中的人会出现耳鸣、头晕、头痛、失眠、记忆力减退、唾液、胃液分泌减少，胃酸降低，从而易患消化道溃疡等疾病。儿童则可能出现智力发育迟缓、体重减轻等现象。除了诊断用的 X 线和治疗辐射外，还有日光和工业辐射，这些都是皮肤癌的潜在危害。

二、人文环境

人文环境，也称人文地理环境、社会环境，其对健康旅游的影响是多方面的，可以说几乎人文环境的各个方面都对健康旅游产生作用，其中有些是直接作用，有些是间接作用。在人文社会环境中，对旅游系统影响最大的是经济条件、法规政策、社区环境、人力资源、历史文化（健康文化）、风俗习惯等。在健康旅游发展中，经济条件是基础，法规政策是保障，社区环境是营养，人力资源是动力，历史文化是灵魂，广播宣传是手段。

1. 经济基础

不论是对于健康旅游的主体还是客体而言，其支撑健康旅游发展的基础地位都是不容置疑的。对主体来说，经济条件的好坏是影响健康旅游供求关系的决定性因素之一。健康旅游活动本身就是社会经济发展达到一定水平后的产物，是随着人们一般性旅游需求得到满足以后，向更高层次发展的一种旅游需要。由此可见，旅游供求能力与社会经济发展水平密切相关。对健康旅游的客体来说，健康旅游资源的产品转化和健康旅游设施的建设，都需要有一个强大的经济基础做后盾。

2. 法规政策

法规政策是健康旅游发展的软环境条件之一。法规政策体系是否健全、是否合理，对整个健康旅游的运行起着重要的人工调控作用。合理的法规和政策会对健康旅游的发展起到制度促进作用、保驾护航作用、方向指引作用；否则，会对旅游业的发展起到限制作用。例如，在进入 21 世纪 20 年代以后，为了推动包括健康旅游在内的健康产业的发展，我国政府相继出台了一系列重大政策举措（2012 年文化和旅游部推出了"欢乐健康游"；2016 年 10 月，中共中央、国务院又出台了《"健康中国 2030"规划纲要》；2015 年 11 月，文化和旅游部和国家中医药管理局联合下发了《关于促进中医药健康旅游发展的指导意见》；2018 年 11 月，文化和旅游部和国家中医药管理局联合下发了《关于开展国家中医药旅游示范区（基地、项目）创建工作的通知》），来引领和推动我国健康旅游的发展。

3. 社区环境

如果把健康旅游看作一棵参天大树，那么社区环境就是培育这棵大树茁壮成长的肥沃土壤。社区环境包括两个方面：一是硬环境，二是软环境。所谓硬环境，是指支撑旅游发展的物资体系，如城市建设、工农产品的物资供应、邮电通信和各种商业服务等以物资形态为表现形式所构成的环境；所谓软环境，是指以精神文明为主要内容所构成的环境，如旅游目的地社区居民的行为举止、对待游人的态度、社会稳定程度、环境卫生状况、社区文化氛围和居民文化素养等。不论是硬环境还是软环境，对健康旅游之树的成长都是十分重要的。二者的良好结合，使旅游社区环境构成一个有机的整体，共同为健康旅游的发展营造一个良好的综合性生存空间。对健康旅游发展来说，良好的社区环境是社区给定

4. 人力资源

人力资源是健康旅游得以运转的内在动力,人力资源的数量与质量,深刻影响着健康旅游开展的深度和广度。有关专家指出,健康旅游可持续发展的内驱力在于旅游教育,在于旅游人才的培养。旅游要发展,人才培养应先行(朱维平、陈灏,1997)。1998年,世界旅游组织的调查表明,全世界有212所高等院校开设有旅游教育系科和研究所,但大部分本科以上旅游教育集中于美国、英国、法国和加拿大,日本的旅游教育也很发达。我国同样如此,1978年改革开放以来,我国旅游业之所以取得了突飞猛进的发展,除与中国共产党和我国政府的正确领导以外,也与旅游教育的大规模发展密切相关。

5. 历史文化

历史文化对健康旅游发展的影响具有两面性。有时它直接表现为健康旅游的要素之一,是重要的旅游客体内容,如中医药文化、药膳文化、针灸文化、推拿按摩文化、体育健身文化等,是某些健康旅游地具有较高知名度和影响力的首要因素。如我国四大药都(安徽亳州、河南禹州、河北安国、江西樟树)的中医药文化;具有武术之乡之称的河南登封和温县、河北沧州、广东佛山等地的武术健身文化等,都对当地健康旅游的发展影响极大。有时历史文化又作为健康旅游的背景,作为健康旅游存在和发展的环境条件对健康旅游产生影响。以道教文化为例,中国道家养生历史悠久,博大精深,其核心是中国道家内丹养生之道,其理论是中国传统的生命科学理论基础,其主旨是让人们的生活方式"道法自然",规律生活,进而达到乐天知命,掌握人类自身生命密码,同时掌握宇宙天地人大自然万物生命变化的规律,最终让全人类达到健康长寿、平生事业获得成功。道教养生文化厚重的湖北武当山、四川青城山、青岛崂山等一大批道教文化圣地,至今仍是全国著名的养生旅游目的地。在道教历史文化背景条件下,众多健康旅游地的产生便成为必然。因此,剖析一个旅游地的历史文化背景,既是对健康旅游地成因的科学解释,又能为健康旅游资源的开发利用提供佐证,使健康旅游地众多的旅游资源不至于成为无源之水,无本之木。

三、健康旅游与环境的关系

健康旅游是在一定环境条件下存在、变化和发展的。健康旅游地的形成与发展,不仅是健康旅游地自身各要素的有机结合,也是与周围环境的完美统一。

(一)健康旅游不能脱离环境而存在

健康旅游与环境是相互依存、相互作用并相互统一的,二者都以对方的存在为前提。健康旅游只有与环境不断发生物质、能量和信息的交换,才能存在与发展。例如,某一健康旅游活动若与外界环境完全隔绝,旅游者便会失去旅游活动所必需的物质和信息,旅游活动所依赖的旅游资源和设施也会失去许多不可缺少的自然、社会、经济等方面的支持。因此,健康旅游与环境发生联系是健康旅游得以存在和发展的充分必要条件,这也是不以人的意志为转移的客观规律。健康旅游需要在一定的环境条件下才能达到其健康目的,离开了特定的环境条件,健康旅游的健康目的便难以实现。

（二）环境对健康旅游资源具有塑造作用

健康旅游活动的发展依赖于健康旅游资源的存在，而健康旅游资源的存在与发展又深受环境的影响。即环境通过物质、能量和信息的不断输入，对健康旅游资源的形成产生影响。健康旅游资源则通过其自身内部要素、结构和功能的调整，发生某些相应变化。这种作用称为环境对健康旅游资源的塑造作用，或健康旅游资源对环境的适应作用。例如，自然的健康旅游资源（或自然风景），尤其是生物旅游资源，对环境的依赖性很强。在不同的环境条件下，生物的形态结构、生理机能和行为方式会产生种种特殊性能，以适应环境的变化，并通过适者生存、不适者被淘汰的自然进化规律而发展变化。所以，环境对生物的塑造是自然选择的结果。人文的健康旅游资源也是如此，其形成与发展也深受周围环境条件的影响。即使同一种健康旅游资源，因所处的自然环境条件、人文环境条件和历史惯性作用的影响不同，其健康旅游资源也会有不同的内容、形式和结构。以武术健身文化旅游资源为例，我国的南方地区、中原地区、晋陕地区、东北地区等，虽同是汉民族居住的地区，但由于自然环境的不同，民俗文化各异，其武术特色有很大不同。当然，不同的环境条件、不同的民族，其人文旅游资源的差异性会更大。另外，受环境条件的塑造作用影响，健康旅游活动中的旅游设施、服务、区域结构也会有很大的不同。

（三）健康旅游对环境的反作用

1. 健康旅游对环境的积极影响

健康旅游活动不仅是被动地接受环境的影响，它反过来也通过对环境的输出而影响环境。例如，健康旅游活动的开展可以唤起人们保护环境（包括自然环境与社会环境）和保护健康旅游资源的意识，促进健康旅游地环境向良性方向发展。一个地区要开发本地的健康旅游资源，要发展健康旅游业，首先必须为游客创造一个良好的、有利于健康旅游活动开展的自然地理环境，以增强对游客的吸引力。如在旅游地植树种草进行绿化，培植花木进行美化，对旅游区内的水土流失现象进行生物或工程治理，对三废污染地区进行综合治理等，这些措施可促进旅游地的自然地理环境得到大大改善。在没有发生环境污染和破坏的地区，若作为健康旅游地利用，一般都要做出相应的环境保护规划。其次，健康旅游可以促进各项建设的发展，使旅游地的物质外貌和社会环境发生重大变化。一个健康旅游地要想吸引更多的游人，除了具有良好的自然环境条件和富有特色的旅游吸引物以外，还必须有良好的设施条件和美观的市容风貌，为游人创造一个良好的社会环境。第三，健康旅游可大大促进旅游地的经济和文化发展。健康旅游活动既是一种经济活动，也是一种文化活动。从经济活动角度看，它可以创造可观的经济收入，解决众多人就业，回笼货币，平衡地区间经济差异等；从文化活动角度看，它可以促进健康文化的传播，科学技术的交流，社会道德风尚的优化，以及精神文明建设的发展。

2. 健康旅游对环境的消极影响

从消极方面看，健康旅游活动对环境的不利影响也很明显，且不利影响往往比有利影响更容易形成。其表现主要有以下若干方面：

(1) 可形成环境污染

如水体污染、空气污染、噪声污染、粪便垃圾污染等。

(2) 生物资源遭受危害

健康旅游活动对植物资源造成的最大破坏是森林火灾和草原火灾。另外，游人在林区的活动还容易引起落叶层腐殖土的破坏，造成水土流失，使森林发生逆向演替，破坏森林生态系统等。旅游活动对动物资源的破坏主要有两方面：一是游人有意识的渔猎、采集活动；二是无意识的危害，这两方面的危害程度不相上下。不过，前者危害明显，大多数旅游区都已严格加以限制；而后者情况隐蔽，难以克服。例如，游人对水体的污染造成水生动物的减少或绝迹；林区游人的增加，使野生禽兽的正常活动空间和时间受到限制，甚至被完全侵占，造成许多禽兽减少或绝迹。

(3) 对文物古迹的损坏

其表现有两方面：一是部分游客文化修养不高，认识不到文物古迹的珍贵和不可替代性，盲目地手摸、脚踏文物，在文物上题字留名，坐卧在文物或景物上拍照等；二是由于游人过多，对景观、古迹造成的无意识损坏等。

(4) 对正常社会环境的冲击

一个旅游地，随着旅游人数的不断增加，除了会发生以上各种问题以外，还会对正常的社会环境产生冲击。如引起当地交通运输紧张、住房更加拥挤、用水日益缺乏、各种副食品价格上涨、环境卫生恶化、传染病流行、黄色文化和低级庸俗的东西泛滥等一系列问题。

以上罗列的健康旅游活动对地理环境的种种影响，在大多数旅游地都或重或轻地存在着。过去，很多人都认为健康旅游不会产生污染、破坏，因此也没人去研究具体的防污染、防破坏的对策。随着健康旅游活动的开展，一个个问题暴露出来，这说明我们对健康旅游活动与环境的关系研究还存在着很大缺陷。这正是我们今后在旅游开发和利用过程中所必须认真对待的。

(四) 健康旅游活动与环境相互作用的效应

从以上三个大的方面的分析可以看出，健康旅游活动与环境之间相互作用的结果不外乎以下四个方面，这四个方面我们称之为健康旅游活动与环境相互作用的效应。

1. 健康旅游活动正效应

即健康旅游活动与环境之间的相互作用有利于健康旅游活动的进一步开展和环境的优化。健康旅游活动内容愈来愈丰富，功能越来越强大。许多健康旅游地旅游规模（如游客人数、旅游用地、旅游设施等）由小到大，旅游功能由弱到强，旅游业日益兴旺发达，这就是健康旅游活动正效应的突出体现。

2. 健康旅游活动负效应

即健康旅游活动与环境之间的相互作用不利于健康旅游活动的存在和发展。健康旅游内容愈来愈简单，功能愈来愈缩小。健康旅游活动负效应现象在现实生活中也不乏其例，如一些自然资源型健康旅游地，由于健康旅游活动与某环境要素或环境整体的相互作用不协调，导致要素或环境整体的破坏，自然环境质量下降，健康旅游活动内容和功能也随之下降;在一些健康文化资源型健康旅游地,在健康旅游发展过程中由于缺乏特色,健康旅游效果不强,引不起社会的广泛关注;或者是旅游产品价格与价值背离太大,人们普遍不感兴趣等。

3. 环境正效应

即健康旅游活动与环境之间的相互作用有利于环境的发展和变化。从旅游可持续发展的角度看,环境正效应是可取的,但关键是如何在保持环境正效应的同时,尽可能提高健康旅游活动的正效应。

4. 环境负效应

即健康旅游活动与环境之间的相互作用不利于环境的发展和变化,从而导致环境的质量退化。前面我们所列举的在健康旅游发展过程中所出现的旅游资源与环境破坏现象均属此范畴。

通过以上四个方面的效应分析,我们认为:不论健康旅游活动还是环境,若长期处于负效应状态,均不利于旅游活动的发展。正确的做法应该是通过人工干预,使健康旅游活动与环境两方面的正效应达到最大,负效应最大限度地被抑制。

第二节 自然环境与健康旅游

前已述及,自然环境,亦称自然地理环境,涵盖地质地貌、气象气候、水文、生物、土壤等要素。为便于叙述,我们可将地质地貌、土壤和水文统称为地质地貌环境,将气象气候环境简称为气候环境。如此,自然环境便主要包含三大方面:地质地貌环境、气候环境和生物环境。

一、地质地貌环境与健康旅游

(一)地质地貌环境的概念与内涵

地质地貌环境,是地球上地质体与各种地貌形态的总称。它也可以被看作是地质环境与地貌环境这两个既有所区别又相互联系的概念的合称。

地质环境,作为自然环境的一种,指的是由岩石圈、水圈和大气圈共同组成的环境系统。在漫长的地质历史演化过程中,岩石圈与水圈、岩石圈与大气圈、大气圈与水圈之间不断进行物质迁移和能量转换,从而构成了一个相对平衡的开放系统。人类和其他生物依赖地质环境生存并发展,同时,人类和其他生物的活动也在不断改变着地质环境。

岩石圈,也称地壳,是地球表面的固体部分。其最大厚度超过65公里,最小厚度则在5至8公里之间,平均厚度约为30公里。人们能直接观察和接触到的仅是地壳外层很浅的一部分,最深的矿井仅深入地下约3公里,而最深的钻井也不过8公里。然而,有些地表物质可能来自地下几十公里乃至几百公里深处。例如,现在地表的火成岩,就是地球内部物质通过火山活动和造山运动喷发或抬升到地表形成的。地壳表面覆盖着基岩或浮土。基岩是裸露在地表或位于浮土之下的坚硬岩石,而浮土则是由土壤和岩石碎屑组成的松散覆盖层。浮土的厚度通常只有几十米,但在某些地方可达几公里。浮土有的由基岩风化就地生成,有的则是异地风化产物经搬运沉积而成的。在生物、化学和物理作用下,浮土经过一系列变化,形成了能使植物扎根生长的土壤。

岩石分为火成岩、沉积岩和变质岩三大类。火成岩是由岩浆或熔融状的成岩物质经过冷却和结晶生成的,包括超基性岩、基性岩、中性岩和酸性岩。其中,基性岩中的玄武岩和酸性岩中的花岗岩是地壳表面分布最广的岩石。沉积岩则是由地表上的岩石、矿物和生物残体经过风化、剥蚀、搬运、沉积,最后经过成岩作用而形成的,常见的沉积岩类岩石有砂岩、砾岩、页岩、碳酸岩等。变质岩则是由原先存在的岩石在热力、压力和化学性质活泼的溶液作用下,在固体状态下发生变质而形成的,常见的有片岩、片麻岩、板岩、大理岩等。通过对各种岩石的化学成分进行分析,据估计,在岩石圈外层16公里厚的岩带中,氧、硅、铝、铁、钙、钠、钾、镁等8种元素占这个岩带重量的98%以上。由于岩石圈内物质的分布是不均匀的,因此不同的地球化学环境产生了不同的生态系统,同时在不同地区、不同的岩石中也蕴藏着不同的矿产。

水圈,由地壳表面的液态水层组成,大约是在30亿年前形成的。水圈的主体是海洋,约占地球表面积的70.8%,而大陆上的河流和湖泊仅占地球表面水域的很小一部分。海洋的平均深度约为3.8公里,最深处可达11公里。海水总体积约为13.7亿立方公里,总质量约为1.386×10^{18}立方米,即1386000万亿立方米。地球上的水分布极不均匀,海水约占97.2%,陆地淡水不足3%,而可供人类直接利用的淡水就更少了。在太阳能的作用下,水通过蒸发、降水、径流,不断地进行着循环。水是天然的溶剂,地质环境中不存在纯水,其化学特征随地质条件而异,并对人类产生重要影响。

大气圈,即地球表面的气体圈层。地球大气分布在从地表至2000公里的空间内,在2000公里以上,大气极为稀薄,没有明显的上限。地球大气的质量约为5.148×10^{18}千克,也就是5.15万亿吨,约占地球质量的百万分之一。根据大气温度随高度的变化,大气圈可分为对流层、平流层、中间层和热层。对流层是指对流运动显著、靠近地表的底层大气,其厚度因纬度和季节而异。对流层与地表的关系极为密切,对人类和其他生物的生存有重大影响。干洁空气的化学组成为恒定成分,主要是氮和氧两种气体,按体积计约占大气总体积的98%以上,其次为氩、二氧化碳、氖、氦等。空气中的杂质为可变成分,仅存在于低层大气中,包括水、甲烷、一氧化碳、二氧化硫、氧化亚氮、氡、一氧化氮等。

地貌环境,即人类生存所在地的地表形态。现代板块学说将地壳结构分为六大板块,即太平洋板块、欧亚板块、印度洋板块、非洲板块、美洲板块和南极洲板块。地球内部的应力作用使板块发生运动,从而使地质环境发生一系列变化。例如,板块的相互挤压会造成巨大的山脉,两个板块的同时下沉则会造成海底深渊。地质构造运动会引起岩层的断裂、褶皱、隆起和凹陷,从而形成高山和峡谷。构造运动和侵蚀作用的结果共同形成了地貌的基本格局。此外,构造运动还可能造成火山喷发和地震等自然灾害。

一般来说,地质环境主要是由内力作用(包括地壳运动、岩浆活动和变质作用)形成的,具体表现为向斜、背斜、地垒、地堑,以及断层、褶皱等地质结构。而地貌景观则是内力和外力共同作用的结果。例如,一些大型构造地貌(如山地、海洋、高原、沟谷、盆地等)多是地球内力作用形成的;而一些中小型地貌则多是地球外力作用形成的,如风成地貌、流水地貌、冰川地貌、喀斯特地貌等。

地质地貌环境是一个内部关系十分密切的大系统,其内部联系主要体现在两个方面:其一,大气和水均起源于岩石圈。现代大气是经过原始大气、还原大气和氧化大气三个演化阶段逐渐形成的。地球形成初期的原始大气已几乎逃逸殆尽。后来,由于地球内部放射性元素的衰变和引力致热,地球处于熔融状态,因此从地球内部逸出气体。在地球引力的作用下,这些逸出的气体逐渐积蓄在地球周围,形成了以二氧化碳、一氧化碳、甲烷和氨为主要成分的还原大气。在地球的熔化—冷却演化过程中,地球内部的水分以蒸汽的形式逸出并冷凝成水,逐渐形成了水圈。太阳辐射使水缓慢分解,绿色植物出现后进行光合作用,逐渐产生了氧气,原来的还原大气逐步演化成现代的以氮、氧为主的氧化大气。其二,水和大气对岩石圈产生着重要作用。水和大气直接参与地球表面外形细部的塑造和地表物质再分配的地质作用,对地球环境的演化有重大影响。岩石的风化和剥蚀,以及风化产物的搬运和沉积,都与水流和风力有密切关系。不同类型的岩石处在水、气、热差异很大的环境中,形成了不同的地貌格局和地球化学环境,进而又孕育了不同的生态系统。今天人们看到的山地和丘陵是经过风化和剥蚀的地貌;河谷和平原则是经过水流切割和沉积物堆积而形成的地貌;沙漠是干旱和风蚀的结果;花岗岩广泛分布的地区则呈现出低山、丘陵的地貌特征;碳酸盐广泛分布的地区则形成了奇峰怪石的岩溶地貌;坚硬耐风化的石英岩、砂岩分布的地区常常出现崇山峻岭。在湿润的热带和亚热带地区,风化淋蚀作用强烈,岩石被风化后,可溶性盐类大量流失,往往形成缺钙而富铁铝的红壤;而在半干旱半湿润的温带地区则形成富钙缺铁的黄土。

(二)地质地貌环境同健康旅游的关系

1. 地质环境影响人体发育和健康

旅游地质学告诉我们,人类是地球演化到一定阶段的产物。无论是生活还是旅游,在不同地质环境中,人体生长发育和健康都受到地壳元素分布不均匀性以及地球物理非均衡性的显著影响。据科学测定,人们的生命机体中可以检测到60多种化学元素。其中,有些是宏量元素,如氧、碳等,它们占人体总量的99.95%,是生命机体不可或缺的元素;有些是微量元素,如钠、镁、钾、钙、镉、锰、铁、锌等,这些元素在人体内的含量低于体重的万分之一。微量元素为生命机体所必需,它们在人体中的含量稍有不足或过剩,都会损害身体健康。

2. 人体内化学元素组成与地壳、海水的元素组成密切相关

由图5-1可以看出,人体血液中元素的丰度变化与地壳岩石中元素的平均丰度变化基本一致。这一方面表明人类演化和生物演化起源于地球演化;另一方面表明人类通过食物、水和空气,经由消化和呼吸系统从环境中吸收了各种化学元素。

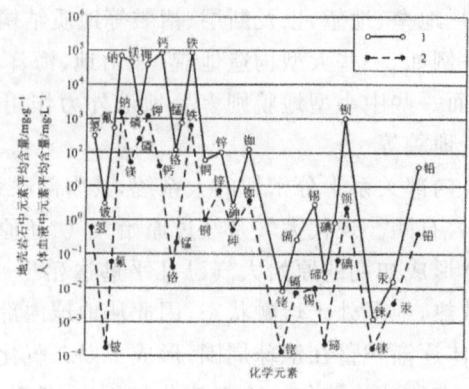

图 5-1　人体血液与地壳中元素含量的相关性
(摘自杨忠芳等.现代环境地球化学.北京:地质出版社,1999)
1.地壳岩石中元素含量平均值;2.人体血液中元素含量平均值

3. 人体必需元素的不足或过剩,对人体的新陈代谢有直接影响

所谓人体必需元素,是指对人类生长发育和完成生命过程所不可缺少的元素。必需元素一般不能被另一种元素完全取代,否则会对人体的新陈代谢产生直接影响。也就是说,在人体摄取的营养物质中,若某种必需元素严重不足或过剩,会引起生长迟缓、患病甚至死亡。

人体中的化学元素一般是通过空气、水和食物进入人体的。若地质环境中的地球化学异常影响了空气、水和食物中的元素结构和含量,进而就会影响人体中的元素结构和含量。在旅游过程中,可根据旅游地质环境中地球化学元素的构成情况为健康旅游服务,达到健身强体的目的。例如,温泉中含有丰富的矿物质,具有保健、美容、护肤、疗养之功效,还会对多种疾病产生"内病外治"的疗效。但是,泉水的理化性质不同,疗效也会有所不同。根据泉水中所含的矿物质,泉水可分为碳酸泉、硫磺泉、氯化物泉以及含有其他多种成分的泉水,不同的泉水对身体各有不同的疗效。多种成分的泉水,可以用于治疗神经痛、风湿、皮肤病,以及进行骨折外伤的疗养;含有二氧化碳的碳酸泉,可治疗高血压、心脏病、更年期障碍及不孕症;硫磺泉可治疗动脉硬化、风湿、慢性皮肤病;食盐泉可治疗神经痛、风湿、寒证、跌打损伤、不孕症等。

4. 放射性旅游地质环境对健康旅游的不利影响

所谓放射性旅游地质环境,主要是指放射性元素(铀、钍、镭、铷、铯)含量较高的旅游地质环境。从环境存在来看,这些天然放射性元素广泛存在于岩石、土壤和水体中。不同岩性和不同类型的土壤中放射性元素含量不同,一般情况下,花岗岩中放射性元素含量较高,基性、超基性岩中较低,沉积岩中放射性元素含量变化较大。在岩浆岩中,一般铀随SiO_2含量的增高而增大;在沉积岩中,铀的丰度取决于岩石的形成环境与岩石所含炭质、有机质、磷质成分的多少。在表生环境中,铀的地球化学性质活泼,易溶于水,随地下水迁移;氡也溶于水,所以氡与母体元素一道迁移,导致铀与氡的空间分布广泛。

在我国著名的地质景观和风景名胜中,溶洞占有重要的地位。由于溶洞所处的地质环境特殊,易发生氡及其子体的富集,导致洞内浓度过高,危害游客的健康。旅游溶洞中氡和子体的浓度大小主要取决于地质因素(如组成溶洞的岩石和洞内沉积物的氡含量、断层和裂隙的发育程度、地下水的氡含量及水量等)、溶洞的特征(如溶洞的大小、类型、深度、通风条件等)以及观测时间。就单体溶洞而言,厅堂式溶洞由于洞高、空间大、洞体短,通常有多个洞口,自然通风率高,在相近的地质条件下,洞内氡和子体浓度较低;而通道式溶洞由于洞体长、体积较小,自然通风率相对较低,因此氡和子体浓度相对较高。

(三) 质地貌环境的健康旅游价值

地质地貌环境,是地球上各种地质体和地表形态的总称。地表形态,作为自然环境的重要组成部分,不仅是人类生产和生活的基础,也是健康旅游活动的对象和关键的旅游环境。因此,地质地貌环境对健康旅游具有深远的影响和重要的实用价值。

1. 地质地貌旅游环境是健康旅游资源的重要组成部分和设施设备的空间载体

地质地貌环境构成了健康旅游资源的基底。山地、高原、平原、丘陵等各自展现出不同的风景特色、环境效果和健康旅游价值,能够满足体育锻炼、休闲度假、治病疗养、强身健体等多种健康旅游的需求。

2. 地质地貌是自然风景的框架和健康旅游环境的基底

地质地貌决定了自然风景的形态、轮廓和气势等旅游吸引特征。在旅游景区中,地貌决定旅游景观框架和意境的实例屡见不鲜。例如,"青城天下幽"所反映的景色和意境,就是由视线不开阔但也不局促的中低山地貌背景,加上茂密的植被,共同形成的幽静氛围。又如"剑门天下险",指的是狭窄河谷和垭口自然组合而成的险境。剑门是蜀道的南口,是一个发育在断层崖的风雪垭口,两坡是悬崖峭壁,北侧是具有Ⅴ形河谷的蜀道,这种深切的Ⅴ形河谷和垭口悬崖地貌的自然组合,奠定了险峻景观的基础。

3. 地质地貌环境对健康旅游风景的塑造具有间接背景作用

随着地质地貌环境的变化,其他自然环境也会随之变化。例如,随着地势的升高,气温会随之降低,而降水逐渐增多;由于气温和降水的变化,会在相同的地质地貌环境中形成局部小气候,进而形成不同的生物发育环境,最终导致植被类型的不同与变化。新疆位于我国内陆干旱地区,沙漠戈壁是其基本景观,而横亘南疆、北疆之间的天山山脉却出现了草原、森林和皑皑白雪的自然景观。

4. 地质地貌环境还影响与制约着健康旅游环境及设施的空间分布

大部分健康旅游资源与设施都根植于一定的地貌基础上,与地理位置、地形地势以及特殊的地域条件密切相关,并与之相协调。例如,休闲度假、治病疗养等健康旅游设施的建设,在选址时都要考虑地质地貌条件;最典型的是多选择依山傍水、地层稳定且富于变化、气候宜人、植被茂盛、没有猛兽而有"家禽",且又具有符合人类某种心理需求的地貌形态的地质地貌环境。

5. 不同的地质地貌环境适合不同的健康旅游功能

地质地貌环境空间作为健康旅游活动的基本场所,在很大程度上决定了旅游开发项目的性质和布局。不同的地质地貌环境适合不同性质和类型的健康旅游活动项目。

平原丘陵地区,地势变化不大、幅员辽阔、交通便利、社会经济发达、人文历史悠久,因此适宜开展各种体育活动、美食鉴赏活动、治病疗养活动等;高原地区,地势高而坦荡,以特殊的高原气候、少数民族风情以及神秘的原始宗教氛围吸引众多旅游者。高原景观环境复杂多样,适宜开展休闲观光旅游、骑马、射箭、跑步、自行车、跳伞、热气球等各种体育运动旅游,以及品尝民族美食、欣赏民族风情、愉悦身心的参与性旅游活动等;山地地区,地质地貌环境大多雄伟、秀丽、险峻、幽深、奇特,具有较高的美学价值,是观景览胜、审美抒情、登山攀岩的理想选择之地。尤其中低山和孤立的山峰更适合这些健康旅游活动的开展。当然,高山和极高山则更适合那些身体素质较好、热爱探险的登山爱好者。

二、气象气候环境与健康旅游

(一) 相关概念与内涵

气象、气候、气候环境这三个科学名词各有其明确且不同的含义,它们分别揭示了大气与人类存在之间的不同层次关系。

气象,是指天空中发生的风、云、雨、雪、霜、露、虹、晕、闪电、打雷等一切大气物理现象的总称。

气候,则是一个地区大气物理特征的长期平均状态,与天气不同,它具有一定的稳定性。根据世界气象组织(WMO)的规定,一个标准气候的计算时间为30年。气候以冷、暖、干、湿这些特征来衡量,通常由某一时期的平均值和离差值来表征。主要的气候要素包括光照、气温、降水、风力等。例如,我国的气候按地区不同可分为三个类型:东半部为季风气候;西半部的南半部属高寒气候,北半部属干旱气候。

气候环境,是环绕人类自身,并对人类有影响的那一部分大气长期平均物理特征的总称。由于现在人类文明已经高度发达,几乎可以说,大气的任何部分对人类的生存发展都可能产生一定影响,因此整个大气都已经成为自然环境的组成部分。但在提及气候环境时,人们不言而喻地将气候与人类的生存和发展联系在一起。如果只提气候,则仅仅是将其视为一种自然现象。因此,在现代,气候与气候环境在实质上并不明显存在整体与部分的差别,而只是概念上的差别。

(二) 气象气候环境同健康旅游的关系

1. 气象气候的健康旅游意义

气象气候不仅与人类的生产、生活关系密切,而且与人类的健康旅游活动也有着不可分割的联系。不同地区的天气、气候条件,是确定健康旅游季节性的基础依据,甚至是决定健康旅游活动能否开展的关键因素;千变万化的气象气候环境,既是健康旅游必不可少的外部条件,又是健康旅游活动中不可多得的重要吸引物。

2. 良好的天气条件既是一般旅游活动开展的基本要求,更是健康旅游活动开展的必备条件

一个人的旅游活动若遇上糟糕的天气,轻则心情不佳,重则可能导致旅游活动的终止。健康旅游活动的目的是追求健康,若天气不好,其目的就很难达到,甚至适得其反。

3. 宜人的气候环境是重要的健康旅游资源,是健康旅游活动的理想之地。

气候环境的优劣与健康旅游的关系十分密切,是开展健康旅游活动的首要条件。在我国的冬半年,大量的北方游客(主要是老年游客)成群结队地前往海南等南方地区;夏半年,又有很多游客前往气候比较凉爽的云南和避暑胜地如庐山、鸡公山、千山、北戴河、九寨沟等山林野地、海滨湖畔。其原因就是这些地方具有良好的气候环境,适宜开展避寒或避暑等健康旅游活动。

4. 不论天气或气候,与人类的健康密切相关,绝对不可轻视

从天气角度看,因天气变化而致病的案例比比皆是。例如,连续出现的雾霾天气会使儿童、老年人以及呼吸系统和心脑血管疾病患者等易感人群的患病率增加。许多患有骨关节病的老病人对天气的变化非常敏感,有时甚至能比气象台的天气预报还要准确。晴天转阴有小雨,他们前两天就能知晓。气候多变,忽冷忽热,忽风忽雨,也常常导致老年人骨关节疼痛发作。天气的冷热变化对有心脑血管疾病、糖尿病、冠心病的人来说也很敏感。据研究,寒冷会刺激交感神经兴奋,导致体内儿茶酚胺类物质分泌增加,进而使血糖升高、血管收缩、血小板聚集甚至形成血栓,继而血压升高,诱发冠状动脉痉挛,导致冠心病症状加重,诱发心绞痛等。因此,心脑血管病发生率和由此导致的死亡率将大大增加。至于因天气变化而引起的感冒发烧,更是司空见惯。

从气候角度看,因气候原因而致病的人也不在少数。据"美国国立环境卫生研究所"的研究,气候变化常带来10类疾病,如哮喘、过敏和呼吸道疾病。气候变暖会改变植物生长周期,导致过敏增加。降水量过大,次数过多,都会刺激肺部霉菌疯长,而干旱则会使空气中灰尘变多。这两种情况都会导致呼吸道疾病增多和加重。此外,气温升高会使空气颗粒污染增加,加重心血管疾病负担。高温、热浪、极端天气及空气质量变化都会影响心脑血管的健康。另外,癌症、胃肠道疾病、神经系统疾病、传染性疾病等,也会因不同的气候异常变化而诱发或加重。

(三) 气象气候环境所具有的健康旅游功能

1. 审美猎奇,愉悦心情

气象景观具有较强的观赏功能,如云雾、霞光、彩虹、佛光、蜃景、极光等气象气候景象。这些景象优美奇特,是健康旅游者猎奇旅游的对象。例如,峨眉山的佛光广为人知,黄山的云雾美妙无比,我国西部的沙漠蜃景更是奇妙绝伦。据报道,国外专家对张家界的清新空气赞不绝口。

2. 休闲度假,恢复体力

人们对气候的感觉,最敏感的是气温、湿度和风的状况。因此,人们一般多以气温、湿度和风的配合状况来表示一个地区的气候舒适度。每个地区,由于下垫面结构(地形、地质、植被、水体等)及其性质和周围环境的不同,会引起近地面层的热量和水分差异。这种差异使得一些区域的气候条件具有了相对优越性,有利于开展避暑消寒等度假活动。如地中海沿岸、加勒比海沿岸、夏威夷、阿尔卑斯山地,以及我国的庐山和北戴河等地,要么夏季凉快清爽,要么冬季温暖湿润,或有充足的阳光,因此成为著名的度假胜地。

由于地表状况影响而出现的一些局部小气候,也为休闲活动提供了条件。如湖滨地带受湖泊调节,与远离湖面的地区相比,具有气温温差小、相对湿度较大的特点。加之有优美的水景和亲水环境,往往成为人们四季乐于前往的休闲场所。山谷、河谷地带常形成山谷风,夏季凉风习习,可供人们消暑纳凉。乡野、农村由于地表覆盖度高,水面较多,空气污染小,形成了与城市不同的气候条件。这是近年来我国乡村旅游、郊区休闲度假旅游盛行的原因之一。

3. 治病疗养,康体健身

一般来说,洁净的空气、适宜的温度和湿度、充足的阳光以及宜人的景色,对人的身体健康和病体康复有积极作用,有利于开展治病疗养活动。森林覆盖良好的山区、湖滨、海滨往往成为重要的疗养场所。经生物气象学家研究证实,滨海风景区由于海浪拍岸,水被分裂成无数雾珠,使得空气中负氧离子的数量增多。而负氧离子不仅具有消毒、杀菌和净化空气的作用,还对人体有镇痛、止咳、镇静催眠、降低血压和减轻疲劳的功效。在我国滨海地区,从辽宁北起至广西南止,在连绵1800多公里的海岸线上,分布着无数的疗养胜地。

4. 特殊的气象气候环境,可满足登山、探险、冰雪运动等功能

据研究揭示,我国的西藏、东北、河北、新疆等地之所以具有良好的登山、探险和冰雪运动条件,除了优越的地形条件以外,还得益于这些地区适宜的气候条件。例如,西藏的大部分地区,其冰雪期一年内都超过180天,再加上海拔高,因此成为世界著名的登山活动与探险旅游之地。再以我国第一个冰雪运动的举办地河北张家口为例,据相关数据显示,张家口年降水量明显多于相邻地区,降雪量充沛,最长存雪期可超过150天。除了存雪时间长的优势外,张家口地区雪质的颗粒硬度等参数也均符合滑雪的标准,是冰雪运动和冰雪旅游最适宜的地区之一。张家口属温带大陆性季风气候,冬季平均气温为-12℃,寒冷的冬季使得张家口滑雪时间高于平均水平。张家口地区天然雪滑雪期通常在当年的11月下旬至次年3月下旬,全年滑雪期长达120天。有利的冰雪自然条件为张家口冰雪运动产业提供了强劲的竞争力。

三、生物环境与健康旅游

(一)相关概念与内涵

所谓生物环境,是指环境因素中其他的活着的生物相对于由物理化学的环境因素所构成的非生物环境而言,与有机环境同义。作为旅游资源和旅游环境的动植物景观,尤其植物,是自然环境特征的重要标志,并构成了一个地区的背景色彩。生物旅游景观,是自然旅游景观和旅游环境中,最富特色、最具活力的一类。他们以自身生命节律的周期性活动、变化多端的形态特征,为健康旅游活动提供季节性旅游环境,使地球表面呈现出一派盎然生机。在大部分旅游活动项目中,生物景观都发挥了重要的旅游功能。

(二)生物环境的健康旅游功能

1. 观赏功能

生物,是自然界最富于形态、色彩变化的自然地理环境因素。其形态、色彩生动活泼、充满生机,可以增加生活情趣。植物,千奇百怪、五彩缤纷,可以使游客感知色彩美、形态美、味道美。动物,则机灵可爱、憨态可掬,尤其珍稀动植物,是旅游者猎奇的最佳对象。

2. 医疗、疗养功能

自然界中,花草树木的叶、根、花、芽等可分泌多种挥发性物质,如带有芳香味的单萜烯、倍半萜烯和双萜类气体"杀菌素",能有效杀灭空气中的细菌、真菌、病毒等致病性微生物,部分绿色植物释放出的芳香气体还具有防癌作用。自然界中,有许多生物具有明显的治病、疗养功能。如,桉树、槐树、柏树林区,对结核病、痢疾、白喉等疾病症状有明显疗效。有多种植物本身就是中草药,对疑难杂症有较好的疗效,如人参、天麻、黄芪、灵芝等。此外,一些动物或者动物的角、毛皮、骨等身体部位,都可以用作中药。而且同一树种,在不同的时间段,对人体有不同疗效。比如,针叶林地区,每年9—10月及寒冷期,针叶林分泌的小剂量杀菌素,对心血管疾病有良好疗效;而到了春末和11月,针叶林地区相对潮湿,对患有呼吸道疾病的人十分不利。

国内研究证实,在适宜的自然环境中,人体内的氧化过程加强,代谢率增高,耗能增多,对代谢类疾病如肥胖、糖尿病等有康复价值。享受适当的日光浴,能促进体内维生素D的合成,使血清中钙、镁含量上升,对骨质疏松有很好的康复效果。国外研究证实,癌症患者在安静的大自然中欣赏美景,加上有氧运动,会促进大脑皮质活动,分泌更多的脑啡肽和内啡肽,对人的心情、免疫力有积极影响,有效帮助控制癌症及其治疗引起的免疫抑制反应和氧化损伤的情况,并能减少疲劳、恶心等副作用的发生,从而提高患者的生活质量和治愈率。

除植物个体对人类健康有明显作用外,森林对人体健康,也有较好的医疗功能。世界各地有许多森林资源丰富的国家,纷纷建立一种新型的专项旅游项目—森林旅游。目前,森林旅游活动,很受旅游者的欢迎。森林旅游,是一种利用植物,获得疗养、康体的较好方式。森林作为旅游资源,主要是利用其清新的空气,含量较高的氧气、负离子,以及树木发出的各种杀菌有机物质,促进人体新陈代谢,增强神经系统和呼吸系统,是人体得以康复。森林旅游,主要流行于经济发达地区,以追求"回归自然"、"崇尚自然"的时尚为主,因而十分受旅游者宠爱。

科学研究表明,郊外散布、爬山、看风景等健康旅游活动是一种"自清"运动,能把填塞的心理污染,主动、积极地清除,提高人体免疫能力、抵抗能力和治愈能力,最终实现人体健康。综上所述,生物环境下的健康旅游对人体身心都具有良好的调节作用,使人们接受自然界赋予的阳光,吸纳天地之精华,放慢生活节奏,享受生活的乐趣,尽可能接近自然并拥有一份安静。

3. 优化旅游环境功能

(1) 净化空气,吸尘滞尘

健康旅游活动,是一种享受性的活动,对自然环境质量要求较高。自然环境质量的提高,主要靠生物对空气的自净能力和调整作用。尤其植物,具有强大的净化环境的功能,是大自然的消毒器,能吸收空中的灰尘和有毒气体。人们在生产中,向大气排放的大量有毒气体和粉尘,通过森林的吸收、阻滞和过滤作用,可以得到净化。据研究,绿色植物是CO_2的主要消耗者,也是氧气天然加工厂。通常1公顷阔叶林1天可消耗1吨CO_2,放出0.73吨氧气。每公顷草地1天能吸收900公斤CO_2,释放600公斤氧气。按每人每日需消耗氧气 0.75 公斤,排出 CO_2 0.9 公斤计算,则城市居民每人具有 10 平方米的树木或 25 平方米的草坪即可把一个人呼出的 CO_2 全部吸收。SO_2 空气最高允许浓度是 1 立方米的空气含有 2 毫克,超过则使人发病率增高。森林每日可从 1 立方米的空气中吸收 20 毫克的 SO_2。1 公顷柳杉每年可吸收 720 公斤的 SO_2;1 公顷垂柳每月吸收 10 公斤 SO_2;女贞树叶每公斤可净化 SO_2,高达 14 克以上。

(2) 植物可减弱噪声污染,给人提供一处处具有镇静感和安全感的环境空间

据日本本多氏调查报告,树木可吸收频率很高的噪声,特别是端木、殃田茱萸、中国鼠李、连翘、喜马拉雅杉等效果最好。

(3) 森林可调节气温,防止风沙

据测定,80%～90%的太阳辐射热可被树冠吸收和反射。树木叶片的蒸腾作用又可消耗一部分热量,使温度降低 3～5℃。绿地涵养水分,可使空气湿度提高 14%。特别是在城市,绿地对减弱城市"热岛效应"有显著功能。据观测,一般市区比郊区平均气温高 1℃ 以上,最冷的冬夜可高出 4℃ 以上。森林对风沙也有明显的减弱作用。当风沙通过林带时,森林能起过滤性障碍物作用,使树林的上风和下风带离地面一米处的风速接近地表。据测定,在林带上风和下风部位,风速减弱的范围,可分别达树高的 6 倍和 35 倍。这表明在林带下风一侧风力减速最为明显。

(4) 森林还会散发出对人体有益的多种药素

这种有机物质主要有单萜烯、倍半萜烯及双萜烯。它们具有杀菌、抗生、抗炎、抗癌等作用,同时又有促进生长激素分泌的功能。其中单萜烯还有促进支气管和肾脏系统活动的作用;倍半萜烯具有抑制精神焦躁、调整内脏活动的作用。此外,森林中的负离子含量一般比较高。这是由于树尖可传导地面负电,林中水露微粒又是阴离子附着的最佳物质。这些空气负离子对人体健康非常有益,它能够镇静、安定、催眠、镇痛、止痒、止汗、增进食欲,使呼吸、脉搏节律平稳,降低血压,稳定情绪,振奋精神,消除疲劳,给人以极大的舒适感,故被人们称为"空气维生素"。总之,森林产生的大量阴离子与树叶、树干逸散出的大量挥发性芬多精杀菌物质相结合,构成了一种高质量的能增进健康的森林浴疗环境。近来有些外国学者研究,认为树木种类多少与人的癌症发病率呈负相关。树木愈多,癌症患者就会减少。这是由于癌症与人体细胞中的含氧量减少有关。森林不仅能放出大量杀菌物质,还能产生丰富的负氧离子以及氧气,可改善森林治疗的人们体内细胞的含氧量,故对抑制癌细胞增殖有明显的作用。

(三) 生物环境在健康旅游活动中的利用

1. 生物景观的构景作用

生物景观的构景作用主要体现在其作为"背景"的角色上,这是通过大范围的森林、草原以及栖息于其中的动植物来展现的。例如,北京百花山已知有维管束植物 92 科 800 多种,野生动物 40 多科 150 多种;松山则有维管束植物 106 科 783 种及变种,野生动物 53 科 184 种及亚种等。这仅仅说明了北京的这两个自然保护区拥有丰富的物种多样性。游客到此游览,有机会观赏到、找到这些种类的动植物,感受到自然保护区特有的气息、氛围和特点。然而,在游览过程中,并非随时都能看到如此多种类的动植物姿态。这是因为植

物种类分布广泛,同一山地从山谷到山巅,从林下到石缝间,每种植物各有自己的花期、果期,前后不一;且各种植物生长时多呈混合状态,一般游人难以辨认。而动物更具有游走、迁徙等流动性,游人想要在某天某时某地全部见到是不可能的。因此,动植物资源丰富主要是作为景观的大背景来欣赏的,这也正是我国古人很少有对每一种植物、动物进行逐一观赏描写的原因之一。随着现代科学的发展,具有现代科学文化知识的新游人将会在这一领域中领悟出独到而新颖的见解。

2. 生物景观丰富多彩、变化无穷、富有生气

自然旅游资源中的风景地质、地貌、水体、气候和天象等均属非生命物质,由它们构成的景观,虽有动有静,但多属以地球内、外营力为表现形式的自然演变过程,所以这种"动"是无生命的"动"。只有动植物的存在,才使自然界增加了生命的活力、灵气,成为一种充满了生机的千变万化的动和静相结合的景观综合体。如果你到北京郊野旅行,不论在什么地方,都会看到许多落叶阔叶林。在一年内,随着四季的转换,它们的形态、色彩发生着千变万化的美丽变化。春天,树木、花草长出了新芽、新叶,开出了鲜花,溢出了芳香;夏季,大地铺满了绿荫,田野一片青翠;秋天,树叶变黄、变红,果实累累挂满枝头,形成一个色彩斑斓的金秋世界;冬季草木凋零,空间通视加强,若遇降雪,山林则披银戴玉,晶莹剔透,与夏季形成鲜明的色彩对比。在夏季的几个月中,北京山区的草甸地带各种野花一批批地开放,有的地区会变换三四次不同的景象。总之,北京一年四季鲜明的气候,使这块土地的景观发生着既有规律又很奇妙的变化,给人以多种形象的、直观的、多变的观赏美感。而在这环境空间中,又生活着不同的珍禽异兽或观赏昆虫。这种美的活力变幻,正是居民四季出游所感受到的不同的灵气。可见,风景植物在旅游中的功能之大、之多。动物更是风景动感的载体,成千上万只兽类、鸟类、蜂、蝶,奔走或飞翔、鸣叫于浓密的森林和起伏的原野之间;鱼、虾、两栖动物游弋或跳跃于波光粼粼的水中、田边,把一个无生命的世界变成了热闹非凡、生机盎然的灵动世界。因此,从旅游角度来看,一切有观赏意义的风景生物都是装点河山、造景育景、最富灵动美的自然要素。

3. 生物旅游资源比其他自然旅游资源具有更多的健康旅游功能

这主要是因为动植物种属繁多,数量庞大,能够适应不同的环境生存。地面、土壤、水下、空中,到处都有动植物繁衍和生息。每种生物又各具生态、习性、色彩、造型等特点,可以满足人们多种观赏心态及娱乐、健身、考察、食用、药用等功能需求。例如,观赏植物具有观花、观叶、观形、观果等功能;观赏动物则具有观体形、观色态、观姿态、听鸣叫声等功能。除了这些观光功能外,还可利用植物为人类创造幽静的环境、别墅、小庭院;利用动物开展垂钓、狩猎(需合法且符合伦理)、围捕(需合法)、采集等活动,以达到促进人们身心健康、增加知识、扩大视野、陶冶情操等多种目的。

4. 可根据人们的需要进行移动或组合造景

风景动植物作为活的有机体,既具有适应自然环境、维持其遗传性的特点,又具备适应新的生存条件,被人类栽培、饲养、引种、驯化的可能性。因此,人们可以根据实际需要对风景动植物进行移动、组合造景。例如,可以将鲜花摆放在客房、病房,可以将鸟儿、金鱼养在房间。此外,通过了解植物的芽期、花期、果期和发叶落叶及其条件等物候学特性,以及动物的休息、活动、嗜食乃至发情、繁殖等生物学特性,可以达到异地引种的目的。由于生物生活的可塑性和人们创造环境的能动性,还可以按照生物的适时适地原则和逐步适应变异原则,就地就近或从稍远地方引入,以满足不同地域人们的广见和观赏反差心态。实际上,我们今天见到的许多园林树种和花草,都是靠人工栽培和引进的方法来发挥其旅游观赏效应的;许多人工兴建的动物园,让动物在人工创造的环境或模拟该动物生态条件的环境中生存和繁衍,以适应旅游观览活动的需求。植物园、动物园就是这些生物体被人类栽培、饲养、引种、驯化的组合造景的具体表现。

四、水体环境与健康旅游

(一)水体环境的概念与内涵

水体环境,简称水环境,是指自然界中水的形成、分布和转化所处空间的环境。它涵盖了围绕人群空间及可直接或间接影响人类生活和发展的水体,包括其正常功能的各种自然因素和有关的社会因素的总体。也有定义指相对稳定的、以陆地为边界的天然水域所处空间的环境。

在地球表面,水体面积约占地球表面积的71%。水由海洋水和陆地水两部分组成,分别占总水量的97.28%和2.72%。后者所占总量比例虽小,但所处空间的环境十分复杂。水在地球上处于不断循环的动态平衡状态。天然水的基本化学成分和含量,反映了它在不同自然环境循环过程中的原始物理化学性质,是研究水环境中元素存在、迁移和转化,以及环境质量(或污染程度)与水质评价的基本依据。

水环境主要由地表水环境和地下水环境两部分组成。地表水环境包括河流、湖泊、水库、海洋、池塘、沼泽、冰川等;地下水环境则包括泉水、浅层地下水、深层地下水等。

(二)水环境的健康旅游功能

1. 审美功能

水体以海洋、湖泊、河流、瀑布、涌泉、冰川等不同形式存在于大自然中,并因水面大小、形态、水量、色彩、运动状态等特征的不同,而具有多种美学特征和造景功能。水体可以展现形象美、影像美、声音美、色彩美、味道美、清洁美等多种美的形态。这些独特而优雅的自然美形态,备受旅游者青睐。由于在水中玩耍嬉戏比观赏水景更有情趣,所以水体还是最能满足游客参与需求的旅游资源和环境。

2. 运动、疗养功能

在海滨、湖泊、河流的适宜地区,旅游者喜欢进行水上水下运动,如划船、帆船、冲浪、漂流、滑水(冰)、游泳、潜水、垂钓等参与性和体验性旅游活动。这些旅游活动项目对满足旅游者充满刺激和愉悦的需求最为有效,而且能最大限度提高游客的旅游兴趣。

海滨、湖滨景区,由于空气清新、尘埃少,且含有一定量的碘离子、氧离子,十分有益于人体健康,是进行度假休闲、康体疗养的理想场所。

各类矿泉中,都含有多种化学成分,对疾病具有一定的医疗功能,其中温泉的疗效更佳。

3. 品茗酿造功能

好茶需要用好水,方能散发好茶香。同样,名酒需要用好水作原料,才能酿出旷世美酒。如乌龙茶香、信阳毛尖、贵州茅台、青岛啤酒等,都因水质好而名贵。好茶好酒,同样会吸引旅游者,成为重要的旅游资源和设计旅游活动项目的重要素材。

4. 娱乐功能

水体娱乐项目繁多,可谓五花八门,层出不穷。常见的水上娱乐项目有:滑水、机动橡皮艇、水上飞轮橡胶船、肥仔船、皮划艇、水上蹦床、游艇、水球、水鸟(水上自行车)、保丽龙、履水鞋、水上摩托、大喇叭滑梯、龙卷风暴、魔力碗、造浪池、碰碰船等。水上娱乐项目种类繁多,大体可分为水上滑梯系列、戏水设备系列、人工造浪系列、环流漂流河系列等。这些水体娱乐项目深受青少年游客的欢迎。

(三)水环境在健康旅游活动中的利用

1. 综合旅游开发模式

综合旅游开发模式指的是充分挖掘水体及其周围的各类旅游资源,集观光、休闲、度假、运动、修养疗愈等功能为一体的开发模式。此类开发模式通常要求水域面积广阔,水体自净能力强,周围地形多变,生态环境优良,并且位于经济发达地区,具有邻近客源市场的区位优势,交通便利,附近有理想的城镇作为游客接待的依托。例如,美加交界的五大湖群和韩国的庆州波门湖,便是综合旅游开发较为成功的典范。这些湖泊在沿岸的一些城镇开辟了众多的滨湖公园风景区,设置了划船、垂钓、水族馆、游乐场等旅游项目,以满足观光、休闲游客的需求。在风光秀丽的僻静地段,则建设了疗养地和度假中心,并开发了游艇、游泳、垂钓、水球、拖曳伞、滑翔、滑水、潜水、摩托艇等水面、空中、水底立体交叉的水上运动项目,还设置了水上芭蕾、花样滑水、定点空降、水上歌舞等众多水上展演节目。在地形适宜的湖岸,还建造了高尔夫球场、网球场等游乐设施,以满足不同消费层次旅游者的需求。

2. 休闲观光旅游开发模式

有些水资源,由于水体本身及周边环境的生态敏感性等原因,不适宜开发直接侵入水体和环境的参与性旅游项目。但这些水体具有较高的风光观赏价值,山水相映,环境优美,或是有奇特的自然景观相支撑,或是有深厚的历史文化相映衬,非常适合开展休闲观光旅游。杭州西湖便是观光旅游开发模式中城市园林湖泊类型的开发典范。西湖以园林湖泊赏玩为主要功能定位,讲求从不同季节、不同时段、不同角度欣赏其美。利用苏堤和白堤进行水面的黄金分割,并将这两条堤建成最适合悠闲散步、欣赏风景,并与西湖亲近的载体。配合湖心三岛的排布,形成了静态的点与线的美景展示模式。而湖中穿梭的游船和空中飞翔的水鸟,则为西湖增添了动感和生机。

3. 度假旅游及休疗养开发模式

在水体周围气候条件适宜,水面开阔,水质优良,或附近拥有特殊的有益物质(如温泉、冷泉等)对于某些疾病有特殊疗效的湖泊,常常被用于开展度假旅游和各类休疗养项目。世界上最著名的旅游度假区基本上都位于海滨和湖泊区域。例如,日本箱根的芦湖,周围温泉资源丰富,成为度假旅游和休疗养的胜地。中国首批 12 个国家级旅游度假区中,就有4个(包括无锡太湖、广州南湖、苏州胥口和昆明滇池)是以湖泊为主体的。坐落在讷谟尔河畔的五大连池,是火山喷发时阻塞形成的堰塞湖。其区域内有世界三大冷泉之一的药泉,具有很高的疗养价值。因此,在湖泊的周边,已建成数十家疗养院,成为许多病员寻回健康的福地。

4. 体育训练及水上运动开发模式

当水资源具备水体自净能力强、不易受到污染,且水面开阔、深度适中的特点时,便能够开展各种水上运动和岸上运动。此时,水体的主要旅游功能便是吸引水上运动的爱好者。这一类型的水体,既包括自然形成的湖泊,也包括为了蓄水发电、防洪、养殖、水上游乐等目的而挖掘的人工湖泊。北京昆明湖湖面广阔,水面平稳,每年清华大学和北京大学都在此举办赛艇比赛,并逐渐向国外大学发出邀请,使其成为一项国际性的大学生友谊赛事。玄武湖全园面积472公顷,其中陆地面积104公顷,水面面积368公顷。湖水清澈如镜,碧波荡漾,湖面上分布着五块绿洲——环洲、樱洲、梁洲、翠洲、菱洲,因此有"五洲公园"之称。光列车无污染、无噪声,运载能力达60人/趟,标准车速12公里/小时,线路从玄武门至解放门,全长3249米。置身其中,人们可以以全新的鸟瞰角度审视玄武湖的魅力。位于原万人游泳池的水上乐园,占地200亩,可同时容纳万名以上游客开展游乐活动,由滑道群、漂流河、儿童戏水池、水景广场、成人泳池、临水高空观览车等部分组成,较成功地将湖泊观光和水上运动结合在一起。

5. 探险旅游开发模式

某些水体由于奇特的成因形成了特殊的构造,或拥有特殊的水生物,或发生异常的现象,或具有特殊的研究价值,对于探险者和科学考察者来说具有不可抗拒的吸引力,因此是开展探险考察旅游的难得之地。在我国新疆的东部,有一座"没有围墙的迷宫"——罗布泊。罗布泊曾是中国最大的漂移湖,其主要地貌景观包括盐漠、沙漠和雅丹(又称白龙堆,是沙漠中的一种风蚀地形)。罗布泊附近曾有一个楼兰国,过去曾是森林繁茂、牧草肥美、商贾云集的古丝绸之路重镇。然而,楼兰国在地球上神秘消失了,只留下古民居遗址、佛塔、古墓群及古钱币。特殊的地形和丰富的人文历史,造就了罗布泊多姿多彩的探险旅游资源。近年来,有越来越多的人组团到罗布泊探险旅游,成功征服了这个有"死亡之海"称号的湖泊。此外,英国的尼斯湖自19世纪起便一直流传着水怪的传说,但绝大部分都只是耳闻,并无有力的证据支持。直到1934年4月,《每日邮报》刊登的一张照片,不仅使水怪的传说变得真实可信,更掀起了一股至今仍未冷却的寻找水怪热潮,给当地探险旅游的发展带来了巨大的机遇。

第三节 人文环境与健康旅游

人文地理环境是人类为了生存和发展的需要,有意识地利用和改造自然所形成的人文景观。它对健康旅游的影响主要体现在两个方面:一是作为外在的社会环境,对旅游活动产生影响或限制作用;二是各种人文地理环境要素作为健康旅游资源,对游客产生吸引作用。

一、人文地理环境对健康旅游活动的影响

(一)社会经济发展水平

社会经济发展水平不仅是健康旅游活动各环节良性运转的关键因素,而且是旅游开发投资、旅游项目规划建设、旅游产品营销的制约因素。吃、住、行、乐是人类生存的基本条件,如果这些方面不便,健康旅游活动就很难圆满完成,甚至无法进行。从旅游科学的角度来看,吃、住、行、乐是健康旅游活动的重要环节,也是健康旅游体验的重要组成部分。它们直接影响着旅游者的健康旅游经历质量,同时是衡量健康旅游开发程度和旅游接待设施质量的重要指标,是旅游规划设计者在进行旅游建设项目设计时,需要重点考察的因素之一。从这一意义上说,社会经济发展水平是制约区域健康旅游活动发展的瓶颈因素。

(二)社会治安与卫生环境

旅游者到外地旅游,最重要的是人身安全和财物安全。如果自身安全难以保障,再好的景致,也难以让人有心情去欣赏。如处于战争状态的地区、"非典"流行的国家和地区、小偷或抢劫犯较多的地区,招徕游客是很困难的,甚至是不可能的。2003年4月初,我国由于"非典"原因,对新马泰旅游颁布禁令,直至5月底才解除禁令。禁令实施期间,禁区的旅游业几乎处于瘫痪状态,造成了严重的经济损失。相反,社会卫生与治安条件好的地区,对招徕游客十分有利。如具有"花园城市"之称的新加坡,拥有良好的卫生环境和井然有序的治安条件;虽然其自然和人文旅游资源不是十分丰富,但其优越的治安与卫生等人文环境特别受旅游者欢迎;目前已经成为太平洋沿岸地区的重要旅游接待国之一。

(三)旅游地的人口素质

所谓人口素质,又称人口质量,是指人的身体素质、文化素质、劳动技能、思想和道德品质的总称。作为旅游人文环境的人口素质,主要是指旅游地的居民素质,即当地居民的身体素质、文化素质、劳动技能、思想和道德品质等特征。目的地居民素质高,对人态度好、热情礼貌,会让旅游者产生宾至如归的心理感受。目前,家庭旅馆非常流行,其成功的重要原因之一,就是服务人员关怀人性、待客真诚、乐于助人等人文环境,优于服务程式化的旅游宾馆。

(四)民族宗教

民族宗教对区域外来旅游者,尤其是不同民族、不同宗教的旅游者,会有宗教教义约束,并要求旅游者"入乡随俗"。例如,在旅游者进入小乘佛教的大殿厅堂时,必须先脱鞋;厅堂后面的内室朝圣场所,不允许女性进入。伊斯兰教的饮食习惯,也要求旅游者"入乡随俗",这里不是说旅游者一定要按照其饮食习惯饮食,而是要求游客尊重其饮食习惯,不能出现有意或无意违背教义的语言和行为。

宗教信仰的异同，直接影响旅游者的旅游流向。例如，世界各地的伊斯兰教教徒，都非常向往麦加城，外出朝拜的理想目的地肯定是麦加。虔诚的宗教教徒外出旅游时，最感兴趣的旅游地应是宗教圣地，尤其是自己所信仰的宗教类别的旅游地最受欢迎。如佛教的虔诚信徒有机会外出时，不顾经济条件的限制，即使沿途化斋、寄宿，也要到达心中理想的佛教圣地，甚至立志走遍全国乃至全世界的佛教圣地。

（五）社会习俗、社会制度

作为旅游环境的社会习俗、社会制度，对健康旅游活动也会产生巨大的影响。在不同社会制度、社会习俗的约束下，相同的对象会对旅游活动产生截然相反的影响。比如赌博，在我国是严禁的社会娱乐活动，而在缅甸却是合法的盈利活动，且美其名曰"博彩"。

二、人文地理环境要素作为旅游资源对健康旅游活动的影响

人文地理要素作为旅游资源，对旅游活动起着十分重要的作用。人文旅游资源是旅游资源的重要组成部分，吸引着成千上万的旅游者。不同性质的人文旅游资源，由不同类型的人文地理要素在不同地域、不同时期组合排列而成。

（一）聚落是旅游活动的重要集散地之一

聚落是人类集中居住的地方，在地图上常被称作居民点。聚落有城镇、乡村之分，是人们生活生产活动的中心。聚落不仅仅指房屋的集合体，还包括与居民直接相关的其他生活设施和生产设施。在人类活动的集中地区，都有聚落存在。许多人文现象、人文环境要素都源于聚落或聚落中的人们。不同大小的聚落空间范围内，都蕴含着极其丰富的旅游资源。例如，在傣族村寨中，有别具一格的橄榄式民居、独具特色的傣族服饰、快捷方便的烹饪方式，以及各种农业生产活动等特色旅游资源。由于旅游资源是旅游活动的直接对象，因此很多旅游活动都集中在旅游资源丰富的聚落中。换句话说，聚落是旅游活动的重要集散地之一。

（二）宗教文化是健康旅游活动的主要对象之一

宗教与健康旅游的关系甚为密切，尤其是大型宗教场所，大都是著名的健康旅游胜地。如我国的佛教名山、道教名山以及各地区的寺、庙、道、观，大都是游人如织、香火旺盛。宗教虽具有迷信色彩，但其内的有益因素也不容忽视。如教育人们行善而不作恶，不杀生、不酗酒的生活观和人生观，对待他人与事物的博爱观等，对人类社会健康心灵的培育都是有益而无害的。除宗教活动场所外，宗教建筑、宗教绘画、宗教雕刻等宗教艺术，都是珍贵的旅游资源。由于人们对宗教的崇拜，宗教建筑都十分精美。宗教建筑不仅在结构、用料、装饰、布局上体现了历史时期的高超建筑艺术，而且在建筑物和环境关系的处理上也有很多可借鉴之处。著名的宗教建筑，多是具有代表意义的建筑物，具有较高的历史价值和科学价值。如建于公元1世纪的意大利古罗马城的万神庙，是古罗马时期的代表建筑；建于公元5世纪的土耳其君士坦丁堡的圣索菲亚教堂，是拜占庭建筑的杰作；巴黎

圣母院和德国科隆大教堂,是哥特式建筑的典范;意大利佛罗伦萨大教堂,是文艺复兴建筑的第一个作品。

中国的宗教建筑遍及各地,具有极高的艺术审美价值。如拉萨的布达拉宫、西宁的塔尔寺、西安的大小雁塔、开封的铁塔、杭州六和塔等宗教宫殿和墓塔,都是城市的标志性建筑。此外,南京的琉璃塔被列为世界中古七大奇观之一;承德避暑山庄的外八庙更是建筑艺术的珍品;敦煌莫高窟是佛教艺术的宝库。

不论是科学价值较高的宗教建筑,还是艺术价值、文化价值较高的宗教艺术,都具有极高的旅游开发价值,都是高品位的旅游资源。经过合理的旅游规划与开发,均能成为高级别的旅游景区。

(三) 人文地理要素是健康旅游文化的载体

健康旅游活动项目是由各种旅游资源经过组织开发而形成的。任何一种健康旅游资源,都蕴含着一定的历史文化内涵。因为时间是历史的基础和载体,而任何一种事物都有其产生、生存和发展的历史时间过程。旅游资源的文化内涵并非一日之间就能积累起来,它需要经过长时间的积淀。因此,只有旅游资源历经一定的时间历程,各种旅游活动项目才能饱含文化内涵,才能展现出多种自然美和人文美。人文旅游资源,尤其是文物古迹类的人文旅游资源,其厚重的历史文化内涵是不言而喻的。自然旅游资源是在一定的地质历史时期形成的,具有一定的历史文化内涵,这也是必然的。只是人文旅游资源具有的是社会历史性,而自然旅游资源则具有地质历史性。由此可见,任何旅游活动项目都蕴含着一定的历史文化内涵。了解其文化内涵,对于培养人们的历史唯物主义和辩证唯物主义思想,以及正确的世界观、人生观和价值观都是有益而无害的。这是历史文化在健康旅游过程中对人们思想意识方面所表现出的积极作用。

(四) 红色与爱国主义文化是青少年健康旅游必不可少的重要内容

从广义的健康旅游而言,健康旅游所追求的不仅仅是自身肌体的健康和无病的状态,还包括心理的、道德的、思想的健康。在我们国家,红色与爱国主义文化是人文旅游资源与环境的重要组成部分,是全国人民(游客)趋之若鹜、乐于前往的重要场所和打卡地。到这些地方旅游,聆听先烈们和爱国人士的先进事迹,瞻仰他们抛头颅洒热血的场所和遗物,接受先烈们的英雄主义和爱国主义教育,从思想上、政治上、世代传承上继承先烈们的遗志。这样的健康旅游活动所带来的收益,并不逊色于肉体上所得到的收益。

案例:

> **澄迈,世界长寿之乡**
>
> 澄迈自古素有"青山绿水廿万顷,十里常逢百岁人"的美誉,是"中国长寿之乡""世界长寿之乡"。澄迈县位于海南岛西北部,北临琼州海峡,毗邻省会海口市,是中国绿色名县、世界富硒福地、世界长寿之乡。悠久的人文历史、山清水秀的居住环境、社会经济的稳步发展和健全的社会保障体系,为福寿之乡延年益寿奠定了扎实的基础。

据第六次全国人口普查显示,澄迈县人均预期寿命高达77.79岁,比全省平均水平高4.77岁,比全国平均水平高6.59岁。截至目前,全县80岁以上老人有18541人,占总人口比例3.30%;百岁以上老人215人,占总人口比例的38.39/10万,大大超出中国和联合国"长寿之乡"规定的"存活百岁老人占户籍人口比例达到7/10万和7.5/10万"的标准。全县年龄最大的达到113周岁,80岁以上夫妻双全有896对,90岁以上夫妻双全有72对,100岁以上夫妻双全有4对。2009年5月,澄迈县被中国老年学学会授予"中国长寿之乡"称号,成为中国第十个、海南目前唯一的"中国长寿之乡"。

　　2012年9月第二届人口老龄化长寿化国际研讨会在澄迈成功举办,会议设立了国际人口老龄化长寿化专家委员会,并通过《区域人口长寿化——澄迈宣言》。会议还一致通过国际人口老龄化长寿化专家委员会的设立章程。国际人口老龄化长寿化专家委员会宣告在澄迈正式成立,委员会将以澄迈为蓝本发布世界长寿之乡评定标准。这次会议成果显著,在国际上引起极大的关注和强大的反响,对长寿事业的发展起到了重要的推动作用。会议通过的《海南澄迈宣言》建议:国际人口老龄化长寿化专家委员会积极而活跃地开展工作,深入研究国际长寿地区的经验与做法,认定海南岛等为"世界长寿岛",澄迈县等为"世界长寿之乡";研讨会一致同意给澄迈县颁发"世界长寿之乡"证书。

第六章　心理与健康旅游

步入 21 世纪,社会呈现出高度现代化、信息量激增且传播迅速的特征。现代人不仅要应对快速变化的学习、工作和生活,还要处理好各种错综复杂的关系,同时面临着越来越多的挑战和竞争。受快速运转的社会节奏和激烈竞争等诸多因素的影响,人们的心理负荷日益加重,由此导致的心理疾患也越来越多。美国心理学家发现,日常生活中有不同程度心理障碍和疾病的人高达 20%,这一数据甚至超过了患有躯体疾病的人数。专家们指出,心理障碍如果得不到及时纠正,不仅会影响人们的生活、工作和人际交流,还可能发展成为精神性疾病。加之现代城市中的噪声、拥挤、环境污染等外界不良因素的影响,也会对身心疾病起到促发作用。研究心理健康与旅游的关系,可以发现旅游对心理具有积极作用。

第一节　心理与健康

一、心理活动

(一) 心理活动的定义

心理活动是大脑的特殊运动形态,表现为一种运动或活动,是一个占有时间与空间的活动过程。心理活动涵盖认知、情感和意志活动。认知活动包括感知觉活动(产生映像)、记忆活动(如表象、想象等)和思维活动(如概括、判断、推理等);伴随着认知活动,情感活动与意志行为活动也随之出现。情感与意志活动是在认知的基础上产生或派生的,它们中都包含有认知成分(如评价、定势),并且反作用于认知过程,对认知过程产生影响。因此,知、情、意三者并非彼此孤立的过程,在日常生活中它们几乎同时出现,是统一的心理活动的不同方面。

仅有感觉、知觉、记忆、思维、情感和意志构成心理过程,是心理或大脑活动时的运动形态。注意并非心理过程,而是各心理活动过程的指向性、集中性或选择性的体现。在这三种过程中,注意的参与表现为注视、倾听,思维过程中的凝思,记忆过程中的追忆,以及动作过程中的专注等。注意对心理活动具有选择、保持、调节和监督的功能,可能与自我意识(self-awareness)是同一生理过程。

（二）心理活动的倾向性

人有五官以感知外界各种事物，拥有丰富的知识储存在记忆库中，并具备对外界信息进行分析、综合、接通和加工的思维能力。然而，一个人爱看什么、爱听什么、喜欢回忆什么，以及经常注意与思考的问题，都是具有选择性和倾向性的。这种倾向性体现在每个人各不相同的需求与动机、兴趣与爱好、理想与价值观之中。在此，我们应明确一个基本区别：需求、动机、兴趣、爱好、理想、价值观本身并非心理活动或某种心理过程，而是心理活动（如认知、情感、意志）中展现出来的倾向性、指向性和选择性。换言之，倾向性渗透于各种心理活动之中，各种心理活动都带有其倾向性，但倾向性并不等同于心理过程。例如，理想不是思维过程，兴趣也不是感知或情绪过程。

1. 需要

心理活动的倾向性首先源自个体的需要。需要是人类行为（包括心理活动与社会实践活动）的基本动力。饥饿时对食物的需要会激发我们对食物的兴趣，成为觅食行为的动机。劳作、学习、寻找理想职业等，其原始动机都蕴含着觅食的需要。当生理需要，即维持个体生存与种族繁衍所必需的物质条件得到满足后，便会产生更高一级的需要，如寻找安全的场所，获得庇护与关爱、对群体和社会有所成就或贡献，或获得社会地位、社会赞许、他人尊重、理想的实现等。

需要是个体和社会的客观需求在人脑中的反映，以"缺乏感"为体验，以模糊的意向或清晰的愿望形式表现出来，并驱动人为实现需要而活动，成为行为的动机。生理需要因满足与缺乏而周期性出现，各种需要都伴随着满足对象的不断扩大而增加。一般而言，生存需要基本满足后才会出现更高一级的需要，但也存在只图生存需要的高度或过度满足而缺乏高级需要的个体（如吃喝玩乐、胸无大志），以及生存需要并未充分解决却有强烈高级需要的个体（如身无分文、心怀天下）。解决温饱问题可以基本满足生存需要，而高级需要则是永远不会完全满足的。

2. 兴趣

兴趣是人积极探究某种具体事物的认识倾向，或者说是认识需要的一种表现，它带有情绪色彩和向往的心情。兴趣在需要的基础上产生和发展，需要的对象即为兴趣的对象。正是因为人们对某些事物产生了需要，才会对这些事物产生兴趣。在精神需要基础上产生的兴趣，往往在需要满足后会引起更浓厚的兴趣。兴趣的专一和集中，便形成对某一事物的特殊乐趣或志趣。兴趣可以仅停留于观赏的层面，如对音乐的欣赏，也可以发展为与个体活动相结合，进而成为爱好。爱好是从事某种活动的倾向性，例如，对食物很感兴趣的美食家数不胜数，但选择烹调为职业并热爱烹调的厨师就不多了；对哲学与心理学感兴趣的人几乎是高智力人群的共性，而以此为职业的人却又寥寥无几。

兴趣对人的活动（学习、工作、社交等）有超越能力的作用；兴趣对未来的活动有准备作用或引导作用；对正在进行的活动有推动作用或支持作用；对活动的创造性或取得成就有促进作用。兴趣推动人积极从事活动，而活动本身又可以促进与发展兴趣。智力与能力较高的人，往往表现出对许多陌生事物的探究兴趣，或提出问题与解决问题的广泛兴趣，而广泛的兴趣又促进个人智力与能力的发展。广泛的兴趣可以使人知识丰富、多才多艺,在这个基础上发展出一个持久的中心兴趣后,才可能取得专门成就。兴趣广泛,对许多事物感兴趣的人,对生活也充满激情;兴趣狭窄,对许多事物不感兴趣的人,则懒言少动,生活便枯燥乏味。

兴趣的广泛性与专一性,兴趣的波动性或持久性,以及兴趣发展的水平(低级趣味与高尚兴趣),均具有个性特征,或更具体地说,与个体的气质密切相关,也与个人的理想和价值观相关。

3. 理想

人的活动总有一个目标,即活动结果要实现什么样的目的。与长期活动奋斗目标相联系的想象,若符合事物发展规律,则被称为理想。理想中的奋斗目标是人们积极向往和追求的对象,也是人类行为的重要驱动力。奋斗目标带有强烈、浓厚且肯定的情绪色彩,激励着个体持续努力去实现它。理想是在一定社会生活条件下形成和发展的,是被意识到的需要。而理想或奋斗目标的选择,与个体在生活实践中形成的价值观或世界观关系最为密切。价值观是推动一个人做出决定和行为的原则或标准,它体现了人对事物的价值判断,这种价值判断决定着人的态度和行为。价值观涵盖政治的、经济的、社会的、科学的、艺术的、审美的、道德的以及宗教的各种信念、原则和标准。换句话说,价值观是世界观的同义词,世界观离不开对他人、对自己、对社会、对世界的价值判断。

理想的形成和发展有一个过程:在儿童时期,理想萌芽,主要与兴趣爱好相联系,主要是生活理想;少年时期是理想形成的关键时期,与未来职业相联系,主要属于职业理想;青年时期是理想的发展时期,以科学原理为依据、以社会需要为目标,形成的社会理想相对稳定。

理想与价值观一旦形成,便成为人的活动的最高调节者,反过来影响人的需要与动机、兴趣与爱好,指引人的全部心理活动与行为,使它们具有长远的、稳定的目标和方向。

(三)心理活动的特征

一个人的能力(包括智力)、性格以及与其密切相关的气质,共同构成了全部心理活动的特性或特征。与共性相对,个性是指一个人的整体心理面貌或精神面貌。尽管个性中也包含与他人心理面貌的相同方面或共性,但其重点在于强调与他人心理面貌的不同方面,即差异性、独特性,这是区分个人心理特点的关键。心理活动特征并非心理过程本身,而是在各个心理过程(如认知、情感、意志等)中表现出来的特性。正如钨丝白炽灯、荧光灯、激光灯在通电发光过程中各自展现出不同的照明特性,或者蒸汽机、内燃机、电动机在运动过程中也表现出不同的特性一样,这些特性是蕴含于运动过程之中的,而非运动过程本身。

心理活动倾向性与心理活动特征是必须明确区分的两个截然不同的概念。例如,一个人爱看什么、爱回忆什么、爱思考什么问题、爱参加哪些社会活动,这些都属于心理活动的指向性或倾向性问题;而此人在观察事物时是注重轮廓还是细节,是敏锐还是迟钝,是精确还是粗糙,这反映了该人的感知方式或感知风格,是感知活动方面的心理特征;此人在思考问题时是善于逻辑推理,还是凭感情用事、胡搅蛮缠,是客观分析还是主观武断,这体现了其思维方式或思维风格,属于思维活动方面的心理特征;又比如,此人喜爱与厌恶哪些社会活动,这是兴趣与价值观的反映,是心理活动倾向性的表现;但此人喜怒哀乐情绪产生的强度、速度、稳定性,以及经常处于开朗乐观的心境还是多愁善感,则是其情感活动的心理特征;此人乐于参与社交活动还是退缩回避,则反映了其行为方式、活动能力与活动水平方面的心理特征。

认知方式、情感反应方式、行为方式构成了一个人的心理活动特征。当这些认知方式、情感反应方式或行为方式在社会生活中能够适应时,便会获得积极效果,进而被反复强化、得到巩固,最终形成习惯与定势,构成态度体系,进而塑造出他的性格特征。如果在社会生活中,某些认知方式、情感反应方式或行为方式不被他人所接受,导致挫折或失败,且得不到积极的强化,大部分人能够按照社会要求,为了更好地适应社会与他人的需要,逐渐改变自己或塑造自己的性格;但也有少数人在社会适应不良、屡遭挫折、失败的情况下,竟不能察觉也无法改变自己原有的认知和行为方式,保持原有的态度体系,甚至表现得更加突出,这会造成与社会、与他人的冲突和摩擦加剧,形成恶性循环,成为人格障碍的症结所在。

观察的精确性、记忆的准确性、思维的敏捷性、想象的创造性、运动反应的灵活性、可塑性等,是顺利完成活动所必备的心理特征,这些心理特征统称为能力。能力总是与活动相联系,并直接影响活动的效率。能力是顺利完成活动的个性心理特征。能力可以分为认识能力与操作能力,又可分为一般见识能力与特殊能力。一般能力,也即智力,是能力的组成成分。智力是一种综合的认知能力,包括观察力、记忆力、思维能力、想象力与创造力等,即信息获取能力(观察力、注意力),信息编码与储存能力(记忆力、分类与概括思维能力),信息加工与改造能力(判断、推理等抽象思维能力,想象与创造力)。超常智力表现为敏锐的观察力、良好的记忆力、精确的概括、判断、推理等抽象思维能力,以及善于认识问题本质和解决复杂疑难问题的思考力、想象力和创造力。高智商的人都具有强烈的求知欲与广泛的兴趣,思维敏捷、理解力强、有创造性。而低智商则表现为知觉速度慢且不精确,观察范围狭窄,记忆保持力差,再现中容易发生歪曲与差错,思维活动中概括能力差,习惯于类比推理,而抽象的演绎与归纳推理能力差,结论常带片面性,缺乏逻辑性,想象力贫乏,墨守成规,模仿他人而缺乏创造能力。

性格是人对现实的态度和行为方式中比较稳定的、具有核心意义的个性心理特征。性格主要表现于对外界环境刺激的应答反应之中,包括情感反应(态度)与行为反应,而认知过程中也体现出性格特征,不过这些特征不易为他人所察觉,因此常被忽略。

性格的情绪特征,即个人经常的、稳定的情绪状态,它影响个人的全部活动和行为方式,主要表现于以下几个方面:(1) 情绪的强度,它决定对人的行为活动的感染程度、支配程度与可控程度;(2) 情绪的稳定性,指情绪产生之后的持久性、波动性,是易起易落还是难起难落;(3) 主导心境,即个人经常是情绪轻松愉快,还是多愁善感,或紧张焦虑,这种主导心境在每个人身上,不论遭遇成败,基本都能保持。

性格的意志特征是在自觉调节行为方式与活动水平中表现出来的心理特征,它体现在意志(行为)心理过程中控制自己与排除干扰的能力,表现为能有所作为或有所不为。在"有所作为"中展现坚持和毅力,在"有所不为"中表现坚忍与克制。

性格的理智特征则表现于认知活动的特点与风格,或者说,是感知方式(如概括型与分析型、快速型与精确型)、记忆方式(如机械型与意义联想型)、思维方式(如艺术型与思想型)等方面的心理活动特征。它不同于能力特征,后者是认知水平的表现,即感知能力、记忆能力、思维与思考能力方面的差异。

性格的态度特征,一方面表现于对社会、集体和他人的态度,比如是诚实正直、关心、尊重、有责任感,还是虚伪、狡猾、冷漠、无礼与无责任心;另一方面则体现于对待自己、对待学习与工作的态度,如自大与自卑、勤劳与懒惰、认真与马虎、进取与守旧等特征。

能力与性格两者之间有何相互影响呢?一个人能力的充分获得必须以良好的性格为基础。例如,勤奋、积极向上、对事业的热情与高度责任心,自信心与克服困难的意志,强烈的求知欲与好奇心,以及不随从附和的独立性格,都对能力的发展有促进作用。与此相反,不良的性格,如懒惰、缺乏积极进取的精神、人际关系紧张、社会适应不良、骄傲自大、意志薄弱,会严重限制一个人能力的充分发展,甚至成为许多行为障碍的根源。

二、心理健康

早在半个多世纪以前,心理学家荣格就曾提醒人们,要防止远比自然灾害更危险的人类心灵疾病的蔓延。他认为,随着人们对外部空间的不断拓展,对心灵的提升却停滞了;人们在智力方面收获过剩,而在心灵方面却沦丧殆尽。精神生活的深度不安正折磨着现代社会中最敏感的人群,尤其是青少年学生。面对社会竞争的压力,在学习、生活、人际交往、自我意识和升学就业等问题上,他们苦闷、孤独、焦虑、冷漠,甚至精神崩溃。自杀、杀人等恶性事件频频发生,马加爵事件更是发人深思。心理健康问题已成为一个"世纪性"的问题,抑郁症就被世界卫生组织称为"世纪病"。

(一)心理健康的定义

第三届国际心理卫生大会(1946年)曾为心理健康下过一个定义:"所谓心理健康,是指在身体、智能及情感上,在与他人的心理健康不相矛盾的范围内,将个人心境发展到最佳状态。"显然,这一定义过分突出了个人体验,而且"最佳"状态的标准也难以掌握。

心理学家英格里斯(H.B. English)给心理健康的定义为:心理健康是指一种持续的心理状态,当事者在此状态下能进行良好的适应,具有生命力,并能充分发展其身心的潜能。

而荣格(C.G. Jung)认为,理想的心理健康是有意识地指挥和引导潜意识的力量。同时,社会工作者波姆(W.W. Bohm)指出,心理健康是合乎一定水准的社会行为:一方面能为社会所接受,另一方面能为自身带来快乐。

世界卫生组织(WHO)2001年指出,心理健康是一种情感和社会的幸福感,个体能意识到自己的能力,能应对生活中正常的压力,能创造性地、卓有成效地工作,能对自己和自己所生活的社会做出贡献。

不同学者由于研究方向的不同,对心理健康的理解也存在一些差异,但他们的观点仍有一些共同之处。大致来说,这些共同之处涵盖了以下两个方面:

首先,心理健康是指个体内外协调统一的良好心理状态。这包括个体认知正常、情绪稳定、情感协调、意志健全,即良好的内部状态。而内部状态的积极表现则体现为良好的外部状态,具体表现在对日常生活、学习、工作、人际和社会环境能良好地适应,能处理与解决自身遇到的问题,并积极地向更高水平发展,发挥自身潜能。

其次,心理健康也指人的心理机能正常发挥。从心理学的角度来看,人的心理由认知、情绪、行为三大机能组成。其中,认知机能正常是指个体能够有效地进行知觉、想象、思考等活动,从而保证个体能客观认识自己、他人、世界及其相互关系,进而对客观现实进行正确认知。情绪机能正常是指个体情绪体验不缺失,该欢喜就欢喜,该生气就生气,同时能根据个人状态有效地调节自身情绪。行为机能正常则是指个体能够做出合适的行为,从而有效地适应环境,发展自身。

（二）心理不正常与心理不健康的区分

在生活中,如果听到某人去看过心理医生,我们往往会直觉地联想到"这个人精神有问题"或者"这个人心理不正常"。心理正常、心理不正常、心理健康、心理不健康这四个名词,常常因为概念不清而引起误会,甚至导致人们谈"心"色变。因此,我们需要将这些概念彼此区分清楚,梳理它们之间的直接联系,走出日常的误区。

心理正常,是指具备正常功能的心理活动,或者说不包含有精神病症状的心理活动;而心理不正常则是指有典型精神障碍（俗称"精神病"）症状的心理活动。例如,某位患有精神分裂症的大学生在上课时突然用鞋子猛敲课桌。很明显,这里的"正常"和"异常"是用来标明和讨论"有精神障碍"和"没有精神障碍"等问题的一对范畴。

"健康"和"不健康"则是另一对范畴,它们在"正常"范围内,用来讨论"正常心理"水平的高低和程度。可见,"健康"和"不健康"这两个概念都包含在"正常"这一概念之中。因为不健康并不等同于有病,不健康和病是两类性质不同的问题。鉴别心理正常和异常的标准与区分心理健康水平高低的标准也是截然不同的。因此,与"心理健康"这一概念相对应的,最恰如其分的概念是"心理不健康",而这两者都属于正常心理范围。

（三）心理健康标准

根据许多学者的研究成果和工作实践,我们得出了以下几条心理健康的标准:

1. 智力正常

正常的智力水平是人们生活、学习、工作的基本心理条件。智商在 130 分以上为超常,智商在 90—129 分之间为正常,智商在 70—89 分之间为亚正常,智商在 70 分以下为智力低下。一个人的智力发展水平可通过与同龄人的智力水平相比较来衡量。

2. 情绪适中

快乐表示心理健康,如同体温表示身体健康一样。一个人的情绪适中,就会使整个身心处于积极向上的状态,对一切充满信心和希望。心理健康的人乐观开朗,热爱生活,积极向上。在一般情况下,他们总能保持良好的心境,能有效控制、调节、转移消极情绪,避免消极情绪对自己造成伤害。

3. 意志健全

行动的自觉性、果断性和顽强性是意志健全的重要标志。意志健全的人对自己的行动目的有正确的认识,能主动支配自己的行为;能明辨是非,适当而果断地做出决断并实施;在做出执行决断的过程中,能锲而不舍,顽强拼搏。反应适度是意志健全的主要表现,也是心理健康的外在表现之一,表现为意识和行为一致,处世交际符合常理,行为反应符合情境。

4. 人格统一完整

人格是指一个人的整个精神面貌,是具有一定倾向性的心理特征的总和。人格的各种特征是有机合成的一个整体,对人的行为进行调节和控制。如果各种成分之间关系模糊,就会造成人格分裂。

5. 自我意识正确

心理健康者有自知之明,对自己的能力、性格中的优缺点能够较客观恰当地分析,既不自傲也不自卑。他们对自己的生活目标和理想的确定符合实际,不提出不切实际的期望和苛刻的要求,因而对自己总是满意的。同时,他们能努力发挥自己的智力和道德潜能,对自己的不足能泰然处之。心理不健康的人则缺乏自知之明,或自傲,或自卑,由于所定的目标和理想超越现实,要求自己十全十美,为此总是自责、自怨、自卑,使自己的心理无法平衡,常面临心理危机。

6. 人际关系和谐

心理健康者能够正视现实,不逃避现实,对周围的事物和客观环境有正确的认识和评价,对生活、工作中遇到的困难能够妥善解决。心理不健康的人往往以幻想代替现实,或抱怨自己"生不逢时",或责怪社会环境对自己不公,怨天尤人。心理健康者乐于与人交往,能接受并悦纳他人,也能为他人所理解,人际关系和谐。他们能用同情、友善、信任、尊敬的态度对待他人,绝少有猜忌、嫉妒、畏惧、敌视等不良心理,因而在社会生活中有较强的适应能力和较充足的安全感。一个心理不健康的人总是游离于集体之外,与周围的人格格不入。

7. 人生目标积极向上

心理健康者能够自觉驾驭自己的生活,即使在挫折和逆境中,仍能坚持不懈地努力从事有价值的工作,遵守社会公德。心理不健康者或因失去生活目标,对人生悲观失望而闷闷不乐,或者因理想的生活目标超越现实,为自己能力所不及,为达不到目标而焦虑不安。

8. 社会适应能力良好

心理健康者热爱并且自觉专注于自己的工作、学习、事业,工作成绩突出,学习效果明显,并且在工作、学习中体验生活的充实,感受自己存在的价值。心理不健康者则缺乏责任心,工作常无成效或成效不明显,学习方法不当,学习成绩下降,常体验到生活的无奈和没有价值。心理健康的人与社会保持良好的接触,认识社会,了解社会,使自己的思想、信念、目标和行动能跟上时代发展的步伐,与社会的进步与发展协调一致,能及时调节和修正自己的计划和行动,顺应历史发展的潮流。

9. 心地善良,同情弱者

心理健康者对他人有移情性理解,能够给予他人关爱,这种关爱意味着理解、同情、尊重、关心、帮助等,因而他们拥有良好、稳定的人际关系。心理不健康的人常感叹社会他人缺乏对自己的同情、关心和帮助,因而少有良好、稳定的人际关系。

10. 心理特点符合年龄特征

人在每一年龄段的心理发展都表现出相应的特征,一个人的心理行为总是伴随着年龄的增长而发展变化的。如果一个人的认知、情感和言语举止等心理行为基本符合他的年龄特征,就是心理健康的表现;如果严重偏离相应的年龄特征,心理发展严重滞后或超前,则是行为异常、心理不健康的表现。

三、心理健康与旅游的关系

旅游活动是多种多样的。例如,有海滨、森林、草原、大漠、名山大川等自然风光旅游;也有名胜、古迹、革命胜迹、城镇、乡村等人文景观的旅游。在很多情况下,自然风光与人文景观的旅游活动是相辅相成的。例如,杭州西湖的自然风光很美,那里的人文景点不也很多吗?二者可以兼而赏之。在旅游过程中,观察与思考那些高品位的自然与人文景观,在那种特定的环境里,使人精神振奋,激发朝气,产生美感;美感又转化为美德,将人们带入心胸开阔、心平气和、乐于助人的境界。这能净化人们的灵魂,改变人们这样或那样的心理不平衡状态。

到大海旅游的人,望着那无边无际的大海,顿觉心胸开阔,心旷神怡。在这样的环境里,能使人静静地反思过去,思索未来,调整心境。大漠旅游时,放眼望去,那起伏连绵的沙丘,一直延伸到天边,宛如那平静的大海。沙海与大海一样,对游人产生着同样的作用。到森林与草原等地旅游,它们各自都对游人的心理产生影响。在旅游过程中,能看到和听到许许多多令人赞颂和思考的史迹,能听到反腐倡廉、惩治贪官污吏的史话等。这些都能使人们的思想道德得到净化。历史上许多名人,就是在游览名山大川的过程中汲取中华民族灿烂文明之精华,使自己取天地之美以养其身,达到外无贪念而内心清静,心态平和而不失中正的良好道德境界。现代人的旅游条件远远优于古人,参与旅游活动更能有益于心理健康。

第二节 旅游活动的心理健康促进机制

为什么会出现心理异常?怎样增进心理健康?不同的心理学派给出了不同的回答。由美国著名心理学家罗杰斯和马斯洛在 20 世纪 40 年代所创立的人本主义心理学,是继行为主义、精神分析之后的心理学第三势力,因其"以人为本"的价值观而得名。该学派以健康人的心理为研究对象,重视人的潜力、爱、归属感、自尊、自我表达、高峰体验、自我实现,专注于心理健康和幸福感、自我理解和自我发展的研究。人本主义疗法、精神分析和合理情绪疗法被列为心理健康服务领域的三大经典疗法。从人本主义理论出发去探索旅游的心理健康促进机制,开发心理健康旅游产品,既与旅游服务的传统经营理念"顾客至上"不谋而合,又正本清源。

一、心理异常的人本主义模型

人本主义理论特别强调人的价值和意义。它认为：(1)每个人必须选择一种或一套价值观。每当某件事情使人感到有意义时，他就会体验到价值。(2)价值观是人性的基础和重要组成部分。(3)价值观并非内化或外塑，而是植根于人性之中，即人性内部存在最高价值。(4)人性成长中的潜能是价值的内在自然基础，健康人有自发追求潜能价值实现的内在倾向。(5)高级需要比低级需要有更大的价值，且高级需要相较于低级需要更为微弱。(6)潜能和价值与社会环境的关系是一种内因与外因的关系，其中潜能是主导因素，环境是限制或促进潜能发展的条件。人的价值（如爱、安全、尊重等）并非抽象，而是人本身中像骨骼和血管一样不可缺少的部分。就像人体对维生素 D 的需要一样，假如从食谱中排除所有的维生素 D，会生病；如果剥夺了对孩子的爱，就会"杀死"他们。真理的剥夺会导致人的妄想症；美的剥夺使人抑郁不安，甚至头痛、生理机制失调；无价值感也是一种病态。

基于人本主义的价值观去分析人的行为，人的行为是自由的、能够独立自主的、具有无限潜能的，并且每个人都能够意识到自身的各种变化，能理解自己的需要和经验，能分析自己的行为，也能做出抉择并对此承担责任。一个人如果从小就处于具有良好心理气氛的环境中，如有温暖和同情支持他们的家人，就可能会发现真正的自我和自己的全部潜能。但是，一个人如果遭到虐待或在生活经历中遭受重大的挫折与否定时，自我就会发生创伤或裂痕，内在的潜能不能发挥出来，而且还会受到损害。这样，人们就无法成为一个真正自我实现的人，而可能成为一个自我防御和心理失调的人。

二、旅游的需要满足机制

（一）需要的分类

需要、欲望、动机是人性的表现，是价值观的必要前提。因此，需要层次论是马斯洛自我实现心理学的重心和精髓。马斯洛把人类需要分为以下两大类：

1. 基本需要

基本需要指个体不可缺少的普遍生理和社会需求。基本需要在主观方面表现为两种有意或无意的主体向往和欲望：一种是这些需要尚未满足时产生的缺少感或匮乏感，另一种是满足后的惬意感。当个人存在这类需要时，主观上可以体验到某种缺失感，故又称为匮乏需求。它包括马斯洛需要层次论中所指的生理需要、安全需要、归属和爱的需要、尊重需要。基本需要对人的影响表现为五个方面：(1)缺少它会引起疾病；(2)有了它可以免于疾病；(3)恢复它可以治愈疾病；(4)在某种非常复杂的、自由选择的情境中，丧失它的人宁愿寻求它，而不是寻求其他的满足；(5)在一个健康人身上，它处于不活跃的、低潮的或不起作用的状态中。

2. 成长需要

成长需要指个体自身的健康成长和自我实现趋向所激励的需要。它是在低层次需要得到满足后出现的高层次心理需要,故又称为超越性需要、存在需要,包括认知需要、美的需要和自我实现需要。

成长需要有五个主要特点:(1)从对待动机的态度来看,成长需要者均采取积极、欢迎和认可的态度,如绘画者全神贯注地进行创作。(2)从满足需要的效果来看,成长需要会产生增进动机强度、身心健康和人生乐趣等正效应。基本需要的满足仅能消除紧张、降低兴奋、避免疾病,使人感到宽慰;而成长需要的满足则能提高抱负、增强动机,导致身心健康,获得高级愉悦。因此,缺乏或剥夺成长需要,就会使人对生活缺乏价值观、缺乏意义和充实感,甚至导致精神疾患或人性萎缩。(3)从它与环境的关系来看,成长需要较少依赖环境和他人的给予,主要靠个人的努力,并在自身的成长中逐步得到实现,如潜能的发挥、知识的增长、职责的完成、个性的实现等。(4)从它和自我的关系来看,成长需要往往不以自我而以问题为中心,常因解决问题而进入执着、入迷和忘我的境界;而受基本需要支配的人却总把注意力集中在那些与自己利益密切相关的事物上。(5)从它与基本需要的区别来看,成长需要具有较大的个体差异性,而基本需要则显得具有更明显的共同性和普遍性特点。

(二)需要等级系统

在20世纪50年代,马斯洛提出人类需要的五个层次,后来提出七个层次,如图6-1所示。

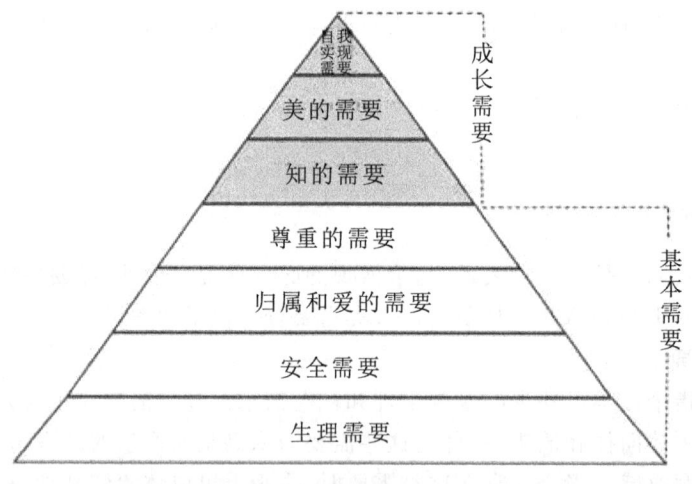

图 6-1 马斯洛需要层次模式

1. 生理需要

生理需要是维持个体生存和种族发展的需要,也是人的各种需要中最原始、最基本、最需要优先满足的一种。它为人与动物所共有,包括食物、水、性、排泄、睡眠等。

2. 安全需要

个体希望获得稳定、安全、有序、保障,免受恐吓、焦虑和混乱的折磨等需要。

3. 归属和爱的需要

个人对友伴、家庭的需要,对受到组织、团体认同的需要。这种需要得到满足,会产生良好的归属感,使人感到集体的温暖;否则会引起孤独感和爱的缺失感。

4. 尊重的需要

个人对自己尊严和价值的追求。尊重的需要如果得到满足,人们就会产生自信心,觉得自己是有价值、有能力、有成就的人;否则会引起自卑感、软弱感和无能感。

5. 知的需要

指人生来就有的一些积极冲动;满足好奇心,了解、解释、理解,包括求知和求解的欲望。求知的欲望更强,而且在求解需要出现以前必须得到满足。求知和求解的欲望是在世界上获得基本安全的一种方法,是自我实现的一种表达方式,也是全面发展潜能的一个前提。

6. 美的需要

包括对秩序、对称、闭合、结构的追求,以及存在于大多数儿童和某些成人身上的对行为完满的需要。美的需要对于人的健康成长如同需要水和空气一样重要。虽然它不像基本需要那样强烈,但它可以滋润人生,陶冶情操,丰富生活,增加乐趣。

7. 自我实现需要

个体成长中对未来最高目标和境界追求的动机或愿望。这种自我实现被定义为人的潜能、智力和天资的不断实现,人的终身使命的达到与完成,人对自身内在本性的更充分的认识与承认,被定义为不断地向个人内在统一、整合或协同迈进的过程。

一般来说,只有低层次的需要获得充分满足后,高层次需要才会出现。例如,只有生理需要得到基本满足时,安全需要才会产生;只有生理和安全需要基本得到满足时,归属和爱的需要才会产生。但也并非如此刻板,马斯洛的需要层次论还有三点重要的含义:(1)不同层次的需要是可以同时存在的,高一层次的需要并不一定在低一层次需要的优势出现后才出现。(2)不同时期各种需要对人的行为的支配力量是不同的。(3)一般来说,高一层次需要的优势的出现是在低一层次需要优势出现之后。只有低层需要获得基本满足后,高层需要才会出现。

三、旅游满足需要的特殊性

日常生活中,我们都能找到满足人们基本需要的商品。然而,旅游日益成为人们生活的一部分,这有其满足人们需要方面的特殊性原因,主要表现为以下三点。

(一) 旅游的多样化需要满足特点

日常商品功用单一,满足个体需要方面也显得单一。旅游则不同,食、住、行、游、购、娱各环节上都可能实现多种需要的满足。在外旅游时,人们就餐不仅仅是为了饱腹,还希望在饱腹之余品尝当地的风味美食;住宿也不仅仅是睡个好觉,更希望能享受到酒店的优质服务;出行也不仅仅是代步,更希望高效、舒适;购物也不仅仅是发挥商品的实用功能,更希望珍藏一段经历。观光、度假、休闲、各种主题游更是综合性地满足了旅游者的需要。

（二）旅游的高价值特点

从满足人们需要的层次角度看，旅游也是高价值的行为。旅游能满足人们的种种基本需要，满足低层次的需要仅是出行的前提。在满足低层次需要的基础上，旅游还能满足求知求解的需要、审美的需要和自我实现的需要，这些正是旅游行为的动因。人们热衷于旅游本身就是人本主义价值观的很好例证。

（三）旅游的互补性特点

人们选择的旅游往往能和日常生活形成互补。例如，久居城市的人希望到乡下去享受清闲，而乡下的人则喜欢前往热闹的大城市；生产线上日复一日重复某一工作的人，喜欢娱乐活动多样的旅游线路，而每天和不同人打交道、疲于应酬的行政人员可能喜欢选择安静的度假地。

这种互补性对心理健康的促进，从生理上也能得到解释。人的中枢神经系统具有应对刺激的功能，刺激过度、刺激过久、刺激不足都会影响这一功能的发挥。过度刺激、刺激过久会造成紧张与压力，导致溃疡、心脏病与早衰；刺激不足则会造成厌烦，时间一长，就可能导致抑郁、妄想、幻觉等精神症状。

第三节　心理健康旅游

提出心理健康旅游的概念，并不否认一般旅游对心理健康产生的积极影响。然而，作为心理健康旅游，与一般旅游相比，其心理健康效应更为明确、可评估。因此，在心理健康旅游的实践中，从旅游主题的确定、旅游景点的选择、旅游活动的设计与组织，到与旅游者的互动等各个环节，都强调心理康复元素的介入和实施的程序化。

一、心理健康旅游的概念

在2008年泰国曼谷举行的亚太旅游组织年会上，日本学者提出了心理健康旅游的概念，使之成为继医疗旅游之后受到旅游业关注的又一种新形式。日本学者认为，心理健康旅游主要面向遭受尤其是久坐电脑前所导致的抑郁与压力之苦的都市一族。它不是针对严重心理疾病患者，而是针对感到有心理压力的人。与一般仅通过在旅游目的地的游乐胜地度假、放松来缓解压力的方式相比，心理健康旅游更涉及激活五官、恢复由过度使用电脑引起的感官活动失衡，并重视各种类型的活动与设施设备对心理健康的有效性。

早在日本学者提出心理健康旅游概念之前，已经存在与心理健康旅游主旨较为一致的治疗性休闲。Carter，Van Andel 和 Robb（1990）指出，治疗性休闲是一种将休闲活动施以专业手法，应用在特定目的的介入上，旨在改善某些不佳的身体状态、负面情绪或社会适应不良等问题，进而促进个人的成长及发展的治疗方法。美国休闲疗法协会（The

American Therapeutic Recreation Association，2009)认为，休闲疗法旨在恢复、纠正康复个人的功能水平和生活独立性，提升身心健康，减少或消除因疾病、失能引起的活动限制。

旅游作为一种重要的休闲形式，虽然目前没有独立的旅游疗法，但完全可以将休闲疗法融入整个旅游活动中。其健康效益也远远超出日本学者所涉及的范围（如表6-1所示）。因此，可以把日本学者所提的心理健康旅游概念作为其狭义概念，而广义的心理健康旅游则包含了治疗性服务，即设计用来恢复、纠正、康复个人或团体的心理健康水平的旅游活动，都可以归为心理健康旅游。

表 6-1 心理健康旅游的效益

类别	益处说明
认知的功能	改善一般认知功能 改善短期和长期的记忆力 减少混淆和不能适应
心理社会的健康	改善处事的技能和自我的控制 改善自我的观念、自尊和身体不方便的适应 改善一般的心理健康 减少压抑、焦虑和压力的程度 改善社交技能、社会化、合作和人际互动关系 减少自我虐待和不适宜的行为
个人和生活的满足感	增加闲暇和生活的满足感，以及知觉的生活质量 增加社会支持、团体整合、团体满足感和团体的自我效力 增加家庭的和谐和沟通
成长和个人的发展	改善沟通和语言技巧 增加年龄的适宜行为 增加获得发展的里程碑

二、心理健康旅游活动的组织原则

心理健康旅游活动，简而言之，就是心理服务项目在旅游中的应用，所形成的独具心理学特色的旅游活动。它使游客在游山玩水等旅游过程中参加团体心理辅导（心理工作坊），充分发挥旅游团队的集体优势，推进游客心灵的有效成长。旅游行程中渗透了周密设计的心理服务，利用团体动力，弥补游客独自体验旅游中语言环境缺失、群体人际互动缺少以及心理咨询缺失的不足。从而激发游客对行程中的人、事、物、景更深刻的或全新的体验，重新认识自我和他人，发现自身潜能，学会心理调适方法，缓解心理压力，消除心理烦恼，促进心理健康；同时，又能促进游客人际交往及人际关系的改善。因此，开展心理健康旅游活动需坚持以下原则。

（一）心理学特色原则

心理健康旅游作为一种新的旅游活动，必须像文化旅游突出文化特色一样，在旅游主题及主体内容上体现心理学特色。要将高深的心理学通俗化，用轻松快乐、易于接受的心理实践活动引导大家认识心理学,运用心理学,享受心理学。此原则反映了心理健康旅游产品的本质。

(二) 快乐加成长原则

心理健康旅游活动不仅要让游客感到快乐,更为重要的是要让他们感受到心灵的成长。心理健康旅游活动强调引领游客放松心情,学会心理调适,消除心理困惑,感受人际温暖,重新认识自我,激发心理动力,实现心理成长。此原则反映了心理旅游的首要目标。

(三) 针对性原则

人们的需要千差万别,心理旅游产品要能有市场,就必须是切实能够满足相应人群需要的针对性强的产品。无论是"发展性"心理服务还是"治疗性"心理服务,无论是心理服务项目还是旅游线路的选择,二者都要能够被消费者认同,缺一不可。

(四) 责权利分明原则

所有旅游活动中都要明确责任、权利和义务,在开展心理健康旅游活动时也一样都须明确。费用、人身伤害、行程安排、后勤保障等等,都要用合同进行明示。这样,心理咨询师才能专心于心理服务项目的运作,确保心理健康旅游活动的质量。

三、心理健康旅游管理程序

为达到改善旅游者心理健康状况的目的,心理健康旅游除了包含一般旅游的基本程序以实现旅游目的外,还需要一套围绕心理健康主题的系统性程序,即心理健康管理的程序,以实现促进心理健康的目标。这套程序是心理健康专业人员帮助旅游者,通过满足特定需求,改善他们健康状况的过程。这套程序可分为评估、计划、执行及评价四个阶段,是一个可以重复循环的系统。

(一) 评估

评估是指对旅游者的健康状况、需求及优势进行了解和分析,并对个体相关资料进行评判,以作为计划阶段的参考。心理健康专业人员必须了解旅游者的能力、知识、技巧及生活居住环境,并评估旅游者对开展活动的兴趣、态度、参与度和满意度,以确定旅游者的问题。专业人员应通过周密的计划来搜集信息,包括系统地检查所涉及的评估技术,如借助一些心理量表,如此才能达到心理健康旅游计划的目标。

(二) 计划

计划是在评估阶段之后,即确认旅游者的需求与优势之后,心理健康专业人员与顾客所要进行的项目。在计划阶段,需针对问题寻求解决方式,并通过旅游活动的选择,使旅游者的辅导过程能够契合所要达成的目标。活动的选择应评估旅游者的活动范围及能力,包括体力、社交、认知、情感及管理问题,活动必须随着不同的人、计划或环境的改变而加以修正。这个阶段包括:设立优先考量事宜、根据需求清单而制定目的、设定可达成的目标,详细说明计划、策略及方法,包括预期达成的时间,以及决定评定方式,包括何时进行及如何进行等。

(三)执行

执行是心理健康旅游计划的实施阶段。计划的成功与否高度依赖于执行人员的专业性,因此在这个阶段,心理健康专业人员扮演着关键性角色。心理健康专业人员有责任确保以顾客为中心及有目的性的活动是否与所设定的目标相符合。除了关注治疗过程外,心理健康专业人员在执行治疗计划时必须持续不断地记录旅游者的反应,以作为最后评定阶段的参考。

(四)评定

评定阶段是针对个别方案计划中的目的与目标进行评价。在此阶段,心理健康专业人员必须收集评估资料,并评定计划实施的效果与改善方向,确保旅游者接受到有效的服务。此阶段主要是测量心理健康处方的介入是否使旅游者达到预定的进步目标。评定结果会显示出方案是否有效或是否需要修正。若没有达到预期效果,就必须进行修正,重新执行并重新评定。

由以上四个阶段来看,在心理健康旅游的过程中,首先心理健康专业人员会评估旅游者的状况;随后开立旅游处方,如园艺、绘画、音乐、社交活动等各种适合的活动;然后开始进行心理健康干预,在干预的过程中根据旅游者的情况修正干预的方式或调整干预的进度,以帮助旅游者获得康复;并且在最后通过旅游结果的评定来了解整体心理健康旅游的成效。在整个实施过程中,评估、计划、执行、评定这四个阶段是环环相扣的,每个阶段的实施都会影响到其他阶段。

案例:

旅游与心理健康

自然风光对人的心理有着积极作用,这早已被古人所认识。唐诗曰:"清晨入古寺,初日照高村。曲径通幽处,禅房花木深。山光悦身性潭影空人心。万籁此俱寂,惟闻钟磬音。"山光确实能愉悦身心,旅游就是走出家庭小环境,进入大自然的广阔天地。当周围的环境迅速发生变化,旅游者心理也就发生复杂的变化。这些心理变化对人体是有好处的,如喜悦、满足、轻松、畅快等情绪。也有对人体不利的,如过度兴奋紧张、恐惧、烦恼等,这些均会使人疲劳、失眠、食欲缺乏,甚至使多种神经功能紊乱。因此在旅游过程中不只是玩玩,还要观赏自然风光,呼吸清新空气,使人心旷神怡,促进身心健康。例如旅游者漫步在碧波荡漾的湖畔,心情会自然恬静;面对波涛滚滚的大海,会想到迎击风浪;登上耸入云霄的高峰,会想到奋发向上。在大自然美景的熏陶下,忧愁与烦恼得以消除,情绪得以改善,从而提高心理健康的水平心理学家提出,旅游是缓和心理紧张、解除精神压抑的一种精神健康调节法。长期生活在城市的人,应到山区、海边,观赏自然风光,呼吸新鲜空气,那会使人精神舒畅、心情愉快。当绿色在人的视野中占到25%时，人的心理、情绪最舒适。绿化还能调节气温、净化空气、防风防尘、阻隔噪声，对人体生理功能起着良好的作用，对人的心理活动也有着积极的影响。不同气质类型的人应选择适当的旅游区，这与心理健康有一定关系。

中国有句俗话："出门靠朋友"。外出旅游，随时会与许多陌生人打交道，人处异地，与他人萍水相逢，性格各异，只有互相尊重、互相谦让、互相理解、互相帮助，大家才能欢聚一堂，和睦相处。这种良好的人际交往会使人产生良好的心理状态，欢欢喜喜地度过旅游生活。当然，也可能遇到互不相让、事事必争的情况，这对自己、对别人都会产生恶劣的精神刺激，产生诸如愤怒、憎恶、厌烦等不良情绪，使旅游生活不同程度地笼罩上阴影。这是旅游者不想看到的。

在旅途中难免会遇到不顺心的事，这就需要学会心理调节，学会交往，学会忍受与关爱。如休息时间不要喧嚣，以免影响他人，当受到别人影响时，应发扬谦让的精神，与人为善，心平气和地解决问题，途中不酗酒，不酒后失礼。对心理变化有重要影响的还有生活环境的变化，所以旅游过程中要安排好作息时间，要有计划地游览，如果在短时间内游览许多名胜古迹，可能会使精神紧张、身体疲惫。生活要有条不紊，这种变化对心理自然是一次考验。

在旅途中还要注意安全，过陡坡、悬崖、索道等惊险处时没有良好的心理素质是很难完成的，"胆小"的人是完成不了"冒险"行动的。途中还要避免被盗、受骗上当等，一次旅游就相当于一次心理培训课。

旅游地点的选择与提高心理健康水平有一定关系。我国著名古建筑专家与园林艺术家陈从周教授指出"旅游要因人、因地、因时制宜。年高的泛舟水中，怡然自得；年轻的，攀山登岩，历练意志；新婚夫妇，静舍小憩，蜜月更甜。"不同气质类型的人选择适当的旅游地点，与心理健康也有一定关系。陈从周教授认为"多血质者应去名山大川，直抒胸臆；胆汁质者则去游亭台楼榭，静静心境；抑郁质和黏液质者则以观今古奇观和起落较大的险景胜地为上，有助于改变抑制，当心情不好时，外出走走，或长或短，接触了大自然，心情自然会好起来。"

第七章 运动与健康旅游

2022年,人民数据研究院发布的《现代都市人生活方式与健康研究报告》显示,我国人均寿命从1949年的35岁提高到2021年的78.2岁,全国居民健康素养稳步提升。然而,快节奏的生活与压力使现代都市人的健康问题受到多种因素的困扰,主要表现为视力健康受到挑战、久坐低头造成的肩颈腰椎问题、过度用脑引发的神经风险等方面,这些因素都与不健康的生活方式(如缺乏户外运动、熬夜等)有关。

据《中国美好生活大调查》发布的数据,在18—35岁年轻人的消费清单中,旅游、教育培训和保健养生位列前三。随着国家对健康管理的重视,我国居民对健康素养的主观能动性不断提升。从"被动医疗"到"主动健康",现代都市人开启了对养生孜孜不倦的追求,并逐渐从初级养生迈向更为高阶的探索。定期运动健身成为现代都市人改变亚健康状态选择度最高的方式之一。由此可见,运动是现代人改善身体素质、提高生活质量的重要方式,而旅游活动不仅可以使人身心愉悦,更能在旅游过程中促进旅游者进行健康的运动。

第一节 运动与健康

多项研究表明,适当运动有助于人们缓解压力。通过参加体育运动,特别是自己擅长和喜爱的运动项目,随着身体的发热、血液循环的加快、血管的扩张,工作生活中的神经紧张、脑力疲乏、情绪紊乱可以得到积极调节,从而提升人们的身体健康水平。

一、运动的概念与内涵

运动是标志一切事物和现象的变化及其过程的哲学范畴。它是物质的存在方式和根本属性。恩格斯曾说:"运动,就它被理解为存在方式,被理解为物质的固有属性这一最一般的意义来说,囊括宇宙中发生的一切变化和过程,从单纯的位置变动起直到思维。"也就是说,运动的概念非常宽泛,在不同的研究范畴会有不同的结论。

从哲学视角看,运动是物质的固有性质和存在方式,是物质所固有的根本属性。没有不运动的物质,也没有离开物质的运动。运动具有守恒性,即运动既不能被创造又不能被消灭,其具体形式则是多样且互相转化的,在转化中运动总量保持不变。

从物理学视角看,运动是指物体位置不断变化的现象。运动是宇宙中最普遍的现象,宇宙中的万物都在以各种不同的形式运动着,绝对不动的物体是不存在的,这就是说运动是绝对的。我们平常所说的运动和静止都是相对于另一个物体(参照物)而言的,因此,对物体的运动和静止的描述是相对的。

从人类生存和生活的角度看,运动是指人们为了追求健康所从事的各种体育、健身、户外、拓展等活动。从辩证唯物主义的观点看,运动是释动的一个方面。释动,是实体为维持自身的稳定而进行能量消减的方式,包含释能与运动。释能,指实体为维持自身的稳定而对外释放能量(如太阳的发光发热);运动,指实体为维持自身的稳定而主动作出空间位置的改变——特定实体进行能量的消减,除此两者外,再无其他方式。也就是说,释动的本质在于能量的消减。

运动可分为主动运动和被动运动。主动运动是由内因作用而引起的运动,被动运动是由外因作用而引起的运动。人们所进行的各种体育和健身活动,正是在内因作用下而形成的一种主动运动。据此可知,运动的自主权由特定实体而非外来能量所掌控。

人们所进行的各种体育健身运动,其内涵一般由七个要素构成,分别是身体姿势、运动轨迹、运动时间、运动速度、运动速率、运动力量和运动节奏。

身体姿势是身体运动构成的重要因素,指身体及身体各部位在不同的运动阶段所处的状态。运动轨迹是指身体的某一部分从开始位置到结束位置所经过的路线组成的动作的空间特征,由运动轨迹方向、运动轨迹形式和运动幅度表示。运动时间是指人体完成运动动作所必需的时间,与运动速度和运动节奏密切相关。运动速度是指身体或身体某一部分在单位时间内产生的位移距离,表现出一个运动动作完成过程中的时间与空间关系,反映出运动时间和空间的综合特征。运动速率是指在单位时间内运动动作重复的次数,也称运动频率,表现了运动的事件过程,反映了运动的时间特征。运动力量是在运动中,身体或身体的一部分在完成运动动作时所表现出来的克服阻力的能力大小。运动节奏指运动动作的快慢、用力的大小、肌肉收缩与舒张与时间间隔的长短合理交替的一种综合特征。

人在运动的过程中,身体的结构会随着运动而变化,可以加强自身体质,促进新陈代谢。运动是人类离不开的一种生活方式之一,因此有了"生命在于运动"这一体现体育哲学运动观和生命观的格言。

二、运动与健康的关系

当今,随着经济与科技的快速发展,电气化、机械化、自动化逐渐减轻或代替了人体的大部分肢体动作,导致人体的运动量在逐渐减少。同时,随着人们生活水平的提高,人体内摄入的高脂、高糖、高蛋白食物又因运动的减少而积聚增多。因此,这一"少动"与"多食"的现象,使得人体的正常新陈代谢功能下降。换句话说,人们因缺乏释动现象,导致自身产生的多余能量无法有效消减,从而使得多余能量越积越多。这进而使得患肥胖症、糖尿病、高血压、脑卒中、心脏病的发病率逐渐增多;心脏的功能也会因这一"少动"与"多食"而早衰十年以上,癌症发病率要比经常运动的人高出 7 倍;动脉硬化、肾病、胆石症、骨质疏松症、精神抑郁症的发病率也在明显升高。因此,重视运动对健康至关重要。

(一) 科学运动促进健康

运动是提高身体健康的重要方法。科学运动能提高运动效率、改善体能、提高独立生活能力、促进心理健康并降低焦虑水平,从而实现健康发展。科学运动的内容至少应包括四个基本要素:运动强度、运动持续时间、运动频率及运动类型。运动强度是指单位时间内的运动量;运动持续时间则需依据人的年龄、身体健康状态来定。当运动量一定时,若运动强度提高,运动训练的时间则应相应缩短;运动频率与运动强度及每次运动训练的持续时间相关,研究推荐大多数成年人的有氧运动频率是每周3—5天,运动频率会随运动强度的改变而产生一定的变化;运动类型则分为有氧运动、无氧运动、屈曲和伸展运动。科学运动是要根据自身状态制定适合自己的运动计划,通过适宜的运动强度、运动持续时间、运动频率及运动类型,使身体达到或保持健康的状态。

健康与科学运动息息相关,那么科学运动究竟是如何促进身体健康的呢?

1. 科学运动对生理健康的影响

科学运动有助于促进身体各系统生理层面的健康,具体内容如下。

(1) 科学运动对运动系统机能的影响

人体运动系统由骨、关节和肌肉组成,约占成人体重的60%。全身的骨通过关节相连形成骨骼,起到支持体重、保护内脏和维持人体基本形态的作用。

骨以不同形式连结在一起,构成骨骼,形成了人体的基本形态,并为肌肉提供附着点。在神经支配下,肌肉收缩,牵拉其所附着的骨,以可动的骨连结为枢纽,产生杠杆运动。骨骼肌附着于骨,在神经系统支配下收缩和舒张。收缩时,以关节为支点牵引骨改变位置,从而产生运动。

从化学成分上看,不同时期的人群,骨骼构成各有特点。人体骨无机质的比例随年龄的增长而升高,此时骨的脆性较大,易发生骨折。适宜强度的训练能够维持骨量和弹性,防止钙磷的流失,减少骨折与骨质疏松的发病率。

从组成结构上看,运动对骨密度的影响最为明显。运动可增加骨的受力,促进骨生长,从而使骨量增加。且通常体力劳动者的骨密度高于脑力劳动者,例如站立、跑跳、负重训练会优于游泳等非负重运动。调查表明,卧床的患者,腰椎骨矿物质平均每周减少0.9%,且卧床时间越长,骨质疏松越严重。因此,经常进行运动训练有利于骨密度的增加。

关节是承受差别生长、伸展力、剪切力、压缩力、扭转力以及进行各种各样运动所必需的结构。运动可以促进关节滑膜分泌滑液,润滑关节,进而有助于保持关节功能。另外,适度运动还可以锻炼关节周围的肌肉,有助于稳定关节,从而起到保护关节的作用。

任何人体运动都表现为肌肉的运动,因此,肌肉的发展对于提高运动和劳动能力特别重要。肌肉收缩牵引骨骼而产生关节的运动,其作用犹如杠杆装置,有3种基本形式:①平衡杠杆运动,支点在重点和力点之间,如寰枕关节进行的仰头和低头运动;②省力杠杆运动,其重点位于支点和力点之间,如起步抬足跟时踝关节的运动;③速度杠杆运动,其力点位于重点和支点之间,如举起重物时肘关节的运动。

短期运动或运动早期,运动对肌肉的影响是有限的,结构和功能变化也不会很大。运动对肌肉的影响主要来自长期运动。长期、合理的运动能明显使肌肉体积增大、肌肉脂肪减少、肌纤维中线粒体数目增多和体积增大(线粒体的增加为肌肉收缩提供更多能量,以适应耐力的需要)、肌肉内物质成分发生变化(如肌肉中肌糖原、肌球蛋白、肌动蛋白、肌红蛋白和水分含量等都会增加,提高肌肉水分含量,有利于肌肉力量的增长)、肌肉内结缔组织增多(使肌肉内抗拉能力提高)。

总体而言,运动能使骨量增长,骨密质增厚,使其在抗折、抗压、抗扭转方面的性能都有所提升。通过运动,骨的新陈代谢得以增强,血液循环得以改善,使骨变得更加强壮和坚固;运动产生的滑液能够润滑关节,为关节软骨提供养分,使其保持柔韧性;在运动过程中,肌肉的各项功能也会得到增强。

(2) 科学运动对消化系统机能的影响

消化系统由消化管和消化腺两大部分组成,其中口腔至十二指肠称为上消化道,空肠至肛门段称为下消化道。消化系统的基本生理功能是摄取、转运、消化食物,吸收营养以及排泄废物。科学运动对消化系统的影响主要表现在对消化吸收机能的影响和对肝脏功能形态的影响。

运动有助于促进肠胃蠕动,对消化系统的整体机能有提高作用。经常规律的运动锻炼能促进消化液分泌和脂肪代谢,增强消化道对食物的消化吸收能力。然而,长时间的剧烈运动会引起过度疲劳,进而对消化系统产生不良影响,可能导致胃黏膜缺血、降低胃黏膜的防御能力、减少胃液分泌、削弱消化和吸收等功能。肌肉运动和运动应激可能会导致胃肠道血流量明显减少,消化腺分泌消化液能力下降,消化功能受到抑制。因此,饱餐后和剧烈运动后应适当休息,待胃肠功能恢复后再进行运动或进食,以避免出现胃肠综合征。

肝脏的脂肪代谢在运动锻炼的作用下变得活跃,因此,运动锻炼是防治脂肪肝的有效方法之一,目前已被公认。总体来看,科学运动能提高消化吸收能力和脂肪代谢能力。

(3) 科学运动对呼吸系统机能的影响

影响呼吸机能的因素主要有:年龄、身高、体重和性别,此外还包括环境因素、心理因素和缺乏体育运动等。

运动可以使呼吸肌逐渐发达且力量增强。由于膈肌的收缩和放松能力的提高,肺活量也相应增大。随着运动水平的提高,肺通气量也相应增大。运动促进了肺的良好发育,使肺泡的弹性和通透性增加,更有利于进行气体交换。同时,由于呼吸与运动的协调配合,能够适应和满足较强烈的运动对呼吸系统的要求。

有规律的长期运动训练,如专业运动员、长期坚持健身者等,他们的呼吸机能都得到良好的改善。长期锻炼能有效地预防和治疗气管炎、肺气肿等呼吸道疾病。

(4) 科学运动对泌尿系统机能的影响

人体在工作、劳动、运动过程中,不断进行着新陈代谢。体内产生的许多代谢废物通过泌尿系统以尿的形式排出体外,以维持人体各个器官系统的功能正常。泌尿系统的主要器官是肾。运动和体育锻炼对泌尿系统的影响主要是对肾脏产生积极作用,一般表现在两个方面:肾脏的排泄能力加强,肾脏重吸收的能力增加。但当运动量过大时,肾毛细血管充血,肾内血液循环受到障碍,有的人会出现"运动性血尿",此时应减小运动量或到医院进行检查和治疗。科学、规律的运动会使肾处于积极代谢的正常状态,保持泌尿系统的正常运转。

(5) 科学运动对生殖系统机能的影响

运动作为对机体的强烈刺激,势必导致身体机能和内部环境发生剧烈的应激反应。不同强度的运动对男性雄性激素水平产生一定的影响,进而影响到男性生殖系统功能的健康。合理的运动可以使睾丸局部内环境平稳,促进激素释放,对精子活力及后代产生影响。但大强度、长时间的运动可能会造成雄性生殖功能的损伤。不同的运动量通过调节下丘脑-垂体-性腺轴影响生殖激素的分泌,进而影响雄性生殖系统及精子的形成和成熟。中小强度、短时间的运动可以减轻体重,有利于雄性生殖系统的稳定,影响精子的发生和发育。而大强度、长时间的运动对生殖内分泌系统的危害极大。

(6) 科学运动对内分泌系统机能的影响

内分泌系统是由内分泌腺和分散存在于某些组织器官中的内分泌细胞组成的一个体内信息传递系统。它与神经系统密切联系,相互配合,共同调节机体的各种功能活动,维持内环境相对稳定。

在科学运动的过程中,内分泌系统受到相应的刺激而分泌出激素。运动对内分泌系统的影响通过激素的分泌速率和清除速率之间的平衡反映出来。

科学运动能促进糖类分解与调节。运动过程会刺激糖皮质激素(GC)和促肾上腺皮质激素(ACTH)的分泌量大幅增加,促肾上腺皮质激素的分泌量可超出安静水平时分泌量的2—5倍。糖皮质激素的分泌与运动强度呈正相关,小强度运动时GC分泌量变化不大,完成力竭运动时GC分泌量达到最大。GC分泌量的升高可以促进肝脏的糖异生活动,促进体内非糖类物质生成葡萄糖,增加机体的能量底物。

胰岛素的分泌会引起细胞消耗的葡萄糖增多,导致血糖水平降低,还可抑制肝脏释放葡萄糖入血。胰高血糖素的作用正好与胰岛素相反,可加速肝脏糖异生过程,促进脂肪组织释放脂肪酸。运动会使胰岛素分泌下降而胰高血糖素分泌增加。

(7) 科学运动对免疫系统机能的影响

免疫系统由免疫器官(骨髓、淋巴结、扁桃体、胸腺等)、免疫细胞(淋巴细胞、单核吞噬细胞、中性粒细胞等)以及免疫活性物质(抗体、溶菌酶、补体、免疫球蛋白等细胞因子)等组成。免疫系统具有免疫监视、防御、调控的作用,能精准识别"自己"和"非己"抗原,以维持机体的稳定性。当人体自我稳定性异常时,免疫系统会对自身的细胞作出反应,引发自身免疫疾病。

运动可以作为一种压力源,并根据其频率和强度,改变免疫功能,甚至影响基于炎症的疾病。与久坐人群相比,适量运动可以减少上呼吸道感染(URTI)的发生率,减轻与过敏相关的症状;而过量运动则会增加URTI的发病率,使炎症性疾病活动增加。在急性运动中和运动后,中性粒细胞被快速募集进入血液,其细胞数目能增加至安静时的4倍。中等强度运动后1小时,中性粒细胞数目回到基础水平,但在激烈长时间运动后6小时,可能仍高于安静值。定量负荷运动后即刻,会引起红细胞免疫抑制因子明显降低,红细胞免疫促进因子明显升高,从而引起红细胞CR1活性提高。因此,只有持续较长时间的大强度运动才会对免疫细胞产生积极的影响,进而引起机体免疫系统的兴奋性调节,逐渐提高机体的免疫功能。

(8) 科学运动对神经系统的影响

神经系统(nervous system)是机体内对生理功能活动起主导调节作用的系统,主要由神经组织组成,分为中枢神经系统和周围神经系统两大部分。

运动对神经系统的影响分为抑制和兴奋两类。抑制作用表现在:人体的所有运动都是在神经支配下进行的,包括体力运动和脑力运动。人在运动的过程中会引起多种神经反射,刺激神经分泌神经递质作用于大脑皮层,完成神经中枢的反射活动。不同的神经递质靶细胞是不同的,受到刺激后无应答反应的、处于静止状态的脑细胞所表现出的现象为神经抑制。比如,夜晚睡觉前剧烈运动可能会使迷走神经受到抑制,表现出劳累、乏力的症状。兴奋作用则表现在:受到运动刺激后发生反应,且处于工作状态的脑细胞所表现出的是兴奋状态。比如,体力运动和大量的脑力运动都会引起交感神经兴奋。而过量的运动会引起疲劳,出现兴奋减弱的现象,这是一种大脑的自我保护机制。部分情况下,神经兴奋和抑制还可以相互转化,以维持脑细胞的正常运转,避免部分脑细胞功能衰竭。人们学习时间长就会产生疲劳,思考问题可能会迟钝,这就是兴奋过程减弱、抑制过程加强的表现。如果继续加强大脑刺激,就会导致兴奋与抑制的紊乱。因此,当学习疲劳时,可以通过有效的体育活动加强已疲劳的神经细胞的抑制活动,使疲劳尽快消除。

(9) 科学运动对循环系统机能的影响

循环系统是分布于全身各部的连续封闭管道系统,包括心血管系统和淋巴系统。运动对于循环系统的有益之处在于可以增强心血管系统功能。在运动过程中,要注意运动量的大小,应在医生的指导下进行,而且要长期坚持,同时注意饮食搭配和保持心情愉快,才能看到效果。此外,运动也有助于控制体重,增加人体溶解血栓的能力。另外,运动能提高高密度脂蛋白(HDL)的含量,HDL具有抗胆固醇的作用,有利于维持心血管系统的健康状态。选择合适的运动方式和运动强度对提高循环系统的功能非常重要,可以采用慢跑、慢走、骑自行车、游泳、打太极等方式,运动方式最好多样化。

2. 科学运动对心理健康的影响

人的生理健康有标准,心理健康同样也有标准。正常的心理健康状态表现为个体能够适应不断发展的环境,具有完整的个性特征,且认知、情绪反应、意志行为均处于积极状态,同时能保持正常的自我调控能力。

科学运动不仅局限于强健肌肉、灵活肢体,它还具有健脑、健身、健心的内在调节功能,对心理健康产生积极的影响。

运动是一个积极主动的过程,它能有效塑造人的行为方式,对心理健康起到促进作用。主要表现在:改善情绪、正确认识自我、培养意志力、促进人际关系和谐、促进行为协调以及培养合作与竞争意识。采用运动来预防和治疗心理疾病,被认为是体育科学新发展的重要标志。

(二) 过度运动和缺乏运动对健康的影响

1. 过度运动对健康的影响

过度运动指的是运动量超出了身体所能承受的范围,导致身体出现过度疲劳或其他不适症状,甚至对身体健康造成损害的一种运动方式。这种运动方式可能在运动强度、时间或频率上超出了身体的承受能力,使身体处于持续的高负荷状态。

运动量或运动强度过大并不会对健康产生有益影响,反而可能加重身体负担,对身体健康造成不良影响。

过度运动会给心脏带来负担,增加心血管疾病的风险。长期进行过度运动可能导致心跳加快或减慢,引发心肌劳损、血管损伤、心律失常等问题,进而可能诱发各种心血管疾病。

过量运动时,体内自由基数量会迅速增加,这容易导致衰老和慢性病的发生。如果造成肌细胞损伤,肌肉可能会不增反减,同时还可能造成免疫力下降。预防过量运动的办法就是当身体感到疲惫时要及时停下来,因为肌肉疲劳会使所有的保护机制丧失。过度运动还可能导致免疫系统受损,从而增加感冒或其他疾病的风险。

2. 缺乏运动对健康的影响

不经常运动的人群往往比保持运动习惯的人群更容易患上糖尿病、高胆固醇、肥胖症和心脏病等疾病。这主要是因为缺乏运动会导致机体的血液循环变差,尤其对人体心血管系统的影响较为明显。长期不运动还会影响到正常的心肺功能,加重心肺的负担。其中,最为明显的就是肺活量的下降。一旦心肺功能受到影响,血液循环变差,严重时就会诱发心血管疾病。

对于不常锻炼的人,包括高血压患者、有家族遗传病的锻炼者,在首次进行高强度锻炼之前,最好让医生做一个全面的检查。此外,连续加班之后、精神状态不佳或大病初愈之后的人,在锻炼时尤其要注意控制好运动量。

三、运动与健康旅游

运动是现代人改善生活方式的重要手段,不仅可以使身心保持健康状态,从而减少在医疗费用上的支出,而且可以将运动融入健康旅游中,帮助人们形成健康的消费观念。

物质生活的富足、媒体的宣传以及疾病年轻化等社会环境的影响,使人们越来越重视健康问题。除了提升日常养生意识,人们也会通过其他方式来满足健康需求。据相关数据显示,近年来全球健康旅游市场规模已超过 6000 亿美元,其中中国增速最快。全球健康研究所(Global Wellness Institute,简称 GWI)曾发布数据称,2017 年全球健康旅游市场规模为 6390 亿美元,预计 2022 年将达到 9190 亿美元,年均增长率为 7.5%,高于全球整体旅游业 6.4% 的增长率。2020 年年中,GWI 在全球范围内对旅客的出行意向进行了问卷调查。结果显示,在各国旅行限制解除之后,56% 的人将更加关注身心健康,42% 的人表示更愿意选择健康旅行目的地。87% 的人计划在未来一年内出门旅行,其中 76% 的人会选择与健康有关的活动。健康旅游市场的快速增长反映出,它不仅可以满足人们的健康需求,同时也能满足人们的旅游需求,从而使健康旅游成为旅游可持续发展的重要途径。

(一)运动在健康旅游中的应用

健康旅游不仅让旅游者在旅游过程中身心舒畅,同时也能让旅游者感受到目的地美景所带来的愉悦,且注重旅游过程中的健康体验和互动。运动对健康有一定的促进作用,因此在健康旅游中占有重要地位。

1. 耐力训练项目

耐力训练项目适用于健身、改善心、肺及机体代谢功能、恢复体能。如医疗步行、健身跑、骑自行车、游泳、划船、登山、跳绳、跑步机、上下楼梯等,这些都属于周期性、节律性反复的运动及球类运动项目。

医疗步行是在平地或有不同坡度的地段上步行的体育疗法。每次来回各步行400～800米,速度控制在每35分钟走200米,中间休息3分钟,每天12次。适应2周后,可按照如下方法调整:每次来回各步行1000米,用18分钟走完1000米,中间休息35分钟,每天1～2次。再适应2周后,逐渐增加难度,如每次来回各步行1000米,其中要走一段斜坡路,用25分钟走完1000米,中间休息8～10分钟。长期坚持,随着体能的增强,可逐步增加运动量。调查结果显示,在早餐后1小时户外快步行走3000步,速度控制为1000步/10分钟,能有效地调节和控制血糖水平,且患者耐受性良好。这可作为2型糖尿病安全、有效的运动疗法。这是一种全身均参与的温和有氧运动,运动强度和量容易掌握和调节,适合在糖尿病患者中推广。

2. 力量性训练项目

力量性训练项目适用于增强肌力、改善关节功能和消除局部积聚的脂肪,可选用各类专门的肌力训练设备进行。深蹲、卧推、举重、玩石锁、硬拉、俯卧撑等都可以有效增加个人力量。

3. 放松性训练项目

此类项目适用于放松精神和躯体,有助于消除疲劳和防治多种身心疾病。可以选用散步、太极拳、放松体操、保健操、气功及按摩等方式进行。

太极拳是中国传统辩证思维与武术、艺术、中医等的完美结合,它融合了颐养性情、强身健体等多种功能,是一种高层次的人体文化。

太极拳实战讲究"粘",即来力时顺送而不丢顶。它遵循力学原理的运用,如合力、杠杆原理、动量守恒及惯性等原理中的力量。太极拳是一种"以静制动,虽动犹静"的锻炼方法,动与静相结合。这有益于调节大脑皮层的兴奋与抑制。对于大脑皮层过度兴奋引起的神经衰弱、失眠、头晕等症状,太极拳有显著疗效。如果长期坚持下去,亦可逐渐消除疾病在大脑皮层引起的病理兴奋,从而达到治疗效果。太极拳强调在周身放松的条件下进行锻炼,不仅要求躯体放松,而且更要求大脑放松。在大脑的支配下,神经、肌肉的放松又能反射性地使全身小动脉(高血压主要表现为小动脉收缩)得到舒张,同时缓解小动脉壁的硬化。这样,血压随之下降并趋于正常,对高血压患者更为有利。在脑力、体力劳动后进行全身放松,能使兴奋的神经、疲劳的肌肉恢复得比较快,这就是练拳比静止更能消除疲劳的原因。经常打太极拳的人,血管硬化发生率较低,脊柱老年性退行性病变的发生率也较低,对于改善神经系统功能、消除机体疲劳有很大好处。

4. 矫正治疗性项目

此类项目适用于治疗某些疾病和伤残的患者,包括有针对性的医疗体操及按摩。如呼吸体操,是缓解老年人呼吸系统退化的一种体操,可用于治疗哮喘、肺气肿;锻炼腹肌的体操可用于治疗内脏下垂；脊柱矫正体操则用于脊柱侧弯的矫治等。

5. 改善关节活动度和灵活性的训练项目

此类项目适用于关节活动障碍、关节慢性疼痛及需要维持关节灵活性的情况。如关节的伸展运动体操、关节松动术、各种关节活动训练器训练等。

(二) 运动在健康旅游中的应用实例

1. 徒步旅游的基础概况

徒步，亦称远足、行山或健行，它并非通常意义上的散步，也不是体育竞赛中的竞走项目。徒步指的是有目的地在郊区、农村或山野间进行中长距离的走路锻炼，是户外运动中最为典型和最具特色的一种形式。短距离徒步活动相对简单，不需要太讲究技巧和装备；而长距离徒步则应具备较好的户外知识、技巧及装备。徒步旅行经常被视为最亲近大自然的一种活动。

徒步旅游的市场及相关研究都起源于国外。因其与背包旅游的关系，在某种意义上讲，背包旅游也称为徒步旅游。这是旅游者通过徒步远足来逃避喧嚣、紧张和压抑的城市生活的一种旅游形式，使徒步旅游者在放松的心理状态下锻炼身体并获得强烈的旅游体验。

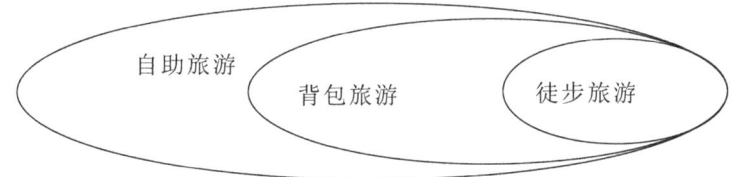

图7-1　徒步旅游与背包旅游、自助旅游的关系

国外对徒步旅游的研究可以追溯到20世纪70年代。Cohen(1972)在研究旅游现象时，将有组织的旅游和无组织的旅游进行了详细的区分。之后，徒步旅游者开始得到针对性的关注。对于徒步旅游的研究大致从以下几个方面开展：徒步旅游动机研究、徒步旅游行为研究、徒步旅游市场研究、徒步旅游者服务需求研究等。国外的徒步旅游市场发展也相对成熟，尤其是澳大利亚、尼泊尔等国，徒步旅游呈现大众化、普遍化趋势。

国内对于徒步旅游的研究与国外相比起步较晚，但随着徒步旅游市场的扩大，相关文献也在逐年增多。国内的研究主要集中在以下几个方面：徒步旅游的定义、类型和特点研究、徒步旅游发展中的问题研究、乡村徒步旅游研究。

国际市民休闲运动联盟中国总部(CVA)秘书长金乔在文章《中国徒步旅游的发生、发展与展望》中指出，徒步旅游是城市反哺农村、发达地区扶持贫困地区的重要财政和智力文化载体，具有广阔的市场潜力和发展前景。中国特色的徒步旅游发展一定会在世界进入"旅游十年"和中国进入"黄金旅游时期"的过程中发挥着日益重要的作用。金乔、梁强等人在《2016年中国徒步旅游发展报告》中，结合国际市民体育联盟中国总部(CVA)、中国徒步网及博观致远微智库，对徒步旅游进行了如下定义：徒步旅游是能够使每一位参与者获得强烈体验式的健身和旅游方式，即指参与者有明确的健康意识，以行走方式去欣赏和感受外部世界(自然和人文景观等)的一种旅游形态。

徒步旅游与其他旅游方式相比较,具有以下特点:游客规模小、对环境较友好、对除公共设施和服务外的额外要求较低、路线原真性、信息传播途径为网络或口碑等。2018年,《人民日报》发布了中国10条经典徒步路线,在国内外的"驴友"圈广受欢迎。

徒步旅游产生和兴起的基础与条件是:随着经济的发展、人们生活水平的提高、闲暇时间的增多,以及新观念和新文化的发展,休闲、度假、疗养、健身、娱乐活动逐渐成为一种时尚。尤其是旅游业的快速发展和中国近十年间徒步运动的普及,使得"徒步旅游"作为一种崭新的旅游模式,迅速受到广大旅行者和徒步爱好者的青睐。

其次,徒步旅游产生兴起的主观因素在于徒步运动的广泛开展和徒步者素养的提升。徒步者对于生活品质、生命质量和精神生活的追求,已不单单满足于徒步强身健体和游玩享乐的功能,而更加追求在徒步中欣赏自然美景、探奇求新、开拓视野、体验不同区域民族及古今中外的风俗文化。

徒步旅游不同于一般意义上的旅游,它对传统的旅游概念从内涵到外延都做了新的延伸。与传统旅游模式相比,徒步旅游者具有更加明确的旅游意识,旅游行程可以弹性变化。由于徒步旅游的高参与性和简单易行,旅游者不仅能从自然和人文景观中获得强烈的旅游体验,而且作为一种体育健身的方式,它能有效地增强旅游者的体质,锤炼旅游者的意志。

近年来,国内在徒步旅游方面也开展了相关赛事。国家体育总局社会体育指导中心与凯撒旅游合作,于2019年举办了首届中国精英户外徒步积分排名赛,为徒步旅游市场提供了差异化的新方案。

2. 徒步旅游对人体的影响

研究证实,有规律地进行健步活动,可以增加人头脑、心脏、胃肠、肺部、背部、骨骼、膝盖、腿等身体所有部位的健康,具有保健及医疗的相关作用。在准备徒步旅游的阶段,应合理评估自身的身体状况,做好物质和心理的准备,随身携带常用感冒药、防暑药和外伤药,携带适量饮用水,并选择适合徒步的季节及装备。

在徒步旅游的过程中,旅游者会欣赏到原真性强的风景及人文景观,满足休闲与旅游的需求。除此之外,徒步旅游还对旅游者的身心健康起到了一定的保健作用。

第二节 户外运动与健康旅游

户外运动是近几年在我国逐步兴起并且发展迅猛的新兴体育运动,它集旅游休闲、竞技探险、身心健康于一体。参与户外运动有助于释放压力、提升睡眠质量、增强人体免疫力等。常见的户外运动方式包括攀岩、定向越野、滑雪等。

一、登山运动与健康旅游

登山运动,即登山探险,通常指人们在一定器械和装备的辅助下,以克服各种恶劣自然条件，登上高峰绝顶为目标的登山活动。登山作为一项体育运动项目，一般被世人公认为起源于18世纪后半叶的阿尔卑斯山区。

国外的登山探险活动起初盛行于欧洲的山峰。在登山运动进入黄金时代之后，登山探险由欧洲向世界其他国家拓展。进入20世纪后，开始向喜马拉雅山诸险峰拓展。1970年以来，个性化的登山活动受到推崇，登山竞赛逐渐开展并成熟。每年8月11日至8月17日为国际登山节。

国内著名的山岳景区是开展登山运动和健康旅游的胜地，例如泰山、黄山等。据泰山景区统计，2023年1—7月接待游客量突破500万人次。可见，登山运动与旅游的结合深受广大旅游者喜爱。

登山运动不仅可以满足人们对自然的探索欲和完成自我挑战的愿望，在登山过程中，还可以欣赏到大自然的山水之美。同时，登山运动可以调节视力、心肺功能、四肢协调能力，消耗多余的脂肪，延缓衰老，提高意志品质，培养耐心和毅力，从而改善身体和心理健康。

登山时，全身各大关节及肌群都能得到有效的锻炼。在攀登过程中，由于下肢反复屈伸，对腰臀肌、股后侧肌、小腿伸屈肌及足部小肌群的锻炼作用尤为显著。此外，登山活动对心血管系统和呼吸系统也有很大的锻炼作用。因为登山需要大量的氧气和养料，这就迫使心脏和肺脏加强工作，以适应机体的需求。人们在登山时气喘吁吁和有些心慌，就是这个道理。经过一段时间的锻炼，心肺功能会明显增强，心脏每搏输出量、肺部换气量、肺活量等都会有所增加，从而相应地增强了人的体力和耐力。对于中年人来说，登山无疑是一张很好的运动处方，能推迟衰老过程，强化机体功能。

其次，登山可以振奋人们的精神和情绪。征服高峰，常被人们比喻为奋斗的目标和成功的标志。当人们迂回而上，汗流浃背，奋然前行，一股劲地攀登达到顶峰时，一种自豪感和振奋精神会油然而生。这种心理活动可以增强中枢神经系统及全身各个脏器的功能，促进人体健康。

二、水上运动与健康旅游

水上运动指的是全部过程或主要过程都在水下、水面或水上进行的各种形式的体育比赛和活动。水上运动项目包括游泳、赛艇、帆板、滑水、皮划艇等。

青少年是水上运动参与的主要群体之一。研究表明，在水中进行的运动可以强健人体的呼吸肌，并且使胸围和肺活量增加。而且，水中运动还能增强生理机能，因为在水中运动时，人体的各个器官都参与其中，血液循环也随之加快。同时，水流的阻力会对肌肉产生刺激和挤压，这一作用会让血管壁的弹性增加，从而提高心血管系统的功能。水中运动对促进青少年的大脑发育、学习能力、心理状态的调节能力，以及降低运动损伤等方面有着非常重要的作用。

高英博等人研究发现，水上运动对老年人的肌肉力量、协调性均有积极作用，能够锻炼老年人的平衡能力，保持自身稳定状态。其次，水上运动对老年人的呼吸及心血管系统的机能有改善作用，对老年人身体成分如体脂变化等有积极影响，对老年人的认知功能和心理都有积极的影响。闫竹蕊同样在研究中发现,水上运动不仅可以减少老年人身体的冲击和损伤,同时老年人在练习中能够通过控制身体的平衡,促进个体的中枢神经系统的活动,从而有效改善认知功能。总结而言,水上运动对人体的身心健康有积极意义。

国内能够将水上运动和健康旅游结合起来的目的地大多位于沿海城市,这些城市具备开展水上运动的基础条件。大多数旅游者选择滨海城市进行旅游活动时,会选择与水上运动相关的旅游产品。上海崇明西沙明珠湖景区是国内知名的水上运动度假目的地,这里既可以满足游客游玩赏景的需求,同时也可以参与 OP 帆船、水上桨板等水上运动项目,为旅游者带来多重体验。

三、林草地运动与健康旅游

林草地运动一般在树林或草地等户外区域开展。常见的林草地运动包括林间健步、骑行、高尔夫、骑马等。

研究发现,林间活动可以调节人的自律神经,降低交感神经的活性,增加副交感神经的活性,从而减缓压力反应,这包括降低血压和脉搏。森林、树林间的富氧环境有助于身体放松,改善内分泌。与在室内踩脚踏车和做水中运动相比,森林散步更能提升自然杀手细胞和免疫球蛋白的活性,有助于抵抗病毒和细菌的感染,同时也可以降低血糖。亲近或观赏自然植物可以有效缓解疼痛感,减少病人对止痛药的需求。有些医院报告指出,定期进行森林散步活动后,可以增强高龄者和失智症患者的腿力,达到良好的预防跌倒训练效果;精神科患者的病情也有明显改善。亲近森林可以帮助人们形成对森林和人的更正向看法。在自然中的休闲可以刺激各种感官,促进大脑的平衡发展。

在城市化进程加快的时代,人们越来越渴望亲近自然、亲近原生态,在大自然中放松身心、调节情绪。因此,森林、草原健康疗养产业等具有生态旅游特征的业态逐渐发展起来。这些业态中的运动项目产品与健康旅游相结合,形成了"旅游+健康+乡村+运动+生态"的健康旅游方式。云南大学的冯艳滨认为,"森林+养生"是森林旅游发展的重要趋势,"养生 & 中国文化"是养生旅游的重要方式。森林养生旅游的开发应结合丰富多彩的文化资源,创造特色鲜明、风格迥异的森林养生旅游产品。

峨眉山国际旅游度假村的森林康养产业以慢病康复、特色疗养、温泉理疗健康管理为核心,并延展至其他健康服务产业。该度假村主要包括占地 986 亩的禅意植物园、1160亩的首个熊猫朱鹮主题乐园,以及总面积 749 亩(其中绿地面积 423 亩)的佛光花海等。综合目标市场判断与未来主导旅游产品方向,该度假区推出了"春季健康理疗、夏季避暑休闲、秋季运动观光、冬季温泉度假、全时文化体验"的新峨眉养生时代全产品体系。峨眉山国际旅游度假村的秋季运动项目包括山地自行车、林间徒步等,使旅游者在旅游观光的同时,也能感受在大自然中运动的美妙之处。此外,峨眉武术与少林、武当并列为中华武术的三大流派。在峨眉山,游客既可以在功夫馆、武术村内向师父讨教技艺,也可以在每日清早与当地的村民一起晨练身体。

第三节　体育运动与健康旅游

体育运动是在人类发展过程中逐步开展起来的,是有意识地对自己身体素质进行培养的各种活动。它采取了走、跑、跳、投以及舞蹈等多种形式的身体活动,这些活动就是人们通常所称的身体练习过程。体育运动除了在训练和竞赛中能够提升技能之外,更重要的是对身体健康有诸多益处。在旅游过程中进行一些体育运动,可以达到调养身心的目的。

一、体育的概念与内涵

体育(physical education,缩写为 PE 或 P.E.),是一种复杂的社会文化现象。它以身体与智力活动为基本手段,根据人体生长发育、技能形成和机能提高等规律,旨在促进全面发育、提高身体素质与全面教育水平、增强体质与提高运动能力、改善生活方式与提高生活质量。它是一种有意识、有目的、有组织的社会活动。

"体育"一词虽然常被译作 Physical education、Sport、Sports,但实际上它并非直接译自英文,而是来自日文,是直接借用了日文中的"体育"一词。不过,日本在 Physical education 一词的翻译上并非一步到位译作"体育",而是经历了从译作"身体(之)教育"、"体教"、"身教"到译作"体育"的日文化过程,这一过程在 19 世纪 70 年代完成。1902 年,我国在日留学生将"体育"这一术语引入我国。随着我国经济的发展、社会的进步,体育被赋予了丰富的内涵。

运动和健身功能是体育最本质、最直接的功能。体育的健身功能还充分体现在提高人体的力量、速度、耐力、柔韧、灵敏及协调性等运动素质上。人们在收获健康的同时,不断从运动中得到相应的乐趣。此外,体育还具有其他的衍生功能,包括政治功能、经济功能、文化功能。

如今,体育已经不再单单是一种身体练习或某种运动,而是一种富含深刻思想文化内容的社会现象。体育中所包含的人本主义思想、环保主义思想将积极培养人类的竞争意识、进取精神、环保意识,以及主人公的责任感。体育的人本功能将表现在关注人、尊重人、热爱人、提升人,追求人的本质力量的自由实现,以及人的全面发展。现如今,体育将带给人们更个性化、更健康、更活力的体育运动方法和方式,以推动整个社会的健康发展。

二、体育运动与健康的关系

体育运动锻炼对人体健康起着至关重要的作用。科学的运动锻炼不仅能增强人体各器官系统的免疫功能,全面促进机体的新陈代谢和身体的正常发育,而且还能磨炼意志,培养自信心,提高抗挫能力,陶冶美的性情,增强适应社会的能力,实现生理、心理、社会交往的三重健康。

(一) 体育锻炼可以促进生长发育、增进健康

在运动过程中,体育锻炼能提高人体的吸氧能力,从而促进人体新陈代谢和解毒过程。它可促进全身血液循环,使肌肉得到充分的营养,提高肌肉的代谢能力,使肌纤维变粗、发达、结实、匀称而有力。研究表明,体育运动有助于促进青少年的大脑、心脏及整个机体在一定程度上的血液循环,同时强化机体的消化器官功能,使其保持良好的新陈代谢状态,有助于预防神经衰弱等慢性疾病的发生,对青少年抑郁、失眠、高血压、肥胖等疾病也能起到改善作用。

体育锻炼可促使大脑清醒,提高学习效率。体育运动能增加大脑的供血,改善大脑血糖和氧的供应,促进脑细胞的新陈代谢,提高大脑皮质的活动能力,增强神经活动的兴奋性、灵敏性和反应性,以及对某些神经和脏器活动的自控能力。

身体健康能够满足人们多方面的运动需求,尤其是对运动员而言,健康的身体素质(包括力量素质、速度素质、耐力素质、灵敏素质)对运动员的训练效果起着重要的作用,在运动类竞赛中,结果也与身体素质有着密不可分的关系。

(二) 体育运动与心理健康的关系

体育运动与心理健康是互相影响的。科学合理的体育运动能够改善心理健康水平,而心理健康水平同样也会影响体育运动的水平与效果。

体育运动对心理健康起着积极的影响,主要体现在情绪的调节方面。运动可以帮助人们消解烦恼,疏导负面情绪,并缓解焦虑、烦躁等情况。体育运动对心理健康的其他影响还表现在陶冶情操和培养团队协作精神等方面。

在实际应用中,心理健康对体育运动也有着不可小觑的影响。心理健康水平决定着个体行为是否正确。人们在参加体育运动的过程中,心理健康程度决定着运动状态和运动水平。例如,人们在情绪低落的时候参加集体运动,如篮球或足球运动,可能会因为个体的情绪问题或心理状况而影响到整个队伍的成绩。心理健康的状况在大多数情况下也影响着人们的情绪,负面情绪则对人的行为有着消极影响,从而会导致技术动作变形、沟通障碍、肢体冲突等情况。

(三) 体育运动与社会交往的关系

社会交往是人与人之间相互联系的一种行为,是人们运用一定的方式和手段进行信息传递、思想情感交流,以期达到一定目的的社会活动。马克思在客观地揭示社会交往对人的发展意义时认为,"一个人的发展取决于和他直接或间接进行社会交往的其他人的发展。"每个人都会从他人的社会发展中吸取营养,从而促进自身发展。在自身发展过程中,不仅需要满足生理和心理的基本需求,更需具备人际间不可或缺的社会交往能力。社会交往是动物社会本质的内在要求,有利于个体成长。

体育运动是人类社会所特有的社会现象,带有浓厚的社会属性。作为一种独特的社会活动,体育运动、人际关系和交往三者之间构成了一种互动关系,有助于培养社会情感

和耐挫力。

周露林等人在研究中发现,体育干预能够帮助孤独症儿童有效提升社会交往能力。王超等人在研究运动干预对孤独症儿童青少年社会交往效益方面也得出,体育运动可以改善 ASD(Autism Spectrum Disorder,自闭症谱系障碍)儿童青少年的焦虑情绪、缓解压力,增强社会交往能力、社会意识和社会认知能力,有助于缓解睡眠障碍,提高睡眠质量。

在体育运动过程中,人们可以掌握体育技术和技能。通过对抗性的竞赛产生的胜负结果,不断激起人的情感变化,调整心理失衡状态,并且这种心理状态可以迁移到学习与生活中,形成良性循环。体育的重要魅力之一就在于其激烈的竞争性。通过体育活动,可以培养人的竞争意识和竞争能力,同时学会在竞争中合作,形成团结、愉悦的氛围,有效增加人与人之间接触与交往的机会,强化交往意识,增进人与人之间复杂的情感交流,不断提高人的社会交往能力。

三、体育旅游的服务与管理

2016 年 11 月下旬,国务院办公厅发布了《"十三五"旅游业发展规划》,提出要促进旅游与体育的融合发展。体育旅游是体育产业和旅游产业相融合的新业态。

作为一种旅游活动,体育旅游与人类健康直接相关。它既可以是一种专业性与业余性并存的观赏性旅游活动(如观看足球比赛、观看奥运会),也可以是一种大众参与、大规模、多频次的康体旅游活动(如马拉松、自行车赛),还可以是一种具有挑战性、专业性、体验性的参与性旅游活动(如山地徒步、森林穿越、极限挑战)。体育旅游与其他旅游活动相比的特殊性,使得其服务与管理更为复杂。体育旅游服务的原则与特点是什么?如何对体育旅游服务进行设计与创新?体育旅游的服务流程是怎样的?这些都是每一位从事体育旅游服务的管理者需要面对的问题。

(一)体育旅游服务原则

体育旅游的服务原则应结合体育运动的特点和旅游服务要求。根据相关学者们的研究文献以及实践调研结果,可以将当前我国体育旅游服务体系的内容划分为三个核心部分,即服务管理系统、旅游产品供给系统和旅游服务配套系统。旅游服务行业应始终以顾客为中心,提供高质量、周到的服务,满足顾客的需求和期望,从而提升顾客的满意度和忠诚度。

1. 安全性原则

体育运动潜藏着受伤的风险,尤其是刺激性强、挑战性高的活动(如攀岩、滑翔、赛车等)。景区务必加强安全保护服务和措施,如提供运动须知手册、定点医疗服务、高标准安全装备等,并配备专业的指导人员,建立完善的服务体系。

2. 协调性原则

体育旅游原则上由旅游部门和体育部门共同主导和管理。过程中涉及活动的组织、赛事举办、游客的参与和观赏等,这需要景区内部各部门和外部政府各部门共同参与,构建景区发展体育板块的内外部互动机制。体育旅游的服务过程同样需要与各类部门相互协调,以提升服务的全面性。

3. 利益均衡原则

旅游服务体系中的管理服务系统主要包括体育局、文化和旅游厅、旅游局、交通运输厅、市场监督管理局等。体育旅游供给服务系统的主体有旅游企业、体育运动场所、营利性体育企业或组织以及公益性俱乐部等。体育旅游服务配套系统则涵盖支持性设施设备、辅助性物品、信息咨询服务、翻译服务等。由于各个系统中涉及的部门及专业性岗位众多,在提供体育旅游服务时,需要兼顾到各个系统的利益。

(二)体育旅游服务流程

1. 基础服务

体育旅游的基础服务包括迎宾服务、问询服务、引导进场服务、交通接驳服务等。以下是对体育旅游各项基础服务流程的简要介绍。

迎宾服务:体育旅游的开展地通常位于地势开阔、面积较大的自然或人工建筑区域。旅游者在进入这些区域时,需要有服务人员做好迎接和导引工作。特别是在山区等地势复杂、路线较多的体育旅游目的地,不熟悉地形的人进入后如无专人迎接和指引,很容易发生危险。因此,在旅游者自驾或徒步到达景区入口区域时,应设置游客服务中心对旅游者进行迎接和导引,做好景区内外服务的衔接。

问询服务:由于体育旅游的内容与场地具有特殊性,面对旅游者的问询,应提供及时、专业的应答服务,以提高旅游者对体育旅游的整体满意度。同时,也需要在问询服务中细化出处理旅游者反馈服务的流程,完善问询服务的内容。

引导进场服务:在开展体育旅游的景区或园区内,服务者在园区入口处迎接旅游者后,应根据旅游者的需求,将其妥善引导至可参与体育旅游项目的区域内。在引导进场的过程中,应给予旅游者关于设备、服装、行为等方面的注意事项提示。

交通接驳服务:开展体育旅游的区域面积通常较大,各项目之间需要通过交通接驳来进行连接。因此,园区内的小交通应及时满足旅游者进行园内通勤的需求,安排合理的交通班次,以减少旅游者的接驳等待时间。

2. 专业服务

体育旅游的专业服务涵盖技术指导服务、讲解服务以及信息化支撑服务。

技术指导服务:体育旅游的项目往往具有较强的专业性,旅游者在参与过程中应在专业人士的指导下进行。以攀岩运动为例,运动前应进行热身准备,了解攀岩运动所需各项工具(如安全带、铁锁、扁带等)的作用及用法,掌握岩壁特点,明确攀登要点,并依次进行准备训练、简单攀爬练习和正式攀登。在这个过程中,每一个环节都离不开专业人士的指导。对于初学者而言,在练习与攀登环节还需要专业人士的近身保护。因此,专业人士的技术指导是体育旅游服务中的关键一环,也是支出占比较大的一项。

讲解服务:在体育旅游中,部分旅游者以观看体育赛事为目的进行旅游活动。在观看专业的体育赛事时,讲解服务可以帮助旅游者更好地理解比赛进程。根据服务对象的不同,讲解服务可分为单独讲解服务和大众讲解服务。

信息化支撑服务:户外体育运动项目的顺利开展与地面状态、天气等因素密切相关。因此,地质检测、气象预报等信息化服务是户外类体育旅游不可或缺的服务项目,它们能够确保旅游者获得较为顺利的旅游体验。

3. 急救和安全服务

救援服务主要是在事故发生时,提供及时有效的救援措施,以最大程度地保障旅游者的安全。生命安全服务则包括提醒旅游者对自身身体状况的清晰认知,告知旅游者在项目体验时的安全预警,以及在自然天气环境变化时的预警系统。财产信息安全服务主要涉及旅游者的随身财产物品安全,提供专门的存放区域,并安装监控设备进行实时监控。此外,还应严格保护旅游者留下的个人信息不被泄露,为旅游者提供放心、安心的体育旅游安全服务。

4. 休闲娱乐服务

在体育旅游过程中,旅游者可能会因运动而产生疲劳状态。因此,体育旅游项目应配套可供旅游者进行休闲娱乐的场所或项目,例如按摩等。在产品设计方面,除了体现体育元素外,还应注重创新娱乐感强、体验感佳的项目,如制定体育旅游精品路线、设计独特纪念品等,使旅游者拥有难忘的旅游经历。

第四节 拓展运动与健康旅游

一、拓展运动的概念与内涵

拓展运动,又称拓展训练、外展训练,是一种以团队合作为主,旨在培养团队中成员的协调与配合能力的运动方法。

国内外对拓展运动的研究多与教育相关。国外在拓展运动方面的研究起步较早,基于行业的发展对拓展运动的机理和影响进行了深入研究。

国外关于拓展运动的研究主要集中在拓展运动课程的历史起源方面。埃迪肖与马克麦吉尼斯(Ed Shuaw Mark and McGuiness)在1976年发表的《户外拓展(Outward Bound)》中指出,户外运动将荒野作为教育方式,因为它很大概率会使参与者处于更加艰苦的生活状态,并要求主动性、勇气与想象力。而在关于拓展运动课程的定义和项目分类的研究方面,《体验式教学中的拓展训练的结论》(Outcomes from the Components of an Outward Bound Experience)一文中指出,研究结论证明了户外探险体验中往往隐含着变数、认知危险、激发性等因素,在人与自然之间的交互中也关注变数元素。这种游戏往往包括划独木舟、皮划艇运动、漂流、高山单车、冬季滑雪、登山、冬季露营等项目。

国内对拓展运动的研究多与教学相关,对拓展旅游的研究则多在微观层面进行质性探讨。李薇等人认为,拓展活动中融合了人心理、管理、教学方面的新知识,与一般体育教学存在新的差异,对社会发展的高素质合格人才培养具有新的教育价值。它以全面素质教育为新任务,以素质教育的新型社会培养方式为新目标,为社会发展培育了全面型的紧缺人才。李金星等人在对黑龙江省拓展体验式旅游产品开发的研究中,结合漠河市旅游资源现状,分析了漠河市拓展旅游的优劣势,并设计了漠河市特色拓展体验式旅游产品。

二、拓展旅游的产生与发展

拓展训练起源于二战时期的英国,由于其新颖的培训形式和良好的培训效果,很快就风靡了整个欧洲的管理教育培训领域,并在其后的半个世纪中发展到全世界。

拓展运动在国内外的高校素质教育、企业员工合作力培训等方面颇受欢迎。作为体验式培训和潜能培训,拓展运动有助于挖掘人的自身潜力,培养团队合作精神。自20世纪90年代在我国推广以来,它逐渐发展壮大,形成了拓展培训产业,培训体系逐步完善,机构数量也在逐步增加,主要针对各学龄段学生。

拓展运动在发展中根据不同特点分成三类:第一种主要是以拓展活动的练习场地分类为基础展开的,分为室内外练习场地、室外训练场地、专门的训练场地;第二种从拓展活动的目的作为分类标准,分为个人创造力激发和团队精神培养;第三种从开展活动的基础训练内容分类,主要包括健康类和教育类。

在拓展运动的发展研究中,拓展运动呈现出以下特点:①挑战极限。拓展运动的内容使参与者身心承受能力发出最大挑战,进而达到突破自身极限的作用。②宽泛的适应性。拓展运动课程内容的设置具有一定针对性,可以对不同的参与者合理地调整课程内容,从而满足不同人群对课程的需要。③集体中的个性。拓展运动的集体项目可以使参与者从集体中获取自信心,通过集体运动展现自己的个性。④高峰体验。参与者通过克服拓展运动中的困难设置,从而获得成就感和满足感,这个阶段被称为高峰体验。⑤自我教育。在拓展运动开始之前,相关人员会对运动中的注意事项进行讲解,在运动过程中不再重复提醒。运动完成后,参与者互相交流参与感受及技能提升,以加深对拓展运动的理解和认识。

三、拓展运动与健康的关系

现有的研究对拓展运动与健康关系的探讨多集中在心理健康、社会交往方面。在中国知网中进行相关主题的文献检索,可以发现国内的相关文献数量在2007年后有明显上升,研究主题多围绕拓展运动与体育、体育教学等方面。

拓展运动对青少年的身心影响主要表现在加速血液循环、提高肌肉机能,以及锻炼青少年的团队协作能力和心理承受能力。对于大学生,拓展运动的身心影响与青少年略有不同。合理的户外拓展训练不仅能够促进新陈代谢,还可以增强风险意识和竞争意识。大学生具有一定的风险分析能力,参加户外拓展运动可以帮助他们树立正确的竞争意识。

除了学生群体之外,企业也会为员工组织拓展运动,以增强团队合作能力,同时释放员工在工作中的压力。事实表明,长期的户外拓展训练可以有效延长员工的工作寿命。

户外拓展运动的体验特性也为网瘾人群提供了新的治疗方式。专家指出,通过参加户外拓展运动,可以有效地帮助网瘾人群戒掉网瘾。户外拓展运动配合心理治疗,对于戒网瘾有显著的效果。

相比于常规的体育锻炼,户外拓展运动更具多样性和趣味性。其游戏形式可以提高参与者的兴趣,让他们更乐于接触他人、接触社会,从而增强信心与勇气。

四、拓展旅游的服务与管理

(一) 拓展旅游的服务流程

1. 提出需求

在拓展旅游开始之前,需要对客户的特点、需求进行分析,从而明确培训目标,以便对客户进行更具针对性的指导和训练。

2. 了解需求细节

在了解需求方面,拓展旅游的服务机构应提前掌握拓展旅游的项目在何时何地、为哪个群体开展、为什么开展、用来解决什么问题、训练时长等具体细节。

3. 制作方案

根据以上信息,制定适合受训对象的拓展旅游方案。分析需求后,确定拓展运动的项目内容及培训主题,设计并向受训方提交培训方案。

4. 培训确定

制定好方案后,向受训对象详细讲解培训方案的细节。在充分沟通后,对方案细节进行合理微调。在双方对培训方案无异议的前提下,签订培训协议,确定培训时间。

5. 培训实施

制定好培训的各项细节后,拓展旅游的服务机构需进行物质准备,确定培训人员名单,并在出发前再次沟通培训细节,然后实施培训。

6. 回访总结

拓展旅游服务机构在培训结束后,需对拓展旅游活动过程中的资料进行整理,总结客户反馈,做好后期跟踪服务和回访工作。

(二) 拓展旅游的管理

1. 项目管理

拓展旅游的项目管理是重要环节,主要是对培训的课程、内容、技术人员技能等相关要素进行管理。培训项目的创新与开发是开展拓展旅游的基础。许多拓展旅游机构因产品同质化、人员技能标准不一、恶性竞争等影响拓展旅游产业的发展,因此项目管理是拓展管理中的重要一项。

2. 营销管理

陶里在对武汉市的拓展旅游发展现状进行研究时发现,大众对于拓展旅游的了解渠道主要依靠网络,了解程度一般。培训师的专业素质是大众最关注的要素。这些都是营销部门需要重点关注的方面。而且,营销对于市场拓展很重要,营销管理对拓展旅游产品的宣传和市场占有程度起关键性作用。

3. 综合管理

拓展旅游的综合管理包括急救、后勤、交通等。在整个拓展旅游过程中,急救与医疗可以对活动过程中的突发情况进行基本处理;后勤方面的管理包括场地清洁、设备维护、休闲设施设置等;交通管理也是拓展旅游中影响游客满意度的一个因素。急救、后勤、交通这些综合管理方面的内容直接影响拓展旅游的品质。

案例:

徒步旅游

随着健康意识的提升,人们越来越希望通过运动增强体质,徒步旅游成了新型的健康旅游方式,徒步旅行并不单纯是一种走路训练或者增强体质,很多时候,它更能让我们的身心感受到由衷的变化。

徒步旅行的路线是没有多大限制的,路途长短、难易,都可以随意选择,主要侧重于体验的过程。在徒步的过程中,一是能够放下繁忙的城市所生活带来的烦闷,使心情趋于平静之中;二是徒步旅行能够使我们深度探索内心,自我破解一些悬而未决的难题;三是通过旅行中的一些风土人情,明白更多的道理,搞清楚心目中那些"为什么""是什么"之类的问题。徒步旅行不是一个简单且但短暂的旅途,是让人用双眼去发现路途中的美景,在徒步过程中增强坚毅、直面挑战的勇气,对人的心理素质考验很大。

国内的徒步旅游线路包括"大线路"和"小线路"。"大线路"一般是指穿越较大面积的区域进行徒步活动,"小线路"是指在城市内部进行徒步,也称"City Walk"。峨眉山位于四川省乐山市境内,景区面积154平方公里,具有"雄、秀、奇、险、幽"的特色,以优美的自然风光、悠久的佛教文化、丰富的动植物资源、独特的地质地貌著称于世,被人们誉为"仙山佛国""植物王国""动物乐园""地质博物馆",被联合国评为"全球优秀生态旅游景区"。峨眉山海拔只有3099米,却有60多公里的登山步道。更重要的是,在攀登山顶的过程中,不仅可以享受登山的乐趣,还可以游览圣洁祥和的佛寺,探索奇妙的野生动植物等。峨眉山徒步是一次既可以自然观光,又可以沿步道探索众多特色寺庙的愉快探险。

在徒步旅游的过程中要注意准备好背包、登山鞋等设备,即使是在白天徒步越野,也建议携带雨衣、水壶、保暖上衣、长裤、急救包、灯具和食物。

国内十条经典徒步旅游地点分别是库拉岗日、洛克线、格聂转山、阿里转山、贡嘎转山、雨崩、大兴安岭、喀纳斯、乌孙古道、腾格里沙漠。

徒步旅游作为新兴休闲旅游活动,与欧美国家相比,我国徒步旅游发展较晚,还不太成熟。但随着经济的发展,我国人均可支配收入进一步增长,户外徒步正成为旅游消费的新增长点。在徒步旅游发展过程中可从以下几方面进行改善。(1)构建丰富多元的步道系统。步道是开展徒步旅游的载体,也是发展的关键,应统筹建立不同级别、不同难度的步道,以满足徒步旅游者多层次、多元化的需求。(2)鼓励开展高质量徒步旅游。进入大众旅游时代,市场对户外旅游产品的多样化规模化需求,为供给端的创新发展提供了良好的机遇。相关机构可以各地区资源禀赋和独特的地理条件为依托,充分利用徒步旅游线路串珠成链的特点,遵循"扩圈强链"思路,组合沿线文化和旅游资源,增设与市场需求相适应的休闲服务节点,打造具有地方特色的户外产品及徒步线路。(3)壮大户外旅游装备制造业。随着徒步旅游逐渐从小众爱好向大众需求转变,消费者的户外旅游装备需求也将逐渐显现,这对我国户外运动装备制造业发展也提出了新的要求。为此,除持续做好既有户外运动品牌外,还要充分利用我国市场规模的优势,找准品牌定位与发力点,加大产品研发力度,提高品牌竞争力。(4)技术赋能开拓大众市场。随着新媒体技术的发展和5G时代的到来,社交媒体以其即时的内容生产、丰富的呈现方式、精准的信息推送等特点成为人们获取信息的主流渠道。因此,除了用好"两微一抖"等新媒体平台外,可借鉴趣味马拉松、家庭马拉松等赛事组织经验,举办与专业赛事互为补充但难度相对较低、具有趣味性的徒步旅游赛事,吸引大众广泛参与,激发人们主动传播。

第八章　营养与健康旅游

生命是靠不断地从外界摄入营养物物质而存在,在整个生命过程中营养就是维持生命的基本物质。为了延续生命,人类必须摄取有益于身体健康的食物。后天的食物营养决定了一个人的健康状况和寿命,人类通过饮食塑造着自己的身体与健康。

第一节　营养与健康

一、营养的概念与内涵

从词性上考量,名词"营养"涵盖了生命过程中必须从食物中获取的所有物质,这些物质对于生命的维持、机体的发育以及人体生理机能的正常运行具有至关重要的作用。而动词"营养"则指通过摄入和吸收这些物质,以维持生命活动、促进生长发育、提供能量以及维护机体正常生理功能的整个过程。

总体而言,营养是一个综合性的概念,它包含了必要元素、生理过程、平衡与优化以及预防与保健等多个层面,是人类生存、发展、健康的重要基石。

1. 必要元素

营养首先指的是生物体必须从外部摄入的某些物质,如蛋白质、糖类、脂肪、矿物质、维生素等。这些物质对于维持生命活动、提供能量、支持生长发育以及确保身体各项生理功能正常运作至关重要。

2. 生理过程

营养也涉及摄入、消化、吸收和利用这些物质的一系列生理过程。我们摄入的食物经过消化系统的处理,其中的营养成分被吸收,并进一步输送到身体的各个部位进行新陈代谢,为身体提供能量,同时也参与机体的修复和构建工作。

3. 平衡与优化

良好的营养状态是维持身体健康的关键,这要求各种营养素的平衡摄入。每种营养素都有其独特的生理作用,对于维持人体健康都是不可或缺的。同时,营养科学也倡导个体化的营养优化,因为不同的人由于年龄、性别、体型、生活方式等因素,对营养的需求存在差异,因此需要在日常饮食中做到营养的科学搭配和选择。

4. 预防与保健

营养同样是疾病预防和保健工作的重要手段。科学的营养摄入和管理能够预防和控制许多由营养不良或营养过剩引发的疾病,如肥胖、糖尿病、心脏病等,并对改善人体健康、提高生活质量起到重要作用。

二、营养与健康的关系

营养是人类生存和发展的重要物质基础,营养与健康之间的关系密切而复杂。具体来说,营养能够维持人体健康、抵御疾病、提供能量、影响生长发育和人的精神状态,并且还能延缓衰老。而一个人的生理状态、健康状态、生活方式及心理状态也会对营养的摄入产生很大影响。

(一)营养对健康的影响

1. 维持身体健康

营养是维护生命活动、保持身体健康所必需的。人体所需的蛋白质、脂肪、碳水化合物、矿物质、维生素等必须从食物中获取,这些营养素对人体的正常生长发育和生命活动有着至关重要的影响。

2. 防止疾病

良好的营养摄入能够增强身体抵抗力,帮助抵抗疾病。比如,维生素 C 有助于预防感冒,钙能预防骨质疏松。对于儿童来说,良好的营养还能预防营养不良等问题。

3. 提供能量

营养为身体提供能量,支持其完成各种生理活动。比如,碳水化合物和脂肪是主要的能量来源,蛋白质在维持肌肉重建方面也起着重要作用。

4. 维护心理健康

合理的饮食和营养摄入能够提供充足的能量和营养素,预防营养不足和相关疾病的发生。缺乏 B 族维生素和矿物质铁会影响神经系统的正常功能,可能导致抑郁症等心理健康问题。适当的营养摄入有助于对抗抑郁和焦虑等心理健康问题,提升情绪状态和心理幸福感。一些研究表明,营养与情绪和精神健康之间存在一定的联系,例如,Omega-3 脂肪酸和维生素 B 群等营养素与大脑功能和心理健康密切相关。

5. 改善睡眠质量

各类营养素都对睡眠质量有一定的影响,如镁和维生素 B6 可以促进身体放松和入睡。建立良好的睡眠习惯,结合适当的营养摄入,有助于改善睡眠质量。

6. 促进皮肤健康

适当的营养摄入对皮肤健康和外观有重要影响。维生素 C、维生素 E 和抗氧化剂等营养素可以帮助抵御自由基损伤,保持皮肤的弹性和光滑。

7. 健康体重管理

合理的饮食和营养摄入有助于维持健康体重。不合理的饮食习惯可能导致超重和肥胖,增加患心血管疾病、糖尿病等健康问题的风险。

8. 延缓衰老

摄入合理的营养能够维护各器官功能,使肌肤保持光泽,有助于延缓衰老。

(二)健康对营养的影响

1. 生理状态的影响

在特定的生理阶段,如妊娠、哺乳、儿童生长发育期以及老年时期,人体对某些营养素的需求会有所增加。例如,怀孕的女性需要更多的铁质和叶酸来支持胎儿的发育,而老年人则需要更多的钙质来预防骨质疏松。

2. 健康状况的影响

一些健康问题,如慢性疾病、消化系统疾病以及其他身体疾病,都可能影响人体对营养的吸收和利用。例如,患有慢性胃炎或肠道疾病的人可能会出现食物中营养吸收不足的情况;肿瘤患者在化疗期间由于食欲减退,也可能会导致营养素摄入不足。

3. 生活方式的影响

人的生活方式对营养的摄入同样会产生重要影响。例如,定期锻炼的人需要更多的蛋白质来帮助肌肉修复,同时也需要更多的能量来满足身体活动的需求;而久坐不动的人则需要限制热量的摄入,以防止体重增加。

4. 心理状态的影响

压力、焦虑甚至抑郁等心理状态都可能影响食物的摄入量和食欲,进而影响到营养的摄入。

三、营养与健康旅游

营养是疾病预防与健康维护的基础,与健康旅游的关系日益紧密。旅游者在旅行过程中保持健康饮食,不仅能给身心带来愉悦,还能为旅游者的健康增添保障。

(一)营养对健康旅游的影响

1. 提供必要的能量

营养作为疾病预防与健康维护的基石,与健康旅游的关系愈发显著。旅游活动往往会使人消耗大量能量,尤其是一些身体活动量较大的项目,如登山、徒步等。因此,在旅行过程中,维护良好的营养状况显得尤为关键。这不仅能帮助游客在旅途中保持最佳状态,为身体提供充足的能量,保持体力,还能让旅行者充分享受活动的乐趣。

2. 提升体验效果

在旅程中,健康的饮食习惯不仅有助于维持良好的体能,还能对心情产生积极影响。如果饮食得当,那么行程的体验效果也会更加出色。

3. 预防旅途疾病

在旅途中,通过合理的营养摄入,可以增强身体抵抗力,有效预防旅途疾病的发生,如消化不良、感冒、食物中毒等。

4. 体验地方美食文化

地方美食是旅游的重要组成部分,许多旅游目的地都拥有自己独具特色的食品和饮食文化。旅行者通过品尝这些食物,不仅能了解当地的生活方式、饮食习俗与美食文化,还能同时获取所需的营养。

5. 促进健康旅游市场发展

如今,越来越多的旅游度假区、酒店以及旅行社正顺应健康旅游市场的发展趋势,提供更专业的营养餐单以及营养顾问服务,以满足游客对健康的需求。

6. 影响旅客的选择

关注健康的游客在选择旅游目的地、度假村或旅行团队时,往往会优先考虑那些能够提供营养均衡食物的地方。

7. 美食成为健康旅游的组成部分

越来越多的旅游产品开始关注旅行者的营养需求。例如,有些酒店提供健康菜单,有些旅游团队为游客提供个性化的营养餐计划,有些健康度假村提供营养咨询服务,还有些旅游目的地则大力推广当地的美食文化,将其作为吸引游客的一大亮点。

8. 促进养生旅游的发展

养生旅游强调在旅行中改善健康状况,而积极的营养摄入作为其中重要的一环,吸引了越来越多关注健康生活方式的人群。

(二)健康旅游对营养的影响

1. 提升营养知识和意识

许多健康旅游项目会向游客传授健康饮食知识和营养平衡的理念,帮助游客提升对营养的认知和意识,培养他们的营养健康观念。这对于维护和提升健康状态非常有益。

2. 根据活动需求调整营养摄入

由于旅游活动的特性,可能需要根据活动需求调整食物的摄入量和营养配比。例如,户外徒步、冲浪、滑雪等活动会消耗大量能量,因此需要摄入更多的碳水化合物和蛋白质。

3. 尝试新的营养来源

在不同地区旅游时,游客有机会接触和了解新的食材和美食,这不仅可以增加营养素的来源,还能丰富饮食,提高整体的营养水平。

4. 保持良好的生理状态

在旅行过程中,通过合理的饮食和营养补充,可以帮助身体保持在最佳状态,更好地应对旅行中的各种活动,同时也有助于提升旅行体验的享受。

5. 培养健康饮食习惯

部分健康旅游项目在营养师的指导下,提供营养均衡的饮食,这有助于游客形成健康的饮食习惯,从而改善和提高整体的营养状况。

6. 防病治病的营养选择

一些健康治疗或康复中心会结合旅游活动提供特定的饮食计划,如抗氧化餐单、心脏保健餐单等。这些在旅游中的营养选择更凸显了营养对健康的重要性。

第二节 旅游活动中的营养素需求

维持人体健康的基础是营养素,而这些营养素主要是通过膳食来摄取的。膳食营养素主要包括蛋白质、脂肪、碳水化合物、维生素、无机盐和水六大类。其中,蛋白质、脂肪和碳水化合物为人体提供热能,只有当这三者摄入比例适当时,它们才能各自发挥特殊的作用。

一、水

水是人体所需的最重要的营养素之一,它不仅是细胞内外的溶液,也是细胞膜和各种体液的主要组成成分。水在人体中的作用主要体现在以下几个方面:水可以通过肾脏等器官排泄多余的水分,从而维持体内水分的平衡;水的热容量大,能够吸收和释放热量,有助于维持体温的稳定;水可以溶解和转运营养物质,帮助身体更好地吸收养分;水还能帮助身体代谢废物和毒素,促进新陈代谢;此外,水可以增加血容量,保护心血管系统。

通常,人体每天需要摄入约 2—3 升的水,但具体需求量会因年龄、性别、体重、季节、运动量、环境温度和湿度等因素而有所不同。除了直接饮用水外,人体还可以从膳食中获取一定量的水分,例如果汁、茶、咖啡等饮料,以及蔬菜和水果等含水量较高的食物。

在旅游活动中,要特别注意保持充足的水分摄入,尤其是在高温、干燥的环境中,更需要及时补水。此外,选择安全、卫生的饮用水也至关重要,以避免因水源污染而引发的健康问题。

二、蛋白质

蛋白质是人体必需的重要营养素之一。在人体内,蛋白质可以被分解为氨基酸,这些氨基酸能够被身体用来合成新的蛋白质,从而维持身体的正常生理功能。蛋白质在人体内的作用主要体现在以下几个方面:蛋白质是肌肉和骨骼组织的重要构成部分,有助于维持肌肉和骨骼的结构和功能;部分蛋白质分解出的氨基酸可以通过代谢途径产生能量;蛋白质还能帮助身体产生免疫系统所需的抗体和免疫细胞,以维持身体的免疫功能;此外,蛋白质还能促进细胞生长和修复,有助于身体恢复健康。

在旅游活动中,蛋白质的摄入同样非常重要。人们可以选择高蛋白质的食物来确保获得足够的蛋白质。例如,肉类、鱼类、奶制品、豆类、坚果和蛋类等都是蛋白质丰富的食物。对于素食主义者来说,他们可以选择豆腐、豆浆、麸制品、坚果和谷物等食物来获取充足的蛋白质。在旅游过程中,适量的蛋白质摄入能够帮助身体维持正常的生理功能,提高身体的免疫力和抵抗力。

三、脂肪

脂肪是一种重要的营养物质,也是人体能量的主要来源之一。在人体内,脂肪主要存在于脂肪细胞中,并发挥着多个关键作用。这些作用主要包括:能量储存,脂肪是人体储存能量的主要形式之一,每克脂肪所能提供的能量远超蛋白质和碳水化合物,因此脂肪能够帮助人体储存能量,并在需要时释放出来供人体使用;保护内脏器官,脂肪细胞围绕在内脏器官周围,起到缓冲和保护作用,减少外部冲击对内脏器官的伤害;维持体温,脂肪在皮下形成一层绝缘层,有助于减少体热的散失,从而保持体温的稳定;提供必需的脂肪酸,人体无法自身合成某些重要的脂肪酸,如 Omega-3 和 Omega-6,这些脂肪酸需要从食物中获取,对维护正常身体功能至关重要;此外,脂肪还有助于身体吸收脂溶性维生素,如维生素 A、维生素 D、维生素 E 和维生素 K,这些维生素在体内发挥着重要的生理功能。

尽管脂肪在身体中具有诸多重要功能,但摄入过多脂肪可能导致肥胖和相关疾病。因此,在日常饮食中需要适量控制脂肪的摄入量,并选择健康的脂肪来源。在旅游活动中,适量的脂肪摄入有助于提供持久的能量、保护关节和组织、调节体温以及维持身体正常功能。然而,过多的脂肪摄入可能会导致消化不良和不适感,因此要保持饮食的均衡和适度。

四、碳水化合物

碳水化合物是一类重要的营养物质,也是人体能量的主要来源之一。它们主要由碳、氢和氧元素组成。碳水化合物在人体内的作用主要体现在以下几个方面:提供能量,碳水化合物是人体最主要的能量来源,每克碳水化合物能提供 4 千卡的能量。当身体需要能量时,碳水化合物会被消化和吸收成葡萄糖,然后通过血液运输到组织细胞,进行能量的释放;维持脑部功能,脑部是人体最主要的能量消耗器官,它几乎完全依赖葡萄糖作为能量来源,因此充足的碳水化合物摄入对于维持脑部功能的正常运作至关重要;支持肌肉运动,碳水化合物是肌肉活动时的优先能源,适量的碳水化合物摄入有助于为肌肉提供足够的能量,支持其运动能力和耐力;此外,膳食纤维作为一种特殊的碳水化合物,虽然人体无法消化吸收,但对肠道健康至关重要。膳食纤维有利于促进胃肠蠕动、保持正常的排便习惯,并有助于控制血糖和血脂的水平。

在旅游活动中,碳水化合物发挥着非常关键的能量供应作用。旅游活动通常需要较长时间的体力消耗,且强度较高,而碳水化合物正是提供能量的主要来源之一。它们可以提供持久的能量支持、增加耐力和体力、促进肌肉恢复,并维持身体的正常功能。建议选择健康的碳水化合物来源,如全谷物、水果、蔬菜和豆类。这些食物富含复杂碳水化合物和膳食纤维,有助于稳定血糖、控制体重和维持身体健康。同时,应合理安排饮食,以满足身体的能量需求,并注意适量控制糖和加工食品的摄入,以免造成能量过剩和不良的营养影响。

五、糖

糖是一种碳水化合物,广泛存在于食物中,为人体进行生理活动提供能量。糖可分为单糖、双糖和多糖三种类型。单糖是由一个糖分子组成的简单糖分子,包括葡萄糖、果糖和半乳糖等。这些单糖是身体能够直接利用的主要能源,能够为我们的细胞和组织提供能量。

双糖是由两个糖分子结合而成的糖,如蔗糖(由葡萄糖和果糖组成)和乳糖(由葡萄糖和半乳糖组成)等。人体需要酶的帮助才能将双糖分解为单糖,然后才能被吸收和利用。多糖则是由多个糖分子组成的复杂糖分子。淀粉和纤维素是人体主要摄取的多糖,也是植物储存能量的主要形式,如米、面、土豆等均富含淀粉。虽然纤维素不能被人体消化吸收,但它对肠道健康和消化系统功能起到重要作用,如促进正常消化和预防便秘。

糖对人体具有以下功能:提供能量,糖是身体主要的能源来源之一,它通过代谢转化为葡萄糖,供应我们的细胞和组织进行生理活动;维持血糖平衡,糖分解为葡萄糖后进入血液,有助于维持血糖水平;葡萄糖作为能量燃料,可通过胰岛素的调节被细胞吸收利用,也可进入肝脏和肌肉储存起来;此外,糖还能提供味觉和口感,为食物增添甜味,赋予食品愉悦的口感和风味。

尽管糖作为能量来源对人体很重要,但过度摄入糖可能会导致蛀牙、肥胖、糖尿病和其他健康问题。因此,在饮食中适度摄入糖至关重要。应该尽量选择天然的糖分,如水果中的天然果糖,而减少高加工食品和饮料中的添加糖摄入。此外,还要注意糖的来源,尽量选择天然的糖分,如水果和坚果,避免过多摄入加工食品和饮料中的添加糖。当选择糖类食物时,最好选择低 GI(血糖指数)的食物,例如全谷物麦片、香蕉等,以更为持久地提供能量和稳定血糖水平。

在旅游活动中,糖是一种能够快速提供能量的食物。旅游活动通常需要消耗较高的能量,因此合理的糖摄入可以为身体提供能量储备,满足身体的需要。旅游活动可能包含较长时间的步行、徒步、徒手攀登等,这些活动都会消耗大量能量。适量摄入一些高糖食物,如能量棒、坚果与干果混合物、巧克力等,可以提供额外的能量,帮助维持体力和提供必需的糖分。

在活动过程中,由于运动量较大,可能会出现血糖下降的情况。为了迅速补充糖分,可以选择一些快速吸收的糖类食物,例如果汁、能量饮料或者葡萄糖片等,以迅速提升血糖水平。

然而,在旅游活动中也应注意糖的适量摄入,避免过度摄入糖分对健康造成负面影响。过量的糖摄入可能导致能量过剩、血糖波动、体重增加等问题。在保持能量充足的同时,还应注意均衡饮食,摄入其他营养物质,如蛋白质、脂肪、维生素和矿物质,以保持身体健康。总的来说,在旅游活动中,合理的糖摄入将有助于提供能量和维持体力。

六、维生素

维生素是一类对人体健康至关重要的有机化合物,人体无法自行合成,需要通过饮食或其他外部途径获取。维生素在人体内参与多种生理过程,维持正常的身体功能和健康状态。常见的维生素包括维生素 A、维生素 B 群、维生素 C、维生素 D、维生素 E 和维生素 K 等。

维生素 A 在维护视力、促进生长和发育、维护免疫系统功能以及维护皮肤和黏膜健康方面发挥着重要作用。它还对细胞分化和生长起着关键的调节作用。维生素 B 群包括多种 B 族维生素,如维生素 B1、维生素 B2、维生素 B6、维生素 B12 等,它们在能量代谢、神经系统正常功能、红血细胞生成、脑部和心脏健康等方面发挥着重要作用。维生素 C 是一种抗氧化剂,有助于提高免疫力、促进铁的吸收、支持胶原蛋白的合成、维护牙齿和牙龈健康,同时还有助于保护细胞免受自由基的损伤。维生素 D 在人体中起着调节钙和磷的平衡,并促进钙的吸收和利用,帮助维持骨骼健康和正常生长发育;维生素 D 还与免疫系统功能和心血管健康等方面有关。维生素 E 同样是一种抗氧化剂,有助于保护细胞免受自由基的损害,维护细胞膜的完整性,它还有助于支持免疫系统的健康和维持皮肤的健康。维生素 K 在血液凝结过程中起着重要作用,能够帮助合成凝血因子,维持正常的凝血功能;此外,维生素 K 还参与骨骼代谢和维持骨骼健康。

每种维生素都有特定的食物来源,包括蔬菜、水果、动物性食品、谷物和坚果等。为了确保获得足够的维生素,建议保持多样化、均衡的饮食,食用新鲜、天然的食物。在维生素不足或特定的健康状况下,可以考虑通过维生素补充剂来满足身体对维生素的需求。

在旅游活动中,维生素对于维持身体的健康和免疫力非常重要。旅游活动中可能会面临一些挑战,如长时间的旅行、不同的饮食环境或食物选择有限等,因此保持均衡和多样化的饮食非常重要,以获得足够的维生素和其他营养物质。尽量选择新鲜、天然的食物,增加水果、蔬菜、全谷物和健康蛋白质的摄入。

七、无机盐

无机盐是指由无机离子组成的化合物,通常是简单的离子结构,不含碳－氢键。无机盐可以通过电离在水中形成离子,其中包括阳离子和阴离子。常见的无机离子及其在人体中的作用如下:

1. 钠离子(Na^+)

钠离子在体内起着调节水平衡、维持神经传导和肌肉收缩的重要作用。它是体内细胞外液中的主要阳离子。

2. 钾离子(K^+)

钾离子参与细胞内外液平衡的调节、神经传导、肌肉收缩和细胞代谢等多种生理过程。

3. 钙离子（Ca^{2+}）

钙离子在骨骼形成、神经传导、心脏收缩和血液凝固等方面起着重要作用。它是体内细胞外液和骨骼中的主要阳离子。

4. 氯离子（Cl^-）

氯离子是体内细胞外液中的主要阴离子之一，与钠离子一起维持体液的渗透压和酸碱平衡。

5. 磷酸盐离子（PO_4^{3-}）

磷酸盐离子在骨骼形成、能量代谢和DNA/RNA合成等方面起着重要作用。它是组成骨骼和核酸的主要成分之一。

6. 铁离子（Fe^{2+}/Fe^{3+}）

铁离子在体内参与氧运输和储存、酶活性和红细胞生成等过程中起着关键作用。这些无机盐在人体中通常通过饮食摄入。

7. 锌（Zinc）

锌参与蛋白质合成、细胞分裂、免疫功能和伤口愈合等过程。它还对生长和发育、味觉和嗅觉功能的维持起重要作用。

8. 碘（Iodine）

碘是甲状腺激素的组成部分，对于正常的甲状腺功能、新陈代谢和神经发育至关重要。

9. 锰（Manganese）

锰是一种抗氧化剂，参与骨骼生长、蛋白质和脂肪代谢以及神经系统的正常功能。

为了保持身体健康和正常功能，合理的饮食习惯应包含适量的无机盐摄入。摄入过多或过少的无机盐可能对健康产生不利影响，因此应根据个人需求和健康状况来平衡摄入量。以上这些物质在人体中具有重要的生理功能，在饮食中合理摄入是维持身体正常功能的关键。

在旅游活动中，人们可以通过选择含有丰富矿物质的食物来获得足够的无机盐。例如，含有高钙的食物包括奶制品、绿叶蔬菜、豆类等；含有高铁的食物包括肉类、海鲜、绿叶蔬菜等；含有高镁的食物包括坚果、豆类、全麦面包等；含有高锌的食物包括肉类、海鲜、豆类等；含有高磷的食物包括肉类、奶制品、豆类等。适量的无机盐摄入可以帮助身体维持正常的生理功能，提高身体免疫力和抵抗力。在旅游活动中，合理选择营养丰富的食物可以帮助人们获得足够的矿物质。

第三节　旅游活动中的营养配餐

营养配餐是一种科学健康的饮食方式，它以科学的营养理论为指导，对主食类、蛋白类、蔬菜瓜果类、油脂类等均衡摄入，配合丰富多样的食材，以达到平衡营养、保持健康的效果。营养配餐同样适用于旅游者，它是根据人们身体的需要，依据食品中各种营养物质的含量来设计食谱,使人体摄入的蛋白质、脂肪、碳水化合物、维生素和矿物质等几大营养素比例合理,从而实现均衡膳食。因此,人们的膳食结构应该多种多样,谷、肉、果、菜无所不包,只有这样身体才能获得多种营养素,维持健康状态。

一、旅游活动中营养配餐的原则与注意事项

(一) 旅游活动中营养配餐的原则

在设计健康旅游活动配餐时,配餐原则可以遵循以下几个方面。

1. 营养均衡

确保食物提供全面的营养素,包括碳水化合物、蛋白质、脂肪、维生素、矿物质和纤维等,合理搭配各类食物,确保摄取足够的营养。

2. 控制热量

根据活动强度和个人需求,将食物摄入控制在合理范围,避免过多的热量摄入,尤其是来自高糖和高脂肪的食物。

3. 选择健康食材

优先选择新鲜、天然、健康的食材,如水果、蔬菜、全谷物、瘦肉、禽类、海鲜等,避免过多摄入加工食品和添加剂。

4. 食物多样化

尽量选择多样化的食物,以获得更丰富的营养成分。例如,搭配不同颜色的蔬菜和水果,可以摄取各种维生素和抗氧化剂。

5. 注意水分摄入

保持充足的水分摄入至关重要,尤其是在运动和户外活动中。建议随身携带水或其他饮料,并适时补充水分。

6. 食物安全

注意食物的卫生和安全,避免食物中毒和传染病的发生。例如,避免生食,确保食品烹饪至熟透等。

(二) 健康旅游活动中营养配餐应注意的事项

1. 控制烹饪方式

尽量选择低脂、低盐、少糖的烹饪方式,如蒸、煮、烤、炒等,减少油炸和油煎等高油脂的烹饪方法,以降低脂肪摄入和热量。

2. 少量多餐

分几次进食,每次摄入适量的食物,避免过度饱腹和消化不良。可以每隔 2—3 小时吃一次,以保持血糖稳定和新陈代谢正常。

3. 避免过度摄入刺激性食物

避免过多摄入咖啡因、烟酒等刺激性食物和饮品,以保持身体的平衡和稳定。

4. 注重个人需求

根据个人的身体状况、饮食偏好和禁忌,个性化定制配餐方案。建议咨询专业的营养师或医生,根据个人情况制定合适的饮食计划。

5. 合理搭配运动和饮食

结合具体的运动活动和时间安排,合理搭配饮食。例如,运动前适量摄入碳水化合物以补充能量,运动后摄入适量的蛋白质以促进肌肉恢复和修复。

6. 灵活的餐饮安排

在旅行路线中合理安排用餐时间,确保游客有足够的时间享用健康的餐食,避免匆忙用餐或空腹状态。同时,提供小食品或健康零食的选择,以充分满足游客的能量需求。

7. 营造餐桌环境

为游客打造舒适、放松的用餐环境,提供温馨、愉悦的用餐氛围。可以设计精心布置的餐桌,配备舒适的座位和合适的用餐工具,以营造愉悦的用餐体验。

以上配餐原则为一般性建议。合理的配餐为旅游者提供健康、多样的餐饮选择,能够满足人体能量和营养需求,使旅程更加健康和愉快。合理的配餐不仅能提升旅游活动的质量,吸引更多关注健康的游客参与,并为他们提供良好的用餐体验,同时也能促进当地的有机农业和健康餐饮产业的发展。

二、健康旅游活动中的营养配餐建议

(一)美食旅游活动配餐

美食旅游,也称为美食和酒旅游、烹饪旅游等,是一种旅游形式,其主要目标是探索和体验目的地的食物、饮料及烹饪风格。这种旅游方式的核心不仅仅是尝试各种美食,还包括深入了解各种食物的源头,如参观当地的农场、市场或酿酒厂,全面认识食物从种植、加工到呈现于餐桌的全过程。在更广泛的层面上,美食旅游也是对目的地文化的一种探索和体验,因为食物往往与一个地区的历史、传统习俗以及当地生活方式紧密相连。美食旅游能够让游客了解和欣赏各种食物背后所蕴含的故事与文化寓意。

无论从营养补给、健康保障、美食体验还是服务质量等方面来看,营养配餐在美食旅游活动中都扮演着重要角色。对于美食旅游者而言,享受美食本身就是一个重要的旅行体验。通过精心的配餐,游客不仅能品尝到美味的食物,还能更深入地了解当地的饮食文化和风俗习惯。对于旅游服务商来说,提供高质量的餐饮服务是展现其专业程度和重视客户体验的重要手段。一个好的配餐不仅能让游客大饱口福,更能让他们感受到被重视和尊重。此外,餐饮也是一个重要的社交场合。在共享美食的过程中,游客可以与同伴互动交流,分享美食享受和旅行体验,从而增添旅行的乐趣。

1. 早餐

早餐是一天中最重要的一餐,为全天提供能量和营养。早餐也是最不容易转变成脂肪的一餐,因此一定要摄入主食。

早餐所供给的热量占全天的30%,这主要是靠主食来供给的。缺乏碳水化合物的主食,可能造成营养不良。要进食一些淀粉类食品,谷类食品吸收后能很快分解成葡萄糖,纠正睡眠后的低血糖现象。但谷类食品消化快,2—3小时之后就会有饥饿感,因此,还要适量摄入一些富含蛋白质和脂肪的食品,如鸡蛋、肉松、豆制品等。

营养美味早餐可从以下菜品中自由选择进行搭配。

(1) 特色粥品

① 芝麻鲜奶粥

材料:大米、熟黑芝麻、鲜牛奶、白糖

牛奶富含蛋白质、钙和大脑所需的维生素B,对于缓解大脑疲劳、消除精神压力具有明显的效果,还可以提高睡眠质量,促进大脑迅速恢复活力。对于平日工作强度大、大量用脑的商务旅游人士来说,是非常不错的选择。

② 八宝粥

材料:大米、红豆、黑米、薏米、小米、核桃等各种杂粮、干果

八宝粥中含有的膳食纤维能够促进消化,同时也是一种易于消化的食物,适合胃胀者。它还可以增强身体抵抗力,能增进食欲,有益气安神之功效,适合所有人群。

③ 玉米山药粥

材料:玉米渣、山药、冰糖、清水

玉米中的亚油酸、卵磷脂、维生素E、膳食纤维等具有降低血胆固醇、防止血管硬化、抗衰老等作用。山药中的黏液蛋白能预防心血管系统的脂肪沉积,保护动脉血管,防止其过早硬化,并可使皮下脂肪减少,避免过度肥胖,非常适合中老年游客及应酬频繁的商务人士。

(2) 特色主食

① 时蔬煎蛋

材料:青豆、鸡蛋、胡萝卜、土豆、盐

胡萝卜可以刺激大脑进行物质交换,促进大脑的血液循环,有助于缓解或减轻头痛、头晕等症状;青豆含有大量的卵磷脂和蛋白质,配合鸡蛋的高蛋白,可以极大地增强记忆力,提高大脑的思维能力和反应能力。这款主食不仅营养价值高,而且色彩丰富,诱人食欲,非常适合早上食欲不振的商务人士、青少年、青年游客。

② 脆皮鸡蛋卷

材料:鸡蛋两个、黄油适量、低筋面粉适量、黑芝麻适量、白砂糖适量

黑芝麻主要含有芝麻素、植物蛋白、维生素、脂肪等营养成分,通常营养价值比较高,具有滋补肝肾、补血益气、润肠通便、美容养颜等功效。鸡蛋的高蛋白含量可补充人体所需蛋白质,加入黄油、白砂糖等配料,味美色佳。

(3) 特色小菜

① 爽脆小黄瓜

材料:黄瓜、香油、酱油、醋、糖、盐

黄瓜具有极高的营养价值,其含有丰富的B族维生素,对改善大脑和神经系统功能有利,能安神定志,辅助治疗失眠症,同时能够抗肿瘤、抗衰老、降血糖,达到减肥强体的

作用。

② 香椿拌豆腐

材料：香椿、豆腐、香油、盐

香椿嫩叶内富含大量蛋白质、糖类、维生素 B、维生素 C、胡萝卜素以及大量挥发油和磷、铁等矿物质，各种营养素比较全面、均衡。豆腐富含丰富的钙质和蛋白质，能够通过补充钙达到预防和纠正骨质疏松的效果，同时能明显提高机体免疫力、增进肌肉含量。

2. 午餐和晚餐

对于旅游者来说，午餐前后都安排有各项旅游活动，所以午餐的安排既要补足上午消耗的热量，又要为下午的出行储备热量，因此午餐的热量应较早餐为多。也有不少旅行者因白天忙于各种旅行活动和商务活动，中餐摄取的食物消耗过大，所以也应重视晚餐的食物配置。

午餐和晚餐可选用旅行地特色小吃与美食，也可从以下菜品中自由选择进行搭配，并配以米饭、面条等主食。

① 茶香虾仁

材料：虾仁、清泥肠、黄酒、蛋清、蛋黄、盐、黄瓜、油

虾仁能很好地保护心血管系统，含有丰富的钾、碘、镁、磷等微量元素和维生素 A 等成分，非常适合老人、小孩食用。

② 粉蒸排骨

材料：小排、姜末、蒜末、五香粉、生抽、料酒、腐乳、豆瓣酱、蒸肉粉、花椒、花生油、土豆

排骨中含有大量的碳酸钙以及骨胶原等成分，可以有效地补充体内所需要的钙质，强健筋骨，也可以有效地滋养脾胃，补中益气，能调理脾胃功能差的人群。

③ 鱼香茄子

材料：茄子、葱末、姜末、蒜末、绍酒、盐、糖适量、豆瓣酱、酱油、醋、淀粉

茄子中含有丰富的蛋白质、维生素、碳水化合物、脂肪、钙、铁、磷等多种营养成分，食用后不仅能够为人体补充营养成分，还具有抗衰老、降低胆固醇、清热解暑等功效。旅游者应增加新鲜蔬菜和水果的摄入量，以达到营养均衡。

④ 莴笋炒猪肝

材料：猪肝、莴笋

猪肝肉质软嫩，能促进食欲。同时，猪肝含有丰富的蛋白质、铁、锌、磷等多种维生素，有补肝、养血、明目等功能，尤其是补血作用甚强，因此非常适合女性游客。同时，莴笋所含的锌比其他蔬菜高 5 倍，锌有助于智力发育，非常适合儿童和青少年。

（二）专题旅游活动配餐

专题型旅游是指通过特定的主题，结合个性化路线和特色活动，为旅游者提供深度体验和学习的旅游方式。这种旅游形式主要是围绕一个或者几个特定的主题展开，具有目的明确、内容丰富、形式独特的特点。例如，可以是文化历史主题、自然地理主题、美食美酒主题、健康休闲主题，也可以是音乐艺术主题、科学探索主题等。专题型旅游适应了旅游者个性化、多样化的需求特点，广受旅游者的喜爱。当然，在专题型旅游过程中，旅游者

也会有饮食体验。但旅游者应该根据不同的旅游活动强度以及所需要的能量,按需摄取和限制饮食,不可过多摄入。

1. "三高"人群的配餐选择

"三高"人群指的是高血压、高血脂、高血糖患者,这些疾病往往与饮食习惯有很大关系:过多的食盐摄入可以导致高血压,过多的脂肪和热量摄入以及饮食结构不合理会引发血脂异常,高糖饮食会升高血糖,影响胰岛素的分泌和利用。因此,"三高"人群需要特别重视饮食的合理配餐,以健康饮食来管理并控制疾病,提高生活质量和旅游体验质量。

"三高"人群在选择食物原料时,需要注意以下几点。

（1）肉类

要选择更健康的肉类,如鱼、鸡胸肉等低脂肉类。同时,增加豆类食物的摄入,因其富含蛋白质且无饱和脂肪。

（2）粮食选择

优选全谷类和粗粮,例如糙米、燕麦、小米等,它们富含纤维素,有助于控制血糖。

（3）蔬菜水果

多吃新鲜蔬菜和一些低糖水果,如苹果、橙子、柚子等,避免吃含糖量高的水果,如荔枝、葡萄等。

（4）食用油

选择健康的植物油,如橄榄油,以及富含 $\omega-3$ 的亚麻籽油,同时还要注意控制用油量。

（5）饮品

避免饮用含糖饮品,改为喝清水或者无糖茶水。运动后可以适当补充无糖的电解质饮料。

（6）零食选择

可以选择坚果来作为健康的零食,如杏仁、核桃。同时,可以适当吃豆腐干、鸡胸肉片等高蛋白零食,避免油腻的、糖分高的零食。

（7）食盐的选择

建议选用低钠盐,这有助于控制血压。

2. 养生旅游者的配餐选择

养生旅游是指那些结合了保健、修养、休闲、娱乐等元素的旅行。这种旅游形式旨在通过旅游活动来恢复与维护人的身心健康。养生旅游者,即指选择养生旅游的人,他们的旅行目标主要是为了休息、恢复、保养身心健康,而非仅仅是娱乐或景点观光。他们通常关注健康生活方式,希望通过旅游活动改善身体状况,舒缓压力,提升生活质量。因此,他们的饮食需求一般比较特殊,主要有以下几个特点。

① 营养均衡:养生旅游者在旅行期间往往更重视饮食的营养摄入,会倾向于选择蔬菜、水果、全谷类、瘦肉等富含维生素和矿物质的食物。

② 饮食健康:养生旅游者更喜欢低脂、低糖、低盐的食品,避免食用油腻和甜食。

③ 新鲜自然:养生旅游者更偏爱新鲜、无添加、无污染的食品,支持有机食品和农家食品。

④ 养生元素：一些具有养生功效的食物如黑木耳、红枣、山参等也受到养生游客的喜爱。

⑤ 特色饮食：各地的特色饮食如绿茶、葡萄酒、泉水等也会吸引养生游客。

⑥ 美食体验：许多养生游客也喜欢尝试不同地区的特色美食，作为一种文化体验和生活享受。

在旅游过程中，一个健康、营养的饮食对于维持身体健康和保持良好的精神状态非常重要。因此，养生旅游的饮食安排不仅要满足旅游者的口味，还要考虑他们的健康和营养需求。以下是养生旅游的配菜建议。

（1）早餐

① 特色营养粥：如燕麦粥，燕麦含有大量的膳食纤维，有助于控制血糖，还具有饱腹感，有助于控制体重。

鲜虾粥：选用鲜虾、贝类、粥粒等为主要食材，丰富的蛋白质含量能够帮助人体修复受损的细胞。

山药粥：主要食材为山药和精粮，具有补益消渴、健脾养肾的功效，是适宜糖尿病及心脏病患者食用的保健食品。山药还具有降低血压、血脂及抗衰老的功效。

百合莲子粥：主要食材为百合、莲子和大米，具有养心安神、健脾开胃的功效，有利于改善失眠症状，增进食欲，对神经衰弱、心悸失眠也有较好的疗效。

银耳红枣粥：主要食材为银耳、红枣和大米，具有养颜美容、润肺止咳的功效，寒冷的冬天常食此粥，可以润燥滋肺。

红豆粥：主要食材为红豆和大米，具有利尿除湿、解毒的功效，是理想的减肥、保健食品。

黑米粥：主要食材为黑米和大米，具有滋肾健脾、养颜美容的功效，对防止白发、眼睛模糊也有一定疗效。

② 煮鸡蛋或者水煮蛋，鸡蛋富含优质蛋白质，有利于人体的生长发育，也能提供大量的氨基酸，有助于身体的修复和恢复。

③ 新鲜水果，水果富含纤维和多种维生素，有助于身体的排毒，同时，由于其含有的天然糖分，能够提供人体早晨所需的能量。

④ 杏仁或者核桃，这些富含健康脂肪和蛋白质的坚果，可以提供能量，有助于提升饱腹感。

（2）午餐

① 主食：红薯或糙米饭，红薯富含食物纤维，有助于消化；糙米饭含有丰富的B族维生素，能提供能量。

② 主菜：清蒸鱼，提供优质蛋白质，含有丰富的Omega-3脂肪酸，有助于保护心脏健康。

炒菠菜，富含铁质，可以补血，同时也含有维生素A，对视力有好处。

黑木耳凉拌，提供丰富的食物纤维，有利于健康的胃肠道。

（3）晚餐

① 紫菜鸡蛋汤＋黄瓜炒肉＋米饭：紫菜中富含碘，能够预防甲状腺疾病，且含有丰富的

无机盐和维生素,对皮肤有很好的养护效果。鸡蛋是优质蛋白质的来源,可以为人体提供必需氨基酸。黄瓜中的糖、蛋白质含量丰富,能够提供必要的能量,肉则是优质蛋白质和铁的来源,对补充营养、提高免疫力有帮助。米饭是重要的碳水化合物来源,提供持久的能量。

② 南瓜粥+蒜蓉青菜:南瓜含有丰富的膳食纤维,对改善肠胃功能有利。同时,南瓜富含维生素 A,对眼睛健康有益。蒜蓉有助于增强免疫系统的功能,而青菜也富含膳食纤维和维生素,有利于人体健康。

③ 红烧鱼片+圆白菜炖粉条+米饭:鱼是优质蛋白质、Omega-3 脂肪酸及维生素 D 的重要来源,有助于维护心脏健康,增强记忆力,并对骨骼健康有益。圆白菜含有丰富的维生素和矿物质,粉条则可提供易消化吸收的碳水化合物。米饭是主食,能够提供能量。

④ 番茄炒蛋+西兰花炒肉片+红豆粥:番茄含有丰富的维生素 C 和番茄红素,有利于抗氧化。蛋是优质蛋白质的来源。西兰花富含营养元素和抗氧化物质,对身体健康有益,肉则是提供蛋白质和铁的重要来源。红豆粥有助于排毒养颜,且低脂肪、低热量,非常适合晚餐食用。

案例:

一、开封美食文化

开封,位于河南省中部,是中国古代八大古都之一,历史悠久,人文荟萃。开封历来是中原地区的政经文教中心,美食文化也吸取了全国各地的优势,形成了自己独特的饮食特色,素有"食在开封"之称。

开封美食非常丰富,有著名的"开封四大名菜":开封烩菜、宋嫂鱼羹、老爆三样、水晶虾饼;更有当地特色小吃如:焦子大包、二鼓冷面、鼓楼鸡蹼、相记馄饨等。

开封美食以其色、香、味、形四绝,成了中国烹饪艺术的一朵奇葩。烹饪技法上,开封菜讲究清、鲜、嫩、烂,做工讲究细腻、入味;选材上,注重时令,讲究搭配。

开封美食文化的独特魅力不仅在于其独特的菜品和烹酿技艺,还在于其浓厚的人文氛围。入席开封的饭店,你会发现尽管菜肴花样繁多,但无论何时,人们对于传统浓醇菜肴的喜爱始终如一。这是开封人深深的饮食情结,也是开封美食文化底蕴深厚的体现。

而另一方面,开封美食也历来重视营养膳食的养生理念。强调食材新鲜自然,讲究色香味兼备,尤其注重食物的荤素搭配和营养均衡,让食客在品尝美食的同时,也能够得到身心的满足和健康的保障。

总的来说,开封美食文化以其历史悠久、品种丰富、特色鲜明、烹酿精良而著称,是中国饮食文化的重要代表。开封美食不仅是一种生活的享受,更是一种国家文化的体现。

二、中国美食旅游的重要组成——四大菜系的特色与价值

中国四大菜系指的是川菜、粤菜、鲁菜、苏菜。它们分别代表了中国西南、南部、北部和东部的饮食文化。

发源于四川的川菜以其麻辣醇厚的风味,广受全球华人乃至全球美食爱好者的

喜爱，且具备极高的营养价值。川菜广泛使用辣椒和花椒，这两种香料除了增加菜品的风味外，还有助于提高食欲和促进消化。此外，许多川菜的配菜都是新鲜蔬菜，可以为人们提供丰富的维生素和膳食纤维。

粤菜以其清淡鲜美的风味闻名，注重保持食材的原汁原味。粤菜中常见的炖汤和蒸菜都能够最大限度地保留食材的营养成分，特别适合追求健康饮食的人群。到访广东旅游的人们总会去品尝一番传统粤菜，如早茶、烧鹅、白切鸡等。同时，广东的海鲜也是一大特色，形成了一种独特的旅游资源。

鲁菜以烹饪手法精细、配料丰富而著名，善于利用原材料的营养成分制作出色、香、味、形俱佳的菜肴。鲁菜源于山东，山东以其丰富的海鲜资源和质朴的民风吸引了大量游客。来到山东，人们会去品尝一顿传统的鲁菜大餐，鲁菜中的糖醋类菜肴和海鲜类菜肴丰富了食客的营养选择。

江苏是著名的历史文化名省，而苏菜的精致、雅致与江苏的文化精神相得益彰。苏菜重视烹饪技巧和菜品造型，注重色、香、味、形、意的统一。同时，苏菜注重汤料，汤中含有丰富的蛋白质和维生素，有助于人体的营养吸收。此外，苏菜还注重采用鲜美的海产物料，为人们提供丰富的蛋白质和微量元素。

总的来说，四大菜系都是中国的美食旅游的重要组成部分，吸引着国内外游客前来体验和品尝。反过来，这些地方的旅游资源和景点也给了人们更多理解、接触和品尝这些风味美食的机会，进一步促进了美食文化的传播与发展。

第九章 文化与健康旅游

第一节 文化与健康旅游

一、文化的概念与特点

(一) 文化的概念

"什么是文化",这一问题引发了中西方不同学科学者的讨论。著名英国学者李约瑟(Joseph Needham)在他的著作《中国科学技术史》中将文化描述为"一种情感、知识、信仰、习惯、价值观和道德规范的模式,它是一群人在一定的历史、地理和社会环境下所共有的"。19世纪著名的英国人类学家爱德华·泰勒(Edward Tylor)提出"文化是一个复杂整体,包括了知识、信仰、艺术、道德、法律、风俗和其他能力和习惯,人类作为社会成员所获得的"的定义,强调了文化的广泛性和综合性。法国作家、哲学家、人类学家克劳德·莱维-施特劳斯(Claude Lévi-Strauss)将文化视为一种"符号系统",通过符号的组合和对立来表达思想、感情和知识。美国著名社会学家霍华德·贝克(Howard Becker)将文化定义为"共享的意义系统",强调了文化在社会群体中共同建构的特性。

中国学者对文化的定义与西方存在一定的差异,这主要是由于不同文化背景、历史发展和学术传统所导致的。如中国著名的社会学家和文化学家费孝通,他将文化定义为"一个人一类的生活方式,其中包括了思想、行为、工作、交际、艺术、信仰、道德和法律等各种活动"。中国社会科学院将文化描述为"一种群体的精神产品和行为方式的模式,它不仅是思维、信仰、价值观的系统,也是人际交往的规则"。中国社会学家杨小凯将文化定义为"一种被人们创造出来、不断再创造的生活方式,是人类在自然环境和社会环境的基础上创造的"。中国著名的历史学家和文化评论家陈寅恪,他将文化描述为"社会精神的积淀,是人类从事各种活动的普遍准则和特殊形式"。

这些中国学者的观点涵盖了文化的不同方面,从思想、行为方式到社会精神的积淀,反映了中国学者对文化内涵的多样性理解。这些观点也体现了文化在中国社会中的重要作用和影响,表明文化是一个多维度的概念,涵盖了许多不同的层面和方面。

虽然中西方学者对文化的定义存在一定差异,但也存在很多共同点。结合这些共性,我们可以将文化定义为：文化是指一组共同的价值观、信仰、习惯、传统、知识、艺术和行为模式，这些共同特点在一个特定的社会群体或社会中被共享、传递和传承。文化是人类社会生活的重要组成部分，它影响着人们的思维方式、社会行为、艺术创作、社会组织和社会制度。这些经典和权威学者对文化的定义，凸显了文化的不同方面，包括知识、信仰、符号、社会成员共享等特征。需要注意的是，文化的定义在不同学科和学术背景下可能有所不同。

（二）文化的特征

无论是古代的，还是现代的；无论是中国的，还是西方的，他们对于文化的定义，都有一个共同的特点，那就是他们都把"文化"与"人"联系在一起，都在强调"文化"即是"人化"的观点，即文化的主体是人。从文化与人的本质联系上，我们不难看出，文化具有以下一些特征。

1. 文化具有创造性

这是文化最主要的特征之一。由于意识实践的作用，导致了文化产物的丰富性、高级性，而这些丰富多彩的文化事物都不是自然界所生成的。正是由于这个原因，文化世界是高于自然物质的世界，文化的创造性就在于此。创造性的文化具有时间性和空间性。文化的空间性，指的是文化随空间区域的不同而形成了不同的文化层次、文化类型，出现了各种各样的文化群、文化圈。而文化的时间性是指文化本身就有自己的起源、演化、变迁的发展过程。文化并非从来就有的，也有着自己的"发展史"。文化也有积累、革命和淘汰，使得文化在时间上表现为一个进化与分化、积累与沉淀、层次与统一、目的性与自然决定性的复杂过程。

2. 文化具有自由性

这是与文化的创造性紧密相关的。人本身也是一种高级的动物，而要把人和其他动物区别开来，必然要有一定的标志。人要是没有文化，也就不成其为人了。人要区别于其他动物，要获得自由，除了创造文化，用文化去获得自由外，别无他途。没有文化就没有自由，自由即是文化。

3. 文化是一个整体，具有开放性的特点

人类是以整体面对世界的，人化的过程虽然是以个体的形式出现，但都汇集在人类文化的长河之中。而各类文化群、文化圈之间，尤其是物质文化之间并不是封闭的，而是开放的。从某种程度上讲，文化是全人类的文化，文化只能属于全人类。

4. 文化是过程，是人类实现自身价值的过程

人的本质力量是在人的感性活动——实践中得到展现的。实践就其主观和客观方面而言，都是过程。因此，作为人的本质力量的体现的文化是一种动态的现象，处于不断变化的状态之中。一成不变、僵死的文化是无价值的。人类创造文化是为了实现某种价值目标，价值观念是文化创造的方向。当一定的价值目标实现后，便形成一种新的文化。在新的刺激下，又会形成新的价值观念和目标。因此，文化是社会的一种历史现象，具有历史性。

5. 文化具有对象性

作为文化主体的人,要体现其存在的本质力量,要实现自身的价值,必须通过人面对的对象世界,否则无法得到体现。对象之所以成为对象,是因为人的作用。只有通过实践的批判活动而进入了心智的外化的对象化世界的事物,才可化为文化。所以,既不存在无对象的文化,也不是一切都可以成为文化。因为文化的对象性,导致了文化的载体性。这是文化产生和存在的必要条件。没有一定的对象作为载体,文化是不会凭空产生、凭空存在的。

(三) 文化的层面

物质文化、制度文化和精神文化是文化研究中常用的三个概念,它们分别代表了文化的不同层面和方面。

1. 物质文化

物质文化是指人类在生产、生活和社会交往过程中创造出来的物质产品、工具、器物等,以及与之相关的生产方式、技术、经济体系等。它涵盖了人们的物质生活水平、生产方式、经济结构、技术水平等内容。物质文化反映了社会的物质基础和生活方式,是文化的有形部分。例如,建筑、服饰、食品、工艺品等都属于物质文化的范畴。

2. 制度文化

制度文化是指社会中各种规范、制度、法律以及与之相关的社会组织和政治结构等。制度文化涉及社会的组织形式、权力分配、社会秩序等方面。它反映了社会的组织和运行方式,是社会生活的基本规则和架构。制度文化的变化影响着社会的政治、经济、社会等各个领域。例如,宪法、法律、习惯、政治制度等都属于制度文化的范畴。

3. 精神文化

精神文化是指人类在思想、信仰、价值观念、艺术、哲学、宗教等领域创造出来的精神内容和精神体验。精神文化体现了人类的思维、情感和信仰,它是文化的无形部分。精神文化包括了艺术作品、文学、宗教仪式、道德观念等。它塑造了一个社会的精神面貌,反映了人们的思想观念和价值体系。

这三种文化层面相互交织,共同构成了一个社会的文化体系。物质文化、制度文化和精神文化相互影响,相互作用,共同塑造了一个社会的特点和特色。在旅游研究中,理解和分析目的地的物质文化、制度文化和精神文化,可以帮助我们更好地了解旅游目的地的历史、文化背景和社会特点,从而为旅游规划和体验提供更深入的见解。

二、文化与健康的关系

文化和健康有着密切的关系。文化反映了一个社会的价值观念、生活方式和行为规范。在中华优秀传统文化体系中,千古以来就有一种令人称道的文化,这就是流传至今且越来越为人们看重的中华健康和健身文化。健康是每个人的追求,无论古今中外都无区别,所以这种文化拥有最广泛和最深厚的生存土壤,因而具有极强的生命力。从有记载的文献来研究,健康文化在中国至少有三四千年的历史。在这么漫长的人类历史中,经过无数先民的实践和总结,形成了相对完整又相当科学的独立体系。应该客观地讲,中华民族在人体科学领域中的研究一直在世界上遥遥领先,这也正是诸多西方科技大国向往古老东方文化的神奇魅力所在。

中国古代的健身文化是古代科学的重要方面,又是许多现代科学的初始。它最初基本可分为两大体系:一是养生文化,一是武术文化。古代养生学的基础理论是以老子的《道德经》《黄帝内经》、庄周的《南华经》所阐述的人体与自然关系理论为指导。该体系中的"服食"发展到今天成为正式的营养学;"采芝"发展到今天成为中草药物学;"内丹"是现代量子学理论的鼻祖;"吐纳"是现代气功科学;"外丹"则是后来的有机化学和冶炼技术之始。

武术文化在古代首因尊崇轩辕黄帝而产生,因为黄帝战榆冈,诛蚩尤,以武力统一了黄河流域各部落,奠定了华夏大国的基础,成为以强制胜的楷模。所以后世武林界尊黄帝为"神武道祖""玄武大帝""真武大帝"。这种强者生存的意识是最初中华武术文化的渊源。但是强者生存的思想并不是完整的理论,最有可能产生以强凌弱的现象。因而中华武术文化接受了墨子的"兼爱"思想,把墨子的"辨是非,明生死,崇德尚义,摩顶放踵利天下"作为武学的指导思想,把"重武德,行侠义"作为武学的基本指导思想和宗旨,使盲目的实践与良好的理论有机结合,成为具有坚强生命力的文化。所以中华武林尊墨子为"武圣"。

中华武术文化体系中,基本的门类有"击技术"(即徒手格斗)、"器械术"(即各种不同兵器的使用)、"硬功术"(即超常能力锻炼)、"轻功术"(即快捷能力锻炼)、"点穴术"(即以人体经络、穴位为主要制敌手段或医治手段)等多方面。到了当代,又增添了表演的功能。

所以,文化本身就包含着健康理念和实践,同时健康的发展又反哺和丰富了文化的内涵,两者是包含又相互影响的关系。

(一) 文化对健康的影响

文化不仅影响人们的健康观念和行为习惯,还通过社会制度、教育和知识传播等方式对健康产生影响。

1. 文化影响人们的健康观念和行为习惯

不同文化背景下的人们对于健康有着不同的理解和追求方式。例如,在一些文化中,健康被视为一种身体和心理的状态;而在另一些文化中,健康则被视为一种社会和精神的平衡。此外,文化还影响人们的饮食、运动、休息等生活方式,而这些生活方式对于健康具有重要影响。

2. 文化通过社会制度对健康产生影响

社会制度包括政治制度、经济制度、教育制度等,这些制度对于人们的健康状况和健康服务利用有着直接或间接的影响。例如,社会保障制度和经济制度决定了人们的生活水平和医疗保障水平,而教育制度则决定了人们的健康素养和自我保健能力。

3. 文化通过教育和知识传播等方式对健康产生影响

教育是文化传播的重要途径之一,通过教育可以普及健康知识,提高人们的健康素养和自我保健能力。此外,文化也可以通过艺术、文学、电影等形式传播健康信息,引导人们关注健康问题。

(二)健康对文化的影响

文化与健康是相互影响的关系。除了上述的文化对健康的影响,社会健康对文化也同时产生影响,主要表现为以下几个方面。

1. 社会结构与文化

健康水平可能影响社会的结构和文化动态。例如,人口老龄化可能导致社会对养老和老年人护理的文化观念和实践发生变化。

2. 健康教育与认知

健康教育和宣传活动可以影响人们的健康观念和行为,这可能促使文化中某些健康习惯的改变,从而影响文化传统。

3. 健康创新与科技

新的医疗技术和健康创新可能改变文化中的医疗实践和健康行为,进而影响文化的发展。

综上所述,文化与健康之间是一个相互影响的双向关系。文化不仅影响了健康观念、行为和实践,健康状况和健康教育也可能在一定程度上塑造文化传统和动态。

三、文化与健康旅游

2018年3月,中华人民共和国文化和旅游部批准成立,不再保留文化部、国家旅游局。这是为增强和彰显文化自信,统筹文化事业、文化产业和旅游产业发展,提高国家文化软实力和中华文化影响力,推动文化事业、文化产业和旅游业的融合发展。在这一大背景下,也加固了文化和健康旅游的关系。健康旅游作为人们践行健康理念的一种实践方式,跟文化也存在千丝万缕的关系。《"十四五"文化和旅游发展规划》中提出,发展康养旅游,推动国家康养旅游示范基地建设。2023年2月,国务院办公厅印发的《中医药振兴发展重大工程实施方案》提出,深入挖掘和传承中医药精华精髓,推动中医药文化融入群众生产生活。

(一)文化是健康旅游的内核之一,健康旅游是文化的重要载体

1. 文化的本质决定了文化的旅游功能

文化作为人类劳动和智慧的结晶,贯穿着人类发展和演化的整个过程,从而构成了世界上丰富多彩的文化类型和文化内涵。人类社会实践所创造的物质产品和精神产品无不含有丰富的文化内涵。比如中国饮食文化,中华传统养生饮食注重营养均衡,以清淡为主,荤素搭配、五味调和、色香味俱佳。人们用自己的智慧进行设计或加工后形成的健康膳食与文化融为一体,成为健康旅游的体验对象。

2. 文化的基本类型决定了旅游文化资源的存在形式

文化通常有三个层面:物化力量构成的物态文化层,即人类最基本的生存需求,如衣食住行;各种社会构成的制度文化层,如经济、婚姻、家族、政法、宗教社团、教育、科技的相

关制度及准则;社会实践和意识中长期化育出来的价值观念、审美情趣、思维方式构成的精神文化层,如文学、艺术、道德、哲学、宗教等,是极具吸引力的旅游文化资源。从健康旅游开发建设的角度看,要依据不同的文化类型,以不同的视角去挖掘各种旅游资源的文化内涵,构建特色鲜明的健康旅游产品。

(二) 文化的优势是内涵,健康旅游的优势是市场

从文化的角度看,健康旅游的优势在于拥有庞大的国际、国内市场。抓住了健康旅游,就是抓住了一个巨大的市场;从旅游的角度看,文化的优势在于其丰厚的内涵。抓住了文化,就抓住了核心价值。从这个意义上说,文化与旅游只有"联姻",才能实现"双赢"。近些年,我国健康旅游市场发展速度快,发展潜力大,各子市场蓬勃发展。携程网的统计数据显示,通过该平台报名海外体检等健康旅游的人数,2016 年是 2015 年的 5 倍,一年时间达到 50 万人次左右,人均订单费用则超过 5 万元,几乎是出境旅游人均花费的 10 倍左右。《中国康养旅游发展报告》显示,2017 年中国公民出境 13 亿人次,其中出境健康游(包括医疗旅游和康养旅游)占出境旅游的 1.2%,而且这个比例一直在增长。据沙利文数据中心统计,2014 年中国出境医疗旅游行业市场规模仅有 407.2 亿元,到 2018 年增长至 957.4 亿元。2014—2018 年四年时间,中国出境医疗旅游行业的年复合增长率达到了 23.8%。预计 2023 年中国出境医疗旅游行业市场规模将达到 2417.6 亿元。

中国国内的温泉康养旅游也在迅速发展。根据《中国温泉旅游业发展报告(2018)》,截至 2017 年 12 月,全国温泉企业总数达 2538 家(不包括港澳台地区),2017 年全国温泉接待游客总人数达 7.69 亿人次,全国温泉旅游总收入达 2428 亿元,温泉旅游拉动 GDP 增加值约 6292 亿元。据估计,已经有 200 家左右的温泉企业开始启动中医药温泉康养项目。同时,中国医美旅游市场也呈蓬勃发展之势。《中国医美行业白皮书》显示,2017 年中国医美疗程消费类为 1629 万次,几乎接近美国的 1634 万次,且年增速达到 26.4%,远超美国的 3.9%。每 100 位中国医美消费者中,25 岁以下的约占 53%,26—35 岁的占 43%。人们对医美项目的接受度变高,消费力和消费意愿逐步增强。到 2019 年时,中国的医美疗程消费量已超过美国、巴西、日本、韩国这些医美消费大国,成为全球第一。

(三) 文化提升旅游,旅游传播文化

通过对文化内涵的解读与扩展,人们实现了健康旅游资源的提升和跨文化的赏析与交流。通过对文化的研究,人们可以树立区域旅游形象,开发和推广旅游品牌,传播地域文化。2014 年 7 月,国务院常务会议又出台了三大举措,确定促进旅游业改革发展的政策措施。提出要着力推动旅游业转型升级,使旅游开发向集约节约和环境友好转型;旅游产品向观光、休闲、度假并重转变;旅游服务向优质高效提升。这是从社会资本开放、加大政策扶持等方面增强了旅游业的发展动力;从加大旅游公共服务体系的建设,进一步落实《旅游法》、加强法制监管等方面优化了旅游业发展的软硬环境;并且对于注重休闲、健康、文化等细分领域,设计制定满足各个年龄阶段、各国游客的旅游产品方面提出了更加精细化的要求,品质、内涵、创新、服务被提到了重要的地位。通过几年的努力,由于执行到位,中国健康旅游市场的竞争力得到了显著提升。

四、文旅产业与健康产业融合发展模式

身体健康、心理健康是健康的两大组成部分,互相影响,缺一不可。身心愉悦是长寿的不二法门。文旅产业是快乐产业、幸福产业,其本身就是健康产业的重要组成部分。文旅产业与康养产业的有机融合,构成了完整的健康产业体系,从而促进人的自由而全面的发展。

2016年,十三五的开局之年,国务院印发《"健康中国2030"规划纲要》,首次在国家层面提出健康领域中长期战略规划。由此,健康中国正式上升为国家发展战略。纲要提出,积极促进健康与养老、旅游、互联网、健身休闲、食品融合,催生健康新产业、新业态、新模式。大健康产业成为中国经济飞跃的新引擎。

在大健康战略的指引下,国内很多地区充分利用资源优势,依托气候及生态环境资源,以养老休闲、文化旅游为主题,深挖现有产业基础、整合相关产业资源,积极推动大健康产业发展。通过重点打造健康医疗、医疗器械、养老休闲、健康旅游、健康管理等行业,将"研、产、购、医、养、游"产业链打通,实现养生与大旅游、医药研制与大扶贫,以及健康产业与山地城市、各领域要素与大数据的融合发展。

在产业融合的浪潮下,出现了旅游+文化+健康相互融合的文化康养旅游产业。文化康养旅游是将文化和康养元素有机融合在一起的一种旅游模式,强调通过参与文化活动和康养体验来实现身心健康的提升。这种旅游模式旨在让游客在文化探索的同时,获得放松、愉悦和健康的综合效益。

(一) 文化康养旅游的定义和特点

从"康养""医养""护养"三个层次来看,"康养"指的是一个人身体状态与健康状态相对还比较好的康复与养生,而"文化康养"则是通过文化熏陶的方式来提升身心的愉悦度、生活的幸福感,从而达到康复、颐养、保健等目的。

文化康养旅游的一些特点主要表现为以下几个方面:

文化体验:文化康养旅游注重游客在旅行中深入了解和感受当地的文化、传统和历史。游客可以参观博物馆、艺术展览、古迹、文化表演等,体验不同文化的独特魅力。

康养体验:这种旅游模式融入了康养元素,包括瑜伽、冥想、温泉疗法、按摩等。康养体验能够帮助游客放松身心、缓解压力,提升身体和心理的健康水平。

健康饮食:在文化康养旅游中,健康饮食也是重要的一环。游客可以品尝当地的天然食材,享受平衡膳食,既享受美味又维护健康。

康体娱乐:除了文化体验和康养活动,文化康养旅游还可能包括康体娱乐,如音乐会、演出、体育比赛等,为游客提供多元化的享受方式。

社交互动:文化康养旅游鼓励游客之间的社交互动和交流。通过参与文化活动、康养体验和康乐娱乐,游客可以结识新朋友,分享体验和感受。

全面健康:这种旅游模式追求的是全面的健康,涵盖身体、心理和社交层面。游客可以在旅行中获得全方位的健康益处。

可持续发展:文化康养旅游也有助于旅游目的地的可持续发展。通过保护文化遗产、自然环境和社会资源,可以创造更具活力和吸引力的旅游体验。

(二)文旅康养产业发展契机

推动将健康产业与文化产业和旅游产业融合发展,拓展健康文旅消费新业态,正当其时。具体来看,有以下几个方面。

一是消费需求正在转型升级。旅游消费需求正在从旅游观光型向休闲度假型转变,游客更加关注健康。富有地方特色、体现健康要素的餐饮和美食文化,以中医药、运动等为吸引物的健康旅游,依托天然氧吧、气候资源、温泉矿物等自然生态的康养度假游成为旅游消费新趋势。城市更新带来的充满烟火气的新消费业态和乡村振兴下慢生活的消费体验更受市场欢迎,拓展了更多新业态,打造了更多新场景。

二是康养市场潜力巨大。截至2021年,全国60周岁及以上老年人口占总人口的18.9%;65周岁及以上老年人口占总人口的14.2%。党中央、国务院对人口老龄化高度重视,密集出台一系列文件,部署应对人口老龄化,加快推动老龄产业发展。老龄文旅市场不断扩大,现在的老年人有钱又有闲,旅游意愿强、消费能力强,银发经济需要进一步扩容提质。同时,面临职场压力的上班族中,不少人身体处于亚健康状态,构成的潜在养生市场也非常广阔。

三是健康文旅消费需求旺盛。进入2023年以来,居民出游意愿和出游信心显著增强,出行旅游、文化娱乐等接触型消费快速回暖,升级类消费需求继续释放,新型消费模式激发消费活力。特别是对健康生活方式更加关注,体育文旅成为新时尚。比如,马拉松比赛中,50%的跑者是去外地参赛,自然也会去品尝当地的美食、特色小吃,甚至在当地旅游观光。最近,村超、村BA成为一种大众体育现象,也带火了乡村旅游。

四是中医药文化传承活力涌动。2022年,国家中医药管理局指导发布了中医药动漫IP"灸童",随之衍生出数字潮玩、动漫表情、文创产品、短视频等诸多产品,创新传播中医药文化。同仁堂、白塔寺药店等中医药老字号都开发了系列中医药文创产品。河南焦作把太极、中医、养生与文旅产业串联起来,打造沉浸式演出《印象太极》,让游客沉浸式体验太极文化。电视剧《后浪》以中医传承为题材,通过年轻演员的表演引发了更多年轻人关注。《本草纲目》这部中医药典籍,更是吸引了文艺工作者以舞剧、儿童剧、电视文化节目、文创产品等多种形式进行了时代表达。

(三)文化康养旅游的实践

文化康养旅游为游客提供了一个融合文化体验、康养活动和健康效益的全面旅行模式。这种旅游形式不仅丰富了旅行的内容,还促进了身心健康和旅游业的可持续发展。当今世界上有许多旅游目的地已经将文化和康养元素紧密结合,创造出丰富多彩的文化康养旅游体验。以下是一些具体的文化康养旅游案例。

日本温泉文化:日本以其丰富的温泉资源而著称,许多温泉地巧妙融合了传统的温泉浴文化与康养元素,提供温泉疗法、按摩、冥想和瑜伽等康养活动,游客在享受温泉的同时,也能获得身心的全面放松。

意大利古城康复:意大利的一些古城,如托斯卡纳地区的锡耶纳(Siena)和阿西西(Assisi),提供了融入康复理念的旅游体验。游客可以在这些古老的城市中参与康复训练、冥想、瑜伽,以及学习健康饮食等。

印度尼西亚巴厘岛:巴厘岛以其美丽的海滩和浓厚的文化氛围而闻名,众多度假村结合了瑜伽、冥想和传统巴厘岛疗法,为游客提供身心康养的独特体验。

中国武当山:武当山作为中国的道教名山,巧妙融合了道教文化和康养元素。游客可以在山区进行瑜伽、太极、气功等康养活动,同时感受道教深厚的历史文化底蕴。

摩洛哥哈马姆特:哈马姆特是摩洛哥著名的温泉城市,游客在这里可以享受传统的摩洛哥温泉浴,同时深入体验摩洛哥的文化、美食和手工艺。

芬兰拉普兰:芬兰拉普兰以其北极圈的神秘景色和萨米人文化而知名。游客可以在这里参与冰雪活动、观赏极光,同时了解萨米人的传统文化和康养智慧。

这些地方将自然景观、文化遗产和康养活动完美融合,创造出独特而有意义的文化康养旅游目的地。

案例:

武当山太极湖:宗教文化型康养旅游成功典范

一、武当山太极湖简介

武当山是道教名山和武当武术的发源地,素有"亘古无双胜境,天下第一仙"之称。已分别被评为国家5A级旅游景区、国家森林公园、中国十大避暑名山、海峡两岸交流基地,并入选最美"国家地质公园"等。而太极湖则位于山北麓下,依托武当山的道教文化和良好的生态环境发展健康度假产业,建设了武当国际武术交流中心、太极湖医院、太极湖学校和高档居住区等项目。旅游区主要建设了太极小镇、武当山功夫城、老子学院、山地运动公园、武当国际会议中心等一批精品项目,是集旅游、水上、休闲、度假为一体的综合度假区。

二、产业特点

(一)区位条件便利,自然资源丰厚

就交通区位条件而言,武当山太极湖交通便利,紧邻福银高速,距十堰市武当山机场仅30公里,交通区位优越。武当山太极湖依托道教的宗教文化资源,打造集宗教文化养生体验、养生教育、休闲度假、养老等于一体的综合度假区。

首先,武当山太极湖地处闻名全球的世界遗产中国道教文化圣地,使得太极湖具备天然的全球知名度。其次,太极湖紧靠亚洲最大的人工湖丹江口水库和武当山自然风景区,拥有独特的自然生态景观,这些资源都是不可多得的竞争优势。

(二)旅游流量巨大,带动康养新业态

中国道教文化圣地武当山闻名于世,使得太极湖具有了天然的全球知名度。以旅游业为重点,在太极湖生态文化旅游区内设立六个主要类型的旅游项目,分别是文化体验、户外休闲、山地运动、水上游憩、旅游度假、旅游服务等项目。以旅游为突破口,通过这些项目的建设,为其他产业的发展创造了良好的外部环境,同时也积聚了人气。

多途径提高知名度,武当山投入巨资在央视滚动播放"武当山,养生保健"的主题形象广告,并成功举办澳大利亚悉尼春节联欢晚会、武当山歌舞团、"魅力武当山"演出,逐渐塑造品牌形象。它的品牌知名度已突破国界,走向世界。(三)打造文化IP,延伸文创产品

以道教为核心的宗教文化,是武当山太极湖打造生态文化旅游区的一大核心IP。利用文化优势,旅游区紧紧围绕道教文化、武术文化、老子文化、庄子文化和养生文化,提高游客的文化体验。立足于道家文化,创新开发文化创意产品,也进一步增强了武当山太极湖旅游区的吸引力。

(四)旅游+康养,催生养生热潮

"要健康,到武当",古往今来,在中国传统文化观念中,道家文化始终包含着养生、长寿的文化内容,这也使以道文化IP为依托的养生产业具有独特的魅力。

三、特色项目

武术养生:武术演艺大厅、武术培训中心、武术文化广场、健身房等辅助项目。

膳食养生:道家斋饭、药膳房、养生食材酿造、炼丹房、道医药研发中心等。

文化养生:开设道家讲堂、道文化书籍阅读馆、道教音乐乐器体验馆、周易预测、道教文化研究交流中心等。

医疗养生:聘请国内外一流设计专家倾心打造,医疗美容、整形美容、中医养生、抗衰老研究及健康管理融为一体的国际化医疗美容综合体。

以道教宗教文化资源为依托的武当山太极湖,构建了一套集宗教文化养生体验、养生教育、休闲度假、养老为一体的综合度假区。是康养产业体系涵盖健康、教育、旅游、体育、文化、会展交流等各个方面的成功典范,通过综合性的养生功能区,真实地驾驭了概念性的宗教文化,实现了康养产业体系的整体化。

(资料来源:www.zgdjkly.com/archives/1297)

第二节 文化欣赏与健康旅游

文化欣赏通常指的是对各种艺术、历史、文学、音乐、电影等文化形式的欣赏和了解。对于许多旅游者来说,文化欣赏是旅游体验的重要组成部分。通过参观博物馆、艺术展览、历史遗迹、音乐会等文化活动,旅游者可以更深入地了解当地的历史、文化和传统。此外,文化欣赏也可以帮助旅游者更好地理解当地人的生活方式和文化价值观,从而更好地融入当地的生活。

健康旅游则是指以促进健康为目的的旅游活动。这种旅游形式包括各种以健康为主题的旅游项目,如健身中心、温泉浴场、瑜伽课程、健康饮食指导等。健康旅游的目的是帮

助旅游者在旅游过程中保持身体健康,减轻压力和疲劳,提高生活质量和幸福感。

将文化欣赏和健康旅游结合起来,可以创造更加丰富和有益的旅游体验。例如,在健身中心或温泉浴场举办艺术展览或音乐会,或者在旅游过程中提供健康饮食和健身课程等。这种结合可以为旅游者提供更加全面和有益的旅游体验,帮助他们更好地了解当地的文化和历史,同时也促进他们的身体健康。

总的来说,文旅欣赏和健康旅游可以相互融合,创造出更丰富、更有意义的旅行体验。这种综合性的旅游模式不仅有助于提升游客的文化素养和健康水平,还可以促进旅游业的可持续发展。通常和旅游活动联系最为紧密的文化内容包括为红色文化、古代文化、民族文化和自然文化等,本节我们就详细论述这四种文化的欣赏和健康旅游发展的内在逻辑关系。

一、红色文化欣赏与健康旅游

(一)红色文化

1. 红色文化的定义

红色文化通常指的是与社会主义革命和共产主义运动相关的文化传统、符号和价值观。这种文化强调革命斗争、劳动人民的奋斗、社会主义建设等,通常与共产主义国家的历史和意识形态紧密相连。在我国,红色文化特指在革命战争年代,由中国共产党人、先进分子和人民群众共同创造并极具中国特色的先进文化,蕴含着丰富的革命精神和厚重的历史文化内涵。红色文化是一种重要资源,涵盖物质文化和非物质文化。

多数学者认为红色文化应有广义和狭义的理解。广义的红色文化是指世界社会主义运动历史进程中人们的物质和精神力量所达到的程度、方式和成果;狭义的红色文化则是指中国共产党在领导中国人民实现民族的解放与自由以及建设社会主义现代中国的历史实践过程中凝结而成的观念意识形态。

2. 红色文化的形态

红色文化包括物质文化、制度文化和精神文化三方面的内容,是三者有机结合的统一体。其中,红色物质文化属于外表层的、具体的、显性的文化形态,是红色文化的物质外壳和载体。其主要内容包括旧民主主义革命、新民主主义革命、社会主义建设以及改革开放时期的革命战争遗址、重大事件发生地、纪念地及其珍贵实物等,具体如重大革命事件发生旧址、领袖故居、纪念碑、烈士陵园、陈展场馆、建筑、园林、器物、饮食、服饰等。而红色制度文化主要是指中国共产党领导广大人民群众在旧民主主义革命、新民主主义革命、社会主义建设和改革开放时期所创建的理论、纲领、路线、方针、政策等。红色精神文化特指中国人民在旧民主主义革命、新民主主义革命、社会主义建设和改革开放时期形成的革命精神、文化传统和社会主义核心价值体系等,包括革命回忆录、小说、散文、歌舞、戏曲、绘画、故事传说等。与红色物质文化相比,红色精神文化是内在的、无形的、抽象的或者难以触摸的,但却是最活跃、最具有生命力的文化形态。

（二）红色文化欣赏

红色文化欣赏是指对与社会主义革命和共产主义运动相关的文化元素进行赏析和体验，以更深入地理解、感受和欣赏其中的历史、思想、情感和价值。这种欣赏可以涵盖各种形式的艺术、文学、音乐、表演、纪念遗址等，与社会主义历史和意识形态紧密相连。红色文化欣赏的内容主要包含以下几个方面：

1. 革命历史

红色文化欣赏包括对社会主义和共产主义革命历史的赏析。通过学习革命时期的事件、人物和背景，人们能够更深入地了解历史的变迁和社会变革的历程。

2. 艺术表现

红色文化在艺术领域有着丰富多样的表现，如绘画、雕塑、音乐、舞蹈、戏剧等。欣赏这些艺术作品，人们可以深刻感受到其中蕴含的革命精神和共产主义思想的表达。

3. 纪念遗址

许多地方保留了与红色历史相关的纪念遗址和景点，如革命纪念馆、红军长征路线等。通过参观这些地方，人们可以深切感受到历史的厚重与情感的深沉。

4. 红色歌曲和表演

红色文化还囊括了许多经典的红色歌曲、表演和戏剧作品。欣赏这些作品，能够让人体验到当时社会主义运动的澎湃激情与坚定信仰。

5. 思想和价值观

红色文化的欣赏还涵盖对社会主义和共产主义思想、价值观的深入理解和思考。从中，人们可以获得关于平等、公正、团结等核心价值的深刻启示。

红色文化欣赏不仅能够帮助人们更好地理解社会主义的历史和思想，还能培养历史意识与文化自觉。它是一种探索历史、感受情感、拓宽视野的独特体验，有助于人们更深刻地认识社会和自身。

（三）红色文化欣赏与健康旅游

红色文化欣赏与健康旅游可以相结合，为游客提供一种丰富多彩的旅行体验。这种体验既能让游客感受到红色文化的历史价值和深厚情感，又能促进游客道德、思想、情操的教育与培养，从而达到道德健康的目的。在本书的第一章中，我们曾引用世界卫生组织关于健康概念的解释，即"健康不仅仅是身体没有疾病，而且还要具备心理健康、社会适应良好、道德健康"。所谓道德健康，最主要的是不以损害他人利益来满足自己的需要，具备辨别真伪、善恶、荣辱、美丑等是非观念，能按社会公认的规范准则约束、支配自己的思想和行为。因此，通过红色旅游，可以使人们的价值观、人生观和世界观得到正确的塑造和引导，进而实现道德健康的目标。关于红色文化欣赏与健康旅游的融合与联系，可以从以下几个方面进行理解。

1. 文化历史体验的健康启示

在欣赏红色文化的过程中，游客能够深入了解社会主义革命和共产主义运动的历史，从中汲取坚持信仰、克服困难的健康启示，进而被鼓励树立积极乐观的生活态度。

2. 红色文化活动的康养价值

参与红色文化相关的活动,如参观革命纪念馆、纪念地、革命烈士陵园等,可以使游客深刻接受爱国主义教育、革命传统思想教育,更好地向革命伟人学习。这样的活动不仅能让游客在旅游中收获知识,还能使他们的思想道德意识得到培养与升华,从而过好自己的人生。

3. 健康康复活动中的文化元素

健康旅游中的康复活动,如瑜伽、冥想、温泉疗法等,可以巧妙地融入红色文化元素。例如,在具有红色历史意义的场所进行康养活动,能够使康复体验更加富有内涵和深度。

4. 身心平衡与情感愉悦

红色文化欣赏在健康旅游中有助于创造身心平衡。通过参与文化活动、体验红色情感,游客可以放松身心、愉悦情感,从而增进健康。

5. 综合性的旅行体验

将红色文化欣赏与健康旅游相结合,可以为游客提供更加综合、多元的旅行体验。游客既可以领略红色文化的独特魅力,又能在康养活动中获得健康益处。

6. 社交互动与情感共鸣

在红色文化欣赏和健康旅游的过程中,游客能够与其他参与者分享情感、交流体验。这种社交互动有助于增进情感共鸣,进而促进心理健康。

7. 可持续发展

将红色文化欣赏与健康旅游相结合,也有助于旅游目的地的可持续发展。通过提供多元化的文化和健康服务,可以吸引更多的游客,为地方经济的增长注入新的活力。

总的来说,红色文化欣赏与健康旅游的结合能够创造出丰富多彩、富有意义的旅行体验,其价值主要体现在对道德健康的促进方面。这种综合性的旅游模式不仅有助于提升游客的文化素养和道德健康水平,还能为旅游业的可持续发展贡献力量。

(四)红色文化欣赏与健康旅游融合的优劣势

红色文化赏析主要依托的空间场所为红色旅游目的地。红色旅游目的地在发展健康旅游的过程中,既拥有明显的优势,也面临一定的挑战。

1. 优势

(1) 丰富文化底蕴

红色旅游目的地通常蕴含着浓厚的革命历史和文化,这为道德健康旅游增添了独特的文化魅力。游客在康养的同时,能够深刻感受到历史的厚重与情感的深沉,从而有利于延长停留时间,进而增加健康旅游者的消费支出,为旅游目的地带来更高的收入。此外,发展红色旅游康乐活动还有助于红色文化的传承与弘扬,让更多人了解和铭记革命历史,增强社会认同感。

(2) 品牌影响力

红色旅游目的地往往具有较高的知名度和品牌影响力,这为其康养旅游的推广和宣传提供了有力支持,能够吸引更多游客前来体验。例如,延安、韶山、西柏坡、井冈山等都是知名的红色旅游圣地,每年吸引着大批游客前来参观游览。以井冈山为例,凭借其强大的品牌影响力,2017年至2019年三年间,接待游客量分别达到了1732万人次、2425万人次、1932万人次。

(3) 文化康乐结合

将红色文化与道德健康旅游相结合,可以为游客提供多元化的旅游体验,这符合当前体验经济的发展趋势。游客既可以深入了解革命历史和文化,接受革命传统教育,又可以参与丰富多彩的康乐活动,满足不同层次的需求。此外,红色旅游目的地通常拥有丰富的自然资源和优美的自然环境,非常适宜开展多样化的健康活动,如思想教育、瑜伽、登山、学习等。

2. 劣势

(1) 市场调整挑战

将红色旅游目的地转型为健康旅游目的地,需要进行市场调整,可能涉及定位的改变和新健康项目的开发,这可能会带来市场适应性的挑战。

(2) 融合难度

红色文化与健康旅游的融合需要创新和精心设计。如何平衡两者之间的关系,确保游客既能享受文化体验,又能满足健康需求,这是一个需要认真思考的问题。

(3) 竞争压力

近年来,健康旅游市场竞争日益激烈。特别是新冠疫情的暴发后,越来越多的人开始重视健康,健康旅游产业也吸引了大量投资,逐渐成为了竞争的红海。红色旅游目的地需要与其他康乐旅游目的地展开竞争,提供具有竞争力的康乐服务和设施。

(4) 设施和投资需求大

发展红色旅游需要完善的设施和大量的投资,包括道路等基础设施,以及展馆陈列设施、活动场所等。这可能需要大量的资源和资金。特别是一些位于老少边穷地区的革命老区,本身基础设施就较为落后,经济发展缓慢,缺乏发展资金。

(5) 市场需求不确定性

红色旅游市场需求可能会随时发生变化,需要不断调整和适应。红色旅游目的地需要密切关注市场趋势,灵活调整产品和服务。

红色旅游目的地发展康养旅游的优势和劣势可能因地区、市场和具体情况而有所不同,以上提到的是一些普遍存在的问题。综合来看,将红色旅游目的地发展为康乐旅游可以带来独特的优势,但同时也需要克服一些挑战和劣势。成功的发展需要充分考虑当地的文化资源、市场需求以及竞争环境,进行精心策划和运营,以提供具有吸引力和价值的旅游体验。

(五) 主要模式:红色康养小镇

红色康养小镇是将红色文化和健康旅游相融合,为游客提供丰富多样的健康康养体验的旅游目的地。这些小镇往往坐落在具有重要革命历史地位的地区,如中国革命时期的红色基地、革命领袖的故乡等。

红色康养小镇主要融合了以下两个关键元素:

红色文化:这些小镇蕴含着深厚的革命历史和文化底蕴,曾是中国革命的重要舞台。游客可以在此参观革命纪念馆、革命遗址、红色博物馆等,深入了解革命历史、英雄事迹和红色文化。

康养旅游:为了满足现代人对于健康和休闲的迫切需求,红色康养小镇提供了各类康养活动,如瑜伽、太极、冥想、温泉疗法、自然散步等。这些活动有助于游客放松身心,远离城市喧嚣,进而促进健康和提升幸福感。

红色康养小镇的发展目标是将红色文化与现代康养理念相结合,为游客打造综合性的旅行体验。在这里,游客可以在红色文化的熏陶中获得身心健康的提升,同时欣赏自然风光,参与康养活动,深切感受历史与现代的完美交融。这种创新的旅游模式对于文化传承、地方经济发展和游客健康都具有深远的意义。

目前国内已经涌现出一批发展较为成熟的红色健康小镇,如株洲茶陵县严塘镇兴和村的红色旅游特色小镇、山西晋城的南阳村红色康养村、陇东合水县太白镇、江西瑞金市叶坪镇朱坊村红色康养小镇、三门峡灵宝市朱阳镇等。

案例:

江西瑞金市:红色康养小镇赋能发展

"村民的'腰包'都鼓起来了,日子也更加红火。"3月16日,走进江西省瑞金市叶坪镇朱坊村红色康养小镇,只见朱坊河两岸游人如织,阳光透过树梢洒落而下,清脆的鸟鸣声和游客的欢声笑语交织在一起,热闹非凡的场景让朱坊村党总支书记朱村萍乐得合不拢嘴:"打造'红色康养小镇'以来,中央红色医院旧址、中草药基地、养生馆、健身公园等地吸引了众多游客参观打卡,特别是春节期间,日均接待上万人次游客,附近的餐饮、民宿生意都十分火爆,直接盘活村里旅游服务产业链的发展。"

朱坊村是当年苏维埃中央政府卫生管理局、中革军委总卫生部、中央红色医院所在地,是红军军医学校(卫生学校)和《健康报》诞生地,这里还留下了"傅连暲风雨兼程救主席"的传奇故事。近年来,瑞金市认真贯彻执行健康中国行动部署,大力开展健康教育与健康促进活动,在扎实推进健康促进县区建设进程中,充分挖掘红色资源,培育红色文化,让红色历史文化与现代化"大健康"理念充分融合,赋予红色文化新的时代内涵,全面助力乡村振兴。

朱坊村"红色康养小镇"项目在打造之初,便引进专家进行编制规划、方案设计。总体围绕健康村健康规范总要求,依托红色资源、盘活绿色资源,实行片区谋划、抱团发展,目前形成以傅连暲纪念广场、中医药文化馆、中央红色医院旧址、中国工农红军卫生学校旧址、健康报旧址为主线的红色教育研究基地,以健身公园、健康步道、红色健康居家养老服务中心为主的健康休闲区,以中药科普园、院士工作基地、万亩果蔬基地、主题民宿区为主的绿色休闲旅游产业链,多元产业蓬勃发展,健康元素无处不在,村民安居乐业,乡村振兴迈出坚实步伐。

"村里还整合闲置资源,将村民闲置的房屋统一发展成民宿,实现年户均增收2万余元。"朱村萍说,如今村里干净整洁,公共卫生设施大大改善,休闲、健身、养生等健康产业蓬勃发展,村民过上了健康舒适宜居的好日子。

(资料来源:赣南日报2023—03—23)

二、古文化欣赏与健康旅游

(一) 古文化

1. 古文化的定义

古代文化是指过去历史时期的各种文化现象、思想观念、社会制度、艺术表现和生活方式等,通常特指人类历史上较早的时期。根据不同的地区和历史阶段,可以分为不同的古代文化时期。

2. 古文化的内涵

古代文化的内涵非常丰富,包括哲学、宗教、道德、文学、艺术、科学、技术等各个领域。古代文化反映了人类社会的历史发展和文明进程,同时也体现了人类智慧和创造力的结晶。

古代文化中,哲学和宗教占据重要地位,它们代表了古代人们对世界和人类本质的思考与认识。例如,中国古代的儒家、道家、墨家等学派,提出了关于道德、伦理、政治、人性等方面的思想和理论,对后世产生了深远的影响。在古代印度,佛教和印度教是主要的宗教,它们强调人类与自然、现实与超越之间的关系,提出了轮回、解脱等核心概念。

文学和艺术也是古代文化的重要组成部分。古代的诗歌、小说、戏剧、绘画、雕塑等作品,反映了当时社会的审美观念、思想情感和人文精神。例如,中国古代的《诗经》《楚辞》《唐诗》《宋词》等文学作品,表达了人们对自然、社会、情感等方面的感悟和体验。

科学和技术同样在古代文化中占有重要位置。在古代,人们通过对自然现象的观察和研究,提出了各种科学理论和方法,推动了科学技术的发展。例如,中国古代的《黄帝内经》《九章算术》等著作,分别代表了古代医学和数学的重要成果。

总之,古代文化是一个丰富多彩、博大精深的文化形态,是人类文明的重要组成部分。学习和研究古代文化,可以帮助我们更好地认识历史和文化,理解人类社会的本质和发展。这些古代文化都在其时代产生了丰富多样的成就,对后世产生了深远的影响。每个文化都有其独特的特点和价值,反映了当时社会、政治、宗教和艺术的发展状况。我国这些古代文化的遗产在今天仍然是人类文明的重要组成部分。

(二) 古文化欣赏

古代文化是人类历史上的宝贵遗产,具有丰富多彩的价值和意义。欣赏古代文化可以帮助我们更好地了解人类历史、思想、艺术和生活方式,同时也能够激发我们的创造力和思考。欣赏古代文化的主要方式和方法主要有以下几种:

1. 参观历史遗迹

古代建筑、遗址等历史遗迹是了解古代文化的窗口。参观古代的宫殿、寺庙、城市遗址等,可以让我们感受到古人的智慧,了解他们的生活方式,同时也能够领略古代社会的风貌。

2. 鉴赏艺术品

欣赏古代的雕塑、绘画、陶瓷、书法等艺术品，可以深入体验古代文化的审美价值和创造力。通过探究艺术品的技法、风格和象征意义，我们能够更好地理解当时的社会和文化背景。

3. 阅读文学作品

阅读古代文学作品，如诗词、戏剧、哲学著作等，有助于我们了解古代人的思想观念和情感表达。借助文学作品，我们可以走进古代人的内心世界，感受他们的情感和思考。

4. 体验文化节庆

参与古代文化相关的传统节庆活动，如戏曲演出、古装游行、庙会等，可以亲身体验古代文化的活力和魅力。这些活动既有趣味性，又能让我们更深入地了解古代的习俗和传统。

5. 学习研究

通过学习相关的历史、考古、艺术等学科，我们可以深入了解古代文化的背景和演变过程。这种深入研究有助于我们更全面地把握古代文化的内涵和意义。

总之，欣赏古代文化是一种富有启发和愉悦的体验。通过多种方式和方法，我们能够更好地领略古代文化的魅力，感受人类文明的延续与发展。

（三）古文化欣赏与健康旅游

应该说，身体问题是在世的每个人都绕不开的、最切己的基本问题之一。所以从人类诞生伊始，人们就对身体健康问题进行探索，形成了最初的身体健康观念，并使其不断发展。尽管对身体的理解与观照存在差异性、多元性，但是人的存在必须包括身体的存在，甚至身体的存在具有首要性或优先性，这基本上已成为人们的共识与通理。从意识层面看，这种对身体的理解、认知与观照就是身体观念。个体的身体观念自然难以把握，但是某个群体的身体观念却可以通过溯源这个群体的文化传统与精神脉络去了解与获知。一般而言，文化传统，无论是中国的，还是西方的，在观念上，都更倾向于对肉身的提升、转化、拯救与超脱，而不是仅仅局限于生理性的血肉之身、情欲之体、生灭之形。因此，对于人类群体来讲，身体问题在人类社会的文明发展史中，尽管是一个绕不开的基础性问题，但这并不是最主要的核心问题，而是一个明显存在却又不被凸显的边缘问题。随着现代社会的整体性发展，经济的迅猛进步，尤其是医疗技术、健身技术、美容技术的极大提高，个体的身体的疾病与病痛、衰老与延年、形塑与改写等问题，正逐渐成为一个值得思考的重要问题。

古文化欣赏与健康旅游的结合，可以为游客带来丰富多样的旅行体验，既能够满足文化探索的需求，又能够促进身心健康的提升。古文化欣赏与健康旅游融合的要点主要有以下几个方面。

1. 身心放松

古文化欣赏常伴随着悠闲的步行、观赏古迹等活动，这些活动有助于放松身心、减轻压力，进而促进心理健康。

2. 文化沉浸

游客在古代文化遗址、博物馆、历史建筑中,可以深度沉浸于历史情境,感受文化的厚重与传承,进而激发好奇心和学习欲望。

3. 户外活动

健康旅游常包括户外运动和休闲活动,而许多古文化景点环境优美,提供了徒步、自行车骑行等活动的场所,有助于增强体质。

4. 文化体验

通过参与传统活动和文化体验课程,古文化欣赏可以让游客更加融入当地文化,感受文化的乐趣。

5. 刺激认知,增强智力

探索古代文化和历史能够激发游客的认知,促进大脑活跃,增强智力活力。

6. 社交互动

在文化欣赏和健康旅游过程中,游客有机会结识新朋友,分享旅行体验,增强社交互动,有益于心理健康。

7. 综合收益

通过结合古文化欣赏和健康旅游,游客可以在文化与健康之间找到平衡,既满足精神文化需求,又关注身体健康。

8. 终身学习

古文化欣赏鼓励游客持续学习和研究,增加知识储备;而健康旅游则鼓励长期关注健康,有助于建立积极的生活方式。

综上所述,古文化欣赏与健康旅游的结合为游客提供了全面丰富的体验,既满足了文化探索的需求,又促进了身心健康的提升。这种结合不仅能够丰富旅行体验,还有助于培养全面健康的生活方式。

(四)古文化欣赏与健康旅游融合的优劣势

中华优秀传统文化是中华民族的根和魂,文化和旅游融合发展成为当前我国旅游发展的新动能。将欣赏优秀传统文化和健康旅游结合在一起,将会为健康旅游发展带来新的机遇。但是,将古文化欣赏融入健康旅游发展也面临一些挑战。不论是传统文化型旅游目的地增加健康旅游产业,还是在健康旅游发展中挖掘当地的传统文化,都既有机遇也有挑战。

1. 机遇

(1) 传承和弘扬中华优秀传统文化的大背景

传统文化是一个独特的旅游资源,可以吸引寻求多样化旅游体验的游客。例如,一些目的地可以提供独特的文化遗产、民俗文化、古建筑等旅游项目,这些都可以吸引健康旅游者的关注。利用这些独特的文化资源可以开发健康旅游产品,如中国传统中医药文化。悠久的历史文化是中医药健康旅游的基石,应当对其进行深层次、全方位的解读,实现历史文化与中医药健康旅游的无缝对接。在中医药健康旅游的吃、住、行、游、购、娱等方面打上中医药养生的文化烙印,打好中医药文化这张牌。

(2) 全球健康意识不断增强

在新冠疫情的冲击下,近两年来全球健康意识不断增强。随着人们的健康需求不断上升,全球大健康产业也得到越来越多资本的关注。党的十九大报告提出,满足人民群众对美好生活的新期待,是新时期中国特色社会主义的重要奋斗目标。随着国民生活水平的提高以及人口老龄化的到来,人们对于就医、健身、养老、旅游、环保等与健康相关的需求越来越多,建设健康中国正当其时。发展健康产业、实施健康中国战略,已经成为带动整个国民经济增长的强大动力。传统文化型旅游目的地可以通过提供养生旅游产品、健康食品等,满足游客的健康需求,从而扩大旅游市场。

(3) 产业融合带来的新发展

产业融合是全球经济发展的大趋势,也是世界各国推动产业发展的新选择,并逐渐成为产业提高生产能力和竞争力的重要方式之一。在文化和旅游融合发展战略背景下,文旅与其他领域融合趋势不断加深,彰显了"跨界合作"的发展理念。2019年,国务院、发展和改革委员会、文化和旅游部、农业农村部、民政部等各部委陆续发文,鼓励支持交通、体育、养老、健康等产业与文旅融合发展。传统文化与现代健康元素的结合,可以推动旅游目的地的创新发展。例如,一些目的地可以将传统养生方法与现代健康理念相结合,推出新的养生旅游产品,吸引更多的游客。

2. 挑战

(1) 文化保护和传承面临挑战

传统文化资源的保护和传承是一个重要的挑战。一些目的地为了追求经济利益,在进行健康旅游开发过程中可能会过度开发传统文化,导致文化的失真。因此,如何在开发传统文化的同时保护好传统文化,是一个亟待解决的问题。

(2) 环境保护面临较大压力

健康旅游的发展也可能会对环境产生影响,例如引发环境污染、生态破坏等问题。因此,传统文化型旅游目的地需要采取有效的环保措施,以确保健康旅游的可持续发展。

(3) 相关支撑体系不够完善

旅游服务设施的不完善以及旅游人才的短缺,也是阻碍文化型旅游目的地发展健康旅游的挑战。一些目的地可能由于资金不足或地理位置偏远等因素,使得旅游服务设施不够完善,进而影响健康旅游者的旅游体验。同时,无论是健康旅游还是文化旅游,都需要复合型人才。古文化和健康旅游的融合,对人才的要求更高,需要的是高复合、高素质的人才。目前,多数地区缺乏此类专业的旅游人才,这可能会影响旅游服务的质量。

因此,传统文化型旅游目的地需要抓住机遇,迎接挑战,通过制定有效的策略和措施,推动健康旅游的可持续发展。

(五) 古文化欣赏与健康旅游融合的主要模式:文化康养小镇

作为现代服务业的重要组成部分,涵盖健康、养老、养生、医疗、文化、体育、旅游等诸多业态的康养产业,已成为备受关注的新兴产业。作为具有典型社会属性的复合产业,康养产业正借助"文化+",为产业发展注入创造力,延展产业链和价值链,提升产业附加值。在资源的高效配置、城市的均衡发展等方面,文化+康养产业的特色小镇均独具优势。

文化康养小镇注重文化性和体验性,有助于康养产业链条的延伸,创造品牌优势。泰国美体养生、印度瑜伽养生、法国庄园养生、美国养老养生、瑞士阿尔卑斯高山养生等,已经形成了浓郁的当地文化特色,从而提升了当地产业竞争力和规模。

　　"文化＋康养产业"特色小镇一般以"健康"为小镇开发的出发点和归宿点,将文化体验、健康疗养、医疗美容、生态旅游、休闲度假、体育运动、健康产品等业态聚合起来,实现文化与健康相关消费的聚集,形成具有文化意蕴和康养功能的特色小镇。

　　"文化＋康养产业"特色小镇可以依托长寿文化,大力发展长寿经济,形成以食疗养生、山林养生、气候养生为核心,以养生产品为辅助的健康餐饮、休闲娱乐、养生度假等功能集聚的健康养生养老体系;也可以依托医药文化发展医药产业,推动健康养生、休闲度假等产业发展的医养特色小镇;还可以以原生态的生态环境为基础,以健康养生、休闲旅游为发展核心,重点发展养生养老、休闲旅游、生态种植等健康产业。

三、民族文化欣赏与健康旅游

(一) 民族文化

1. 民族文化的定义

　　民族文化是特定民族或群体所共有的文化特征、传统和习惯,包括语言、宗教、价值观、社会制度、艺术表达、生活方式等多个方面。这些文化元素是某个民族在长期历史发展中形成的独特特点,反映了其独特的认知、情感、行为和创造力。

2. 民族文化的表现

　　民族文化的内涵十分丰富,通常表现为以下几个方面。

(1) 语言和文字

　　每个民族都有独特的语言和文字,这是其文化的核心。语言是民族传承、交流和表达的基础,文字则是记录和传播文化的工具。

(2) 宗教和信仰

　　民族文化中的宗教、信仰和仪式体现了人们对生命、宇宙和超自然力量的理解和崇拜。宗教在民族文化中扮演重要角色,影响社会道德、价值观和行为规范。

(3) 社会习惯和礼仪

　　每个民族都有独特的社会习惯、礼仪和行为规范。这些习惯反映了人们在社会交往中的行为准则,表达了社会秩序和人际关系的理念。

(4) 艺术和文学

　　民族文化通过绘画、音乐、舞蹈、戏剧、文学等艺术形式表达情感、审美观念和创造力。民族艺术是文化的重要表现形式。

(5) 传统技艺和手工艺

　　每个民族都有传统的手工艺和技术,这些技艺代代相传,反映了民族的创造力、智慧和生活方式。

(6) 服饰和饮食

民族服饰和饮食习惯反映了人们的生活方式、气候环境和社会地位。服饰和饮食也是民族文化的重要组成部分。

(7) 历史和传统

民族的历史、传统故事、神话传说等形成了民族文化的基石,塑造了民族的身份认同和集体记忆。

民族文化是一个多层次、多维度的概念,反映了一个民族的独特特点和共同认同。这种多样性丰富了人类文化的多样性,也为不同民族之间的相互交流和理解提供了平台。

(二) 民族文化欣赏

民族文化欣赏是对特定民族或群体的文化特点、传统和习惯进行深入体验和感受的过程。这种欣赏涵盖语言、宗教、艺术、风俗、历史等多个方面,旨在增进对不同民族文化的理解、尊重和赞赏。进行民族文化欣赏的一些方法和途径包括以下几个方面:

1. 参观历史遗迹

前往特定民族的历史遗迹、古迹、建筑物等,感受历史的厚重和文化的传承。

2. 体验传统节庆

参与特定民族的传统节庆活动,亲身感受其欢乐氛围、仪式和庆祝方式。

3. 欣赏民族艺术

观赏特定民族的绘画、音乐、舞蹈、戏剧等艺术表现,体验其独特的审美和创意。

4. 品味民族美食

尝试特定民族的传统食品,体验其独特的烹饪方法和口味。

5. 探索民族服饰

欣赏特定民族的传统服饰,了解其风格、材质和文化意义。

6. 学习民族历史

通过阅读、学习,深入了解特定民族的历史沿革、传统故事和重要事件。

7. 参与当地生活

与特定民族的人们交流互动,了解他们的日常生活、家庭习惯和社会文化。

8. 参观博物馆与文化中心

参观博物馆、文化中心等场所,了解展示特定民族文化的展品和资料。

9. 学习民族习俗

学习特定民族的社会习惯、礼仪和节日庆典,了解其生活方式和价值观。

10. 旅游和探索

前往特定民族的居住地,亲身感受当地文化氛围和环境。

在进行民族文化欣赏时,要保持尊重、开放和包容的态度,努力理解不同民族的背景和传统,同时也可以从中汲取启发,丰富自己的视野和知识。这种欣赏不仅有助于促进文化多样性和跨文化交流,还能够丰富旅行体验,增进人与人之间的相互理解和友好关系。

(三) 民族文化欣赏和健康旅游

民族文化欣赏与健康旅游的结合可以创造丰富多样的旅行体验,既能够满足人们对

文化探索的需求,又能够促进身心健康的提升。民族文化欣赏与健康旅游融合的一些关联点,主要可以从以下几个方面来理解:

1. 身心平衡

民族文化欣赏强调对历史、艺术和传统的理解,而健康旅游注重身体锻炼和心理放松。结合两者可以实现身心的平衡,让旅行更加充实和有意义。

2. 文化体验

通过欣赏特定民族的文化,游客可以深入了解其生活方式、价值观和传统,从而获得深刻的文化体验。

3. 文化冥想

欣赏民族文化可以帮助游客进行文化冥想,通过与文化艺术互动,达到情感宣泄和内心平静的效果。

4. 康复与放松

在欣赏民族文化的过程中,游客可以在美丽的自然环境中放松心情,同时也可以参与一些康复性的活动,如舞蹈、传统手工艺等。

5. 心理愉悦

民族文化欣赏常常伴随着欢乐和愉悦,而快乐的情绪有助于提升心理健康水平,增强抵抗力。

6. 社交互动

在民族文化欣赏和健康旅游中,游客有机会结识新朋友,分享旅行体验,增强社交互动,这也有益于心理健康。

7. 认知刺激

民族文化欣赏可以激发游客的认知能力,促进大脑活跃,增强智力活力。

8. 全面满足

结合民族文化欣赏和健康旅游,游客可以在文化与健康之间找到平衡,既满足精神文化需求,又关注身体健康。

9. 文化康养

民族文化的美、历史、哲学等元素可以为康养旅游提供文化底蕴,丰富健康旅游的内涵。

综合来看,将民族文化欣赏与健康旅游结合起来,可以为游客创造一个丰富多彩、兼顾身心健康的旅行体验。这种结合不仅能够充实旅行内容,还有助于培养全面健康的生活方式。

(四)民族文化和健康旅游融合发展的机遇和挑战

民族文化和健康旅游在融合发展过程中既面临机遇,也遭遇挑战,具体情况可能因地区、市场需求和旅游资源的不同而有所差异。其主要机遇和挑战如下:

1. 机遇

(1)旅游资源丰富

少数民族地区拥有丰富的健康旅游资源,尤其是地热资源、中医药资源以及优质的生态环境,这些都能为旅游消费者带来独特的健康养生体验。少数民族地区在资源方面占据优势,由于其地理环境特殊,自然资源和医药资源受到较少破坏,保留了良好的生态环境和独特的气候条件,成为康体疗养、健康运动、休闲度假的理想胜地。例如,在西南的云、贵、川、渝、桂等省级行政区,原始森林茂密且神奇,奇珍异草点缀其间,这些都是少数民族地区开展健康旅游的有利条件。此外,少数民族地区的体育活动和民俗活动丰富多彩,独具民族特色,适合游客参与,为健康旅游提供了多角度发展的可能。特别值得一提的是,少数民族地区的地热资源、饮食文化,以及独具当地特色的健康农家菜,对于有健康需求的游客来说,是极佳的选择,为健康旅游奠定了坚实的资源基础。

(2) 国家政策支持

在"健康中国"战略背景下,国家高度重视健康产业的发展。国家政策的出台为少数民族地区的健康旅游发展提供了良好的机遇。从2013年至2017年,国家为推动健康旅游的发展颁布了一系列政策文件,如《关于促进健康服务业发展的若干意见》《关于促进旅游业改革发展的若干意见》《关于进一步促进旅游投资和消费的若干意见》《关于促进中医药健康旅游发展的指导意见》《"健康中国2030"规划纲要》《关于促进健康旅游发展的指导意见》等。这些政策文件都提倡利用我国丰富的中医药特色资源,鼓励各地区积极发展健康旅游产业。从我国整体的产业布局发展来看,旅游产业是当前国家大力发展的产业之一。在经济驱动要素转变以及经济结构优化的现实背景下,我国政府希望将旅游产业打造成为新的支柱产业,形成新的经济增长点,同时也实现对于传统产业的替代,从而顺利完成经济转型。

(3) 市场需求增加

在大健康时代下,人们对健康的需求日益增长。《2019国民健康洞察报告》显示,93%的公众认为身体健康是最重要的事,公众对健康的重视程度远超其他。据世界卫生组织调查结果表明,全世界处于健康状态的人仅占5%,患病状态的占20%,而75%的人都处于亚健康状态。2016年全国健康普查数据显示,23.1%的高收入人群患有"三高"疾病,33.7%的高收入人群有胃肠消化系统疾病,92.3%的高收入人群存在身体和精神健康问题。据文化和旅游部规划财务司张吉林介绍,2020年我国旅游业和健康服务业总规模将分别达到7万亿元和8万亿元,健康旅游产业拥有广阔的融合发展空间。随着百姓生活水平的提高及健康意识的增强,对健康需求的增加以及市场需求的扩大,加之国家对两大产业的政策支持和持续资金投入,都表明健康旅游具有广阔的发展前景。

2. 挑战

(1) 旅游资源整合不足

少数民族地区在旅游业方面拥有显著的自然资源优势,但由于经济相对落后、医疗技术水平较低、缺乏医疗资源和信息共享平台等原因,导致旅游资源与医疗资源的整合存在巨大提升空间。健康旅游产业的发展需要传统旅游业与医疗保健行业相互支持与融合,发挥各自优势,将医疗保健资源与旅游资源有机结合,实现有效的资源互补。然而,从目前的发展情况来看,少数民族地区的旅游模式仍以传统旅游资源为主,与医疗保健资源相互独立,缺乏健康旅游的观念以及资源整合的人才和技术。健康旅游是以健康需求为导向、旅游为载体、健康与旅游深度融合为核心的新型服务模式,资源整合及两大行业的合作共荣是其发展的基石。对于少数民族地区而言,资源整合不足既无法充分发挥传统旅游产业的资源优势,也难以深入发掘和开发自身独特的民族医药资源。与传统旅游相比,资源利用效率低下,从而制约了健康旅游产业的发展。

（2）旅游产品缺乏创新

健康旅游与传统旅游不同,在吃、住、行、游、娱、购的基础上增加了健康、养生、医疗等方面的内容。这也意味着以往的旅游产品已无法满足现代游客的需求,旅游产品的开发和创新势在必行。少数民族地区拥有丰富的药用生物资源和独特的民族医药养生文化。但就目前而言,少数民族地区的健康旅游资源开发程度较低,健康旅游产品稀少。健康旅游作为新兴产业,在我国仍处于摸索阶段,少数民族地区健康旅游产业的发展也存在诸多问题。许多少数民族地区的旅游产品、旅游项目以及采用的营销手段具有相似性,高度同质化使得少数民族地区的健康旅游业发展缺乏足够的产业特色和吸引力。旅游产品创新不足很大程度上源于忽略了不同少数民族地区之间的独特特点,未能充分挖掘地区独特的民族文化和旅游资源,在现有旅游产品上进行改革创新,而是一味地照搬其他产品,缺乏独特性和市场吸引力。

（3）旅游宣传力度不够

目前,健康旅游产业的理论研究与实践发展尚处于起步阶段,需要通过有效的宣传手段提高消费者对这一新兴旅游产业的认识和接受程度。少数民族地区凭借丰富的旅游资源在旅游业中独树一帜,但游客对少数民族地区的印象大多局限于自然景观与民族文化方面,对少数民族的医药养生方面还停留在听闻阶段,缺乏切身体验。当前,少数民族地区的宣传方式较为单一,宣传效果不理想,且缺乏品牌意识,导致健康旅游知名度低。少数民族地区开展的健康旅游项目大多局限于自身资源宣传,宣传角度偏于自我,导致健康旅游的潜在消费者难以准确找到需求点,其健康旅游消费促进力度也会严重不足。少数民族要发展健康旅游,不能仅限于宣传自然资源,而应突出本地区的民族医药资源,以健康需求为导向,深入分析游客群体的健康需求特征,加大宣传力度,吸引旅游消费者。

（五）民族文化健康旅游发展:构建民族村寨的和谐模式

相关学者的研究已经证明,大多数旅游者到民族地区旅游的目的是为了休闲散心、呼吸新鲜空气、修身养性、保持身心愉悦。追求高层次的生活质量是旅游者外出度假最主要的诉求。

民族地区健康旅游的实质是体验异文化。旅游者通过深入接触当地人的生活和生产,体验目的地的整体民族文化,了解和欣赏异地的艺术、语言、节日、民俗、宗教、饮食、服饰等,以满足自身的求知欲望。

旅游的最高追求莫过于心灵上的放松,这就要求民族地区在开发健康旅游的过程中,营造出和谐、舒适的环境氛围,使得游客能与民族地区和谐相处,甚至达到天人合一的状态。这样的旅游体验才是难忘的,同时也是可持续发展的。

1. 营造民族视听和谐氛围

（1）民族服务与本土文化的和谐

很多少数民族的节庆活动都包含着促进健康的元素,比如蒙古族的那达慕、傣族的泼水节、傈僳族的刀杆节、彝族的火把节、白族的三月街等。这些节庆活动包括唱歌跳舞、赛马爬杆等，能够促进身体健康及心情愉悦。应对这些少数民族节庆活动进行挖掘并开发包装，打造成富有民族特色的健康娱乐活动。

(2) 住宿环境的视听和谐

民族地区环境是健康旅游开展的基础，旅游与民族地区环境之间存在内在的统一性。少数民族健康旅游的开发，一方面要与乡村自然环境相适应，有利于地区环境保护和自然生态平衡；另一方面也要注意维持少数民族文化的原真性，不危及当地少数民族地区居民的伦理道德和社会生活。

2. 营造旅游供需和谐氛围

(1) 加强交通基础设施建设，提高村寨旅游供给水平

旅游交通的发展是客源市场变化的重要驱动因素，它会导致客源市场空间结构的扩展，且扩展的方向基本与交通发展的路径一致。因此，加强少数民族地区交通基础设施建设，改善少数民族群众的交通出行条件显得尤为迫切。

(2) 加强网络营销平台宣传，提高村寨旅游需求水平

在信息多元化的时代，旅游目的地仅靠有限的实体宣传资源是远远不够的，必须借助网络和媒体进行宣传。建立旅游目的地的官方网站，与网络媒体进行合作，同时，新媒体的运用也至关重要。

3. 营造村寨管理与地方发展和谐氛围

(1) 区域联合发展，促进产业链和谐

未来应强化各省之间在少数民族旅游方面的战略合作，鼓励健康产业的发展。特别是中西部少数民族地区，它们拥有优质的健康旅游资源。我们应打破行政区域界限，各城市之间整合旅游资源、优势互补、合理分工、加强联系，形成区域性健康旅游带，实现区域性联动发展。

(2) 加强专业人才培养，促进管理模式和谐

民族地区大多是由村民进行经营管理，他们可能存在知识储备不足、对健康旅游缺乏深层次理解的情况。因此，健康旅游的开发需要一支专业人才队伍，对少数民族村寨的旅游从业者进行健康旅游培训，为游客的健康旅游活动提供指导。同时，应引进高层次的资深养生专家，为游客的特色健康活动提供专业指导。最后，需要不断培养新的人才，以满足少数民族地区健康旅游科学化经营和规范化服务的发展要求。

案例：

广西巴马：特色民族中医药成脱贫"良方"

近年来，广西河池市巴马瑶族自治县突出中医民族医药特色，深化医药卫生体制改革，把发展特色民族中医药事业作为助推健康扶贫攻坚工作的有效途径，大力发展民族中医药事业，在政策、规划、项目、资金等方面支持中医药事业发展，服务广大群众健康。

深化改革打造健康旅游。该县立足实际和区域优势，围绕巴马长寿养生国际旅游区、广西大健康产业龙头基地、深圳巴马合作特别实验区"三大定位"，把旅游、长寿

养生和中医民族医药相结合,加强对民间壮药、瑶药的收集整理,加强对中医药养生的开发力度;建立壮医科、瑶医科等富有民族医药诊疗特色的科室,创办了"中医药健康旅游指导中心"和"民族医院国医堂",发挥中医民族医药的优势;加大对长寿养生和中医民族医药的科研力度,将养生理念与产品设计、服务方式相融合,提高民族中医药健康诊疗服务水平,扩大民族中医药健康扶贫在全国的影响力和知名度,打造民族中医药健康旅游品牌。

加大投入完善服务体系。2015年,该县投入创建"民族医院国医堂",投入13500万元完成县民族医院搬迁一期工程主体建设,并将在二期工程的建设过程中兴建一个药用植物园。自治区卫健委已投入60万元按中医馆标准要求建设3个乡镇卫生院,创建"中医馆",全县11个乡镇卫生院和部分村卫生室已经能提供中医药特色服务。以提高临床疗效为核心,深入实施名医、名家、名科"三名工程"战略,全面提升中医民族医药服务能力。加大中医药壮瑶医药人才的引进和培养力度,不定期地举办中医药民族医药适宜技术大讲堂、中医名医名家走基层行动计划、中医药适宜技术培训班等,有计划、有步骤地培养当地中医药壮瑶医药人才,充分发挥中医药壮瑶医药人才在建设中医药民族医药健康旅游示范区的作用。

突出特色助推健康扶贫。该县在完成中医药适宜技术推广视频网络平台建设的同时,在县民族医院开展和推广壮医经筋治疗、瑶药熏蒸治疗、针灸推拿诊疗、瑶药足疗以及推拿、针灸、拔罐、火疗、足浴、敷贴等民族中医药特色诊疗。同时,加快组建中医民族专科联盟建设工作,依托基层医疗卫生机构中医馆建设平台,以县民族医院为龙头、乡镇卫生院为枢纽、村卫生服务室为网底的中医民族医药服务网络体系,让全县各族群众和贫困人群在家门口就能够享受到质优价廉的特色民族中医药服务,为健康扶贫工作奠定了坚实基础。

(资料来源于网络:广西巴马:特色民族中医药成脱贫"良方"(sohu.com))

四、自然文化欣赏与健康旅游

(一) 自然文化的定义

自然文化是人类最原始的文化,同时也是最先进的文化。它最真实地反映了人与自然的关系,是人类生存和发展的根与魂。自然文化的概念在马俊杰主编的《自然文化概论》一书中得到了较为详细的阐述。它指的是源于自然、基于自然,以及关于自然的一切认知、思考和行为、活动所产生的结果与过程。这包括了人类认识自然、适应自然、利用自然、改造自然过程中所创造的物质和精神财富的总和。随着人类对自然认知的深入和思考,自然文化也相应地发生变化,形成了一些新的文化内容和形式。例如,中国传统文化在长期改造自然的过程中形成了"天人合一"的思想,并将这种思想转化为哲学理念,继续指导人与自然的相互关系。人类的自然文化产生得很早,可以追溯到最早的石器文化。从那时起,一直发展到现今的生态文化,经历了一个漫长的演化进程,形成了内容丰富、形式多样、特色鲜明、地域性强的自然文化。

（二）自然文化的内涵

自然文化可以从以下几个方面来理解：

1. 自然与人类活动的相互影响

自然文化着重强调人类与自然环境间的相互作用与影响。人类的文化和活动受自然环境限制，同时，人类的行为也会对自然环境产生影响，形成一种相互关系。例如，不同地域的人们根据自然条件的差异，发展出了各具特色的生产方式、生活方式以及宗教信仰等。

2. 自然的象征和表达

在自然文化中，自然常被用作象征、隐喻或艺术表达的元素。自然景观、生物、气候等被巧妙地融入文学、绘画、音乐、建筑等艺术形式中，传达出人们对自然的感知、情感和审美体验。

3. 自然哲学和价值观

自然文化还涵盖人类对自然界运行规律和生命意义的深入思考。自然哲学在各个文化中以不同形式呈现，它涉及人类对宇宙、生命、人类存在的探索与思考，进而形成了各种宗教、哲学体系和价值观。

4. 自然的传承和保护

自然文化也关乎人类如何将对自然的认知和经验代代相传，形成独特的地域性生态智慧。在现代社会，自然保护和可持续发展的理念已成为自然文化的重要组成部分，人们愈发重视保护自然环境、传承自然文化。

5. 自然作为资源和背景

自然环境常作为旅游、娱乐、休闲等活动的背景，成为人类文化不可或缺的一部分。人们通过欣赏自然美景、参与户外活动等方式，与自然亲密互动，构建了丰富多彩的自然文化体验。

总之，自然文化体现了自然环境与人类文化之间相互作用、相互影响的复杂关系。它既展现了人类对自然的认知和感知，也反映了自然环境对人类文化发展的深远影响。

（三）自然文化赏析

自然文化赏析是通过对自然环境的探索和理解，感受自然的美、力量和智慧，从而深化对自然和人类关系的认识，并激发对自然环境的保护和爱护之心。关于自然文化赏析，可以从以下几个角度来认识：

1. 自然景观的美学价值

自然景观具有极高的美学价值，如山川的壮丽、湖泊的宁静、瀑布的动态等，能够引发人们的审美情感，如崇高、壮美、优美等。通过对自然景观的欣赏，人们能够感受到自然的美和力量，从而对自然产生更深的理解和敬畏。

2. 自然环境的生态价值

自然环境是生态系统的重要组成部分，具有极高的生态价值。通过对自然环境的探索和理解,人们能够认识到自然环境对人类生存和发展的重要性,并了解到自然环境的脆弱性以及人类活动对自然环境的影响。这有助于激发人们对自然的保护和爱护之心。

3. 自然现象的科学价值

自然现象中蕴含了丰富的科学知识,如地理、气象、水文、生物等。通过对自然现象的观察和研究,人们能够深入了解自然的规律和特点,并探索人类与自然的关系。这有助于提高人们的科学素养,并推动科学的发展。

4. 自然文化的社会价值

自然文化是实现人与自然和谐共生的文化,具有极高的社会价值。通过对自然文化的理解和体验,人们能够认识到自然环境对人类社会的重要性,并了解到人类与自然之间的相互作用关系。这有助于推动人类社会的可持续发展,并实现人与自然的和谐共生。

总之,自然文化赏析是通过对自然环境的探索和理解,感受自然的美、力量和智慧,从而深化对自然和人类关系的认识,并激发对自然环境的保护和爱护之心。它是实现人与自然和谐共生的基础,也是人类可持续发展的重要保障。

(四) 自然文化欣赏和健康旅游

自然文化欣赏与健康旅游之间关系密切,它们相互促进,共同使健康旅游体验变得更加丰富和有意义。关于自然文化欣赏如何与健康旅游相结合,可以从以下几个方面来理解:

1. 身心放松与自然环境

自然环境中的美景和宁静氛围有助于放松身心、缓解压力。在健康旅游中,人们可以沉浸在自然的美丽之中,呼吸新鲜空气,远离城市的喧嚣与紧张。这种环境下的放松对心理健康有益,能够减轻焦虑和抑郁情绪。

2. 锻炼与户外活动

健康旅游通常包含户外活动,如徒步、登山、骑行等,这些活动都在自然环境中进行。在欣赏自然文化的同时,人们也可以参与身体锻炼,提升体能和健康水平。这些活动不仅有助于体重控制,还能改善心血管健康、增强肌肉力量等。

3. 情感愉悦与自然景观

自然景观往往能引发人们的情感共鸣,唤起愉悦感受。在健康旅游中,欣赏美丽的自然风景可以带来愉悦、幸福的情感体验。这种情感愉悦有助于释放体内的"快乐激素",提升心情状态。

4. 文化体验与历史渊源

自然文化涵盖地域特色和历史背景,而健康旅游也常涉及体验当地文化和历史。通过了解当地的自然文化,人们可以更好地融入当地生活,感受地域魅力。同时,了解当地的历史和传统也为旅行增添了教育意义和价值感。

5. 心灵成长与自然启示

自然文化中蕴含着深刻的启示,能引发人们的思考和促进心灵成长。在健康旅游中,人们可以通过欣赏自然的奇迹和规律来思考人类与自然的关系以及反思生命的意义等。这种心灵上的成长有助于提升内心的平静感和满足感。

总的来说,自然文化欣赏与健康旅游相互融合,使得旅游不仅是身体的放松和休闲方式,更是一种全面的健康体验。通过欣赏自然文化,人们可以在美丽的自然环境中获得身心的愉悦与满足,从而促进健康的全面发展。同时,健康旅游也能激发人们对自然文化的更深层次理解和欣赏,进而加深对自然环境的尊重与保护意识。

(五) 自然文化和健康旅游融合发展的机遇和挑战

自然文化与健康旅游的融合发展在健康旅游领域中是一个相对较新的课题。利用自然文化发展健康旅游既面临机遇,也存在潜在挑战。

1. 机遇

(1) "两山理论"与生态文明建设理念的普及

"两山"理论所倡导的以人为本、和谐共生与责任担当等价值观,已成为生态文明建设的重要遵循。其中,生态系统动态平衡、经济发展与环境保护协调并进,以及以人民为中心的共建共享原则,构成了生态文明建设的基石。"两山"理论作为习近平新时代中国特色社会主义思想中"五位一体"总体布局的关键内容,已深入人心。无论是旅游目的地政府、旅游企业还是健康旅游者,都已认识到生态文明的重要性,这为自然文化与健康旅游的融合提供了肥沃的土壤。

发展以自然文化为核心的健康旅游,有助于引导人们更加关注环境保护与可持续发展。通过领略自然文化,人们更可能意识到保护自然资源的重要性。同时,自然文化中蕴含丰富的历史和知识,能为游客提供富有教育与启发性的体验,从而丰富旅游体验的内涵,并提升游客的文化素养。

(2) 生态旅游的发展为融合创造了坚实基础

尽管受多种因素影响,我国生态旅游产业尚未实现独立核算与统计,但其特色与规模已初步形成。生态旅游的发展不仅促进了就业与增收,更成为推动经济转型、促进消费的新动力,对地方社会经济的带动作用日益显著。近年来,随着人们对生态旅游的热情不断高涨,亲近与感受自然已成为一种时尚的消费选择。

作为生态文明建设的有效载体,生态旅游是构建资源节约型与环境友好型社会、发展低碳经济的最佳途径。它本身也是自然文化的重要组成部分,二者具有内在的一致性。生态旅游的发展促使许多旅游目的地政府、旅游企业及旅游者重新审视发展理念与旅游观念,重新认识了人与自然、经济发展与自然环境的关系,从而改变了旅游发展的哲学。这为自然文化与健康旅游的深度融合奠定了坚实基础。

(3) 数字生态发展为融合提供了技术支持

程捷、刘晓鸿(2022)等学者根据自然文化的特点以及解决限制人类发展的重大问题,将自然文化的演进划分为石器文化、农耕文化(文明)、工业文化(文明)、数字文化(文明)和生态文化(文明)五个阶段,其中生态文化(文明)是人类文化的最高级阶段。这说明自然文化是动态的、多元的,在融合过程中应充分吸收其精华,特别是要利用好数字经济的发展。目前,5G、人工智能、大数据、云计算等数字技术在文化和旅游领域已得到广泛应用,在服务行业管理、便利游客出游、推进融合发展等方面产生了良好的示范和带动作用。因此,在自然文化和健康旅游的融合过程中,可以有效利用数字技术,通过数字化展示自然文化或利用数字生态理念进行健康旅游的开发和运营,进而实现健康旅游的高质量发展。

2. 挑战

(1) 不少地区的旅游发展理念仍过分强调经济效益

在旅游高质量发展的新格局下,应坚持社会效益与经济效益相统一。但我们要看到,在一些旅游地区,其发展理念仍停留在过分强调经济效益上,忽略旅游发展中的当地社区、生态环境和旅游发展之间的关系,导致当地生态环境遭到破坏的情况仍有发生。这种理念反映的是对自然文化的不尊重,在这样的前提下,是很难将自然文化真正地融入健康旅游发展当中的。健康旅游可能会带来大量游客涌入,从而对自然环境造成破坏。如果过分追求经济效益而不加以控制和管理,可能导致生态环境恶化。

(2) 自然文化资源的挖掘和转换存在难度

从自然文化的定义和内涵来看,其包含的要素是多元的、动态的,既有物质的又有非物质的。这就使自然文化资源在挖掘和转换时存在一定的难度,特别是那些动态的非物质的自然文化资源,比如人类认识自然、适应自然、利用自然、改造自然过程中所创造的精神财富。这些精神财富本身是无形的,而且随着人类和自然互动过程不断发展变化。如何将这类自然文化资源进行挖掘,并融入受旅游者认可的健康旅游产品中,对健康旅游经营企业来说是一个现实需要解决的问题。

案例:

拥抱数字生态 安吉打造"智慧养老"新高地

"没想到奶奶养老也赶上了好时候,从 VR 看房到快捷入住,充分享受到了数字化的便捷与舒适。"近日,安吉市民小范为家里 89 岁的奶奶办理入住养老机构,对新推出的"浙里养·一床一码一人"协同养老项目赞不绝口。老人办理入住之后生成专属的床位"数字码",可查看个人信息及应享受的补贴。

"一床一码一人",即养老机构每个床位都会有一个唯一的"数字码"。"这个'数字码'通过县大数据平台实现的数据交接共享,提升养老服务水平。"安吉县民政局养老服务科科长施卫兵解释,它打通了民政、财政、公安、卫健等部门数据,老人入住养老机构省去了很多手续;同时,它又掌握了每个床位的动态,哪里有床位空出来,通过系统马上就能知道,避免资源浪费。

让数据跑起来,老人少跑腿。去年 3 月,安吉县民政局被省厅列入"浙里养"平台养老机构"一床一码一人"机制试点单位,随后县民政局牵头联合县大数据局、县财政局成立工作专班,细化实施方案,落实资金保障,探索符合本地的养老模式。

运行后实现数据共享,为智慧养老带来更多惊喜:从卫健部门获取老人基础健康体检资料和医疗机构出具不适宜入住养老机构的传染病体检资料,免去了重复体检;及时将养老床位数据、入住老人信息推送给县大数据局,便于精准掌握全县养老信息……

数字化赋能,该项目还建设了养老机构地图查询模块,包括机构预约管理、掌上

"养老地图"等功能,为老人及家属选择养老机构提供便利。"只要通过'安吉民政'微信公众号的'安民养'模块进入,就可以看到全县19家养老机构的介绍信息,目前我们县社会福利中心还开通了VR实景功能,可以直接通过手机查看。"安吉县社会福利中心相关负责人介绍。

此外,"浙里养·一床一码一人"项目还能实现民政补助的精准发放,从以前的"补床头"转变为现在的"补人头"。老年人入住机构确定床位后,系统将按日自动生成养老机构综合运营补贴,按月形成补贴发放清单,供民政、财政、审计等部门使用,做到精准、无感智补,进一步提高补贴资金使用效率。

截至目前,安吉县"浙里养·一床一码一人"协同应用已实现19家养老机构全覆盖,生成床位绑定"数字码"1797张,"一床一码一人"绑定820人,服务出入院老人42人,通过数字码测算2021年1月至2月机构综合运行补贴金额221512.9元已发放到各养老机构。

"积极应对人口老龄化问题,安吉要做的是立足本地,放眼周边,结合实际,发挥特色,脚踏实地为老年人做好一件件实事。"安吉县民政局相关负责人表示,在先行先试的基础上,安吉接下来将进一步完善该系统,加入人脸识别等功能,并且着手对接省"浙里养"协同平台,完成"浙里办"应用上架工作,让群众预约、入住养老机构的体验更方便、更快捷,形成可复制可推广的智慧养老经验,让更多老百姓受益。

(资料来源于网络:先行先试安吉打造"智慧养老"新高地—时政新闻—浙江在线(zjol.com.cn),内容有所修改)

第十章 休闲与健康旅游

第一节 休闲与健康

一、休闲的概念与特点

(一)休闲的概念

我们所说的"休闲"有着诸多历史渊源,比如古希腊时期的雅典思想、由英国开始的工业化进程、关于社会等级的争论;还有纷纷涌现的各类商业机构,它们为工作外的活动(nonwork activity)创造了许多特殊形式;神学家以及其他学者,他们试图为人类找到摆脱两次世界大战阴影的解毒剂;还有城市中的社会改革。如今,"休闲"的概念又有了新的内容,经济学家想把休闲所花费的时间(free time)、金钱和消费动机纳入一个巨大而又合理的函数之中。同时,各类职业化的休闲产业的出现,也对"休闲"的观念构成影响(Meyersohn,1958)。实际上,"休闲"一词本来就有多重含义,下面本书将从中国古代先哲和西方学者两个方面进行阐述。

1. 中国古代先哲的理解

中文"休闲"的原意,是指农田在一定时间内不事耕作,而借以休养地力的措施。耕作者在农闲所构成的闲暇时空基础上,衍生和创造了一系列节庆、集会活动(文崇一,1995)。我国士民阶层的商贸集市、官僚组织的"休沐"制度(黄华节,1936),以及多种多样的旅行远足等,便是传统休闲活动的形式。先哲孔子推崇云游四方、增知益智的休闲观,认为旅行是师从众人、积极入世的良好途径。孔子六艺学说反映了当时主流文化认可、提倡个人修养的休闲活动初始形式;庄子的"逍遥游"思想表现了其崇尚自由的理念,与休闲的核心特质高度契合。

"休"有一种完美、完善之意,《诗经》中有"和天则休"之句;而"闲"通"娴",形容女性贤淑,也有文雅、高尚之意,形容素质较高的女性。曹植在《洛神赋》中形容曹丕妻子甄氏"仪静体娴",结合古代的解释,可把其理解为更好更完善的意思。"劳逸结合"中的"逸",就不是休闲,是为了劳动,是一种手段,目的是"劳";而现在我们谈到的"休闲"是目的,不是手段。没有休闲,不可能有文化和艺术。如古罗马文化是建立在奴隶主的休闲之上的,《红楼梦》中公子、小姐们吃酒赋诗作画的生活,立足于被奴役的佣人和丫头。一部分人被奴役,另一部分人才有时间精力去休闲,去创造和发展文化与艺术。休闲是人的最高层次的一种生活形态。

2. 西方学者的阐释

如果将关于休闲的种种定义归类,就会发现它们主要出现在四种基本语境之中,分别是:时间(time)、活动(activity)、存在方式(state of existence)和心态(state of mind)。杰弗瑞·戈比对休闲有四种定义:

(1) 时间定义

"闲暇"(free time)指的是与正常工作时间相对的可以自由支配的时间。从时间的角度来考察休闲的含义,通常是指生活中这样的一些时候——在这些时候,我们拥有相对多的自由时间,可以做想要做的事。亚里士多德(Aristotle)称之为手边儿的时间(available time)(De Grazia,1961),这种时间有时可能会被认为有副作用。马克思把闲暇时间同提高劳动者的智力和体力、满足社会交往的需要、使人的个性得到全面发展联系起来。凡勃伦(Veblen,1899)在上个世纪之交就曾哀叹新生的有闲阶层把时间花费在不创造任何价值的活动上。另一类从时间角度对休闲的理解是"在生存问题解决以后剩下来的时间"(May & Petgen,1960)。

将休闲定义为"自由时间"或类似的说法会引发一系列问题。

首先,我们必须确定哪些时间属于自由时间。有的定义是这样的:非赢利时间就是自由时间。但我们有些人常会自发自愿地做一些事情并收取报酬。在我们的文化背景之下,在被迫与自由选择之间划出明确的界限常常是很难的。去教堂是被迫的吗?在某些文化背景下是,在另一些文化背景下就不是。吃饭在任何情况下都是必须的吗?睡觉又怎么算呢?在一个只有极少数人挨饿的社会里,很难去定义哪些是我们必须要做的事,我们只能说我们认为哪些事是必须做的。同样,在我们这样一个复杂的社会里,没有什么时间能使我们有脱离社会行为准则约束的自由。我们总是有一些社会准则需要遵守。

其次,对于我们社会中的一些特殊群体,要想分清哪些是他们的自由时间,哪些不是,就更加困难了。比如退休的人、学生、家庭主妇、失业者、久病卧床的人、艺术家、教授,还有无家可归的人,哪些是他们的自由时间呢?要是我们假定所谓自由时间,就是指从事非营利性活动的时间,那么对于很多本来就不赚钱的群体来说,这个定义便毫无意义。况且还有很多不得不做的事与钱也不沾边,比如我们有时会不得不出席一次婚礼,每个人都有这类与经济无关而又不得不做的杂事。换言之,会有诸多事务占用我们的时间,使人不得自由。这些因素不仅包括经济的,也包括社会的、心理的、情感的乃至于政治的。有时一个人可能不必赚钱糊口,但他或她却很可能因政治原因无法自由旅行或自由发言。人们还可能因工作过度造成精神空虚或心理伤害,从而无心享受闲暇。由此我们得知,阻碍我们拥有自由时间的事务因人而异,并与我们所处的文化背景及亚文化有关。凯普兰(Kaplan,1960)发现,如果把休闲定义为"自由时间",我们的社会中就存在四种不同形态的自由时间:"富有者持久而自愿的闲暇,失业者临时而无奈的空闲,雇员们定期而自愿的休假,以及伤残者长期的休养,还有老年人自愿的退休。"失业的老年人和残疾人的自由时间又完全是另一个样子,假日与退休之间也有着根本的差异。你可以看出这些各不相同的

"自由时间",对于它们的拥有者来说是多么的不同。

(2) 生存状态定义

如果把休闲定义为一种生存状态(state of existence),那么,正如亚里士多德所言,它是一种"不需要考虑生存问题的心无羁绊(absence of the necessity of being occupied)"的状态(DeGrazia, 1961)。这种状态也被认为是"冥想的状态(a mood of contemplation)"(Mead, 1958)。于是,"休闲"常被用作形容词,表达人们从容宁静、忘却时光流逝的状态。作为存在状态的休闲还与宗教庆典有关。皮普尔(Pieper)相信,休闲是一种欣喜感(sense of celebration),这样的人能够欣然接受这个世界和自己在这个世界上的位置(Pieper, 1952)。这样,休闲作为一种优雅的存在状态,被赐予那些赞美生活的人。如果你无法获得它,可能恰恰因为你太想拥有它。

(3) 心理状态定义

休闲也被定义为一种以放松、愉悦、发展等为目的的心理状态。很多心理学家用"心灵上的(perceived)"自由或是"驾驭自我的内在力量"来表达他们所理解的休闲。他们想要强调的休闲感的真正含义是:不论外部环境如何,一个人都会相信,他是自由的,是他在控制局面,而不是被环境所控制。心理学家纽林格(John Neulinger, 1974)认为:"休闲感有且只有一个判据,那便是心之自由感(perceived freedom)。只要一种行为是自由的,无拘无束的,不受压抑的,那它就是休闲的。去休闲,意味着作为一个自由的主体,按自己的选择,投身于某一活动之中。"

(4) 活动定义

从社会活动的角度来定义,休闲已经成为广为接受的概念。它被定义为一系列不同类型的活动。在古希腊,"休闲"这个词意为"不是在不得不做的压力下从事的严肃活动"(Goodman, 1965)。这个词并没有与工作截然分开的意思,它也不是"娱乐"的同义词,因为古希腊还有另一个词,意为"轻松愉快地消磨时光",英语中"学校(school)"一词即源于此(Larrabee & Meyersohn, 1958)。

从社会活动的角度定义休闲,会扩展这个概念的内涵,使之包括"一系列在尽到职业、家庭与社会职责之后,让自由意志得以尽情发挥的事情。它可以是休息,可以是自娱,可以是非功利性的增长知识、提高技能,也可以是对社团活动的主动参与"(Dumazedier, 1960)。一旦以这种方式把休闲定义为某种活动,我们便能很快找出一些典型的休闲活动,尽管对于参与者而言,没有任何一项活动可以永远起到休闲的作用。举例来说,打垒球算是典型的休闲活动。一般来说,人们在工作之余从事这种活动,并从中获得乐趣。可是也有例外,有些人靠打球挣钱,有些人打球是为了保住饭碗或是去结交他们认为有用的人物。不过对绝大多数人而言,打垒球的确是一种休闲活动。自由时间经常特指"业余时间"。这似乎意味着,每个人在做完不得不做的事情之后,还会有时间剩下来,"放松"或者是"做自己想做的事"。在对西方学者休闲定义的总结基础之上,杰弗瑞·戈比也给出了自己的定义:休闲是从文化环境和物质环境的外在压力中解脱出来的一种相对自由的生活,它使个体能够以自己所喜爱的、本能地感到有价值的方式,在内心之爱的驱动下行动,并为信仰提供一个基础。这一定义由西方传统的休闲哲学思想出发,与西方的人文主义一脉相承,在现代西方休闲学术界得到了广泛的认同。

3. 本书的定义

当然,中国的国情与西方不同,休闲思想的发展历程也不同。中国经历了从最初把休闲视为经济驱动下的与假日经济密切联系的活动方式,到如今对传统休闲思想的反思,这体现了自觉、自省的认识过程,这一点与西方是有差异的。因此,对于休闲的定义也是一个不断修正的过程。在《中国大百科全书》中,休闲被定义为:"休闲(fallow)是指农田在可种作物的季节耕而不种或不耕不种,使土地暂时空闲的一种措施。根据耕地空闲时间的长短可分为全年休闲、多年休闲和季节休闲三类。"这个定义基于中国传统农耕文化的理念,将休闲局限在农业这个狭窄的范围内,没有触及休闲的核心内涵,如今也较少有人采用。现今中国休闲学术界对休闲的界定,较权威的观点是由马惠娣提出的。她参考了西方休闲哲学思想,归纳了各方对休闲的阐释,认为休闲具有多种性质与意义。在社会学家眼里,休闲是一种社会建构以及人们的生活方式和态度,是发展个性的场所;在哲学家眼里,休闲与实现人生自我价值密切相关,是人生持久重要和发展的舞台;在文化范畴上,休闲是人们在完成社会必要劳动时间后,为不断满足多方面需要而处于的一种文化创造、文化欣赏、文化建构的方式。因此,休闲的一般意义应包括两方面:一是解除体力上的疲劳,对人遭受的艰辛起补偿作用;二是获得精神上的慰藉,医治工业生产程序统一化所引起的个性结构的破坏。所以,从一般意义上讲,休闲是完成社会必要劳动时间之外的活动,是人的生命状态的一种形式。相对于人的生命意义来说,它是一种精神的态度,是使自己沉浸在"整个创造过程中"的一种机会和能力。基于此,本书参考叶文在《城市休闲旅游理论·案例》一书中的观点,认为休闲是人的一种生命状态,是一种成为人的过程中的世俗精神活动,是一个人完成个人与社会发展任务的主要存在空间。休闲不仅寻找快乐,也在寻找生命的意义。

(二)休闲的特征

现代意义的休闲,其特征应该包括以下五个方面。

1. 休闲是人的基本需求

从人的需求层次来看,休闲既是人们在生理上达到放松、休息目的的手段,即一种生理需求;同时也是实现自我完善、自我实现的途径,即一种自我实现层次上的需求。因此,无论从生理层面还是精神层面来看,休闲都是人们的一项基本需求。休闲本身也是人类最自由的存在状态,人们在进行喜爱的活动中获取知识、提高技能、赋予生命新的活力。它是人的加油站和修理厂。从人的可持续发展来看,没有休闲的生活是不可想象的。在休闲中,人们从事最喜爱、使自己感到最放松的活动,从而感受生命的意义。可以说,它是人的几个基本需求中与愉快联系最为紧密的一个。休闲是生活中的参与、体验和发现,它满足了人们内心对安宁、平静、心有所归等需求的渴望,调剂着纷繁的生活。因此,休闲不仅能够满足人们放松身心的目的,同时其他需求的实现也与休闲有着密切的联系。例如,社会认同及自我认同的需求、实现自我价值的需求等的实现,都可以在休闲活动中实现。因此,良好的休闲体验是人们获得幸福感的根源。

2. 休闲是出于非功利性的自由意志

休闲活动本身就是指人们脱离了平日生活的牵缠后,自由自在的状态。只有相对地与世俗生活相隔离，才能实现休闲的目的。在休闲活动中，要求人们要专心地投身于真正感兴趣的活动中去，在这样一个游戏或者狂欢的活动中，达到身心愉悦的目的。因此，休闲意味着一个自由的主体自由地投身于某项活动。它不能与空闲时间画等号，也不是游手好闲的产物。这就是说，休闲是需要付出代价的，如时间、精力、金钱等，换取品位、体会与感受，即精神上的满足感。因此，怀着功利目的是不可能真正进行休闲的。对于休闲而言，自由与空闲时间都是很重要的，但它们都不是目的，它们的价值在于可以自由地做事。从这个意义上来看，休闲是一种精英化的概念。

3. 休闲体验的主观性特征

不同经济条件与文化背景是决定人们选择休闲类型的重要因素。良好的经济条件可以派生出马术、游艇、帆船等贵族化的休闲活动，这类活动普通人一般不大可能进行。经济条件决定了大部分人可能选择的休闲方式只能停留于如体育活动、手工制作、艺术文学欣赏等普通类型。经济条件决定了休闲活动是有"门槛"的，但这并不意味着休闲活动有绝对的经济分层。某些休闲活动如阅读、观光、手工等适用于几乎所有的阶层。虽然经济条件好的人有更多的休闲项目可以选择，但这并不意味着普通人的休闲质量不如他们。由于休闲活动具有极强的体验性，每个人无论采用什么样的休闲方式，最终都是为了达到良好的审美及愉悦的心理体验，而这种对休闲方式的选择是个性化的过程。不同的受教育程度、社会文化环境、经济水平等都会影响到人们对休闲方式的取向。由于休闲质量的评判具有主观性，不同的人对相同休闲活动及休闲体验的评判不尽相同，因此这就决定了休闲活动的主观性特征。

4. 休闲活动的多样性特征

休闲活动多种多样，可以在极其广阔的时空领域中发生，并随时间、地域文化、生产力发展水平、社会风气的不同而不同。大众的需求变化多端，因而休闲活动也形形色色。政治因素是决定城市休闲游憩系统发展的根本因素。小农经济、礼仪制度、专制政治使中国人的生活方式在两千多年的封建统治中保持相对的稳定。因而中国古代休闲游憩发展一直有两条线：一条是以园林为代表的雅线，其服务对象为皇家、官僚、士大夫等；另一条是以市井文化为代表的俗线，其服务对象为广大市井百姓。中国宋代东京商业的发展导致了坊墙的倒塌，促进了市井文化的繁荣，市民游憩活动才获得了自由。而西方自古希腊时代就开始实行民主政治，市民的野外生活、社会活动、体育运动丰富多样。除田园别墅、城市别墅外，竞技场、斗兽场、跑马场等具有刺激性运动场所的出现，产生了以广场为主体的游憩系统。文化对城市游憩系统形态也有重要的影响。中国古代游憩文化以自然景观为主体，顺应自然、师法自然、融于自然，游憩活动多平静，与西方充满刺激、竞争的游憩活动形成了鲜明对照。

5. 休闲行为的多层次性

根据对休闲所采取的态度，可以区分出不同层次的休闲行为。划分的标准既可以是活动的范围即距离，也可以是休闲的态度——积极或消极。前者可分为居家休闲、短距离休闲、长距离的旅游度假休闲等，在不同的活动半径内，休闲活动内容也有所差异；后者可分为积极的休闲活动和消极的休闲活动，如看书学习、发展个人兴趣爱好、体育锻炼等均属于积极的休闲活动，而赌博、看色情电影、酗酒等则属于消极的休闲活动。正因为休闲活动是具有个体偏好的选择过程,所以导致了休闲行为的多层次性。

二、休闲与健康的关系

(一)积极的休闲促进人们的健康

依据新的健康观,健康和休闲其实有许多相关之处。休闲活动可以使人们在休闲时放松平时紧绷的神经,通过锻炼平时缺乏运动的身体,有效地提高身心健康水平。由于现代社会受到知识经济和信息化劳动方式的影响,因而越来越多的人利用休闲活动来保持身心健康。劳动方式的非体力化使休闲活动融入生活,人们需要休闲才能健身,需要娱乐才能保持身心健康,休闲时段逐渐成为弥补身体活动不足的主战场。

1. 积极的休闲活动对身体健康的促进作用

(1) 对不同年龄阶段人群身体健康的良好影响

尽管休闲方式的内容和形式多种多样,但身体活动是最主要的手段和方式,对不同年龄者的身体健康都有积极的促进作用。从某种意义上来说,这是对人类有机体生命的一种强化。对于处于生长发育阶段的少年儿童来说,休闲活动可以促进身体的正常发育成长,提高身体各个器官和系统的功能状态,全面发展体能,促进体格健壮健美,并为终生健康打好基础。对于处于人生压力最大的中青年来说,休闲活动可以起到放松身心、消除压力、保持和恢复身体健康的作用。对于老年人来说,休闲活动有助于增强体质,延缓衰老的进程。现代社会已经日益高龄化,如何在寿命延长的同时保持良好的健康状态,既是老年人的愿望,也是社会的需求。

(2) 对身体主要功能的良好影响

对身体主要功能的良好影响分为三种:其一,对心血管系统功能的影响。在世界范围内,心血管疾病已经成为危害人类健康的"第一杀手"。大量的流行病学调研和实验研究结果已经揭示,心血管疾病虽然主要发病在中老年,但时常起源于少年儿童,而且该类疾病的发生和发展可以为许多称作"危险因素"的因素所加速。这些因素中,部分受遗传制约,如家族病史、年龄与性别,更多的则与行为和生活方式有关,如过大的心理压力、高血压、高血脂、肥胖和超重、吸烟、不良饮食习惯、体力活动不足和身体素质低下等。也就是说,心血管疾病的大部分危险因素可以通过改变生活方式得到改善,其中最为关键的行为因素是加强体育锻炼。研究已经揭示,适度的休闲活动可以改善高血压、高血脂状态,可以改善肥胖和超重现象,可以缓解心理压力,并且可以改善身体素质。其二,对运动系统功能的影响。人类衰老的特征性变化之一,就是肌肉力量减退,骨质疏松,关节活动度变小,运动能力下降。休闲活动之所以能够延缓衰老进程,其重要途径之一便在于它能够有效地保持肌力,增加和保持关节的灵活度,保持乃至增强骨密度。其三,对免疫功能的影响。免疫功能标志着人体对疾病的抵抗力,因此是人体健康和体质的代表性指标。大量流行病学调研、动物实验和人体实验结果已经证实,长期的大强度、大运动量运动训练会导致明显的免疫抑制现象,使得免疫功能降低,对各种感染性疾病的抵抗力明显降低。而长期从事适中的体育锻炼则有益于促进免疫功能,增强抵抗力,使得各种感染性疾病的患病率明显降低。这些研究结果表明,休闲活动可明显改善参与者的免疫功能。

2. 积极的休闲活动对心理健康的促进作用

(1) 休闲活动有助于调节紧张情绪

当今世界是一个快节奏、高效率的社会,这不可避免地给人们带来许多紧张和压力,同时也造成了情绪的不良状态。紧张的情绪会降低和抑制人体免疫功能,而良好的情绪和稳定的心情则有利于保持和促进人体机能的稳定。休闲活动具有调节人体紧张情绪的作用,可以改善生理和心理状态,有助于恢复体力和精力,因此成为人们生活的重要组成部分。

(2) 休闲活动有助于促进人际交往

休闲活动不仅是休闲娱乐、健身的载体,也是消除孤独寂寞、拓展交际、增进情感交流及交友的润滑剂。通过休闲活动,人们可以结识许多不同身份、年龄、性别的人,丰富精神生活和增进相互间的感情交流。无论在学校、商界、家庭还是单位同事之间,休闲活动已经成为人们情感交流的有效途径。可以说,休闲活动在某种意义上成了人与人之间的情感桥梁。

(二) 消极的休闲损害人们的健康

如果把长时间看电视作为主要的休闲方式,或痴迷于电子游戏等休闲内容,可能会因运动不足而给人体健康带来危害。而生活水平较低的人们往往选择看电视或打麻将等低消费活动。看电视是低收入人群的经常性娱乐,而中上阶层则更多从事户外娱乐活动。也有一些活动并不特别属于某个阶层,这类活动会因公共活动机会的增加而不断增多。在基本生活无忧的情况下,不健康的休闲内容将直接影响人的身心健康。并非所有的娱乐活动都能带来身心健康,如果仅仅是精神上的纵情欢乐,沉溺其中,往往还会损害健康。

(三) 良好的健康是获得满意休闲的关键

健康是人们衡量各种休闲活动价值的重要标准。人们的健康状况在一定程度上决定着他们如何休闲。休闲的宗旨是促进社会发展和提高人类的文明与健康水平。过度的精神娱乐,可能因刺激强烈而增加心理压力。人们受压力的影响表现在三个方面:情绪上的、行为上的与生理上的。其中,最重大的变化是生理上的,因为那可能导致危害生命的疾病及各种生理病痛的产生。一般疾病问题都与压力有关。压力是现代社会致病、致死的直接或间接原因,并可能导致癌症、肺病、冠心病、意外伤害、肝硬化及自杀。受压力危害最大的是人的免疫系统。在充满压力的状况下,个体的脑下垂体及肾上腺会分泌激素,直到达到足够的量。长此以往,身体的抵御能力就会逐渐降低。如果压力因素持续存在,那么结果要么是生病,要么是死亡。萨尔耶还将压力分为两种类型:一是痛苦压力,它与悲哀、痛苦、伤心及失败相关联;二是兴奋压力,它与高兴、快乐及成就感相联系。兴奋压力可以视为一股好的力量,而且最常与成功的休闲生活追求有关;而痛苦压力则具有破坏力,使人们无法获得满意的休闲。

（四）旅游活动中需要注意健康问题

旅游活动是休闲的一种重要形式，但在旅游过程中也可能会遇到一些有害健康的因素。例如，在旅途中可能遭遇交通事故、晕车、晕机、晕船，以及高空飞行时对缺氧、气压变动的不适应等，这些都可能对人体健康造成伤害。旅游目的地与旅游者原居住地的环境条件可能存在很大差异，如海拔高度、湿度、温度、水文水质、自然植被、野生动物、昆虫、微生物种类等都可能有所不同。如果旅游者身体不能迅速适应新环境，也可能会对旅游者的身体健康造成不利影响，甚至出现疾病。例如，到南方血吸虫病流行的地区旅游，就必须防止接触带有血吸虫幼虫的水体以免感染；到热带地区旅游，阳光强烈，很容易造成旅游者的皮肤晒伤。旅游地区的食物种类、结构以及烹调方法等可能与旅游者原住地有很大差异，品尝地方特色名吃、小吃是旅游的重要内容之一，但也许你的肠胃不适应当地的某些食物（食物过敏），会引起一些胃肠道症状，如果小吃不卫生还会引起腹泻，甚至严重的食物中毒。此外，喜欢夜间户外活动的游客，如果不采取防护措施，可能被蚊虫叮咬而感染某些疾病。喜欢冒险的游客如果不注意可能存在的危险因素，就有可能发生意外事故和受到伤害。总之，休闲旅游是件惬意的事，但也要时刻警惕在休闲旅游中可能出现的各种危险因素。

三、休闲活动的产生与发展

休闲活动古已有之。研究休闲发展的历史，我们会发现休闲是由早期旅行演化而来，是社会生产力水平达到一定标准后产生的一种社会需求。真正意义上的休闲应该是基于客观物质基础和主观闲暇愿望的活动。

（一）源远流长的中国休闲史

中国休闲的发展可以分为先秦时期的休闲、秦朝至魏晋时期的休闲、唐宋时期的休闲、明清时期的休闲、近代的休闲及现代的休闲。

1. 先秦时期：休闲思想的产生

先秦时期文学中就已表现出休闲的思想及追求。先秦时期的主要休闲活动包括：上古时期的祭祀、宗教活动；夏商周时期的乐、舞、游猎及六艺（礼、乐、射、御、书、数）。

2. 魏晋时期：休闲生活的雏形

老子主张人要活得自然、自由、自在，心性尤其要悠然散淡。老子学说重在精神自由、人格独立，追求生存的理想境界。庄子主张，休闲不仅是一种生活态度，更是一种大知者的境界。大知指的是博学、有大智慧的人。我国休闲文化受老庄哲学影响，体现了对闲适和精神自由的追求，这也正是道家哲学最大的现实意义所在。

受道家思想影响，魏晋时期社会上逐渐形成游山玩水、放浪形骸的风气，隐逸玄游成为休闲生活的雏形。隐逸玄游的生活创造出了隐逸文化，代表人物是陶渊明。他是古今隐逸诗人之宗，中国第一位田园诗人。魏晋时期流行的休闲活动包括竞技活动（如投壶、戏射击剑）、角智活动（如围棋、赛棋、藏钩、握槊）、游山玩水（如隐逸玄游）。其中，"槊"指棋子或棋盘,亦是掷骰子行棋以赌输赢,类似于现代的"飞行棋"。藏钩是中国传统猜物游戏,戏者多为儿童老人,类似于现代的猜"有没有"。

3. 唐宋时期:休闲文化的发展

唐代海纳百川,兼容中外,文化上实行开放政策,"儒、道、佛"三教并立。文化的融合给中国传统文化带来巨大变化,对文化结构、宗教哲学、文学、音韵学、舞蹈等都有很大影响。唐朝的主要休闲活动包括艺术活动(如文学、吟诗、绘画等)、竞技活动(如蹴鞠、马球、木射等)、智力活动(如围棋、斗鸡、斗花草等)、游历山水(如游学、休闲隐居)。

宋朝时期,经过唐朝的经济和文化积累,宋代成为中国古代文化最繁荣的时代。宋代的科举和游学是文人最主要的生活内容。官员任职年限短,调动频繁,于是宦游成为常态。名迹览胜型地理志等著述很好地兼顾了人们学习的需要以及从辽阔的疆域和域外见闻中产生探索和猎奇的欲望。宋朝的主要休闲活动包括文雅类活动(如吟诗作词、杂技、舞蹈、围棋、戏曲等)、游艺娱乐(如放风筝、踢毽子、旅游等)、运动类活动(如球鞠、相扑等)。

4. 明清时期:休闲追求的提升

明初时,明太祖全面复古,限制了人们个性的发展。同时,朱元璋强调文武双全,因此武术在明朝得到了极大的发展。武术从最早的生产狩猎技能,演变为军事战斗技能,再进而发展成为具有娱乐健身功能的专门运动体系。传统球戏活动的开展变少,逐渐演变成了庙会或集市上的卖艺表演。明末,时局动荡,西洋传教士进入中国,中西文化交流频繁,西方思想和文化不断冲击中国的传统文化思想体系。社会上掀起了一股追求心灵自由和个性解放的思潮。士人们厌倦谈论仕途,转而追求高度精致艺术化的生活。他们热爱自然,喜好娱乐、游山水、蓄声器、筑园林、谈闲书、做雅事。明末清初的戏曲作家李渔,是自唐宋以来有意识地从理论层面讨论并论述休闲活动的第一个文人墨客,其代表作为《闲情偶寄》。

清朝时期,朝廷对八旗子弟的特殊政策造就了大批悠闲的旗人。他们以充裕的时光和精力拓展和丰富了休闲娱乐,对韵味独特的京城文化的形成产生了全面影响。严格来说,八旗子弟的休闲并非严格意义上的休闲,因为与普通社会各阶层相比,后者的休闲仅限于公余、事余或劳作之后,而八旗子弟则几乎处于彻彻底底的无事可做的有闲生存状态中。清人余洪年在《舟中札记》中罗列了"三十六种行事",概括了当时的休闲娱乐行为,包括远足、弹琴、读书、垂钓、赏月、看花、饮酒、吟诗、会友、策马、乘车、游山、玩水、闲谈、独唱、击筑、拍板、临池、绘画、听曲、围棋、餐英、品茗、泛舟、捕鸟、捶鼓、踏青、游园、省亲、夜宴、玩玉、投壶、猜谜、讴歌、观灯和习武等。

5. 近代时期:休闲方式的多元化

清末,帝国主义的入侵促使开明人士开始学习西学。五四运动后,我国涌现出一批提倡闲适生活小品文的作家,其中林语堂是第一位从哲学角度看待和谈论休闲的文人。新中国成立后,中国受苏联影响极大,休闲活动也向苏联学习。"文革"十年间,政治动乱使得休闲成为奢侈品。改革开放后,国内经济逐渐走上正轨,国外休闲观念的引入使人们的精神生活开始丰富起来。

6. 现代时期：和谐共荣的大众休闲

进入20世纪90年代后，随着人们收入水平的提高和五天工作制的实行，人们拥有了更多的闲暇时间，休闲问题逐渐成为人们关注的热点。随着国外休闲观念的引入，人们逐渐改变了原有的休闲价值取向，休闲态度更加积极。人们不再将休闲仅仅视为工作的补充，而是重新评估了休闲在个性发展和社会发展中的重要作用。

（二）多元发展的西方休闲史

西方休闲史可分为古希腊、古罗马时代的休闲、中世纪及文艺复兴时期的休闲、近代工业文明时代的休闲。

1. 古希腊、古罗马时代的休闲

古希腊的休闲观是建立在自由人基础之上的，认为休闲是自由人的人生基础。古希腊社会是建立在奴隶劳动之上的，当时的休闲主要属于特权阶级，奴隶则只从事物质生产。古希腊人的休闲观建立在"维持自己与环境的协调"的前提下，追求自己认为有价值的生活、自我修炼和学问等。古希腊的休闲形式主要包括政治、哲学、教养活动、学问、美术、趣味活动、宗教仪式、竞技大会以及奥林匹克运动会等。古罗马人一年有175天的节假日，创造了人类历史上拥有自由时间之最的社会。在古罗马帝国强盛时期，疆域空前扩大，罗马政府在全国修建了许多宽阔的大道。由于交通便利，贵族和自由民经常沿大道旅行。古罗马更注重消费型的休闲，他们利用休闲作为政治工具，制定休闲计划并开发休闲设施。因此，古罗马的澡堂、室外剧场、运动竞技场、公园、游乐园等建筑较多。浴场作为罗马的主要社交场所，享有盛名。

2. 中世纪及文艺复兴时期的休闲

古罗马衰落后，封建制度和天主教登上了历史舞台，支配着中世纪人们的休闲观念。当时人们认为休闲的最高境界是祈求拯救的冥思。宗教观念中提倡的劳动至上观点深刻影响了当时的休闲观，人们认为劳动是神圣的，而休闲是世俗的。中世纪主要的休闲活动包括宗教仪式和周日活动。

中世纪社会形成了以土地关系为基础的封建制度，其中封建领主和骑士集团是统治阶级，而从事农业的农奴等则是被统治阶级。这时社会产生了有闲阶级——脱离日常生产的统治阶级。骑士集团为封建领主进行骑马竞技、剑术、枪术、跑步、投石等身体训练。此外，城市的诞生和行会的出现，以及独立商人和手工业者形成的早期城市市民因为积累了大量财富而追求现实的安定生活，这成了中世纪的另外一个特征。

西方世界在摆脱黑暗的中世纪后迎来了文化的黎明——文艺复兴。这时，学问和艺术等领域的人文主义新思潮以意大利为中心兴盛起来。文艺复兴时期，在贸易、商业、金融业等领域的人们积蓄了大量财富，形成了新中间阶级。他们凭借充足的财力和时间投入娱乐和休闲活动中。文艺复兴时期社会生活的自由使人们可以直接参与狩猎、宴会、舞会、歌剧、演戏、艺术等活动，并以财务援助的形式促进艺术、文学和娱乐部门的发展。赫伊津哈（荷兰的语言学家和历史学家）称这个时期为"玩乐的黄金时代"。文艺复兴把人类的情感从充满金钱欲的中世纪解放出来，把人类的理性从宗教的戒律中解放出来，从而构筑了数世纪以后产业革命的伦理基础，并形成了近代欧洲上流社会社交活动和休闲享受的风气。在文艺复兴时期,理性主义和实用主义等哲学思想在新思潮的影响下诞生,人们对休闲进行了再评价,重新审视休闲文化,这对休闲文化的发展起到了积极作用。

但随后而来的宗教改革将劳动视为人类生活最神圣、最高的境界,而休闲则被看作是罪恶的。这种观念一直持续到了20世纪。

3. 近代工业文明时代的休闲

工业革命以后,城市人口集中,诚实劳动者的出现,以及人们生活方式的改变,使得劳动时间和非劳动时间的区分更加明显,从而加剧了社会等级分化。工作和休闲逐渐走向了两个极端。在资本主义制度下,既有钱又有闲的"有闲阶级"与终日劳作的工人阶级分化而出。超长的劳动时间和过度的劳动强度引发了工人运动,他们争取缩短劳动时间,并最终促成了标准工作日制度的形成。工人的休闲问题逐渐上升为社会性问题。尤其是1900年以后,随着电视和电影等影像媒体的出现,大众娱乐开始形成。这意味着,长期以来由阶级主导的休闲与文化,其阶级界限逐渐模糊,真正意义的大众文化时代拉开了序幕。进入后工业时代,世界上一些发达国家逐步缩短了劳动时间,从每周工作6天、每天工作12小时,逐渐减少到每周工作5天、每天7~8小时。科学水平的不断提高将人们从繁重的体力劳动中解放出来,使他们拥有了充裕的闲暇时间,大众休闲时代随之到来。休闲被重新定义为能够自由选择闲暇方式、实现自我价值的根本途径。休闲与工作的关系也发生了改变,休闲逐渐取代工作和劳动,成为生活的中心,正在成为人生的终极目标。

(三)现代中西方休闲的特征

现代社会伴随着大批量生产和大批量消费,步入了大众休闲时代。对劳动阶层而言,休闲的意义和重要性逐渐演变,并最终发生了根本性改变。与以工作为主的生活相比,人们更倾向于追求以休闲为主的生活方式。现代休闲具有明确的目的性和产业化的倾向,其特点如下:

其一,需要制定国家甚至国际层面的社会、经济和文化政策。

其二,政府部门参与休闲开发的过程。

其三,现代休闲与消费直接相关,展现了消费革命的特点。

其四,为了国家和国民的休闲福利,制定长期的休闲设施建设计划。

其五,休闲产业已发展成为具有独立形态的产业。

其六,人们的观念已从"休闲为了劳动"转变为"劳动为了休闲"。

其七,现代休闲缺乏规律性和规范性,导致了价值观念的混乱,休闲问题已上升为重大的社会问题。

(四)休闲活动发展现状与趋势

作为一种产业形态,休闲业已成为第三产业中的重要增长点。国内已有多个城市确定了以发展休闲经济带动第三产业发展,进而促进国民经济全面发展的战略。例如,成都、杭州等著名旅游城市将未来发展定位为"休闲之都",甚至提出了"休闲也是生产力"的论断。我国休闲产业具有以下特征:发展势头迅猛。据世界旅游组织预测,中国人通过消费享受休闲的时代正在到来,并逐渐成为一种趋势。尽管中国还属于发展中国家,在旅游消费构成上,休闲度假占整个旅游的比重仅为20%左右,远低于旅游发达国家50%左右的比重,尚未进入真正的"休闲时代",但休闲经济已具备相当规模,且呈现出蓬勃发展的势头。尤其是在建设资源节约型、环境友好型和谐社会的背景下,休闲度假旅游发展将呈现更快的趋势。

2020年12月9日,中国社会科学院财经战略研究院、中国社会科学院旅游研究中心及社会科学文献出版社联合发布了《休闲绿皮书:2019—2020年中国休闲发展报告》。绿皮书主报告中,撰稿人宋瑞、冯珺指出,旅游是实现集中休闲和深度休闲的最重要形式之一。在全面建成小康社会的背景下,旅游对于居民高质量休闲的贡献更加凸显。总体来看,2019 2020年,休闲活动发展呈现以下特征:其一,文化和旅游融合发展持续深入,使得休闲的供给内涵更加丰富。文化和旅游融合发展在扩大休闲供给总量的同时,更加注重改善供给结构和提升供给质量。其二,全域旅游示范区验收工作继续推进,为休闲活动创新发挥示范作用。根据验收工作的实际经验,国家全域旅游示范区的供给体系内涵进一步拓展。2020年5月,文化和旅游部修订印发《国家全域旅游示范区验收、认定和管理实施办法(试行)》和《国家全域旅游示范区验收标准(试行)》,对休闲供给体系的评价要求更为灵活务实,评价标准向智慧旅游等能够切实提升旅游休闲体验的方向倾斜。其三,夜间旅游成为旅游新形态,有利于挖掘休闲消费潜力。在旅游休闲过程中,夜间经济是能够对餐饮、购物、文化演艺发挥综合推动作用的重要载体。2019年,国务院办公厅印发《关于进一步激发文化和旅游消费潜力的意见》,提出大力发展夜间文旅经济,鼓励有条件的旅游景区在保证安全、避免扰民的情况下开展夜间游览服务,计划到2022年建设200个以上国家级夜间文旅消费集聚区。其四,国家公园试点工作推进顺利,助推休闲可持续发展。目前,国家公园试点工作进展顺利,国家林业和草原局于2020年10月底前对东北虎豹、祁连山、大熊猫、三江源、海南热带雨林、武夷山、神农架、普达措、钱江源、南山等10个国家公园体制试点区的任务完成情况和自然资源禀赋开展评估验收,2020年底将提出正式设立国家公园的建议名单。

第二节 休闲旅游的内容与形式

一、城市休闲(含SPA)

(一)城市休闲概述

城市休闲活动指的是人们利用闲暇时间,在城市及其周边地区通过各种度假、健身、娱乐、游憩等活动,来满足恢复身心、开阔视野、自我实现等需求的行为。城市休闲活动的要素主要包括城市休闲资源、休闲城市环境、休闲服务和城市休闲管理。进一步细分,城市休闲活动的要素涵盖城市休闲吸引物、城市休闲空间与设施、城市休闲服务与管理,以及城市休闲的可进入性这四个方面。城市休闲产业大致可以分为城市福利休闲产业和城市付费或商业休闲产业。其中,前者进一步分为公共基础设施、公共活动场所、公共服务与管理;而后者则包括休闲旅游业、文化传播业、体育健身业、休闲娱乐业,具体如图2.1所示。

表 10-1　城市休闲产业结构

大类	类型	类别
城市休闲产业		
城市福利休闲产业	公共基础设施	城市公园、地质公园、自然保护区、森林公园、城市街道、公共绿地、休闲广场、休闲街区、社区绿地
	公共活动场所	图书馆、群众艺术馆、文化馆、文化站、村镇文化中心、文物馆、博物馆、档案馆、展览馆、少年宫、科技宫、工人文化宫
	公共服务与管理	城市公共基础设施的维护、公共活动场所的管理与服务、休闲研究与教育、城市环保与环卫、旅游管理、文化管理、体育管理、娱乐管理、宗教事务管理
城市付费或商业休闲产业	休闲旅游业	名胜古迹、主题公园、古民居、观光农业园和牧场、度假宿营地、野炊场所、汽车旅馆、都市观光场所、海岸游乐场、植物园、动物园、节庆活动
	文化传播业	电视台、电台、图书馆、书店、电影制片企业、电影院、剧场、工艺美术品拍卖、画廊、文化俱乐部、报社、杂志社、音乐厅、印刷企业、图书报刊零食业、服装表演、文化经纪与代理
	体育健身业	竞技体育比赛场馆、健身俱乐部、高尔夫球场、保龄球馆、台球厅、赛马场、游泳馆、划船俱乐部、马术场、射击场、滑雪场、溜冰场、旱冰场、网球俱乐部、攀岩探险
	休闲娱乐业	综合娱乐场所、棋牌室、洗浴中心、网吧、酒吧、氧吧、陶吧、艺吧、舞厅、歌厅、卡拉OK厅、录像厅、电子游戏室、美容中心、茶馆、赛狗场、垂钓园、狩猎场

(二) 全球典型休闲城市开发模式

1. 新加坡——善治而为的亚洲花园城市

新加坡城市休闲发展指数为0.789,被公认为"宜居、宜业、宜游"的城市,其旅游休闲品牌享誉世界。首先,科学规划引领发展,构建享誉世界的"花园城市"。通过科学设计和有效实施城市规划,形成有利于休闲发展的城市格局。同时,因地制宜,保留古建筑原有环境和独特轮廓,重点保留历史街区的原有气息,将自然环境恰当地嵌入城市之中,打造城市生态休闲空间。其次,资本带动,打造特色产品体系。例如,新加坡仲夏夜空项目包含教堂、博物馆、校园等幕布载体灯光秀,以及魔法秀、乐队、灯光剧等多种风格表演。此外,还建设了世界上最大的摩天轮和飞禽公园,创建了世界上第一个夜间动物园和第一个F1夜间赛场。再次,整合营销,塑造城市品牌。旅游局整合旅行社资源,推出精品旅游路线,实现多层次营销,相继推出"狂欢新加坡""非常新加坡""我行由我,新加坡"等城市休闲品牌。

2. 塞维利亚——闲散悠然的南欧慢城

塞维利亚城市休闲发展指数为0.631,擅长巧借大型节庆重塑休闲城市。首先,科学规划,定位打造休闲慢城,保留传统城市中的稠密街区、细窄小巷和各种休闲设施。其次,构建多层次产业体系。在餐饮休闲方面,饮食种类丰富;在购物休闲方面,刺绣、陶器、丝绸等手工制品满足多元需求。再次,大型节庆活动重塑休闲城市形象,如举办春会、四月节、圣周、斗牛节、圣安娜守夜晚会等传统活动,并举办世博会,完善基础设施,改善交通环境,升级休闲配套设施。最后,注重旅游形象推广,积极举办ExitFestival大型音乐节,该节获评2014年最佳欧洲音乐节,使国际休闲影响力得以升级。

3. 杭州——品质与创新的东方休闲之都

杭州是中国休闲城市建设的引领者,具有优雅闲适的人文传统。各种民间技艺、市井民居、酒馆茶楼精致和谐地聚集在山水之间,展示着东方休闲生活的智慧与魅力。首先,依托西湖资源,以休闲定位统领城市,在城市标识、城市建设、物产文化、环境景观等方面描绘休闲城市的总体蓝图,并在实现路径上定位为生活品质之城。其次,营造休闲空间载体,如运河、西湖、西溪、钱塘江畔规划建设了一批城市公园,并完成了一批市民化、通达化、休闲化的城市广场和步行街。再次,以创新手段促进发展,基于十大休闲基地,大力发展美食、茶楼、演艺、疗休养、保健、化妆、女装、运动、婴童、工艺美术等十大潜力行业,打造休闲项目。最后,政企民协力发展,政府组织提供保障并免费开放场所,企业、行业协会等市场主体投资建设,市民广泛参与并支持,认同政府及市场的部署和投入。

此外,维也纳通过多层次、多角度的城市发展规划以及文化培育、科技延伸等综合能力共同推动休闲产业发展,高度重视休闲空间和休闲设施的建设,以观光为带动,逐步形成综合的休闲产业体系,打造典雅闲适的欧式休闲城市。赫尔辛基则通过完善、便利、低价的公共休闲设施以及高效便捷低价的公共交通和丰富多样的公益性设施与服务来打造淡定低调的平民休闲城市。奥兰多以主题公园为起点,逐步形成大休闲产业体系,并依靠产品营销、企业营销来推动城市品牌营销,同时重视科技手段的应用,以打造快乐创意的美式休闲之城。里约热内卢通过城市再生规划来满足并促进居民休闲方式的改变,并通过四大主打产品来构筑具有竞争力的休闲产业体系。同时,该城市还突出特色进行城市营销,将独具特色的南美文化渗透在休闲的各个方面,以打造个性尽展的南美休闲之都。

(三)城市代表性休闲活动——SPA

1. SPA概述

SPA一词源于拉丁文solus por aqua(health by water)的字首,solus=健康,por=经由,aqua=水,意指用水来达到健康。英式休闲文化里也有个词SPA,即spring put air,意为在矿泉区里享受纯净的空气。两者有相似之处,方法都是充分运用水的物理特性、温度及冲击来达到保养、健身的效果。所以,早期SPA简单来说就是水疗,并且开始是专为贵族所享有的,真正认识SPA的人很少。近年来,随着社会的进步与不断加快的社会节奏,人们对自身的健康越来越重视,SPA以其健康、天然的特点被更多的人关注并接受。这同样也促进了SPA的发展,很多人开始研究SPA,不断挖掘SPA市场,其内涵也发生了变化,许多新的内容被结合进去,形成一种全新的现代SPA,如风靡全球的芳香SPA,就是把植物精油通过按摩的方式作用于人体,结合水疗,达到舒缓减压、放松精神的保健功效。这种芳香SPA加入了植物精油本身的功效和各类按摩手法,结合周围舒适的环境,促使人体迅速放松,满足现代社会生活节奏快的人们对舒缓减压的迫切需求,符合市场需求,能蓬勃发展并不断深入人们的内心。现代 SPA 已延伸为天然、舒适、健康这样的抽象代名词,也成为时尚、美丽、现代的代表。现代 SPA 功能的实现,主要是通过人体的五大感官系统来实现的,即通过听觉(疗效音乐)、味觉(花茶、健康饮食)、触觉(按摩、接触)、嗅觉(天然芳香精油)、视觉(自然或仿自然景观、人文环境),达到身心的全面放松。

SPA 的种类很多,水疗是 SPA 最普遍的形式。根据水疗的形式来分,包括冷水浴、热水浴、冷热水交替浴、海水浴、温泉浴、自来水浴,每种水浴都能在一定程度上松弛紧张的肌肉和神经,排除体内毒素,预防和治疗疾病。就其目的来说,可分为以美容保养为目的的 Beauty SPA、以医疗康复为目的的 Medical SPA、以休闲度假为目的的 Vacation/Holiday SPA 及以减肥瘦身为目的的 Slim & Fitness SPA。就其地点来说,可分为城市 SPA、酒店 SPA、居家 SPA 和目的地 SPA。其中,按地点分类是 SPA 行业经常提到的,也是 SPA 在业态上的分类。

2. SPA 旅游的发展

随着现代社会的发展,人们开始对 SPA 有了深入的认识,开始接受并积极追逐 SPA,希望去享受世界各地 SPA 的特色,这也导致 SPA 旅游应运而生。SPA 旅游是在旅游中享受到专业、健康的 SPA,达到身心保健的目的。随着 SPA 含义的现代化,SPA 旅游也不只是到一个有温泉的地方泡个澡这样简单,更重要的是整个 SPA 和当地的风土人情相结合,旅游的整个过程都要有周密的安排,包括水疗、按摩、泡澡、SPA 饮食、SPA 环境等,让游客享受到真正健康的目的地 SPA 或度假 SPA。SPA 旅游是通过旅游与旅游中的 SPA,对紧张、疲惫的身体和心情进行全面的理疗,最终达到美丽、健康的目的,是一种让身心皆焕然一新的健康旅游;也可以说,SPA 旅游是一种以清爽的心情出门,带着健康的身体回家的快乐度假方式。根据国际 SPA 协会的调查,SPA 已经成为度假旅游中必备的旅游产品之一,在北美洲有 60%的游客都会进行 SPA 消费,SPA 不仅成为一种调理身体和精神的服务,也是一种社交的时尚,成为高端人群旅游的另一个选择。近年来发现,SPA 旅游越来越被欧洲家庭所青睐。

目前,整个 SPA 旅游行业市场的发展是国外领先,国内正在积极赶上,较为有名的 SPA 旅游目的地也是国外居多,如常听到的巴厘岛、马尔代夫、普吉岛等。虽然国内 SPA 旅游行业在逐步发展,SPA 的概念也已经迅速发展遍布全国,但是,不是每个人都了解 SPA 的真正含义,并且国内还没有标准的行业规范来促进 SPA 旅游行业的健康发展,这导致国内整体 SPA 旅游业不够规范。现代的 SPA 旅游的发展关键是水资源及水设备,常见的有桶浴、湿蒸、蒸、淋浴及水力按摩浴等,国内并非缺少天然的水资源,如海南三亚有着丰富的天然海滨资源、天然温泉资源、天然生态资源和酒店资源,是发展 SPA 旅游的理想之地。然而近年来,海南的 SPA 旅游场所虽然数量增加明显,但能做专业的 SPA 场所为数不多,大部分是城市和酒店内部 SPA,还未形成整体的 SPA 旅游产业。所以,打造专业的目的地 SPA 是国内未来 SPA 旅游的发展趋势。中国的 SPA 历史久远,可追溯到唐朝的华清池,当时已经体现了 SPA 的独特魅力。经过多年的发展,现代中国 SPA 又融入中国五千年来的传统医学及养生文化,发展成为具有中国特色的 SPA 文化,这已经足以吸引全世界的游客。如果再能有标准的行业规范引导其健康发展,与国际接轨,中国的 SPA 旅游也定会迈上一个新台阶。

3. SPA 旅游产品类型及其健康功效

在旅游中,如果未能体验到 SPA 服务项目,便无法称之为 SPA 旅游。因此,享受 SPA 服务项目是 SPA 旅游的核心,这些项目为旅游者带来的身心健康,也是他们的主要追求之一。现代 SPA 形式多样,各地均有其特色项目,某些著名的 SPA 旅游地更拥有众多招牌疗程。然而,无论形式如何变化,SPA 服务始终离不开水浴、按摩、海底泥、花草萃取物、植物精油等关键元素,且其服务疗程均围绕几大健康功效展开,包括美容养颜、放松身体、舒缓身心、减肥瘦身及治疗疾病等。

(1) 脸部保养

相较于普通美容院、生活馆等场所提供的脸部保养服务,SPA 旅游中的脸部保养更加崇尚自然、舒适与健康。所使用的产品多为天然,甚至未经加工。而普通美容院常进行的美白、挑粉刺、祛痘等服务,甚至运用各种高科技手段祛斑,在 SPA 旅游中并不受推崇。因为这些服务已涉及医疗领域,而 SPA 中的脸部保养更侧重于身心的放松,具体步骤包括去角质、按摩和敷脸等。

(2) 身体保养

随着人们对美的不断追求,他们已不再满足于仅仅对面部进行保养,越来越多的人开始追求全身皮肤的完美状态。此外,现代研究也表明,面部皮肤问题往往源于身体内部的问题。因此,人们不再仅仅局限于在面部涂抹保养品,而是从身体根源出发,注重身体保养。SPA 旅游提供的身体保养服务正是体现了这一理念。它首先使用了能被人体皮肤吸收、调节人体健康、愉悦心灵的植物精油,还结合了富含矿物质的泥、水、泉等元素,再配合一些基础设备,共同帮助人体缓解压力、消除疲劳。具体服务步骤包括身体去角质、身体裹敷和身体浴等。

(3) 特殊保养

SPA 的服务项目多达数百种,无论是曾经流行的,还是专家最近研发的,其目的都是一样的,即追求身心的放松和身体的健康愉悦。这里也介绍一些在 SPA 中较为典型的服务项目,我们称其为 SPA 特殊保养。

① 芳香疗法

"芳香疗法"这个词是法国化学家 Rene Maurice Gattefosse 在科学刊物上发表其研究成果时提出的。它利用植物精油,通过一定的方式作用于人体,达到调节身体和情绪平衡的保健功效。植物精油是芳香疗法的核心物质,是从芳香植物的根、茎、叶、花朵等部位萃取得到的高度浓缩的物质。用于芳香疗法的精油有上百种,疗效各异。特别是经过专业的调配后,其功效更具针对性,不仅能对人体起到保健作用,有些还能达到调理人体的某些症状、辅助治疗某些疾病的功效。需要注意的是,在植物精油里,不是所有的都带有香味,有的气味并不好闻。

② 热石疗法

热石疗法起源于数世纪前的欧洲,近年来在 SPA 旅游提供的服务项目里非常流行。该方法是把加热过的石头代替按摩师的手进行按摩,可以选用大小不同的热石,排列在身体的不同部位,通常是结合中医经络系统理论,排列在经络和穴位上。这种石头不是普通的鹅卵石,而是来自大自然的火山喷发后,遗落在火山脚下或大海边的火山玄武岩。其表面有许多细小的孔,使用前可以浸泡在加热过的精油、中药或普通的水里。当按摩或排列在身体上时,石头可以缓慢释放精油、中药或热能物质。由于热石有很强的储存热能的性能,可以借助石头慢慢地散热,消除肌肉的疼痛及肩、颈、脚各关节处的酸痛等症状,特别适合以寒、虚、湿、滞为主的体质。热石疗法是一项在SPA旅游中提供的稀有的特殊服务项目。在有些服务中,还会有装好的一袋袋的这种石头卖给游客,由游客在家自己做热石疗法。

(4) 辅助项目

很多健身中心和瑜伽馆能够顺利升级为SPA旅游场所,原因在于SPA的服务项目中也包含这些服务。虽然它们不是主要的服务项目,但也是专业目的地SPA提供的辅助项目,有些地方还将其打造成专业的特色项目。这些辅助服务项目包括冥想、运动、趾甲修护和耳部保养等。

冥想,俗称打坐,是专业目的地SPA里最安静也最单纯的服务。通常是在冥想老师的帮助下,进入冥想的世界,达到除去杂念、放松身心的功效,经常会配合瑜伽一起进行。

运动项目包括有氧舞蹈、举重,还有徒步、快走、攀岩等户外运动。这些一般只有在规模较大的SPA度假场所才能进行,更适合青年人的旅游爱好。

趾甲修护是很多专业目的地SPA服务的配套项目。其提供的服务并非擦趾甲油、涂颜色、做美甲等,而更多的是从健康的角度出发。会有专业的老师观察趾甲的形状、健康状况并给出指导意见,同时提供手脚按摩,帮助改善四肢末端的血液循环。

耳部保养是较为独特的服务,也属于专业目的地SPA服务的中高档项目。方法是经过训练的专业人士将温热的精油蜡烛用特殊的滴入器滴入中耳以外的部位。待蜡油干后,再利用一开始放入的软棉线抽出干蜡,连同堆积的耳垢一起拉出。这样借助芳香精油的作用,因为耳鼻相通,且神经直达脑部,从而达到耳、脑放松的功效。

二、乡村休闲

(一) 乡村休闲概述

乡村休闲涵盖休闲农业和乡村旅游两大基本业态。然而,从产业细分的角度来看,它不仅包括休闲农场、民宿、农家乐、生态采摘、观光农业、科普研学、生活体验、自驾露营、户外运动等传统内容,还触及森林旅游、康养旅游等生态旅游的多个领域。近年来,乡村休闲活动发展势头迅猛。随着消费结构的升级和疫情后消费需求的变化,城乡居民对乡村旅游、休闲旅游、健康养生等活动愈发青睐。为适应这一新趋势,我们需要挖掘新思路,例如发展休闲农庄、精品民宿等高端业态,并探索亲子研学、健康养生等新型业态。乡村休闲旅游的元素极为丰富,包括山水自然及田园风光、古村古街与古建筑、农耕用器与农耕文化、民俗风情、民间小吃、民居、乡村风水文化、民间娱乐文化、民间遗产文化以及农业劳作与农业生产过程等。通过产业融合、生产生活生态兼容、工农城乡融通,我们可以发掘农业的多种功能和乡村的多重价值。

乡村休闲活动的发展得到了国家政策的大力支持。2021年中央一号文件再次明确了旅游业在乡村振兴中的关键作用。文件明确指出,要开发休闲农业和乡村旅游的精品线路,并完善相关配套设施。同年,农业农村部发布的《关于拓展农业多种功能促进乡村产业高质量发展的指导意见》中明确提出,到2025年,乡村休闲旅游年接待游客人数应达到40亿人次,年营业收入应达到1.2万亿元。同时强调,要做精做优乡村休闲旅游业,发挥其在农文旅横向融合中的连接点作用,保护生态资源和乡土文化,发掘生态涵养产品,培育乡村文化产品,打造乡村休闲体验产品,进而提升乡村休闲旅游水平,并实施乡村休闲旅游精品工程。

(二)乡村休闲的发展态势

党的十八大以来,休闲农业和乡村旅游展现出蓬勃向上的发展态势。它们不仅有力推动了农村地区的经济发展,还大幅拓宽了农村的就业渠道,助力农民脱贫致富,成为国家实施乡村振兴战略的重要支撑。

1. 政策红利优势凸显

自2012年起,国家层面出台了一系列利好政策,促进休闲农业和乡村旅游的发展,多重政策红利的叠加效应显著。从级别上看,国家对休闲农业和乡村旅游的重视程度前所未有,政策工具也更为灵活多样:综合运用强制性、自愿性和混合性工具,兼顾休闲农业和乡村旅游产业的各要素,强调个性化和特色化发展(马俊哲,耿红莉,2019)。从力度上看,涉及休闲农业和乡村旅游的政策支持力度持续加大;从内容上看,重点由数量向质量转变,休闲旅游精品、乡村旅游精品工程和精品景点线路等成为高频词汇。

2. 产业规模持续扩大

随着居民生活水平的提高和城市生活压力的增大,乡村休闲旅游这一新兴旅游形式受到越来越多城镇居民的青睐,产业规模迅速增长。根据农业农村部和中商产业研究院的数据,2012年至2019年,休闲农业接待旅游人次从7.2亿增至32亿,年均复合增长率高达25.3%;休闲农业年营业收入从2400亿元增至8500亿元,年均增长速度超过30%。随着经济水平的进一步提高,特别是全面建成小康社会后,在人民对美好生活的向往以及回归自然、追求原生态的内在驱动下,乡村旅游业将迎来更加美好的未来。据《全国乡村产业发展规划(2020—2025)》的政策目标显示,预计到2025年,休闲农业的年接待规模将达到40亿人次,营业收入将超过1.2万亿元。

3. 发展内涵日益丰富

农业、农村和农民的"三农"资源是休闲农业和乡村旅游的发展基础,农村地区生产、生活和生态的"三位一体"功能属性是乡村休闲旅游的本质内涵。当前,乡村休闲游客的基本动机源于对乡村特有生活方式、乡村民俗、劳作方式和餐饮特色的兴趣体验。休闲农业和乡村旅游的不断发展也推动了乡村休闲游内涵的丰富,从单纯的体验观光产业扩展到涵盖农、林、牧、副、渔的大农业,成为一个集体验观光、农业产销、游憩服务为一体的综合性产业。具体来说,在范围上不仅包含第一产业,还涉及农产品加工制造业和部分第三产业。在功能上,从体验农村之美、农业之美和人文之美的体验型经济过渡到更加注重生态涵养、文化传承和农业知识科普等潜在价值的挖掘上;从体验农村、观赏农业、了解民俗到愿意定居乡村,感受田园生活、放松身心、追求自我。在价值创造上,突出创意设计和文化传承在乡村休闲旅游产品附加值上的关键作用;在对"三农"资源综合利用开发的基础上,开发具有创意性和地方特色的农业休闲产品,提升乡村休闲旅游的内在品质和文化软实力。

4. 类型模式精彩纷呈

自乡村振兴战略实施以来,休闲农业和乡村旅游备受各级政府重视。乡村休闲旅游涵盖休闲农业和乡村旅游两大基本业态。从产业细分视角来看,其不仅包括休闲农场、民宿、农家乐、生态采摘、观光农业、科普研学、生活体验、自驾露营、户外运动等传统内容,还涉及森林旅游、康养旅游等生态旅游的多个领域(徐虹等,2017)。休闲农业和乡村旅游的突出特征为产业融合,因乡村休闲旅游能直接连通第一产业和第三产业,并通过手工艺品、特色农产品及农产品加工推动第二产业发展。因此,有学者认为,休闲农业和乡村旅游是当前一二三产业融合发展、延长农村产业链的典型产业。

2019年,农业农村部在"发展休闲农业,助力乡村振兴"主题发布会上,对乡村休闲旅游的模式进行了总结和阐释。农业农村部乡村产业司将休闲农业和乡村旅游的发展模式归纳为以下三种:一是以农家乐为主体的乡村休闲游,主要提供乡村美食、水果采摘和民俗住宿,地理位置通常靠近城市郊区,便于城市居民周末郊游;二是以生态优美、景色宜人为主的乡村生态旅游,依托美丽的自然风光和人文景观,为游客提供农家特色餐饮和民宿等服务,这类模式往往靠近景区;三是以健康养生为特色的乡村休闲游,依托田园景观,在气候宜人的乡村地区为游客提供康养保健等特色服务。

5. 发展方式转型升级

随着旅游经验的积累和休闲需求的变化,"吃农家饭、住农家屋、干农家活"的初级产品已无法满足城市居民节假日休闲娱乐、返璞归真和怀旧的需求。实际上,进入高质量发展时代以来,我国乡村休闲旅游已摆脱过去千篇一律、产能低效、供需失衡的发展阶段,正迈向供需均衡、文旅融合、绿色发展的转型升级阶段。这主要体现在以下几个方面:一是田园综合体模式表现突出。随着休闲农业和乡村旅游的持续发展,游客对乡村休闲旅游产品的品质需求不断提升。在需求内容差异化、多样化和需求质量精细化、精品化的驱动下,以产业耦合、功能复合、共建共享为特征的田园综合体成为乡村休闲旅游转型升级的必然选择。田园综合体依托田园风光和乡土文化等"三农"资源,打造集新型农村社区、农业园区、休闲庄园、乡村旅店及"吃住行游购娱"于一体的复合型多功能综合经济体。二是标准化程度日益提高。2018年,国家发展改革委、文化和旅游部等联合印发《促进乡村旅游发展提质升级行动方案(2018年—2020年)》,明确提出要建立健全乡村旅游产品和服务标准,规范民宿、农家乐等服务,完善乡村旅游基础设施配套标准。2019年7月19日,文化和旅游部正式发布《旅游民宿基本要求与评价》,标志着我国乡村旅游正式进入高质量发展阶段。三是文旅融合不断深化。乡村文化是乡村休闲旅游的核心吸引力,"乡愁"这一独特魅力也是其转型升级的灵魂所在。在开发乡村旅游产品过程中,当地物质和非物质文化成为区别于其他同类产品的文化基因。乡村民俗、乡土文化、地方节庆等特色化、差异化的文化符号与乡村休闲旅游产品的深度融合,是推动乡村旅游精品化和品牌化的优势路径。

(三) 乡村休闲发展中的问题

1. 产品开发相似度高，乡村文化挖掘不够

乡村休闲旅游产品中，"吃农家饭、住农家屋"的传统开发模式主要依赖农村地区的农业和自然资源。然而，这些产品在资源属性上相似度较高，导致同质化的乡村旅游产品和开发模式对城镇居民的吸引力逐渐减弱。实际上，乡村休闲旅游产品缺乏特色的根本原因在于对乡村文化的挖掘不足，因为具有地方特色的乡村文化和民风民俗才是"乡愁"的灵魂。此外，在旅游开发过程中，对乡村传统文化的保护传承力度不够，如地方手工艺品、戏剧、传说等物质和非物质文化的乡村文化符号未得到开发者的足够重视和深度挖掘。

2. 产品消费属性明显，休闲属性较为欠缺

乡村休闲旅游的本质是城镇居民逃离城市生活，去体验原真性的农业生产和农村生活方式，它兼具观光游览和度假休闲双重属性。然而，在短期利益的驱动下，旅游产品经营者往往更重视消费属性。因此，在乡村休闲旅游产品的设计和开发上，多以当地特色农业资源和乡村民俗为核心吸引物，围绕"农家乐"来吸引周边游客，然后重点打造过山车、划船和漂流等一次性消费项目。这导致对乡村生活方式的参与体验式消费需求重视不足，养生度假、休闲体验、科普教育等休闲旅游度假功能相对欠缺。

3. 经营水平参差不齐，标准化有待提高

鉴于各地乡村休闲旅游经营水平差异较大的发展现状，乡村休闲旅游产品的标准化程度亟需提升。一方面，我国乡村休闲旅游产品的经营者多为未经专业培训的农民，其管理水平、产品标准制定及从业人员服务意识等方面均有较大提升空间。另一方面，乡村休闲旅游产品多样，标准化难度较大。目前，农家乐、牧家乐、渔家乐、民俗村、农村采摘园、农业体验基地、乡村民宿等乡村旅游产品内涵日益丰富，这增加了乡村旅游标准化制定与实施的难度。

4. 产品缺乏迭代更新，欠缺统一的规划管理

对于乡村旅游产品而言，创意是推动产品迭代更新的关键要素。土地、资金、技术和劳动力等资源可通过招商引资、专业培训和政策支持得以解决，而创造性创意人才或"创客"的缺失成为产品迭代更新滞后的主要原因。创意带来的知识、技术、理念和市场等要素能够推动初级产品的迭代更新与深加工，从而促进乡村旅游产品的转型升级。此外，多数乡村旅游地区缺乏整体规划和专项规划，开发无序且盲目性较大，乡村休闲旅游产品之间的互补性和共生性不足，这也是导致乡村旅游产品淡旺季季节性明显的原因之一。

(四) 乡村休闲高质量发展的对策建议

1. 挖掘乡村文化，打造特色品牌

进一步挖掘乡村文化，坚持文旅融合，是乡村休闲旅游产品实现精品化、品牌化发展的必由之路。乡村旅游产品的"原真"属性，体现在对乡村原生态、原生活和原文化的坚守，是保护和传承乡村民俗文化的重要形式。一方面，乡村旅游产品的开发应在保护和利用本地乡土文化的基础上，创新文化的表现形式。应推动民俗文化与虚拟现实技术（VR）、人工智能等新技术深度融合，探索更加生动、多样的乡土文化表达方式。利用传统工艺或文化习俗,打造不同类型的主题表演、特色节庆和精品特色餐饮等体验活动,充分实现文化符号在特色乡村旅游产品上的展现。另一方面,在品牌塑造上要坚持创新,突出特色化、差异化和多样化。品牌塑造是乡村休闲旅游产品摆脱同质化的优势路径。应结合当地的自然风光和民俗文化等资源禀赋,寻找区别于同区位产品的差异和文化特色,进而打造出错位竞争、主题鲜明的乡村休闲旅游产品。

2. 数字经济赋能,促进高质量发展

进入数字时代,数字经济赋能成为推动乡村休闲旅游高质量发展的重要途径。首先,应依托互联网平台,促进创新创业。推动互联网平台与分散的乡村旅游资源紧密结合,加强线上推广和品牌营销,塑造乡村旅游目的地智慧化形象。同时,推动乡村休闲文化和民俗文化数字化,让乡村文化符号"活起来"。其次,加强乡村旅游数字化营销。一方面,整合地区内的景区门票、酒店、民宿和农家乐等乡村旅游资源,开发具备一体化信息查询、内容展示、产品销售等功能的乡村旅游平台;另一方面,发力新媒体社交营销,充分利用抖音、快手等新型社交软件,积极开展"网红"直播带货等探索,通过直播带货等方式精准营销优质农副产品和特色乡村旅游产品。

3. 坚持农民主体地位,提升乡村旅游服务标准

促进农民脱贫致富和创业增收是发展乡村休闲旅游的出发点和落脚点。因此,要发展乡村休闲旅游,必须确保农民的主体地位。应鼓励农民积极参与产品开发、服务提供和管理运营,构建三方共赢的利益分配机制,让农民享受到发展乡村休闲旅游的"开发红利"。在旅游产品的开发上,要提高标准化服务水平,以提升游客的乡村旅游体验。一是加强对农村从业人员的技能培训,提高乡村旅游产品的服务标准。二是改善乡村旅游基础设施水平,促进硬件服务现代化。三是提升乡村旅游产品的服务水平,推动软件服务向人性化、个性化发展。

4. 提升人居环境,完善配套设施

提升乡村人居环境,完善旅游公共服务设施,是促进乡村旅游高质量发展的品质保障。第一,开展乡村人居环境提升工程,美化乡村重点区域。集中整治、分类推进乡村旅游地区的厕所、污水处理、垃圾处理等薄弱环节。第二,促进乡村旅游规划与村庄规划有机结合,加强对农村特有乡村风貌及重点乡村建筑等物质文化遗产的保护。第三,加快推进农村基础设施建设,完善乡村旅游公共服务设施。要继续推动村庄内部的基础设施建设工作,着力解决乡村地区的旅游咨询服务、旅游信息提示、旅游紧急救援等公共服务体系建设问题,并加强旅游厕所、标识标牌等公共服务设施和旅游安全保障服务体系的建设。

5. 推进人才振兴,培养乡村工匠

乡村旅游人才是乡村休闲旅游高质量发展的重要基石。首先,应在国家层面上建立乡村旅游人才的制度框架和培养体系,为系统化人才培养提供制度保障和政策支持。其次,各地应因地制宜,开展乡村旅游人才培训专班。各地文化和旅游管理部门及旅游协会,应定期开展乡村旅游人才培养专题培训活动。在此基础上,发挥地方高校和科研院所旅游管理相关专业的师资优势,开展形式多样的培训活动。最后,挖掘乡村传统艺人,培养乡村旅游工匠。充分挖掘农村地区的传统艺人和特色手工业者,设立乡村旅游工匠工作坊,开展传承传统技艺的研习培训活动。

三、野外休闲

在紧张的工作生活之余,到野外体验以"身心放松、健康调整与促进"为目的的观光度假、运动、体验等休闲方式,已成为现代都市人群追求的保健生活方式。野外度假休闲,一方面可以避开喧嚣的城市环境,另一方面还可以达到在优美的自然环境中保健、放松的目的。下面是几种常见的野外休闲活动。

(一)徒步旅游

1. 远足

远足是一种非竞技性质的、单人或群体的运动游憩项目,每天的距离一般在5～50km。徒步旅游接触面广,沿途可以观察和学习到许多有益的东西,增加知识,并能锻炼身体,培养艰苦奋斗、坚忍不拔、克服困难、勇往直前、团结互助的精神。在德国,远足是一项最受欢迎的野外游憩项目。德国"山地与远足协会联盟"(联合48个跨地域的地方远足协会)代表了515,000名有组织的远足爱好者和大约2,500个地方团体。该组织也是德国"阿尔卑斯山登山协会"的成员。另外,"自然之友"和"旅游者协会"中也有众多的远足爱好者。根据德国田径协会的数据,德国共有670万人经常性地进行野外远足活动。他们一般是在有吸引力的山地景观地区进行远足。

景观基本要求:
(1) 高的森林覆盖率,空阔的山谷,中山、高山地形加水系(小溪、湖泊、河流、海岸)。
(2) 近自然景观是最重要的。
(3) 混交林好于纯林。
(4) 自然河岸好于经过改造的河岸。

2. 跑步

跑步是一种非组织的休闲运动,与远足相同,个人或小组每天有相当长的运动距离。在体育比赛中,大型的小组(最多1,000人)要跑出100km的距离。像远足一样也要求有力的景观,但对景观的依赖性(特别是近自然景观的质量)没有远足高。同时也可以接受沥青硬化的道路。

一个特殊的跑步形式就是按照固定规则的野外定向运动。在这个比赛中,必须在尽可能短的时间内,借助罗盘和地图,通过一定数量的控制点和最长为16km的距离。比赛场地位于森林覆盖地区,90%的路段不在道路上。"定向"这两个字在1886年首次在瑞典使用,意思是在地图和指南针的帮助下,越过未知的地带。定向运动本身作为一种体育项目是从20世纪初在北欧发展起来的,截至2001年已发展到56个国家与地区。国际定向运动联合会是世界定向运动的行政实体,是国际体育联合会总会之一。定向运动也是国际承认的奥林匹克体育项目。

（二）攀岩与登山

攀岩是人类利用原始的攀爬本能，借助各种装备做安全保护，攀登由岩石构成的峭壁、裂缝、大圆石及人工岩壁的运动。登山则一般指通过结队方式，携带一定装备对不同高度的山脉进行攀登并到达顶峰的活动。高山攀岩和运动攀岩（或称徒手攀岩）的区别在于，后者不借助人工辅助工具（钩子只是为了安全保护，而不作为攀登的辅助工具）。一种更具有旅游性质，而体育运动性质稍逊的攀岩活动，被称为"攀登"的游憩项目，即由旅游部门在岩石上建造台阶、缆绳和扣环，使得没有攀岩技术的人也能尝试攀登。这项游憩活动对环境的影响，取决于其是在高山地区进行还是在中山地区进行。中山地区相对可供攀登的岩石较少，但有大量的攀岩爱好者，因此可能造成较大的环境问题；而高山攀岩带来的只是局部的环境问题。在高山地区，林线以下的岩石是很常见的，林线以上则是大面积的丛林，这里也孕育了典型的高山生态系统。中山地区有代表性的生态系统是森林，岩石只是零星可见，并在这些地方出现特殊的立地条件，形成具有高级生态意义的动植物群落，这些群落往往与其他物种没有遗传信息交换（如岛屿、斑块）。在林线以上，有着大量的岩石，但攀岩者相对较少，因此其造成的生态干扰也是微不足道的。

（三）山地自行车

山地自行车，英文名为mountain bike，缩写为MTB。它起源于美国，是美国青年为了寻求刺激，在摩托车比赛的越野场地上驾驶自行车进行花样比赛而派生发展起来的车型。美国加利福尼亚大学的学生詹姆斯·芬利·斯科特（James Finley Scott）是第一位将普通自行车改装成山地自行车式样的人，也是最早骑山地自行车进行越野的人。之后越野运动逐渐在欧美流行并形成赛事。1990年国际自行车联盟承认这项运动，1991年首次举行世界杯赛。中国是个自行车大国，随着人民生活水平的不断提高，自行车作为交通工具的功能逐渐退化，而上升为一种运动健身工具。"一个自行车比赛场地的面积一般为 $2\sim3hm^2$"，由60%～70%的赛道和30%～40%的绿地组成，而其他运动自行车只在公路和其他特定设施内进行。自行车比赛同样可以在体育馆内进行。这里主要讨论的是在野外进行的山地自行车运动。山地自行车的主要特征是宽胎、直把，有前后减震器，骑行较舒适。宽而多齿的轮胎提供抓地力，减震器可吸收冲击。近些年来，前减震的应用成为标准，前后减震的车辆越来越普及。山地自行车具有刚度大、行走灵活等特点，骑行时不必选择道路，无论街巷漫游还是休闲代步都获得了广泛的好评，骑车者可以在各种路面环境上尽情地享受舒适的骑行乐趣。山地自行车各种零部件均和普通自行车有所差别，具有缓冲作用、抗震性能好的轮胎，牢固结实、材料硬度大的车架，不易疲劳的手把，以及即使在陡峻的坡道上也能够畅快骑行的变速器等，这些都使山地自行车更加适合爬山越野、郊游旅行。山地自行车赛可分为以下几类：越野赛、速降赛、爬坡赛、4人越野赛、双人绕标赛、分段赛、特技赛等。

（四）骑马

在古代，马是人文景观中不可或缺的畜力和交通工具。然而，汽车和机械化将马从耕作和交通的角色中解放出来。自20世纪60年代中期开始,骑马作为一项游憩项目,越来越受到西方国家民众的喜爱。在德国,有大约4000个骑马协会、52万有组织的成员、8000套骑马设施以及40万匹马,其中25万匹为骑用马,而剩余的15万匹马则仅用于休闲。

随着社会的进步和经济的发展,骑马正逐渐成为现代人的一种生活时尚。马术,作为一种时尚且高雅的体育娱乐活动,已经在世界各国流行了一个多世纪。而中国的马术具有悠久的历史,起源于周代,并在唐代达到鼎盛。1982年12月8日,中国马术协会成为国际马术联合会的正式成员,标志着中国马术迈出了重要的一步。至2022年,中国的马术运动已经历了四十年的风风雨雨。

马术表演展示了在马上倒立、站立、叠罗汉、射箭、捡哈达、捡银碗等一系列高难度技巧,这需要骑手和马经过多年的训练,才能在赛场上展现出优雅、胆量、敏捷和速度。这些高难度的马术动作令人惊叹,同时也展现了草原民族的英勇本色。虽然马术运动起源于欧美,但在中国,它正处于被大众认识和接受的新阶段。

2014年,国务院发布了《关于加快发展体育产业促进体育消费的若干意见》,其中明确提到要大力支持发展马术运动。2016年,国家体育总局印发《体育发展"十三五"规划》,提出要积极培育马术等具有消费引领特征的时尚运动项目。随后,国家鼓励和支持地方开展马术进校园活动、青少年马术素质教育试点示范工作,以增强马术人才储备并推动产业发展。如今,越来越多的人选择来到草原骑行,使得传统马术得以发扬。

除了进行大型演出、专业训练和组织高水平比赛外,马场还为马术爱好者提供骑马体验、马术培训等特色服务项目。同时,马场也在优化服务配置,如开发夜市场、大排档、啤酒节、灯光秀等,以满足夜市消费需求并延长游客的停留时间。马术作为一项集奢侈、高端、自然、时尚于一身的运动,具有不可忽视的价值。这个产业的发展衍生出的产业服务链条相当丰富,涉及畜牧业、体育、娱乐、文化等多个行业,既可以帮助牧民增收致富,也可以解决就业问题。无论是马房工人、骑手、教练还是马术学校、鞍具制作、饲料生产、马房设施设备生产等,都构成了一条完整的产业链。这对于文化、体育、旅游产业的融合发展具有重大意义,并有望成为重要的经济增长点。

(五)高尔夫球

高尔夫球是一项古老的"贵族"运动,起源于15世纪或更早的苏格兰。确切记载是在1457年,当时的苏格兰人称之为goff、gowf或golf。在工业革命以前,苏格兰高地是连绵不断的牧场。相传,当时的牧羊人在放牧闲暇时,会用木板玩游戏,将石子击入兔子洞中。久而久之,形成了使用不同的球杆并按一定的规则击球等要求。苏格兰冬季非常寒冷,每次出去打球时,每人总爱带一扁瓶烈酒放在后口袋中。每次发球前,先喝一小瓶盖酒。一瓶酒18盎司,一瓶盖正好1盎司,打完18个洞,酒也喝完了,也该回去了。时间长了,很多人便认为一场球必须打完18个洞,这样就形成了标准高尔夫球的18洞规则。17世纪,高尔夫球运动被欧洲人带到了美洲,19世纪20年代传入亚洲。1896年,中国第一个高尔夫球俱乐部在上海成立。1985年,中国高尔夫球协会在北京成立。早些年,中国高尔夫球场主要集中在北京、天津、上海、深圳等经济发达的城市。深圳大学是我国唯一的一个高尔夫学院。在美国、加拿大、日本和苏格兰,有6%～10%的居民从事高尔夫运动,这可以说是一项广泛的国民性运动。

(六)漂流

1. 概述

漂流,作为极限运动的一种,同时也是奥运会的比赛项目。漂流用具主要分为木筏和橡皮筏两类,而这两类筏又各自细分为自助漂筏和动力漂筏。动力漂筏,装备有机械装置,通常能承载8至10人,特别适用于水流较急、较深的地方。漂流,尤其是在水流湍急的河流上进行时,无疑是一种冒险活动,需要有相应的装备来保障安全,如防水上衣、漂流手套、背包、水上运动头盔、漂流靴、救生衣以及沃纳交叉桨等。此外,也存在休闲类型的漂流,供人们享受水流的宁静与乐趣。

2. 漂流工具

由于漂流河段特性的不同,所选择的工具也会有所不同。一般而言,橡皮筏因其广泛的适应性和普遍的使用率,成为最常用的漂流工具;小木船则更适用于河道较直、弯道和礁石较少的河段;而竹排,则在风平浪静的河段中表现出色。此外,还有一些特殊的漂流方式,如黄河陕西、甘肃段的羊皮筏漂流,以及浙江天目溪的龙舟漂流等,各具特色。橡皮筏因其材料的柔韧性和充气囊的设计,即使在遭遇落差较大的瀑布或险峻的河谷时,也能化险为夷。在漂流过程中,舵工扮演着至关重要的角色,他们负责把握方向和平衡,以及在遇到急流险滩和礁石时做出妥善处理。漂流筏上通常配备有供游客操作的桨板,在平缓河段时,游客可以在舵工的指导下体验划水的乐趣。在漂流前,游客需换上泳衣以防衣物被打湿,同时必须穿好救生衣以确保安全。漂流前,游客应根据自己的身体状况判断是否适合参与此项活动,老弱病残者请勿轻易尝试。此外,游客的贵重物品最好不要携带上船,随身携带的物品可用塑料袋装好并系在安全绳上以防丢失。

对于探险性漂流,漂流者不仅需要具备出色的舵手技能以在漩涡中穿梭自如,还需学习野外生存技能、选择营地的技巧以及寻找食物的方法等。

3. 漂流河段

中国河流众多,许多河流及其特定河段都适合进行漂流活动。夏季降水充沛,是漂流的最佳季节。目前全国著名的漂流点有60余处,多分布在风景名胜区附近,如武夷山、张家界、长江三峡以及黄河等,这些地方以其独特的自然景观和刺激的漂流体验吸引着众多游客前来探险体验。

(七)滑雪

1. 概述

滑雪,其基本含义是手持滑雪杖、足踏滑雪板在雪面上滑行的运动。"立""板""雪""滑"是构成滑雪的关键要素。从历史角度看,滑雪运动可划分为古代、近代和现代滑雪;而从滑行条件和参与目的来看,则可分为实用类、竞技类和旅游类(包括娱乐和健身)滑雪。自20世纪50年代起,滑雪运动逐渐成为休假旅游地的投资热点,并在国际上展现出广阔的市场空间。许多滑雪爱好者每年都会前往著名的滑雪场进行滑雪运动,始终不渝。

滑雪场也根据游客需求分为一日游滑雪者的滑雪场、周末滑雪者的滑雪场以及度假滑雪者的滑雪场。

2. 滑雪场地的要求

滑雪作为一种特殊的户外游憩活动,对地形和气候有着特定的要求。因此,滑雪设施的建设首先需选定合适的场地。根据滑雪运动的技术要求,滑雪场的场地应具备以下条件:

① 必须具备较大的垂直落差以及落差的发展变化区域,其中落差高度最好在1500米以上。

② 滑雪场宜面向北或东北,以最大限度地保持雪量。

③ 每个滑雪季节至少应有5厘米的降雪量,或温度应足以进行人工降雪(平均温度在冰点以下)。

④ 应拥有适当的各级坡度,其中坡面斜度应能满足开发三种类型的滑雪道:初学者滑雪道斜度不超过25°;中等水平滑雪者滑雪道斜度在20°至45°之间;专业滑雪运动员滑雪道斜度则可达50°至70°。

⑤ 需具备有利的气候条件,即平均气温应能维持滑雪所需的积雪,同时天气模式通常应为白天晴朗而降雪多在夜间。

⑥ 应拥有充足的水源,以供预期的人工制雪之需。

⑦ 必须有完备的基础设施,以容纳整个滑雪设施所需的其他配套设施,这包括滑雪登山缆车场站、停车场、住宿设施以及基地建筑物等。

(八)滑翔

1. 概述

滑翔起源于20世纪70年代初的欧洲,它是一种借助风力、乘降落伞自山上滑翔而下的运动。最初的滑翔伞设计类似于翼型方伞,主要以下降为主,虽然滑翔能力有限,但下降速度快且安全性能良好。由于滑翔伞结构简单、价格低廉且易于学习和掌握,因此在诞生后不久就在欧洲迅速普及,并在短时间内风靡全球。现代滑翔伞已经发展成为一种完整且独立的航空飞行器,在速度、爬升和滑翔能力等方面均取得了显著进步。现代滑翔伞的最长飞行时间可达14小时以上,最远飞行距离则超过300公里。我国的滑翔伞运动始于20世纪80年代,1984年4月,南京宏光空降装备厂成功研制出我国第一具山坡滑翔伞,并随后成立了中国民间山坡伞运动协会;同年10月,在南京和南宁培养了我国首批滑翔伞运动员;1988年12月,中国航空运动协会悬挂滑翔委员会正式成立。1990年,我国第一部滑翔伞训练教材——《山坡滑翔伞》问世。滑翔伞竞赛通常包括定点飞行、竞速飞行、指定目标计时飞行、同轴或扇形自由距离飞行以及多边距离飞行等项目。

2. 装备

滑翔伞主要由翼型伞衣、伞绳、背带以及操纵系统四大部分组成。为方便携带、保管和运输,每具滑翔伞均配备有一个背式包装袋。

3. 安全

为避免空中与其他飞行器发生干扰或碰撞,飞行员必须严格遵守安全规则。首先,速度慢、无动力的飞行器具有先行权,各飞行器在空中的优先次序大致为:热气球、飞行器、滑翔翼、滑翔机、动力滑翔翼。其次,在同向飞行时,高度较低的飞行器应先行;若同向且同高度飞行,则靠右一方先行;若靠近悬崖,则离悬崖近的一方具有先行权。再次,在迎面相遇时,双方应各自向右转以避免碰撞。此外,在进行右侧超越时,飞行员需注意前方动态并确保前方飞行器具有先行权。最后,在进入热气流时,先进入者具有优先权;若后来者需进行360°旋转,则其旋转方向必须与先进入者保持一致。

(九)国家公园

国家公园(National Park)是指由国家批准设立并主导管理、边界清晰的特定陆地或海洋区域,其主要目的是保护具有国家代表性的大面积自然生态系统,并实现自然资源的科学保护和合理利用。世界自然保护联盟将其定义为大面积自然或近自然区域,旨在保护大规模生态过程及该区域的物种和生态系统特征,同时提供与环境和文化相协调的精神、科学、教育、休闲和娱乐机会。国家公园的首要功能是保护重要自然生态系统的原真性和完整性,同时兼具科研、教育、游憩等综合功能。自1872年世界上第一个国家公园——美国黄石国家公园建立以来,在140多年的历史中,国家公园理念已得到全球200多个国家的积极响应。国家公园已成为全球应用数量最多、范围最广的自然资源管理体制。自2016年以来,我国陆续建立了三江源、大熊猫、东北虎豹、祁连山、海南热带雨林、武夷山、神农架、香格里拉普达措、钱江源、南山等10个国家公园体制试点,在管理体制创新、生态保护、社区融合发展等方面取得了积极成效。截止到2017年9月27日,已有100多个国家建立了国家公园。2021年10月,我国正式设立三江源、大熊猫、东北虎豹、海南热带雨林、武夷山等首批5个国家公园。截至2022年2月,首批5个国家公园的各项工作稳步推进,特别是在生态保护方面取得了新进展。2023年8月19日,国家林草局(国家公园管理局)局长关志鸥在青海西宁举办的第二届国家公园论坛上表示:继第一批国家公园正式设立之后,中国将稳妥有序推进设立黄河口、钱江源—百山祖、卡拉麦里等新的国家公园。

案例:

乡村休闲创新业态与要点打造

一、创新型庄园

创新型庄园是"田园+庄园"模式,以优越的田园生态环境为载体,以高科技生态产业和先进的经营理念为支撑,改造乡村田园房舍,拓展延伸农业产业链,发挥庄园观光度假、康体养生、农事体验等多元化功能,实现乡村与城市之间的相互交换,构筑乡居生活的平衡,从而打造田园生态系统下工作生活一体化的现代乡村生活方式。绿维文旅认为,创新型庄园模式不再是田园包围城市的结构,而是一种田园与城市融合的结构,既拥有城市完善的社会服务功能,又具备乡野庄园的田园生活配置,是城乡融合背景下产生的新型乡村业态形式。

二、乡村民宿

乡村民宿将农村闲置住宅与土地资源通过自营、合作社等方式有效整合利用,为旅游者提供住宿、餐饮、休闲娱乐、文化体验,是促进乡村旅游转型升级的有力抓手,是丰富旅游产品供给的重要领域。绿维文旅认为,乡村民宿是自主旅游时代的新型住宿体验产品,也是解决农村土地闲置、促进经济发展的有效途径。绿维文旅拥有专业的团队,能够提供从创意到落地的民宿全程解决方案。比如,在巴马莫上屯村庄规划过程中,针对产业单一、经济落后、人居环境恶化等难题,绿维文旅提出了就地解决三农问题,建设景区型民宿文化村,使其成为典型的旅游精准扶贫的村屯,成为具备自我造血功能的特色民宿文化村。又如,依托邯郸作为中国成语之乡的背景,绿维文旅以"成语+"为导向,以民宿村落为载体,构建多元化、一体化的民宿产业链。保留村庄原始的形态,采用修旧如旧的手法,结合现代人的度假需求,打造中高端民宿群,创新住宿体验,带动经济发展。

三、田园综合体

相比农业主题公园,田园综合体开启了产业集群新模式。2017年,"田园综合体"作为乡村新型产业发展的亮点措施被写进中央一号文件,成为城乡一体格局下,顺应农村供给侧结构性改革、新型产业发展,结合农村产权制度改革,实现中国乡村现代化、新型城镇化、社会经济全面发展的一种可持续性模式,是"农业+文旅+地产"的综合发展模式。河北迁西县"花乡果巷"田园综合体项目中,绿维文旅以"花乡果巷"特色小镇规划设计项目为核心,助力其成为河北省唯一国家田园综合体试点项目。项目定位为以生态为依托、农业为基础、旅游为引擎、数据为支撑、物联为渠道、金融为保障、健康为理念、市场为导向的"智慧集约型农旅一体化产业集群"与"农旅+建设运营发展创新模式"实践示范样板。通过门户区、牡丹园、百果园、冷链工场、休闲农业、运动健身、田园度假、美丽村庄八大功能区域、三十六组产品体系、二十八组景观节点、八项节事活动、八大系统模式实现生态优良的山水田园、百花争艳的多彩花园、硕果飘香的百年果园、欢乐畅想的醉美游园、群众安居乐业的幸福家园的目标。

四、共享农庄

在深化供给侧结构性改革的大背景下,共享农庄是利用共享经济,盘活乡村闲置资源,提高农民收入,实现乡村现代化,推动乡村振兴的重要举措。以乡村闲置资源为基础,共享农庄的共享包括企业与村集体、农民间的股权共享和收益共享;消费者与农民间的资产共享、生产资料共享、生活资料共享、情感共享;开发企业与第三方企业间的市场共享、客源共享等。共享农庄是解决农产品滞销和价格波动、乡村旅游产品单一和水平较低、美丽乡村建设商业模式和持续运营能力、贫困户持续稳定脱贫致富、农耕文化传承等问题的有效举措。在"互联网+"、VR等现代技术支撑下,"共享农庄"模式将成为未来旅游产业发展的重要趋势。

五、市民农庄

市民农庄依托我国乡村土地政策的改革,以乡村休闲居住、返乡创业等市场需求为基础,探索城乡融合发展的新模式。针对城市人口对有机食品、休闲度假、返乡创业、归田园居等的需求,市民农庄为市民提供可供租赁的土地,开发有机农产品、居住租赁、休闲度假等产品服务,同时为企业提供旅游开发、创客创业等土地资源,培育乡村产业发展环境,构建人才吸引力,解决乡村发展中的产业与人口问题。

六、度假农庄

乡村度假是乡村旅游发展的高级形式,是游客依托乡村资源开展的疗养身心的深度旅游活动。乡村度假农庄提供的是一种以住宿为基础,以田园生活为依托的田园度假生活方式,是乡村旅游发展的必然趋势。乡村度假式农庄具有远距离,跨区域的结构特征。绿维文旅认为,其开发必须要有良好的生态环境、完善的度假生活基础配套和服务配套、一流的管家服务体系、极高的绿化率、极低的容积率等。

七、休闲农场

随着休闲度假市场的逐渐走热,旧日的"农家乐"模式已日趋式微。休闲农场/农庄/农园/牧场等作为现代农业与旅游业相结合的旅游方式,是都市家庭尤其是亲子家庭的近郊观光旅游、体验休闲农业、感受乡村生活的首选。比如家庭休闲农场,依托生态田园般的自然乡村环境,有一定的边界范围,以当地特色大农业资源为基础,向城市居民提供安全健康的农产品和满足都市人群对品质乡村生活方式的参与体验式消费需求,集生态农业、乡村旅游、养生度假、休闲体验、科普教育等功能为一体,实现经济价值、社会价值和生态价值的现代农业创新经营体制和新型农业旅游产业综合体。再如生态型休闲农庄模式,适应了后工业时代背景下体验经济、休闲经济、创意经济、低碳经济的发展潮流,将农庄这个原本带有"土"味的产品,融入了流行概念和时尚元素,如有机、乐活、低碳、创意生活空间、慢生活等,提升为文化型、休闲型、地产型的增值产品,是符合市场需求的品质农庄。绿维文旅在云南万家欢蓝莓庄园项目中,一定战略,解决产业发展方向问题;二找灵魂,解决吸引力问题;三做产品,解决玩什么的问题;四破商业,解决卖什么的问题;五看营销,解决如何卖的问题。以此,深入探讨如何将农庄做好、做精、做出特色、做出品质。

八、智慧农业生态园

现代农业与休闲农业是我国乡村振兴战略落地实施的重要抓手,以科技为引领,以智能化、绿色化为特色,融合文化旅游等多产业的智慧农业生态园是一种新业态,以新技术新资源为纽带,进行综合开发运营。

九、幸福慢村

在逆城镇化现象日益凸显的今天,高品质的乡村生活成为人们追求美好生活的重要方式之一。慢村正是基于这一市场发展态势,以强劲的乡村度假休闲生活需求为前提,将乡村资源与美好生活需求深度结合,同时兼顾乡村振兴与乡村价值重塑而发展起来的一种新型业态形式。

第十一章 养生(养老)与健康旅游

第一节 养生与健康

一、养生的概念与特点

(一)养生的概念

"养生"一词,最早见于《庄子》,《庄子·内篇》以"养生主"为题,讨论养生的纲领,认为:"缘督以为经,可以保身,可以全生,可以养亲,可以尽年。"缘,顺也;督,督脉,因其位身背之中,这里取其"中"意;缘督,即顺从自然之中道之意。经,常也。庄子认为,养生之道重在顺应自然。

养生,就是保养生命,即通过各种方法保持身心健康,以防止疾病、延年益寿。"生",即生命、生存之意;"养",即保养、调养、培养、护养之意。养生,动词也,亦可为名词。原指通过各种方法颐养生命、增强体质、预防疾病,从而达到延年益寿的一种医事活动。养,即调养、保养、补养之意;生,即生命、生存、生长之意。现代意义的"养生"指的是根据人的生命过程规律主动进行物质与精神的身心养护活动。

养生,古称"摄生"、"道生"、"保生",其中"生"意为生命、生生不息之意,既通过各种手段调摄保养自身生命,使生命生生不息的意思。一般来说其意义在于通过各种调摄保养,增强自身体质,提高正气,从而增强对外界环境的适应能力和抗病能力,减少或避免疾病的发生;或通过调摄保养,使自身体内阴阳平衡,身心处于一个最佳状态,从而延缓衰老的过程。

(二)养生的特点

养生,即珍爱生命和健康,通过采取适当措施来保养生命、维护健康,旨在提高生命质量和保证生命数量的行为。"养生"一词,最早可见于成书于公元前的《庄子》。而现存最早的基础医学典籍《黄帝内经》中,就已包含丰富的养生学内容。其后的养生家众多,养生学著作浩如烟海,各家学说及方法精彩纷呈,共同构成了博大精深的中国养生学。养生的基本特点可归纳为以下五个方面:

1. 强调身心统一

传统养生方式注重身心统一,强调身体与精神的平衡。对于现代年轻人而言,面临较大的压力,身心疲惫成为普遍问题。因此,养生方式能够帮助他们放松身心,从而更好地维护健康。

2. 传承文化价值

除了养生功效外,传统养生方式与传统文化紧密相连。年轻人在追求健康的同时,也更加注重文化价值的传承。养生方式因此成为了一种体验传统文化的重要途径。

3. 具有可持续性

传统养生方式大多基于自然环境,注重人类与自然的和谐共生。与现代化的生活方式相比,传统养生方式更具可持续性,这也契合了年轻人的环保理念。

4. 个性化需求

传统养生方式基于个人的身体与心理需求,可以针对不同个体实现个性化的养生计划。年轻人注重个性化需求,因此传统养生方式吸引了大批年轻人。

5. 互联网的推广助力

随着互联网的普及和信息化的发展,传统养生方式得到了更广泛的推广。其中的教程、案例、心得等信息被广泛分享和传播,这也吸引了更多年轻人加入到传统养生方式的行列中。

二、养生与健康的关系

养生,是指通过一系列的生活方式和行为,来维护和促进身体健康与心理健康的过程。养生对于身心健康具有重要的作用和意义,主要体现在以下几个方面:

1. 预防疾病

养生能够通过预防疾病的方式来保护身体健康。通过合理饮食、适当运动、充足睡眠等养生方法,可以有效地降低罹患高血压、糖尿病、心脏病等慢性疾病的风险。此外,养生还可以提升身体的免疫力,增强抵抗力,从而减少疾病的发生。

2. 增强身体机能

养生能够通过增强身体机能的方式来提升身体健康水平。适当的运动可以促进肌肉发展和心肺功能提高,从而增强身体的耐力和力量。同时,合理的饮食可以提供身体所需的营养素,维持身体的正常运转。这些养生方法有助于改善身体的健康状况,提升身体的功能和适应能力。

3. 缓解压力

养生能够通过缓解压力的方式来改善心理健康。现代生活中,人们面临各种压力,如工作压力、生活压力、人际关系压力等。通过适当运动、放松技巧、社交活动等养生方法,可以有效地缓解这些压力,改善心理健康状况。同时,养生还可以培养人们的自我调节能力,增强心理韧性,从而更好地应对生活中的挑战。

4. 提高生活质量

养生可以提高人们的生活质量。通过养生活动,人们能够增强身体的健康和活力,提高对疾病的抵抗力,从而更好地应对日常工作和生活的挑战。此外,养生还可以改善人们的心理状态,增强自信心和幸福感,从而提升生活的质量。

5. 延长寿命

养生有助于延长人们的寿命。通过预防疾病、增强身体机能、缓解压力等养生方法,可以降低患病的风险,提升身体的健康水平。同时,养生还可以提高人们的生命质量,使人们在更健康、更舒适的状态下生活更长的时间。

综上所述,养生对于身体健康和心理健康具有重要的意义。通过采取适当的养生方法,可以帮助人们在预防疾病、增强身体机能、缓解压力、提高生活质量、延长寿命等方面产生积极的影响。

三、养生旅游的形成与发展

在欧美国家,养生(Wellness)这一新生词汇产生于1961年,由美国医师Halbert Dunn提出,他将Wellbeing(幸福)和fitness(健康)结合而成。Halbert Dunn医生认为,自我丰盈的满足状况是较高的养生境界。这一理念被Ardel、Travis等作家在有关健康的出版物中采用。Travis强调养生的动态性,认为养生是一种状态、过程与态度,而不是静止不变的状态。

2016年3月26日至27日,"道+闲养"峰会在常州东方盐湖城风景区举行。峰会上,国家旅游局副局长吴文学透露,至2020年,我国的养生旅游年收入有望突破四千亿元。另外,当前我国的养生旅游目的地过于依赖当地的自然资源,产品单一,纯粹"靠天吃饭"。各类养生活动依然主要依赖自然资源,"没有深入挖掘消费者的养生诉求,概念大于产品的意味还比较重"。下一步,旅游部门将会努力将养生旅游发展规划纳入国家旅游的"十三五"规划,并把开发养生旅游目的地纳入政府支持的投资项目。同时,旅游部门也将加快制定养生旅游的行业规范。通过政策助推、制度规范等方面,让我国民众真正能享受到"使人身心舒畅的旅游"。

(一)养生旅游的模式

随着人口结构的老龄化与亚健康现象的日渐普遍,以及全球整体健康理念的革命性影响,人们对健康养生的需求成为继温饱需求之后的又一市场主流趋势和时代发展热点。养生旅游集养生资源与旅游活动交叉渗透,实现融合,以一种新型业态形式的出现,满足了人们对身心健康的全方位需求,开始受到全球性关注。如今的国际养生旅游业已初具规模,在很多国家都形成了具有核心竞争力和独特卖点的产品,可谓异彩纷呈,各有特色。如中国文化养生、日本温泉养生、泰国美体养生、法国庄园养生、瑞士抗老养生、美国养老养生、韩国美容养生、阿尔卑斯高山养生等,同时也发展出不同的养生旅游开发模式。

(二)养生旅游的历史背景

养生旅游起源于20世纪30年代的美国和墨西哥。养生旅游开发较为完善的旅游目的地主要是非传统欧美区域的发展中国家,而主要的客源市场则是欧美国家。2007年3

月 24 日,在塞浦路斯南部城市利马索尔举行的第二届世界健康(养生)旅游大会指出,健康(养生)旅游在世界范围内有很大市场。健康(养生)旅游发展完善的国家主要为古巴、新加坡、泰国、印度等国。这些地区吸引大量的欧美游客,这些国家的健康旅游不仅能唤醒人们对健康的关注,还能转变人们治疗疾病、改善关于健康问题的观念。其在休闲健康旅游过程中,不仅需要提供有品质的健康旅游产品来改善人们的健康,同时还需要一系列的配套设施来支持,调动一切对人们健康有帮助的要素来开展生态养生休闲旅游。

(三) 养生旅游的现状

据《2014—2018 年中国养生旅游产品开发模式与区域投资机会分析报告》调查显示,我国大城市居民,尤其是"都市白领",超过半数处在亚健康状态,而且人数还呈现上升趋势。与此同时,过去的十年间,我国 65 岁以上人口占比逐年上升,老龄化率到 2011 年达到 9.1%,且呈现出明显的上升趋势。因此,这就要求人们在物质生活已经提升到较高水平之后,必须更多地考虑生活的质量和身心的健康。在这种形势下,养生休闲将成为热点和潮流。养生旅游,也算是对身心的休假式治疗。

一般来说,人们消费养生休闲旅游产品主要有以下几大诉求:延年益寿、强身健体、修身养性、身体医疗、修复保健、生活体验或养生文化体验。目前国内养生旅游产业包括温泉养生旅游、森林养生旅游和滨海养生旅游等项目。

养生旅游作为高端旅游的一部分,其发展的基础是滨海、温泉等自然资源,但养生旅游的生活设施及服务、完善的养生体系同样不可或缺。这些设施与服务能使游客达到调理身心和恢复健康的目的。因此,加强养生旅游的配套建设也将成为我国养生旅游业发展的必要条件。养生在于环境,城市的废气、污染,是人类生命的大敌。城市居民需要常常到森林中洗肺,到绿色中洗眼,到潮润中洗肤。

(四) 养生旅游存在的问题

我国各地在养生旅游发展上普遍缺乏特色,忽略了养生与人脉、地脉、文脉的有机联系,或是缺乏当地养生资源与现代养生理念的有机结合。大量经营者盲目模仿成功养生旅游项目的开发模式,这种照搬模仿导致各地养生模式与养生产品之间差异较小,养生旅游发展与建设千篇一律、千"养"一面。

1. 缺乏地方特色、民族文化渗透

养生旅游现正处于粗放式发展的急于扩张期,产品的大量复制与发展思路的盲目模仿,致使大多养生旅游发展项目脱离自身优势,忽略了人脉、地脉、文脉等宝贵特色资源。我国是多民族国家,各民族都具有久远的历史与养生文化,而由民族多样性产生的养生多样性却常被遗忘。

2. 缺乏与现代养生理念的结合

运动养生、SPA 养生、汗蒸养生等诸多现代养生模式具有科学的方法与理念,而地方或民族养生方法多排斥现代养生理念的融入,这成为传统与现代养生共同发展的障碍。

3. 养生旅游产品结构单一

养生要求生活与工作环境的调适,饮食与营养的调和,劳动与休息的结合等方面。不同年龄有着不同的养生方式与需求。我国养生旅游的发展还处于起步摸索阶段,很多旅游线路和产品依旧延续传统旅游产品的内容,并未真正融入养生的实质,或仅仅是单调的养生形式,并没有明确区分不同类型旅游者的养生需求,难以达到养生的真正目的并带动旅游发展。

4. 养生旅游建筑风格、建设混乱

不同地域的民居特点与民族建筑文化深深影响着养生建筑的风格与形式。而一味模仿西方建筑或是某种特定中国古建筑样式,都致使地方与民族建筑特色缺失。

(五)养生旅游的未来前景

结合国外的生态养生度假发展现状,我国的国内生态养生度假游应该是在自然观光的基础上,进行观光、休闲、度假、养生综合开发,并注意以下几个重点。

1. 精心设计观景系统和观景线路

如美国科罗拉多大峡谷国家公园提供徒步、自驾车、直升机观光、公交车等多种方式自由观光。

2. 完善自主休闲的辅助设施

如日本立山黑部峡谷,提供包括联络电话、交通线路、路线简图、食宿参考、广播电台、紧急求救、医疗院所、警政单位、拖吊保管、汽车维修、加油站等在内的全方位应急救助的联系方式和具体指导。

3. 度假旅游产品的多样化开发

如瑞士阿尔卑斯山旅游胜地,开发自然观光、森林野营、青少年教育、山地运动、温泉疗养等多种旅游产品。

4. 专业养生团队的细致呵护

包括医疗养生的专业医务人员、运动养生专业教练等。

四、养生旅游的产品类型与产品设计

(一)国内养生旅游

我国的养生旅游始于2002年海南省三亚的保健康复旅游和南宁的中药养生旅游,随后在四川、山东、安徽、黑龙江等省市发展迅速,于2007年成为全国时尚旅游热点。同时,伴随着我国休假制度的改革,养生度假游展现出良好的发展前景。中国的养生旅游既能满足人们对健康的追求,又能开发成适合度假的旅游项目。而且这种旅游民族性、文化性强,内涵丰富,国内国际旅游市场的开发潜力巨大。目前,我国的养生度假游类型大体有以下几种:

1. 医药保健养生旅游

旅游项目包括针灸、按摩、推拿、刮痧、拔罐等传统中医疗法,还涵盖在中药材种植基地、中医院、治病中心、中医药博物馆的参观、游览、体验。

2. 饮食养生旅游

游客根据自己的体质选择，获取适合自己的特色饮食或者药膳，达到食疗养生的目的。食疗在养生文化中也有着非常重要的地位。

3. 导引和武术养生旅游

指气功、传统导引术、太极拳、少林拳等。通过在传统的导引和武术发源地办班吸引游客，教授传统导引术、武术，指导游客学习、练习养生术。我国古代医学家华佗创立的五禽戏就是以模仿动物的动作作为强身健体的手段，这既是古代人们进行养生的一种方法，也是当今武术、健身运动发展演变的雏形。

4. 环境养生旅游

宗教倡导人和自然和谐相处，旅游本身就是一种亲近自然的活动。中国有众多的森林公园、海岸沙滩、古村落、圣地以及数不清的温泉、疗养院。这些地方环境优美，适合旅游开发，而其中很多旅游资源本身就具有养生价值。例如，海滨旅游可以使人心旷神怡、排解忧愁，对神经衰弱、贫血、偏头痛等患者有助疗效果。高原地区光照丰富、气候干燥，对风湿性关节炎、气喘病患者有治疗作用。高山地区空气污染小、负离子数量多，有利于糖尿病、过敏性鼻炎患者恢复健康。温泉对关节炎、支气管炎、胃病、皮肤病、神经衰弱等都具有良好疗效。另外，沙疗、泥疗等对于激发与恢复神经功能、调节机体平衡等非常有益。

另一分类为：分时度假养生游、养生科普教育游、养生果蔬采摘游、养生主题节庆游。

（二）国际养生旅游

纵观国外所有的养生旅游开发，其所需要的条件包括专业的养生团队支持、优美的自然环境以及完善的硬件设施（如度假村）。国外的养生旅游开发模式主要有以下几种。

1. 水疗（理疗）养生

温泉度假村是国外最常见和最流行的养生旅游方式，也是养生旅游开发的热点趋势。国外的温泉度假目的地提供全方位的服务，从按摩疗法的阿育吠陀瑜伽到各种户外娱乐设施一应俱全。这些旅游胜地的目标是让他们的客人感到更快乐、更健康、更轻松。所有的健康水疗胜地都专注于让客人放松、关注自我。专业水疗胜地通常具有特定的健康疗法，例如矿物沐浴，这种疗法已流传了几千年。保加利亚和新西兰等国家利用这些天然地热性能进行泥巴浴和其他天然保健疗法，并通常提供完善的养生服务。度假村会提供全面的治疗方法，如针灸、结肠清洁、催眠术疗法和冥想。例如，保加利亚的中部旅游胜地——旧札哥拉矿物浴中心，依托丰富的温泉和旁边风景优美的哥拉山，以古罗马浴池的尊贵享受为口号，提供温泉矿物浴和各种 SPA 养生，吸引大量的欧美游客。还有以色列的养生旅游，依托沙漠风光和矿物水体，提供诸如印度瑜伽、中国太极、水中按摩、泰式按摩、反射疗法等多种养生手段。这种模式要求必须有独特的养生资源，如温泉或矿物质丰富的水体。

2. 专业健康指导和健康治疗中心

例如，针对减肥的健康指导中心，强调减肥和改进饮食习惯。游客通常需要遵循一个持续数天或数星期的饮食运动计划，并且饭菜是专门为促进客人健康而设计的。参加类似于学习班的机构,就能学到更多关于保持健康、良好的饮食和保持体重的科学方法。另一个常见的专业健康养生中心是针对上瘾的人群,尤其是酒精和药物成瘾者。这些度假中心往往提供包罗万象的服务,除了加强监测客人的成瘾行为,还为他们制定严格科学的程序以戒除成瘾,给游客树立一个健康的观念,帮助他们打破不良成瘾习惯。第三种养生旅游是健康中心的建立,这些中心以具有完善的医疗服务和先进的医疗技术的专业医疗机构为依托,为客人提供专业的医疗服务,甚至包括心脏手术在内的多种大中型手术。此外,它们还能提供全套的吃住行观光服务。

3. 依托山地、湖泊等风景名胜,开展运动养生度假旅游

这是最广泛的健康旅游类别。建立诸如滑雪、山地自行车、高尔夫、水上项目等类别的专业比赛场地,并提供专业的教练团队,对客户进行一对一的教授,使客户感兴趣的运动项目经过辅导后能够达到竞技水平,从而满足客户的成就感。同时,建立具有特色的旅游度假村,为客户度假提供方便。具有特色健身项目和特色度假村的旅游目的地成为十分受客户欢迎的户外旅游目的地。

综合国外养生旅游的热点来看,其发展表现出综合化和专业化的特点。养生服务项目开发和专业的养生团队是所有国外养生旅游发展的共通之处。

第二节 养老与健康旅游

一、养老的概念与特点

随着人口老龄化程度的持续提高,老年人口数量日益增加,养老问题愈发凸显,并逐渐演变成国际社会共同关注的焦点。中国自古以来就有尊老养老的传统,但在"未富先老"的国情背景下,养老也成为了一个亟待解决的社会难题。养老,作为老年人晚年的生活常态与方式,体现了人类代际间的衔接、更替以及互助共济的深层关系。从表面上看,养老关注的是老年人晚年的日常生活问题;但从更深层次的意义上讲,它强调的是老年人的晚年福祉和子女的"责任伦理",进一步凸显了敬老、尊老的重要性。

(一)养老的概念

养老,即赡养、供养、奉养老人,是指个体进入老年后,因劳动能力逐渐减弱而需要依靠家庭、社会或自身积蓄来提供生活必需品的一种生存状态。其根本目的在于确保老年人能够享有高品质的晚年生活。因此,养老反映的是代际关系的衔接与更替的规律性现象,其实质在于代际间的交换。养老作为由孝道衍生而来的重要传统美德之一,与孝道紧密相连,它已经超越了家庭血缘伦理的范畴,成为任何社会都必须正视的重要议题。在中国传统文化中,养老包含着养生、养身双重内涵。从这个视角来看,养老就是特定的行为主体在特定的场所,通过特定的方式为老年人提供各类养老资源和服务,以满足老年人多样化需求的社会活动。同时,《中华人民共和国老年人权益保障法》第十四条也明确规定了养老的定义,即养老主要是指家庭、国家和社会基于孝道或责任伦理,为老年人提供经济供养、生活照料和精神慰藉,以满足老年人特殊需求的一系列社会活动。

追溯养老的起源,我们可以发现,在中国传统社会中,养老原本是一种古老的国家礼仪制度。它选取那些年老且贤能的人,定期为他们提供酒食,并给予礼遇。《礼记·王制》中记载:"凡养老,有虞氏以燕礼,夏后氏以飨礼,殷人以食礼,周人修而兼用之。五十养于乡,六十养于国,七十养于学,达于诸侯。八十拜君命,一坐再至,瞽亦如之。九十使人受。"此外,"养老"一词还有另外两个含义:一是指个人年老后在家中休养,如唐代宋景在《告老乞致仕表》中所言:"归全之望,获在愚臣,养老之恩,成于圣代。"二是指奉养那些年老且无法自给自足的人,《周礼·地官·大司徒》中提到:"以保息六养万民:一曰慈幼,二曰养老……"同样,在唐代张说的《让右丞相表》之二中也提及:"臣幸沐遗簪堕履之恩,好生养老之德,朝游简牍,暮对图书。"通常我们所说的养老,主要是指后一种含义,即赡养老人,这也是养老概念的核心所在。

(二) 养老的特点

截至 2018 年,中国 60 周岁及以上人口为 24949 万人,占总人口的比重为 17.9%。其中,65 周岁及以上人口为 16658 万人,占总人口的比重为 11.9%。根据国际标准,中国已进入中深度老龄化社会。因此,养老问题是中国面临的一个非常重要的现实问题。

为了解决好这一问题,我们首先要对现实情况有一个全面而准确的了解与判断。否则,采取的应对举措就有可能出现偏差。那么,中国养老有哪些方面的特点呢?

1. "老人未老"现象越来越普遍

现有的国际标准将年满 60 岁的人定义为老人,中国男性的退休年龄也与此相同。然而,随着社会经济的发展和居民生活水平的提高,人们的身体状况明显改善,平均寿命也大幅增长。在这种情况下,老人的年龄门槛理应有所提高。一些国家不同程度地上调退休年龄,就反映了这种趋势。如果现在仍然认定年满 60 岁即为老人,那么新出现的一种现象就是"老人未老"。这一点从我们身边的一些退休人员的情况就可以明显看出来。许多年过 60 的所谓老人,显得比中年人都要健康、有活力。显然,不能按照传统的对待老人的方式来对待这样的"老人",他们应该有全新的养老模式。

2. 精神需求越来越强烈

过去养老主要考虑的是物质生活的安排和医疗服务的保障等。但现在情况不同了,老人对精神生活的需求并不亚于对物质生活的需求。从现实情况来看,很多老人在退休之前都忙于工作或养家糊口,没有时间和精力去发展自己的特长与爱好;而退休之后,他们有了大量可自由支配的时间,于是他们的各种兴趣爱好就有了充分释放的机会,如旅游、绘画、音乐、舞蹈、写作、运动等等,不一而足。为了满足老人们的这些需求,我们必须做好相应的配套服务工作。

3. 消费层级化特征越来越明显

改革开放使社会经济取得了长足发展,居民收入水平普遍提高;但与此同时,社会不同阶层人员的收入差距也明显扩大,既有千万、亿万富翁,也有至今尚未脱贫的人员。与此相对应,我国老人的生活与消费水平也呈现出明显的层级化特征:有些老人的消费能力极为强劲,连很多中青年人都望尘莫及;而有些老人则基本上没有什么消费能力,医疗、养老等都需要社会予以救助。针对老人消费层级化的现状,相关生产或服务行业都需要提供不同档次、不同质量、不同价格水平的老人消费用品和服务。只有这样,才能最大化地满足全社会老人的消费需求,同时也才能使相关行业的企业效益最大化。

4. 养老服务越来越社会化

传统上,养老基本上都是依靠家庭。为了保障养老,人们都习惯于多生几个儿子。然而,随着社会的快速发展,一方面商品与服务的购买越来越普遍,部分家庭服务可以通过支付相应报酬的方式由社会来解决;另一方面,由于观念的变化,特别是计划生育政策的执行,孩子越来越少甚至只有一个,这使得家庭养老压力越来越大,向社会寻求帮助的需求不断增长。因此,养老服务社会化逐渐成了一种新的趋势。设立养老院、组织社区养老、提供上门养老服务等等,都是养老服务社会化的具体体现。目前,这方面的发展势头非常迅猛,其中高收入阶层的养老服务社会化程度要远远高于低收入阶层。

二、养老与健康的关系

健康旅游是一种将旅游与健康养生相结合的方式,旨在提供身心健康的体验和福祉。养老则是指人们进入老年后的生活状态,通常涵盖退休、休闲和保健等方面。健康旅游与养老之间存在着密切的关系。

1. 促进身心健康

健康旅游能够提供舒缓压力、放松身心的环境,有益于身体健康和预防疾病。在养老阶段,人们可以通过参与健康旅游活动来保持身体活力、增强免疫力,进而延缓衰老。

2. 提供社交互动机会

健康旅游活动为人们提供了社交互动的机会,有助于老年人扩大社交圈子、减少孤独感。在养老阶段,社交互动对于维护心理健康和幸福感具有至关重要的作用。

3. 享受自然环境

健康旅游通常与自然环境相结合,如登山、徒步、泡温泉等。这些活动让人们能够亲近大自然、呼吸新鲜空气,从而减轻压力并提升心情。养老阶段的人们可以通过健康旅游来尽情享受大自然的美丽与宁静。

4. 提供教育与学习机会

除了身体上的放松和恢复,健康旅游还能提供教育和学习的机会。例如,参观健康养生中心、参加健康烹饪课程、学习冥想和瑜伽等活动,都有助于养老阶段的人们学习和养成健康的生活方式。

5. 提升生活质量

健康旅游不仅有助于改善身体健康,还能提升生活质量。在养老阶段,人们可以通过参与健康旅游活动来丰富自己的生活经历、尝试新事物,进而充实自己的精神世界。

总之,健康旅游与养老之间关系密切。通过参与健康旅游活动,养老阶段的人们可以保持身心健康、促进社交互动、享受自然环境、学习新知识并提升生活质量。因此,健康旅游理应成为养老生活中不可或缺的一部分,帮助人们度过一个健康、快乐和充实的养老时光。

三、养老旅游的形成与发展

(一)国内外养老旅游发展现状

1. 国内养老旅游的发展

我国的养老旅游发展始于20世纪80年代。随着经济的发展和人们生活水平的提高,人们有了更多外出旅游的机会,我国的旅游业得到了飞速发展。近年来,老年人对晚年生活的要求越来越高,他们对精神生活的需求也越来越丰富。异地旅游养老成为当前的时尚热点。1998年以后,全国带有养老性质的老年旅游在旅游市场上异军突起,并呈现持续升温态势。越来越多的旅行社开始进入养老旅游市场。不仅出现了专门的老年旅游机构,还出现了跨地区的专营老年旅游的联合体。例如,在上海目前的600多家旅行社中,已有100多家开辟了老年专线。调查显示,上海有1/10的老年人有"候鸟式养老"的愿望。目前国内养老旅游经营比较成功的案例包括:甘肃新世纪旅行社推出的到南方10市的"候鸟式"养老旅游、哈尔滨蓝太阳商务旅行社推出的海南"旅居团"养老旅游,以及浙江天目山、成都郊区农家养老旅游、云南祥和老年公寓、天津泰达老年公寓、海南蓝色老人行宫、大连银发养老服务超市及大连互动式异地养老服务中心推出的多种养老旅游产品。

2. 国外养老旅游的发展

养老旅游可以追溯到老年人参加度假旅游活动和异地养老而进行的旅游活动之初。在西方发达国家,异地迁徙养老并伴随旅游活动的现象已经持续了几十年。美国在20世纪60年代的时候就出现过与养老旅游类似的大规模人口流动与迁移,可以说是养老旅游的雏形。西方国家为了满足部分中上阶层老人的养老需求,建立了环境幽雅、设施齐全的养老机构,吸引各地老人前来颐养天年。例如,美国的太阳城中心、日本的港北新城、荷兰的弗莱德利克斯堡老人公寓等就是异地养老的典型模式。在亚洲,日本的福冈、北海道,韩国的济州岛都是老年人相对集中的迁徙目的地。佛罗里达是美国老年人迁徙的首选之地,那里为老年人服务的设施非常完备,而且已经积累起"老人经济",老年产业高度发达,老年人可以在这里享受丰富的物质、精神、文化生活。挪威的阜尔根、奥斯陆、贝鲁姆等市已经先后在西班牙南部开设了大型养老公寓,那里低廉的地产价格、充足的阳光,吸引着越来越多的企业和老年人。北欧其他国家的老人到西班牙养老,看中的不仅是那里的自然环境,还有功能齐全的养老设施、良好的公共医疗卫生服务、保险服务等。在德国,集旅游观光与休闲度假于一体的"异地养老"是除居家养老、社区养老、机构养老以外的第四种养老模式。在国外,旅游正悄然成为重要的养老模式,异地养老、候鸟式旅游在欧洲渐成潮流。以日本老人为主要客户群的"日本老人村""退休村",在东南亚有很多,如泰国的清迈、菲律宾的槟榔屿等,有的已经成为当地的支柱型产业。老人们畏惧寒冷,多选择去热带避寒,日本老人选择到海外养老的不在少数。欧洲、澳大利亚、加拿大等国家也都有他们的身影。有的人甚至把在日本的房子卖掉,去海外定居,回日本反倒成了旅游、探亲访友。富有的老人更是在多个国家有居住地,享受度假养老的惬意生活。在东南亚和欧洲,这种"候鸟式"养老很流行。同一般的酒店相比,这种养老院能够提供专业的老年人护理、医疗服务,解除老年人在旅游时的后顾之忧,所以很受老年人的欢迎。

3. 养老旅游发展趋势

中国老年人数量众多,老年人旅游需求正在逐渐增长,而养老旅游也随之兴起,成为现在最受欢迎的一种旅游消费出行形式之一。以下从养老旅游的发展趋势、政府支持、企业投入以及老年游客的旅游需求等几个方面,分析2023年中国养老旅游的现状及老年人的旅游需求发展前景。

(1) 发展趋势

养老旅游作为一种新兴的"幸福消费",受到政府的支持和企业的重视,同时也受到越来越多老年游客的青睐。数据显示,从2016年到2023年,中国老年游客年度出境游人数激增,增幅显著。预计到2023年中国养老旅游人数将达到7200万人。此外,养老旅游也催生了一系列相关行业,如企业投资建设的养老度假村、养老护理服务、休养场所、活动中心以及养老文化产业等。这些细分领域的发展将为养老旅游注入更多活力和动力。

(2) 政府支持

中国政府始终高度重视养老行业的发展,力求全面实施养老公平的政策。2017年,中国政府出台了《关于完善社会养老服务的指导意见》,鼓励社会力量对养老旅游行业的发展投入更多资金,保障养老游客在安全、卫生、健康、舒适的旅游环境中享受养老假期。同时,地方政府体系中也纳入了养老旅游相关配套服务,如创新性的养老度假村、休养场所、就医服务以及活动中心等服务设施,从而使游客更好地享受养老休闲游乐活动。

(3) 企业投入

中国各大企业都重视养老旅游市场,越来越多的企业纷纷投身养老旅游行业。例如,深圳德冠集团为游客提供了专业的养老服务,其经营的三处养老度假村和休养场所投入的产品服务范围覆盖了一系列养老旅游需求,如中老年康复、老年游泳、室内采摘、老年兴趣班等。所有服务都经过专业设计,以满足老年游客多样化的养老期望。此外,企业还会参与养老旅游的研发和营销,以吸引更多游客前来消费,为养老旅游市场注入更多活力。

(4) 老年游客的旅游需求

随着旅游多样化的发展,老年旅游者的需求也在不断丰富。2019年中国老年旅游市场的旅游消费者增长率达到35.57%。老年游客最常见的旅游性质是休闲度假,他们追求的是一种舒适悠闲、安静和放松的休假氛围,这与以往的旅行模式有所不同。因此,他们成为养老旅游最具潜力的群体。2019年的一份调查结果显示,景点多样性、用餐体验、娱乐设施是影响老年游客购买行为的主要因素,也是他们特别重视的三大方面。

四、养老旅游的产品类型与创新

(一) 养老旅游的产品类型

根据老年人的不同旅游动机和旅游偏好,目前国内养老旅游类型中,比较有代表性的主要有四种,即观光休闲式养老旅游、候鸟式养老旅游、疗养式养老旅游和置换式养老旅游。

1. 观光休闲式养老旅游

早期被称为老年旅游,是开发最早的一种养老旅游方式,以观光旅游为主要目的。这种类型的旅游者大多数是健康的低龄老年人。

2. 候鸟式养老旅游

指的是老年人根据季节变换,离开常住地选择性地移居到其他地方继续养老,是一种建立在一定经济基础上的特色养老旅游方式。选择这种类型的老年人就像"候鸟"一样,冬天去温暖舒适的南方避寒,夏天到清凉宜人的北方避暑,以探亲访友或旅居游览为主要目的。

3. 疗养式养老旅游

指的是老年人为了满足自身保健、疗养或治病的需求,选择到生态环境优良、具有特殊资源(如温泉、民族医药、中草药材等)或医疗条件比较发达的旅游目的地进行短期居住养老。

4. 置换式养老旅游

指的是老年人从常住地的养老机构置换到某个旅游地的养老机构进行养老的一种养老旅游方式,通过养老地点的置换以达到更好的效果。选择这一类型的老年人基本上不能进行独立自理的生活,主要依靠养老机构来获取相应的生活服务。

(二)养老旅游的产品类型创新

1. 创新旅游方式

开发老年人健康保健游、老年人文化探访游、老年人敬老游等不同的旅游方式,更好地满足老年人不同的旅游需求。

2. 创新旅游内容

可以开发老年人喜欢的旅游项目,例如"徒步登山""摄影"等,满足老年人体验不同文化和活动的需求。

3. 创新服务方式

可以提供定制化服务,为老年游客提供更贴心、周到的服务,例如提供上门接送、各种健康保健、医疗和安全设备服务等。

五、养老旅游的服务与管理

养老旅游是我国旅游产业发展的新方向,但目前在国内仍处于摸索阶段,养老旅游市场发展仍存在一些制约因素。这需要政府、机构、企业结合我国养老旅游市场的特征和规律,采取有针对性且切实可行的政策、措施,并加强相应的管理和服务工作,以加快养老旅游市场快速、健康发展。

(一) 养老旅游的服务

1. 注重旅游产品的创新，丰富养老旅游市场产品种类

老年人因自身特点，对旅游产品有较高要求。在设计老年人旅游路线时，旅行社应针对老年人的旅游特点，本着"短而精"的原则，确保景点安排精炼、特色鲜明、内涵丰富，并适合群体参与。养老旅游产品应具体做到：特、专、新、敬。

(1) "特"就是要把握老年人的特点，创出养老旅游的特色。考虑到老年人的生理、心理特点，在线路安排上，要"少走多看"；在游览节奏上，要"缓行安全"；在价格定位上，要"实在价廉"；在活动组织上，则要注意老年人之间的沟通与交流，使老年旅游真正成为一种休闲娱乐、健康养性的有益活动。

(2) "专"就是要建设专业的养老旅游社，做好细分市场，真正打响"养老之旅"品牌。要不断丰富养老旅游项目的形式和内涵，以风光游、生态游、科普游、农家游、度假游、保健养生游等内容，逐步提升旅游水平。同时，要树立长短线结合、以短线为主，实惠游和豪华游结合、以实惠游为主，传统游和特色游结合、以特色游为主的独特风格。

(3) "新"就是要使养老旅游不断创新，从而使其成为老年游客所钟爱的旅游品牌。

(4) "敬"就是要强化"敬老爱老"意识，大力弘扬中华民族"老吾老以及人之老"的优良传统，让老年人"游有所靠，游有所乐"，使旅行社成为老年人温馨的"家"。

2. 重视老年人的特殊需求，提供人性化服务

老年人的身体状况决定了他们是一个特殊的旅游群体，因此应该为老年人提供个性化的服务，特别注重食、住、行、游、购、娱各方面的服务质量。

(1) 食

老年人的肠胃功能减弱，再加上环境、饮食口味等的变化，容易引起消化不良。因此在饮食方面要特别注意，应以香、脆、软、含糖少、营养高、易消化、易咀嚼、口味清淡、少油腻和辛辣生冷的食物为主。由于老年人行动迟缓，应留出充足的就餐时间。要选择干净卫生的就餐环境，让老年人吃得干净、吃得放心。

(2) 住

老年人的睡眠功能在退化，晚间睡得迟而早上又容易早醒。旅行过程比较辛苦，如果晚上不能得到很好的休息，就容易出现疲劳、不舒服的问题。因此，旅游住宿条件应舒适安静、清洁卫生。尽量选择噪声小、环境优美、服务热情而耐心周到的住处。同时要考虑地板、楼梯、卫生间等设施的防滑、防磕碰等安全问题。

(3) 行

运输工具的安全性和舒适性很重要，应选择专车、专列、专机等形式。在安排火车铺位时，尽量选择中下铺位。在目的地的交通工具选择上，应选择驾驶经验丰富、服务态度好的司机和各项条件都较好的交通车，以降低老年游客在旅途中的疲劳感。行程上应着重考虑老年人的生理特点，旅行日程安排宜宽松，并配有随团保健医生。

(4) 游

由于老年人的生活经验和知识都比较丰富，在旅游过程中，应配备专业知识丰富、表达能力强、服务周到、了解老年人心理和保健常识的导游进行服务，年龄最好为中青年，以便拉近导游员与老年游客的心理距离,营造轻松愉快的旅游氛围。

(5) 购

老年人购物心理成熟,消费讲究经济实惠。旅行社在安排行程中,应尽量减少购物的次数和时间,要对老年人的购物选择有足够的尊重,不能强迫老年游客去购物。在游客自愿要求的基础上,提供货真价实、服务质量较高的购物场所。

(6) 娱

老年人的爱好多注重文化内涵,在旅游过程中应组织安排一些内涵丰富、具有个性的娱乐活动。例如,书法、绘画、棋类比赛,早起时安排太极拳、跳老年健身操,还可以组织老年游客参加当地富有特色的生产活动、体验当地的民俗民风等。

3. 旅游组织应科学、合理

在组织方式上,要体现保健性、安全性及方便性的原则。旅行社最好为养老旅游者单独组织老年旅游团队,这样既符合老年人的出游偏好,也能减少他们外出旅游时的担忧。针对老年人有充裕的闲暇时间这一特点,应科学合理地安排出游时间。一方面,要避开黄金周等旅游高峰期,以降低老年人外出旅游时的拥挤程度和疲劳感;另一方面,可以享受价格优惠,减轻旅游费用对老年人的负担。

4. 重视老年群体内部的个性差异

实施旅游市场细分是满足老年人个性化需求的有效方法。所谓旅游市场细分,是指根据一定的细分变量,将旅游者划分为具有不同需求的群体的过程。由于老年旅游者的职业、旅游目的、文化层次、消费能力、欣赏品位等存在差异,因此他们的旅游兴趣点也会有所不同。据此,可以对养老旅游市场进行细分并提供专业化服务。例如,根据消费能力细分的养老旅游市场,对于经济条件较好的老年游客,可以开发高端旅游产品,体现高端品位;对于支付能力较弱的群体,则应以规模效益为出发点,推出价格优惠的短途游览线路,通过数量上的规模来提高在养老旅游市场的占有率。

5. 提高导游员素质和服务质量

在旅游过程中,老年人对导游服务人员的依赖程度较高。因此,导游员的素质和服务质量在保证服务效果方面尤为重要。导游员除了需要具备专业的服务知识外,还必须充分了解老年人的健康保健知识及心理需求,以便随时提供个性化的服务,并营造亲情融洽的氛围。在旅游过程中,导游员还应将一些运动保健的方式、方法以运动处方的形式传授给老年人,达到寓教于旅、健身于游的目的。这需要培养既懂健康知识、又掌握运动保健技能、还精通旅游业务的复合型旅游人才。因此,应加大对服务人员的培训力度,全面提高导游员的业务素质和服务质量。这包括一般的医学知识和技能、良好的人文知识背景、指导户外活动的技能以及良好的人际关系处理能力等。

6. 养老旅游的服务流程

根据老年人的生活习惯和旅游偏好,养老旅游的服务流程如下:

(1) 出发前

给每位游客打电话,提前了解老人的生活习惯、饮食习惯、慢性病情况、是否有老年证件等。

与老人的子女或亲属互换联系方式,以便随时保持联络。

与旅行社工作人员、旅游目的地联系人进行沟通,做好出团前的准备。

提前了解当地天气及注意事项,并通知所有游客。

(2)团队行进中

在机场或火车站集合团队所有成员,协助办理登机、行李托运、上火车等事宜,帮助有需要的游客提运行李。

抵达当地后,及时联系地面接待导游,并对游客情况进行初步沟通。

旅途中随时关注游客感受和需求,如有需要可适当调整行程安排。

协助游客使用证件享受优惠门票政策。

安排好旅途中的用餐,负责为游客安排下午的水果加餐及晚间的牛奶加餐。

协助游客办理酒店入住,入住后20分钟内到房间了解住房情况。

每晚为游客测量血压及心率,遇到游客身体不适的情况,及时协助就医。

提醒游客服用常用药。

每晚行程结束后,给游客的子女或家属发送短信报平安。

记录"工作日志",发送并回收"游客意见调查表"。

(3)团队结束后

与旅行社工作人员对接团队情况,提出是否需要修改线路或服务的建议。

团队返回后两天内与游客再次联系、问候。

参加游客聚会及其他回馈活动。

(二)养老旅游的管理

1. 发挥政府职能,加大对养老旅游的政策扶持

政府应提高对养老旅游市场开发的认识,积极扶持并推动养老旅游市场的发展。应重视养老旅游问题的政策研究,加快城乡一体化养老保障体系的建设,并落实社会保障和社会福利体系的网络化管理,以简化异地养老旅游的办理手续。同时,提高老年人的养老金和退休金收入,并针对异地养老旅游可能出现的问题,如老年人突发疾病、意外伤亡等,制定一套有效的应对办法。

旅游管理部门要积极出台政策,支持养老旅游的开发和建设,并联合养老管理部门建立行业准入制度,如制定"养老旅游服务质量规范",以规范养老旅游行业的发展。相关部门应制定养老旅游管理的法律依据和收费标准,加强对提供养老旅游服务企业的监管力度,并在土地、税收等方面给予相关企业政策倾斜和扶持,为养老旅游开设绿色通道。

2. 加强对养老旅游机构、设施的建设与完善

(1)通过政策扶持,积极引导养老旅游向社会化、产业化方向发展

养老旅游是养老社会化、产业化的一种有效方式。要吸引社会资源和调动民间资本投入养老旅游业,给予开发企业税收扶持及优惠,推动社会福利民营化、投资主体多元化,并加强非政府组织、非营利组织及一些企业与个人参与养老旅游开发的力度。

(2)充分利用现有养老资源

我国现有的社会养老机构包括敬老院、福利院、老年公寓等,这些服务设施大多是政府出资专门为老年人设计修建的,配套设施齐全且价格合理。在发展养老旅游的过程中,

应充分利用这些养老设施,既能满足老年旅游者的各种需求,又能降低养老旅游成本。

3. 建立养老旅游产业服务网络

养老旅游产业的发展需要在国内养老机构间建立起一个互动网络,以实现资源共享、优势互补。网络平台在养老旅游机构与老年人之间扮演着中介的角色,在保证养老旅游信息畅通的同时,旅游业或相关旅游部门应充分发挥旅行社在养老旅游业的宣传和整合养老旅游资源的作用。另外,要积极搜集养老旅游者的信息,及时调整产品以满足市场需求,实现养老资源和旅游资源在不同地域间的融合重组和优化配置,满足养老旅游者多样化的需求。

4. 加强养老旅游产品的建设

加强养老旅游产品的建设,意味着在品种、品牌和服务上寻求创新和突破。从旅游经营者的角度来看,旅游产品品种的创新涉及旅游资源、旅游设施和旅游服务的重新组合,包括改进原有产品和打造新产品,以最大限度地满足老年人的需求。

5. 加强旅游安全管理

老年人特殊的生理和心理特点决定了他们对旅游安全有独特的需求。加强对旅游安全的保障,提升老年人在旅游安全方面的防范意识,不仅是发展养老旅游的基础,满足老年游客的个性化需求,而且能促进国内外养老旅游市场的发展,提升旅游产品的形象。调查表明,年龄与安全关注之间呈正相关关系。

政府部门应出台相应的政策法规保护老年人的权益,投资老年人所需设施,为其出游提供便利。同时,建立由旅游管理部门牵头,旅游地居民、旅游从业人员、旅游企业以及公安、医院、消防、保险、交通等多部门、多人员参与的社会联动系统,为老年游客提供良好的养老旅游安全环境。

6. 加快养老旅游专门人才的培养

由于老年人受自身健康条件的限制,对其服务人员的素质和技能要求较高。首先,要从引导和激励两方面入手,提高各层次人才的服务意识。政府要鼓励从业人员投入养老事业,并采取贴薪补酬措施,吸引人力资源流入。其次,开办照料老年人的职业培训与专业教育,在旅游院校或中职培训学校增设老年学课程,并鼓励学生兼修老年服务与管理专业,培养旅游与养老的复合型人才。对在职人员,应定期进行相关知识和能力的培训,以确保从业者的专业素质。

7. 开展养老旅游理论研究

理论研究具有前瞻性和先导性,科学的理论能够增强实践的自觉性和坚定性。养老旅游在我国是一种新的旅游形式和养老方式,其理论研究和政策宣传尚显不足,公众对养老旅游的认识较为浅薄。因此,我们需要正确认识养老旅游对经济和社会的作用,把握其规律和特点,深入研究养老旅游的关键问题和操作程序,以便更加有效地开展工作。同时,在实践中逐步形成科学的理论体系,并培育公众尤其是老年人的养老旅游意识,这是当前迫切需要解决的又一个现实问题。

案例：

南宁嘉和城温泉养生天堂

嘉和城是一个集房地产开发、康体运动、休闲旅游度假、文化教育、工作生活为一体的大型高尚生态温泉高尔夫水城，是国内举足轻重的多元复合型项目。

嘉和城温泉谷依据第四代温泉全新理念设计，打造动静结合，融多国风情的温泉休闲疗养水上乐园、温泉SPA、温泉泳池、商务雅苑、餐饮、康体等为一体的大型复合温泉休闲中心。嘉和城温泉谷已被列为南宁市重点推进旅游项目，是一个集养生、休闲、娱乐、康体、理疗、餐饮、会议、住宿、购物为一体的休闲娱乐天堂。

嘉和城温泉谷的温泉水源自1300米深处的寒武系地层，历经12000多年深沉蕴藏，水质清澈透明，井下温度约63℃～69℃，井口温度约53.5度—61度，含有偏硅酸、钙、镁、硫化气二氧化碳、钠、钾、鳃、铁、硼等40多种微量元素和矿物盐，是优质偏硅酸医疗型热矿泉，堪称温泉中的极品。目前启用的温泉休闲中心温泉区内多达103个冷热泡池，166种体验方式，包括：多国风情（千年华夏、泰王国、东瀛、芬兰）泡浴区；玛雅水世界（包含加勒比海风、亚马孙、儿童天地、勇士地带、夺标、动感舞台、水上DISCO等）活力SPA（包含15种水疗设施，养生美肤、康体、保健等）；温泉休闲泳池，雅苑，水岸食，摸鱼野溪，10万平方米嘉和音乐水景广场，可同时容纳千辆汽车的超大型生态停车场，大型洗涤中心等；二、三期将配套建设五星级温泉酒店、会议中心、各类球馆、美食生态观光园、马术俱乐部、水系生态休闲长廊、商业街、东山水库水上休闲娱乐等项目。

一、配套设施

1. 国家级AAAA景区位于南宁市东部的嘉和城内，是自治区重点建设的旅游项目。配备运动体育、休闲度假、旅游观光、商业服务等为一体的综合体验式度假区。拥有大型复合温泉休闲中心、国际锦标级18洞高尔夫球场、商业长廊、千余亩坡地森林果园等。

2. 嘉和城温泉高尔夫球会是国际锦标级18洞标准高尔夫球场。

3. 嘉和城温泉谷是依据第四代温泉理念设计打造的温泉休闲疗养、水上乐园、温泉SPA、温泉泳池、商务雅苑、餐饮、康体等为一体的大型复合温泉休闲中心，是一个集养生、休闲、娱乐、康体、理疗、餐饮、住宿、购物为一体的休闲娱乐中心。

4. 商业配套，嘉和城拥有大型水岸欧式风情商业街（南城百货已开业）、大型休闲购物中心、社区邻里中心商业，与九曲湾新城规划的中心商业广场共同构建九曲湾新城组团的核心商业中心。

5. 其他配套引天桃试验小学入驻，内设医疗系统、安防系统、健康系统等。

二、嘉和城温泉谷配套功能

1. 中国特色千年华夏泡浴区

千年华夏是嘉和城温泉谷最具中国特色、文化氛围最浓厚的区域，本区温泉泡浴在发扬中医药浴推拿按摩的传统精髓上融入了六神汤、足底脉冲、温泉按摩、石板浴疗、个性化的十二生肖泡池等泡浴体验方式和各色场景的情趣享受，充分满足现代人追求生态、休闲、美容、养生、康体等多重体验的时尚需求。

主要体验项目：中心影视温泉水疗、六神汤、十二生肖泡池、龙泉美肤亲亲鱼、清心轩中药泡浴凤泉高温浴、卧式石板浴、躺椅石板浴、石洞冷热泡浴、休闲长廊茶艺等。

2. 异国风情泡浴区

土耳其浴以其独特的洗浴方式风靡世界，它具有消除疲劳、缓解病痛和减轻体重等功效，在全世界范围内很流行。风情六国奥斯曼的温泉泡池、肚脐石浴、精油推拿、温泉搓背、冷水浴、香熏干蒸、蒸气雾浴等丰富的土耳其沐浴特色，让你充分感受在您身边缤纷的土耳其风情。

主要体验项目：温泉泡池、肚脐石浴、精油推拿、香熏干蒸浴、蒸气雾浴、冷水清凉泡浴、温泉搓背等。

泰王国浴是具有泰式特色的菩提叠泉浴、茉莉花香浴、瀑布冷泉冲击浴、岛屿风光温泉浴等泰式泡浴的精华，在自然美丽的宁静与安详中感受东南亚水天佛国的泰文化。同时通过融入佛家冥想的泰式水疗，让人在康体美容的同时，得到心灵的宁静与安详。

主要体验项目：碧曼阁休闲、披披岛和班宜岛舒适泡、强身冷热交替的瀑布冷泉与神木岛高温泡、叠泉浴、普吉岛茉莉花浴、温泉按摩浴等。

东瀛馆是嘉和城温泉谷中以东瀛风格营造的泡区，通过简洁洗练、竹木结构的尽舍庭园还原生态的自然布局，带您领略木桶鲜花浴、竹泉浴、高温浴、气泡浴等日式泡浴的经典，让您在浑然天成的和谐中挥洒自如，身心康然。

主要体验项目：木桶鲜花浴、高温御心汤、气泡井泉浴、日式保健等。

3. SPA保健按摩中心

嘉和城温泉谷的活力SPA·保健按摩中心，目前是广西规模最大、设备最完善、功能最齐全的温泉水疗养生中心之一。设计透过温泉水冲击人体的不同部位和穴道进行一定时间的有效按摩，以达到身心舒畅，消除疲劳紧张情绪，促进经脉畅通、血液循环和新陈代谢等保健功效。

4. 水上乐园

嘉和城温泉谷水上乐园游乐设施丰富，环境优美，处处流露着浓郁的巴厘岛风情。主要体验项目：休闲泳池、儿童戏水池、390米长的漂流环流河、高空滑梯、大海啸冲浪池。

5. 特色餐饮

嘉和城温泉谷中的特色餐饮区云集以包罗万象的中式餐饮为主的多种烹饪风格，更以药膳食疗为其特色。其水岸食舫餐厅可同时容纳四百人就餐，以绿色食品为主的家常小菜、地方小食经济实惠、丰俭由人，并可承接大型户外自助餐。主要体验项目：雅致中餐、美味药膳、温泉泡蛋、自助烧烤、五体理疗、日式料理，各色寿司，精美茶点，浓香咖啡，名菜小吃等。

6. 商务会议

嘉和城温泉谷配备商务会议住宿功能，紧邻温泉休闲泳池的商务雅苑，是嘉和城温泉谷为高端客户定制的集商务与休闲为一体的度假别墅区，共有十栋雅苑，分别以自然原生态全木砖石装潢，营造舒适休闲空间。雅苑类型包括：一房一院、一房一厅一院、两房一厅一院、三房一厅一院。服务特色：五星级酒店的服务为标准，每一栋雅苑都特配贴身管家，提供随传随到尊贵服务设置独立至尊泡池专供身份、地位尊贵的客人享用。

第十二章 医疗与健康旅游

第一节 医疗旅游概述

医疗旅游是以医疗护理、疾病与健康、康复与休养为主体的旅游服务,是国际旅游业多样化发展中产生的一种新型旅游产品形式。其发展已有几十年历史,许多国家已经形成一定的产业规模。相对而言,我国医疗旅游起步较晚,也没有很成熟的市场操作模式。医疗旅游的理论研究目前比较缺乏,各层面都需要深入研讨。

一、医疗旅游的概念与内涵

医疗旅游是医疗产业与旅游业深度融合的产物,属于健康旅游的范畴。在国际上,医疗旅游一般被称为"medical tourism""health tourism""wellness tourism"等,国内也称保健旅游、养生旅游、体检旅游、休疗养旅游等。关于医疗旅游,尚未形成统一的界定标准,但其内涵和实质基本相同,界定的差别在于医疗健康和旅游所占的比重。

联合国世界旅游组织(UNWTO)在《旅游业21世纪议程》中,将医疗旅游(Medical Tourism)定义为"以医疗护理、疾病与健康、康复与休养为主体的旅游服务",具体是指人们由于常住地的医疗服务不够完善或者太昂贵,被异地(尤其异国)低廉的价格、具有特色的医疗、保健、旅游等服务所吸引,到异地接受医疗护理、疾病治疗、保健等医疗服务与度假、娱乐等旅游服务相结合的过程。

Connell 指出,医疗旅游可以让患者在享受旅游度假的过程中体验到医疗治疗等服务。Srivastava 认为,医疗旅游是通过将私人医院与旅游业有机结合,为患者提供专门的治疗方式以及个性化和全面化的服务。张文菊将医疗旅游定义为人们在异地优惠治疗、保健、娱乐、疗养等特色产业项目的吸引下,去异地接受身体修护、疾病治理、休闲度假等相关医疗旅游的过程。张美英等将医疗旅游定义为个体在身患疾病或有侵入性手术治疗需求的情况下,以恢复"未病"或健康状态为目的,到异地进行身体疾病检查、手术治疗或休养,同时进行旅游观光和休闲活动的一种旅游形式。

上述几个定义各有侧重,各有所长。国际旅游协会从医疗旅游归属健康旅游范畴出发,强调了医疗旅游游客根据自身的健康需求,通过旅游的方式到其他医疗条件较好的地区和国家以达到疾病治疗和手术的目的。Connell 侧重于个体离开本地医疗环境为了维持、加强、修复健康而进行的有组织的旅行。Srivastava从医疗旅游对当地医疗服务商品化的促进作用阐述了私人医疗与医疗服务机构合作的发展模式。张文菊和张美英侧重于各种特殊医疗护理、治疗和其他各种形式的特殊医疗服务与旅游服务过程,也更接近于目前理论的研究现状和产业现状。

关于医疗旅游,尚未形成统一的界定标准,但其内涵相对固定。传统的旅游是指外出游览、观光、娱乐,内涵相对单一,而医疗旅游与传统旅游的不同在于,它是集医疗、外出游览、观光娱乐、医疗护理、康复修养等为一体的综合型旅游产品。目前,国内外对医疗旅游内涵的论述都突出了医疗资源在旅游中的重要性,主要从以下两个方面展开:一是以医治为主的医疗旅游,如外科侵入性操作、医学整形、减肥等;二是以休闲、疗养为主的医疗旅游,如健康旅游、养生旅游、中医药旅游和森林旅游等。在整个医疗旅游中,治疗、强身健体、提升生活品质为主要目的,游览观光只是副产品,是医疗为主,旅游为辅的有机结合。在达到治疗疾病、接受医疗护理的同时,也能亲近自然、开阔眼界、愉悦身心。

二、医疗旅游的特征

(一) 基本特征

纵观医疗旅游的诞生过程、发展模式和经营方式,各国(地区)医疗旅游大体具有以下几个基本特征:

1. 以健康为主题

医疗旅游以医疗和旅游为双重发展目标,既有"医+旅"的模式,也有"疗+旅"的模式,可以满足旅行者治疗、康体、复健、养生、观光、休闲等多重需求。

2. 专业性强

医疗旅游依托专业的医学知识、高端的医疗设备和顶尖的医务人员,与医学有着非常紧密的联系。其组织与管理必须获得国际认可的医学技术及法律支持。

3. 综合性

医疗旅游涉及面广,产业业态丰富,延伸的产业链长。几乎所有益于身心健康的自然资源、社会资源,都可以成为发展医疗旅游的载体和支撑。

4. 逗留时间长

相较于传统的观光休闲旅游,参加医疗旅游的游客主要需求还在于医疗。而通常情况下,无论是调养身心还是接受手术治疗,都需要一个较长的恢复期,因而在医疗旅游目的地停留的时间会更长。

(二) 国际特征

随着医疗旅游国际市场竞争的白热化以及全球发展格局的基本形成,医疗旅游的国际化特征也进一步清晰地呈现出来。

1. 客流反向流动

与国际性观光旅游的客流主要从发展中国家流向发达国家相反,国际性的医疗旅游客流大多是从发达国家汇入发展中国家。且随着亚太地区医疗旅游的日益发达并占据国际医疗旅游市场的主导地位,这种客流反向流动的现象还在不断加剧。

2. 高品质低价位

目前,全球最受欢迎的医疗旅游项目、最先进的医疗旅游技术、最专业的医疗旅游管理团队和最高端的医疗旅游人才都集聚在亚太国家和地区。这些国家和地区医疗旅游花费相对低廉,使得"以第三世界的价格,享受一流世界的服务"成为医疗旅游最大的吸引力之一。

3. 对客源国依赖不强

医疗旅游产品立足于高技术、高设备,资源消耗较低,属于必需消费品。由于客源国无法以低价格形式高效率地加以提供,因而受国际环境变化影响较小。

三、医疗旅游的产生与发展

(一)医疗旅游的产生

医疗旅游研究起源于1987年Goodrich的健康保健旅游研究。当时,医疗旅游作为健康旅游的一部分,以"具有资质的医生、护士在度假区或酒店为游客提供医疗体检活动"的形式出现在公众视野。最初,这是发达国家的保险公司为了让更多的人到发展中国家就医而想出来的补偿对策。1991年,Knoppers等用"公民在限制较少的州行使其个人生殖选择实践"来对"生殖旅游"进行首次命名。1993年,Schicha等指出,因欧洲各国放射性碘治疗的限制及其差异,促使患者萌生了开展跨境医疗旅游的意愿。1997年,Sauer首次提到由于生育限制衍生了生殖旅游。至此,医疗旅游从健康旅游中分离出来,正式登上历史舞台。作为一个新兴利益市场,医疗旅游引起了学术界的高度重视。其兴起有多方面的原因和条件,其中医疗业和旅游业自身的发展与差异是促使医疗旅游产生的内部动因;另外,现代交通方式的便捷、网络等通信与信息技术的发达、世界政治经济一体化进程的加快,是促使其产生和发展的外部条件。老龄化、国家政策和个人隐私观念变化等其他因素,在一定程度上加速了医疗旅游的发展。经过近30年的努力,医疗旅游研究成效显著。

(二)医疗旅游的发展

医疗旅游作为一种新的旅游业态,它的发展迎合了不同国家和地区的人们追求健康与休闲的诉求,也给旅游和健康产业的发展带来新的希望。医疗旅游起源于欧美发达国家,这些国家因其先进的医疗技术吸引着其他国家游客前往就医旅游,如美国、瑞士等医疗旅游的产生。近些年来,医疗旅游逐渐升温,成了一种热门的旅游方式。据世界卫生组织预测,至2025年,医疗和旅游两大产业结合,将占全球GDP的22%,医疗旅游逐渐成为新的经济增长点。

1. 国外医疗旅游产业的发展趋势

医疗旅游起源于欧美发达国家,如今在全球各地发展迅猛,不同的国家和地区都尽力展现各自的医疗旅游竞争优势。东南亚国家发展医疗旅游的时间较早,产业体系也较为完善,发展前景十分广阔。泰国是目前国际上医疗旅游消费者的首选国之一,其医疗旅游规模位居世界第一,泰国政府目标是将泰国发展成为"世界医疗旅游服务中心"。医疗旅游对于发展中国家经济发展具有重大的促进作用,以印度为例,医疗旅游行业不仅产生巨大经济效益,而且带动了国内航空、医疗、旅游、消费品行业的全面发展。近年来,印度以其"第一世界的服务,第三世界的价格"的口号吸引到大量外国医疗旅游者的青睐,其医疗旅游相关技术水平高、费用低、等待时间也比欧美国家短很多。马来西亚在《国际生活》杂志中上榜"全球最适宜养老国家",且多次被评为"全球最佳医疗国家",其医疗旅游年收入达到28亿马来西亚林吉特(约合人民币42.5亿元),当地拥有的32所医科大学为其医疗水平奠定了基础。韩国在医疗整形和美容上久负盛名,其发展时间较长,相关医疗技术发达,加之受韩国偶像明星的影响,很多人慕名前往进行美容整形。据统计,近两年仅中国赴韩医疗旅游人数每年都超过十万人次。日本素有"长寿之国"的美称,其医疗服务以精细、周到、体贴闻名,游客在日本治疗期间通常会因其无微不至的精细服务和购物需求等原因逗留多日,进一步增加了日本的经济收入。综上,东南亚各国利用各自优势大力推进医疗旅游产业发展,取得了良好效果,不仅有助于解决本国老年康养问题、满足本国医疗旅游消费者的需求,而且对促进旅游业的全面发展和吸引国外游客、增加旅游总体创收具有重大意义。

2. 国内医疗旅游产业的发展

我国医疗旅游的发展,较之欧美等发达国家,具有独特优势:我国特有的深厚的中医文化积淀,丰富且优质的医疗保健旅游资源,中医保健正逐渐被外国人所关注。中国旅游业迅速发展,人们的消费理念也在提升,对旅游业的个性化设计和健康旅游提出了更高要求。当前,医疗旅游成为旅游产业中的一匹黑马,这种将健康与出游相结合的新型旅游方式吸引了来自全球各地的旅游者,我国各地的医疗旅游产业也在逐步发展。

海南作为我国唯一属于热带海洋性季风气候的省份,凭借其丰富的生态景观吸引了很多消费者。2013年2月,国务院正式批复设立海南博鳌乐城国际医疗旅游先行区,这是我国首家也是唯一的以国际医疗旅游服务、低碳生态社区和国际组织聚集地为主要内容的国家级开发区,获批的九项优惠政策为医疗旅游产业发展提供了政策支持与制度保障。从2015年开工到现在,示范区建设已见成效。

2014年《国务院关于促进旅游业改革发展的若干意见》指出,要发展特色医疗、疗养康复、美容保健等医疗旅游,并面向国内外提供医疗旅游服务,为医疗旅游提供了发展机遇。2016年,中共中央、国务院印发的《"健康中国2030"规划纲要》强调要制定医疗旅游行业标准规范,加快推进健康与旅游产业的融合发展,为医疗旅游的规范化发展提供了依据。此后,江苏常州、江西上饶、山东青岛等地也先后获批建设医疗旅游先行先试区。2017年,国家卫健委公布了福建平潭综合实验区、海南博鳌乐城国际医疗旅游先行区等13家首批健康旅游示范基地名单,进一步推动了以医疗旅游为核心的健康旅游规范有序的发展。

上海利用其在全球的影响力、发达的经济水平及高质量人才,成为较早发展医疗旅游产业的城市之一。2018年,上海市政府下达相关文件支持医疗旅游的发展,如建立就医签证制度,将上海作为临床急需且境外已经上市但在国内尚未批准的抗肿瘤新药先行试点等政策。如今,上海市的医疗旅游产业开始走向高端化发展道路,探索打造国际化医疗旅游产业。但相对于操作成熟的国外医疗旅游市场,我国医疗旅游处于起步阶段,但其后续发展有很大潜力空间。

3. 国内外医疗旅游产业发展的问题

21世纪以来,在医疗保健和旅游放松双重目的的驱使下,医疗旅游这种新的医疗业态近年来受到人们的热捧,成为众多国家重点发展的产业。医疗旅游是一把双刃剑,经济全球化的快速发展使得跨境医疗对于人们来说越来越便利,但因医疗旅游具有高成本、高风险、脆弱性等特征,受诸多因素影响。

目前,学术界关于医疗旅游发展模式存在争议,争议点在于政府、行业协会以及中介机构哪一方为主导力量。考虑到医疗旅游产业链条较长、产业铺设范围较广,不同阶段各主体发挥的作用应不尽相同。经济效应方面,大致可分为正向效应和负向效应两大板块。正向效应包括催生医疗旅游专业中介机构,提高医疗旅游产品质量,推动医疗保健系统升级,提高医疗旅游目的地社会福利等;负向效应则体现在增加医疗旅游产业伦理道德风险以及医疗旅游消费者的隐私泄露风险。

一个行业的发展会受到诸多因素的影响,影响医疗旅游发展的因素也众多且复杂,包括经济因素、医疗旅游资源、旅游需求、服务水平、营销途径、伦理道德风险等。政府的扶持政策、高水平的医疗服务能力、差异化产品策略与低价策略、高品质的医疗旅游服务产品是医疗旅游成功的重要因素。其中,最核心的影响因素是医疗技术和配套的医疗服务。当然,政府的推动、产品的丰富、高质量的医疗旅游服务和低廉的价格也在一定程度上推动了医疗旅游的发展,而政策、宗教、伦理风险等则在某种程度上阻碍了医疗旅游的发展。因此,医疗技术和医疗服务是医疗旅游发展不可忽视的两大因素。

在国家战略层面,新时代的背景下,我国政府对医疗旅游的发展也给予了一系列的政策支持。2016年,我国颁布《"健康中国2030"规划纲要》,提出推动旅游与健康融合发展的新模式。虽然我国的医疗旅游相较于其他国家起步较晚,但凭借我国丰富的旅游资源、巨大的发展潜力和政府的有力支持,医疗旅游行业进入了发展的快车道。在抓住发展机遇的同时,我国医疗旅游发展还需要注意以下问题:一是提高我国医疗技术水平,引进国外先进医疗设备和技术人才;二是开发具有我国特色的医疗旅游产品,如中医疗养等;三是对国内和国际医疗旅游市场的开拓和营销要有针对性,以满足不同客源市场旅游者的需求;四是完善好相关的医疗旅游政策和监督平台,以便规范医疗旅游市场;五是推进国内医疗旅游先行区的建设,并为国内医疗旅游发展提供先行经验。

第二节 医疗旅游的服务与管理

一、医疗旅游的服务内容、流程与服务要求

(一) 医疗旅游的服务内容

1. 疾病治疗类医疗旅游

目前,存在一些身患重病甚至是疑难杂症的医疗旅游者。他们或因国内医疗资源不足、医疗水平有限,或因无法承担国内高昂的医疗费用而选择出国求医。这是医疗旅游早期兴起的主要原因。这种类型的医疗旅游主要侧重于病人的治疗过程,偶尔也可能伴随着一些旅游活动,这些活动大多是在旅游者身体痊愈之后的即兴安排。这种医疗旅游者一般分为两种:一种是来自医疗技术落后国家的高收入者,他们追求先进的医疗技术和设备;另一种是低收入者,他们主要追求在相同技术水平下更低的医疗费用。

2. 美容整形类医疗旅游

医疗美容在当前国际市场中备受欢迎,因此整形类医疗旅游也随之迅速发展。从韩国、泰国、日本等国家的整容行业的蓬勃发展可以看出,国际整形美容市场巨大。这类医疗旅游者以女性为主,她们出于对美的追求,希望实现身体局部的修复或整体特征的改变。随着各国整形行业的持续发展,整容技术不断进步,高水平的整容医生也日益增多。整形行业逐渐摆脱了以往的高风险,每年都吸引着大批游客前往这些整容技术发达的国家进行手术。在选择出国进行整形美容的原因方面,人们普遍因个人因素和社会态度而做出这一选择。目前,社会大众对整容整体上仍持保留态度,大部分人仍然对整容者持有一些不友好的看法。在当地进行手术很容易招来非议,相反,前往国外进行整形手术,尤其是技术好、收费低的地区,既能摆脱外界非议,又能享受更好的服务和医疗效果。

3. 养生疗养类医疗旅游

最初,养生疗养保健活动是医疗旅游的主要形式,也成为一种基本的医疗旅游类型,至今仍在医疗旅游业发展中占据重要地位。随着经济全球化的推进和人民生活水平的提高,人们对医疗过程中的药品使用和治疗方式的要求也越来越高。能够在副作用最小的情况下改善身体状况成为人们的普遍追求。在这种情况下,中草药以其独特的健康特性和低污染性受到医疗旅游者的青睐。此外,温泉、海滨、森林等疗养胜地也因其优美的环境而受到医疗旅游者的热捧。除了疗养地本身的疗养保健功能外,医疗旅游机构为了追求优美的医疗旅游环境,不惜重金将医疗旅游项目设置在知名的疗养地,同时也有许多疗养地积极参与医疗旅游。

4. 特殊类型的医疗旅游

在医疗旅游的类型中,还存在一些特殊、另类的医疗旅游,这主要指那些游离于主流

之外的治疗形式和医疗服务。通常,由于某些国家的政策、法律法规或道德限制,一些高危险系数或不符合伦理的医疗项目无法在本国开展。对于这类本国禁止或反对的医疗行为,医疗旅游者会选择前往法律允许的国家进行,以避免本国法律的制裁和道义上的谴责。

(二)医疗旅游流程

医疗旅游服务根据其发展模式有相应的服务流程。根据实际承担对外招揽业务的主体不同,可以分为两种基本模式。

1. 医疗机构宣传营销

在这种模式下,医疗服务收入在医疗旅游服务总收入中所占的比重比旅游服务大。在医疗旅游开始阶段,通常情况下,消费者和医疗机构之间会通过互联网等方式取得联系。首先,医疗机构会对外发布医疗特色广告以吸引消费者。消费者在了解信息后,会向医疗机构介绍自己的身体状况与治疗要求。其次,医疗机构根据消费者所反馈的个人信息,经过科学分析,制定出有针对性的方案供消费者选择。如果消费者认为该方案可行,双方就会签订医疗合同,然后消费者直接前往约定地点接受医疗服务以及旅游服务。最后,消费者身体痊愈且旅游服务享受完毕,就会回到原先的居住地。例如,大连市目前有十多家开设了中医理疗的医院,每年仅接待的俄罗斯游客就达 10 万人。他们除了游览、购物、享受海滩之外,行程中 90% 都安排了中医理疗。

2. 医疗旅游服务机构宣传营销

医疗旅游服务机构在发布和宣传特色医疗旅游产品方面较医疗机构更有经验且限制相对较少。因此,在医疗旅游发展初期,医疗旅游服务机构扮演着重要角色。其组织形式主要是旅行社和专门的医疗旅游中介公司两类。其中,专门的医疗旅游中介公司除了在医疗方面的服务较旅行社更为专业外,其在旅行和度假方面的服务内容与旅行社大体相似。在医疗旅游的前期,消费者一般与医疗旅游中介服务机构进行联系。首先,医疗旅游中介机构会对外发布特色旅游的招揽广告。消费者在了解信息后,会将自己的需求和要求提供给中介机构。再由中介机构进行翻译整理后提供给合作的医疗机构。然后,根据消费者的情况制定出适合的医疗旅游行程。医疗旅游中介服务机构会在游客整个医疗旅游过程中给予协助和沟通,以确保游客享受高品质的医疗服务和相对较好的后续服务。

(三)医疗旅游的服务要求

1. 可靠的优质医疗技术

可靠的优质医疗技术是医疗旅游兴起的首要前提条件,它要么与客源国或地区的医疗技术同样先进,要么更为出色。这是人们选择医疗旅游的基本条件和保证。高素质的从业人员和国际水准的医疗设施是提升医疗旅游技术的两个关键因素。优质的医疗包括获得权威认证的医疗机构、从业人员高超的医疗技术服务水平,以及国际认可的先进医疗技术。首先,一流的医疗设施是各大医疗机构均采用的最先进进口仪器和设备,确保为客人提供国际水准的医疗设施。其次,拥有大批高素质的医学人才,例如亚洲首家荣获 JCI 认证的世界顶级医院——康民国际医院,拥有 200 多位具备美国医师执照或有美国培训背景的医生;泰国曼谷安全生殖中心也拥有一支经验丰富的、享有国际声誉的医疗团队。

2. 完善的配套服务

医疗旅游的主体具有病人和游客双重身份,他们对医治和放松娱乐有着高标准的要求,因此完善的配套服务是必不可少的条件。提供完善的配套服务是吸引境外游客的重要因素,甚至能够形成独特的服务品牌。比如,印度开设医疗签证快捷窗口,简化境外游客入境医疗旅游的签证手续。一些医疗机构推出"家庭医疗旅游"套餐,为整个随行家庭成员提供相应的医疗服务。医疗机构与医疗旅游组织高度配合,从医学沟通、病例翻译、就诊沟通、预后休养、观光旅游等方面为患者提供个性化、全方位的服务。在语言和生活习惯等方面,也充分考虑国际患者的需求,每一项服务内容都以"重视国际患者的感受、提升患者体验"为原则。

语言是国际医疗旅游游客面临的最大障碍。医生作为沟通的主体,在与患者及其家人沟通的过程中,应尽量将深奥、难懂、枯燥的医学知识转化成通俗易懂的语言,并尽最大的努力和可能通过各种形式、各种途径提高患者及其家人对疾病的认知能力。这样可以让患者既了解病情又明白治疗方案,从而真正对医生产生信任、消除对疾病的恐惧、对战胜疾病充满信心,并能积极面对治疗中出现的并发症等不良情况。与医务人员联手共同规避风险、战胜疾病、早日康复。

3. 绿色生态的就医环境

医疗旅游是医疗产业与旅游业深度融合的产物,其"医+游"的外在特征不会改变它作为旅游新业态的属性。即使是严肃的医学专业治疗也不能等同于传统意义上的医院环境。医疗旅游的目的在于使患者在轻松、休闲、人性化的氛围中进行治疗。例如,哥斯达黎加的医疗旅游公司与最先进的私立医院正在积极打造更多特色医疗旅游服务套餐,其中康复度假村套餐大受欢迎。他们通常将患者和家属安排在特殊的康复度假村,提供一流的套房让患者放松身心,并享受周围美丽的自然风光与大自然和谐相处。在一些康复小屋中,还配备有提供7天24小时术后护理的护士。

目前,缺乏成熟的第三方支付医疗旅游费用是制约医疗旅游发展的一个重要因素。发达国家由于较早进入老龄化,企业为职工缴纳的保险费用迅速上升,保险机构面临着赔付增加的压力。在共同利益驱动下,企业和医疗机构鼓励患者前往低消费国家就医。在国家层面,医疗保险的外延对医疗旅游的推动作用难以估量,其中也涉及非医疗旅游者的医疗公平问题。因此,加强国内外医疗保险机构的紧密合作,健全完善的商业医疗保险体系,将更有利于医疗旅游的快速发展。

4. 政府的扶持与监管

纵观全球入境医疗旅游强国的发展历程,无不受益于政府的大力扶持和有效监管。政府的扶持和监管为产业的健康发展营造了良好的条件和环境。各国政府的扶持和监管主要体现在四个方面:

一是政策引领。通过优惠政策支持入境医疗旅游的发展。比如,马来西亚、印度、日本等制定并完善相关法律和政策,推出退税、减税等优惠措施;印度、泰国、韩国、日本等推出专门的国际医疗旅游签证。

二是资金扶持。比如,印度、泰国、新加坡等不断增加投资以发展国际医疗旅游事业;

韩国大力投资构建完备的医疗观光基础设施体系;波多黎各投入巨资致力打造国际医疗旅游产业。

三是营销支持。通过帮助宣传营销来推广本国的入境医疗旅游。比如,新加坡开设专门网站,方便境外游客查阅、咨询和预订,并派遣专家团奔赴海外宣传;韩国成立"首尔美丽医疗旅游综合支援中心",向境外医疗旅游游客进行推介。

四是监管保障。比如,印度制定一整套监管的法规、政策、战略和计划,以推动入境医疗旅游产业发展;德国政府通过加强市场监管,树立良好的国家医疗旅游目的地形象等。

5. 医疗旅游服务机构的参与

医疗旅游服务机构是联系旅游和医疗业务的第三方管理机构。在宣传营销方面,医疗旅游服务机构较医疗机构更有经验且限制相对较少,因此在发展医疗旅游之初,医疗旅游服务机构扮演着重要角色。在医疗旅游前期,消费者一般与医疗旅游中介服务机构进行联系。首先,医疗旅游中介机构对外发布医疗旅游的招揽广告,消费者了解信息后将自己的需求和要求提供给中介机构;再由中介机构进行翻译整理后提供给合作的医疗机构。然后,针对消费者所反馈的个人信息,经过科学分析,制定出有针对性的方案供消费者选择。作为专业机构,医疗旅游服务机构从专业角度充当医生和医疗游客之间的沟通桥梁,并为患者安排治疗的准备及康复前后的旅游事项。

二、医疗旅游管理内容、过程与管理要求

(一)加强法律、政策制定,规范医疗旅游市场,提高医疗服务质量

医疗旅游因涉及医疗活动,往往具有高风险性,且相比其他旅游活动,其模糊性和不稳定性因素更多。规范有序的市场与旅游者的健康息息相关。医疗旅游服务的质量以及服务提供者的态度,直接影响消费者的体验和满意度。同时,医疗旅游口碑信息的传播和医疗旅游参与者的信息反馈,会进一步影响潜在医疗旅游者的选择意向和态度。在此基础上,为了进一步促进医疗旅游的发展,应提高医疗旅游国家的医疗技术水平和服务质量,促进全国范围内,尤其是旅游资源丰富地区医疗技术的发展。同时,应制定相关的发展计划,完善相关的法律法规,建立行业标准和合理统一的价格体系。此外,还需建立与国际通行规则相衔接的旅游服务标准体系,加强旅游行业诚信体系建设,增强医疗旅游服务提供者的服务意识,改进服务态度,提高医疗旅游者的满意度,从而促进医疗旅游的良性循环发展。

(二)促进医疗供应方的国际化认证

医疗服务的国际化认证程度和服务质量是影响消费者决策的重要因素。然而,目前有些国家的医疗卫生机构在申请国际化认证方面尚未给予足够重视。因此,未来相关医疗卫生机构应当研究并建立一整套与国际接轨的诊疗服务流程和医疗技术标准,创建国际化的医疗服务质量管理体系。同时,引入专业的服务管理人员,如专业的酒店管理人员来管理医院,以提高管理水平,从而吸引国外医疗旅游者。

(三)建设具有本国特色的医疗旅游产品体系

医疗旅游服务的产品类型会影响旅游者的决策行为。同时,文化等因素也会影响潜在医疗旅游者的意向和态度。例如,中国拥有丰富的中医药资源和深厚的中医文化。中医药不仅在疾病治疗方面具有独特疗效,在养生保健、疾病预防方面也具有明显优势。因此,医疗旅游目的地应提供具有特色的医疗旅游服务,促进高新科技和传统医学的融合。近年来,随着屠呦呦获得诺贝尔生理学或医学奖,以及美国飞鱼菲尔普斯在巴西里约奥运会上进行拔罐理疗,中医疗法在西方的影响力逐渐增强。在法国和美国,已有医生获得了中医疗法的职业许可。因此,在实践中应利用国家的治疗优势,开发特色旅游产品,打造多元化的国际医疗旅游品牌。同时,国内各地应研究具有地方特色的个性化医疗旅游服务和产品,以吸引来自不同国家和文化背景的消费者,避免扎堆发展。

(四)加强政府宏观管理,完善医疗旅游政策法规

特色医疗旅游品牌的建立,离不开政府的宏观指导以及旅游产业和健康产业的共同努力。应以医疗旅游企业为创新主体,发挥市场的决定性作用,满足医疗旅游者和潜在旅游者的消费需求。政府应进行引导,制定行业准入和退出规则,同时由行业协会、非政府组织等提供辅助支持。进一步完善医疗旅游业的配套法律法规,以促进其健康有序发展。此外,通过文献梳理可以看出,医疗旅游的发展在带来社会和经济正效益的同时,也不可避免地产生负效益。因此,在制定医疗旅游相关政策时,需要全面权衡利弊,确保在不损害本国居民医疗和旅游权益的前提下,享受医疗旅游带来的经济和社会效益。

(五)加强医疗旅游营销和品牌管理

医疗旅游的口碑信息传播、过往医疗旅游参加者的信息反馈、医疗旅游地营销以及医疗旅游地品牌等,均会影响消费者对医疗旅游地的选择。因此,应加强医疗旅游地的营销和推广。除了传统媒体推广外,还可以利用互联网技术带动的网络营销、顾客点评、参与者的社群互动等方式,来促进医疗旅游的发展。然而,目前中国规定公立医院提供特需服务的比例不得超过全部医疗服务的10%,并限制了公立医院的广告营销。这导致掌握了中国大部分医疗资源的公立医院难以开展相关的医疗旅游业务。未来随着医疗旅游政策的进一步完善,国家医疗旅游业应加大宣传和推广力度,突出医疗旅游特色,推动健康服务业的良性发展。

(六)发挥医疗旅游利益相关者的作用

医疗旅游中介机构、投资者也是医疗旅游活动的重要参与者,对医疗旅游的发展起着重要作用。国外医疗中介公司随着医疗旅游的兴起而发展,已成为医疗旅游不可或缺的一部分。虽然有些地区已成为重要的医疗旅游目的地,但大多数游客是通过医疗机构的网站宣传和口碑效应而来的。因此,医疗旅游发展需要正规、专业的医疗中介公司,成为医疗机构和游客之间沟通的桥梁。此外,医疗旅游投资者的作用也不容忽视。高星级酒店因具备较好的接待能力和相应设施,大部分愿意发展医疗旅游业务。因此,可以利用酒

店的投资资源,建立专门的医疗旅游酒店。韩国首尔等地发展的医疗旅游酒店就是其中的典范,在吸引游客方面发挥着重要作用。

案例：

海南博鳌乐城国际医疗旅游先行区

海南博鳌乐城国际医疗旅游先行区(下简称:先行区)被誉为"博鳌亚洲论坛第二乐章",于2013年2月28日经国务院批准设立。通过国家赋予的"国九条"政策,以特许医疗、特许研究、特许经营、特许国际医疗交流的"4个特许"政策优惠,来实现医疗技术、设备、药品与国际先进水平"三同步"。是全国唯一的医疗领域对外开放的"医疗特区",也是中国内地唯一真实世界数据应用的先行区。在《关于支持建设博鳌乐城国际医疗旅游先行区的实施方案》等先行先试政策加持下,乐城先行区实现进口特许药械品种首例突破100例,可用抗肿瘤新药、罕见病药达100种;一批特色优势专科进驻,一批重大疾病在国内有了全新特效疗法,一批又一批罕见病患者控制了病情乃至恢复健康。"博鳌乐城"无愧于"希望之城"。目前,乐城先行区有26家医疗机构开业运营,超20家医疗机构在建或筹建,今年上半年接待医疗旅游人数13.43万人次,同比增长45.98%。

优质的天然资源是发展医疗旅游的绝对优势。海南博鳌乐城医疗旅游先行区,位于海南省东南部的琼海市康祥路,东临南海,南接三亚北靠海口,万泉河两岸,蓝绿交织,气候宜人,拥有水—岛—林—田独特景观。总体规划20.14平方公里,其中建设用地9.96平方公里。按照低容积率,低建筑密度,低建筑高度和高绿化率的最高标准规划,围绕特许医疗、健康管理、照顾康复和医美抗衰为核心产业规划,进行项目招商落地建设。这里风光旖旎,热带植被茂盛,绿化率高达70%,拥有丰富的负氧离子;空气宜人,质量优良率达99.4%,PM2.5常年保持在10左右;水极致清澈,万泉河主干道自西向东贯穿,全区常年保持Ⅱ类水质。距博鳌机场、高铁车站、东线高速、文博高速均不超过10分钟车程,交通便利,美景沿途。与国际主要医疗旅游地比较,博鳌乐城发展医疗旅游有着得天独厚的自然条件。

政府的支持和重视对发展医疗旅游也是至关重要的。国务院正式批复设立海南博鳌乐城国际医疗旅游先行区之初,赋予含金量极高的九条优惠政策,可概括为"四个特许"是全球最新药品和医疗器械快速进入中国的最主要通道。2019年9月16日,国家发展和改革委员会、国家卫生健康委员会、国家中医药管理局、国家药品监督管理局四部委联合发布《关于支持建设博鳌乐城国际医疗旅游先行区的实施方案》,方案提出加大财政扶持力度,每年根据先行区基础设施建设项目和产业发展实际需要,通过年度新增债券资金优先安排支持。到2025年,先行区在建设特色技术先进临床医学中心、尖端医学技术研发转化基地等方面取得突破性进展,实现医疗技术、装备、药品与国际先进水平"三同步",先行区迎来了新的历史机遇。2020年,省委、省政府确定了包含博鳌乐城在内的11个重点园区作为自由贸易港政策的主要承接地和先行先试的"孵化器"。

海南博鳌乐城国际医疗旅游先行区是国内唯一开展真实世界数据应用试点的地区，是海南为国家药品医疗器械审评审批制度改革、提速全球创新产品在我国临床使用的可及性提供新途径、新方式。其以发展医疗旅游、医疗技术和高端医疗设备研发制造为主导，以医、养、疗、游融合发展为特色，是我国医疗健康领域的开放改革创新先行地。为了加快释放的海南自贸港政策红利、不断优化的营商环境，使得多样优质医疗资源在乐城先行区聚集。园区以多种运营模式创新支持公立医院入驻，乐城先行区已经形成"公立+民营+国际"的多样互补型医疗产业格局。为有效缓解用"特药"难、费用高问题，乐城先行区创新"医保+商保"机制，于2020年8月推出一款境内外抗癌和罕见病的特种药品费用补偿型医疗保险产品——"乐城全球特药险"，让被保险人通过保险支付，在中国境内可以有效地使用境外的新药特药。中国医学科学院院长白春礼院士曾指出，博鳌乐城国际医疗旅游先行区将成为我国医学技术成果转化的重要载体，推动中国医疗服务由规模扩张向质量提升转变，从"引进来"为主向"引进来"和"走出去"并重转变。产业发展可以发挥国际知名机构、跨国公司的技术优势、管理优势和国际化的服务能力，通过与国内相关机构合作，形成中国特色的国际医疗旅游服务体系。2023年8月21日"行走中国·海外华文媒体海南行"活动来到海南琼海，海外华文媒体人士在海南博鳌乐城国际医疗旅游先行区参访。

支持建设博鳌乐城国际医疗旅游先行区的实施方案指出了发展重点：重点引进国内知名公立医疗卫生资源，以特许经营方式与卫生健康委、中医药属（管）的3—5家公立医院开展合作；引进和培育国际先进水平医疗机构，打造若干个高端健康管理机构和医疗旅游保健中心，引导境外医药企业在先行区设立售后服务中心；建设国家级医学教育科研交流基地，引进重点医学院校，与世界知名医学院联合设立医学院校，引进科研院所、国家重点实验室，积极争取国内外重点科研院所和医学院校、国家重点实验室、知名企业在先行区设立分支机构；建立重点实验室，设立院士（国家级重点学科、重点专科带头人）、博士后工作站，争取国内顶尖医疗机构在先行区设立临床试验机构，引进和培育国际学术交流平台和国际性医疗组织，举办博鳌健康论坛年会；创建国家医药成果转移转化试点示范基地，开展重大新药创制国家科技重大专项成果转移转化试点，建设医药技术成果转移转化服务平台和交易中心；搭建医疗旅游中介服务平台，鼓励相关企业或机构提供医疗旅游中介服务平台的服务，引进专业健康和养老保险机构，与国际药品、医疗器械厂商合作，引进优质医疗健康资源，招募国内外医疗人才，引入吸纳优质医生资源。

在多种因素共同推进下，乐城先行区的医疗旅游得以蓬勃发展。作为全国唯一"医疗特区"，乐城先行区改革在全国没有先例可循，自此，肩负使命的乐城先行区多方面推动制度集成创新，以敢闯敢试、敢为人先、开拓创新的精神，在加快"医教研"一体化发展，逐步打造成国际医疗旅游目的地，成为国人"大病不出国"的主要消费平台的道路上继续前进。

第十三章　旅游急救与处理

第一节　旅游突发事件引起的急救与处理

一、旅游突发事件的概念与类型

(一) 旅游突发事件的概念

旅游突发事件是指在旅游活动过程中突然发生的,可能导致旅游者及旅游从业人员等旅游主体,或旅游企业、旅游资源、旅游目的地等旅游载体伤亡或损失,并产生严重社会影响的事件。这类事件需要采取应急措施予以应对。旅游突发事件具有突发性、非常规性和不可预测性等特点,包括但不限于自然灾害、恐怖袭击、传染病疫情、意外事故、社会安全事件等。旅游突发事件的发生可能导致人员伤亡、财产损失、经济影响、社会安全问题等,对旅游业和相关企业的经营和发展都有较大影响。

(二) 旅游突发事件的类型

根据我国《突发事件应对法》和《文化和旅游部涉旅突发事件应急预案》的界定,旅游突发事件一般包括自然灾害、事故灾难、突发公共卫生事件和社会安全事件四种基本类型。

(1) 自然灾害主要包括水旱灾害、气象灾害、地质灾害、地震灾害、海洋灾害等事件类型;

(2) 事故灾难主要包括交通事故、设施设备事故、坠落事故、涉水事故等事件类型;

(3) 公共卫生事件主要分为传染病疫情、群体性不明原因疾病、突发疾病、食品安全问题以及动物疫情等事件类型;

(4) 社会安全事件主要包括凶杀、抢劫、自杀、恐怖袭击等事件类型。

二、旅游突发事件的急救原则

旅游突发事件急救的总任务是采取及时有效的急救措施和技术,最大限度地减轻伤

病员的痛苦,降低致残率,减少死亡率,为医院后续抢救工作打好基础。现场急救应遵循以下六点原则:

(1)先复后固:遇有心跳、呼吸骤停又有骨折的伤病员,应首先用口对口呼吸和胸外按压等技术使心、肺、脑复苏,直至心跳呼吸恢复后,再进行骨折固定。

(2)先止后包:遇有大出血又有创口的伤病员时,首先应立即用指压、止血带或药物等方法止血,接着再消毒,并对创口进行包扎。

(3)先重后轻:指遇有垂危的和较轻的伤病员时,应优先抢救危重者,后抢救较轻的伤病员。

(4)先救后运:发现伤病员时,应先进行急救处理后再送医。在送伤病员到医院途中,不要停止抢救措施,继续观察伤病变化,减少颠簸,注意保暖,确保平安抵达最近医院。

(5)急救与呼救并重:在遇有成批伤病员、现场还有其他人员参与急救时,应紧张而镇定地分工合作,急救和呼救可同时进行,以尽快争取救援。

(6)搬运与急救一致:在运送危重伤病员时,应遵循急救工作步骤,争取时间,在途中继续进行抢救工作,以减少伤病员不必要的痛苦和死亡,确保安全到达目的地。

三、旅游突发事件的急救要求

(一)预防旅游突发事件的基本要求

(1)跟团旅游时不要擅自离队,注意饮食卫生、住宿、娱乐、购物等方面的安全。注意观察景点地形,选择合适的旅游线路和观景位置。

(2)遇到突发情况时,要保持冷静,自救互救,尽快撤离危险区域。在等待救援的过程中,要节省体力,保持耐心,听从指挥,避免造成拥挤混乱。

(3)旅游前要详细了解旅游地天气和道路交通状况,规划好行程,提前了解安全知识,做好出行准备。尽量避免在恶劣天气出行,如果出行中途遇雨,要做好防雷、防雨准备,备好雨具。

(4)雨季如果选择户外运动项目,需要充分了解相关风险和安全规定。雷雨天气时不要前往涉水型、峡谷型旅游景点,更不要参加未开发线路的探险旅游,不要为了追求刺激而冒险。

(二)如何正确拨打"120"急救电话

如遇突发疾病或意外伤害,可随时拨打120请求派救护车,因此120有"生命热线"之称。拨打120是开启院前急救的第一扇门,正确拨打120能为患者争取更多的抢救时间。在拨打120电话时,请注意以下几点:

(1)拨打120电话时尽量保持冷静。语言要清晰简练,不能语无伦次、大声呼喊,目的是让指挥中心工作人员听清楚,以便迅速派车。如果在工作人员的引导下还是无法保持镇静,可以请周围的人帮忙。

(2)准确、清楚地说明患者所在的具体位置。如果是在村庄,要先说乡镇名称,因为很多村庄的名字接线员不一定知道,必要时还需说明村庄名字的具体写法;如果是在城区,要说明路名、小区、楼号、单元号、房号,必要时可以到小区门口或者路边等待指引救护车进去;如果位置不清楚,尽量提供明显的标志物,也可在住宅门口或交叉路口等待,方便救护人员及时赶到。

(3) 简单清楚地说明病人病情、受伤原因、经过和目前状况,方便出诊人员提前做好救治准备。

(4) 保持电话通畅。车辆派出后,急救人员会再次联系,核对地址、询问病情,并根据患者情况在到达现场前给予医学指导。

(5) 准备相关物品。在等待医护人员的时候,家属、亲友可以提前帮伤病员准备好身份证、医保卡等相关资料,并确定1—2名陪同人员,以便与救护人员及时了解伤病员的情况。

(三) 心肺复苏(cardiopulmonary resuscitation,CPR)

1. 评估现场环境安全及患者的意识、呼吸、脉搏等

急救者在确认现场安全的情况下,应轻拍患者的双侧肩膀,并大声呼喊"你还好吗?"以检查病人反应。同时观察患者腹部有无起伏,用耳朵靠近患者口鼻听是否有气流声。对无反应且无呼吸或无正常呼吸的成人,应立即启动急救措施。

2. 胸外按压(compression,C)

确保患者仰卧于平地上,急救者可采取跪式体位,将一只手的掌根放在患者胸骨中下1/3交界处,将另一只手的掌根置于第一只手上,注意手指不接触胸壁。按压时双肘须伸直,垂直向下用力按压。成人按压频率为100—120次/分钟,下压深度5—6厘米,每次按压之后应让胸廓完全回复。按压时间与放松时间各占50%左右,放松时掌根部不能离开胸壁,以免按压点移位。对于儿童患者,用单手按压胸骨;对于婴儿,则用两手指紧贴乳头连线下方水平按压胸骨。成人按压与通气比率为30:2,婴儿和儿童在双人CPR时可采用15:2的比率。

3. 开放气道(airway,A)

将一只手置于患者的前额,然后用手掌推动,使其头部后仰;同时将另一只手的手指置于下颌下方,提起下颌,使颏骨上抬。注意在开放气道的同时,应该用手指清除病人口中的异物或呕吐物,有假牙者应取出假牙。

4. 人工呼吸(breathing,B)

进行人工呼吸前,正常吸气即可,无需深吸气。所有人工呼吸(无论是口对口、口对面罩、还是使用球囊—面罩或球囊对高级气道)均应持续吹气1秒以上,确保有足够的气体进入并使胸廓起伏。如第一次人工呼吸未能使胸廓起伏,可再次采用"仰头抬颏法"开放气道,进行第二次通气。注意避免过度通气(即多次吹气或吹入气量过大),这可能对患者有害。

心搏骤停一旦发生,如不及时抢救复苏,4～6分钟后会造成患者脑和其他重要器官组织不可逆的损害。因此,心搏骤停后的心肺复苏必须在现场立即进行,以赢得最宝贵的抢救时间。

第二节 旅游突发疾病的急救处理

旅游安全事件包括自然灾害事件、意外安全事件、公共卫生事件和社会安全事件等四大类。随着新冠疫情在全球的爆发,各界对公共卫生问题的关注达到了空前的程度。涉旅公共卫生事件主要是指游客在旅游过程中突发的公共卫生问题,包括突发疾病、食物中毒、猝死、传染病等。由于旅游活动的异地性,游客对旅游目的地的公共卫生环境较为敏感,因此在旅游过程中容易发生诸如突发疾病、食物中毒、猝死等公共卫生事件。

根据旅行社责任保险统保示范项目的出险数据,2010—2019 年我国共发生了 8981 起涉旅公共卫生事件,平均每天近 2.46 起。对 2010—2019 年间我国涉旅公共卫生事件的统计数据显示,这些事件主要包括突发疾病、猝死、食物中毒、过敏等类型,其中突发疾病和食物中毒事件的发生频率最高。从时间分布上看,涉旅公共卫生事件每年发生的频率较为稳定,但突发疾病和猝死的发生频率呈现逐年增加的趋势,这可能与老年游客群体逐年增加有关。而随着我国医疗卫生水平的不断提高和民众对食品安全的日益重视,食物中毒事件发生频率逐年递减。

我国涉旅公共卫生事件在时间分布上波动较大,主要集中于 7—8 月,这主要是因为暑假期间出游人次较多,且夏季气温较高,食品容易发生变质,容易导致游客食物中毒或引发突发疾病。从年际变化来看,我国东部沿海地区、黄河流域中下游地区的涉旅公共卫生事件年际变化较小,而西北、西南和东北地区的年际变化较大。此外,我国涉旅公共卫生事件以山东、辽宁、云南等省份为中心向周边辐射,形成了"小聚集、大分散"的整体空间分布格局。

从上述内容中我们可以得知,旅游安全是一个迫切需要引起公众关注的问题。旅途中意外的发生防不胜防,因此旅行中突发疾病的处理显得尤为重要。接下来,本节将从衣、食、住、行四个方面重点讲述常见旅游突发疾病的早期识别、应急处理以及相关注意事项等。

一、衣

(一)虫蛰咬伤

常见的虫媒传染病包括:经蚊子传播的登革热、疟疾、乙型脑炎、寨卡、黄热病、基孔肯雅热等;经蜱虫传播的非洲蜱咬热、地中海斑点热、蜱源性脑炎等;其他如恙螨传播的恙虫病、跳蚤传播的鼠疫、采采蝇传播的昏睡病等。其中,经蚊子传播的疾病在非洲较常见,而经蜱虫、恙螨等传播的疾病则常在林区出现。

1. 早期识别

虫媒传染病常以"发热"为主要表现,不同病种还有其特殊症状:疟疾会间歇性发热,寒战后高热、大汗后热退;有些病种会有特征性皮疹,如登革热有针尖样出血点,恙虫病有焦痂;乙脑则伴随神经系统症状和意识障碍;黄热病会出现黄疸;部分重症患者可能出现全身多系统并发症,甚至导致死亡。

2. 应急处理

(1) 蚊虫叮咬后,及时外用药,避免抓挠,以防皮肤破损感染。

(2) 被蜜蜂、蜈蚣蜇伤,应立即用浓肥皂水冲洗伤口,中和酸性毒液,并尽快就医。

(3) 若被不明昆虫叮咬,出现疼痛红肿、过敏或发热,请立即就医。

(4) 伤口如有坏死组织、脏物等,必须立即清创。

(5) 切忌强行拉拽吸附在身上的蚂蟥、蜱虫。可通过拍打蚂蟥吸附处对侧皮肤将其震落;蜱虫钻入皮肤后,应用镊子垂直拔出或寻求医疗帮助。

(6) 对于可能引发破伤风或狂犬病的伤口,护理至关重要。如旅行者可能接触狂犬病,应尽快联系卫生机构,了解预防措施。若近期未接种破伤风疫苗或接种剂量不足,可能需要补种。

(7) 出游归来,应检查孩子皮肤褶皱处,如脖子、腋窝、腰部、腹股沟等,是否有叮咬痕迹。

(8) 野外活动时,建议穿长袖衣及长裤,紧贴四肢皮肤。

3. 注意事项

(1) 离境前,旅行者应确保已接种破伤风疫苗或拥有5～10年内强化接种记录。旅行健康服务机构应评估旅行者是否需要提前接种狂犬病疫苗。

(2) 旅行中,避免亲昵、触摸或喂食不熟悉的动物(无论家养还是野生),特别是在狂犬病高发地区。

(3) 切勿尝试喂食、亲近或触摸任何动物,如猴子、蝙蝠和啮齿动物。为降低狂犬病风险,应避开流浪犬,并打消从国外收养流浪犬的念头。

(二) 中暑

中暑是极其严重的急症,需要采取积极的冷却措施并住院治疗,以便为患者提供支持。中暑是唯一一种热平衡机制完全失效的热疾病,人体体温无法自发性地恢复正常。由于无法控制体温以及循环衰竭,大脑、肝脏、肾脏和心脏会发生器官损伤。损伤的程度取决于持续时间以及体温的峰值水平。中暑的发生可能很快(运动型中暑),影响在高温中运动的健康人;或者也可能是逐步性的(非运动型中暑,同时也称作传统型或流行性中暑),发生在那些被动置身于高温环境且身患慢性疾病的人群中。

1. 早期识别

(1) 早期症状类似于热衰竭,患者性格出现紊乱或改变、协调性丧失、眩晕、头痛和恶心,可能进展为更加严重的症状。

(2) 当野外的人员出现体温升高(高烧)以及精神状态明显改变,包括精神错乱、抽搐和昏迷,即可推定为中暑。

(3) 中暑时的体温可以超过41℃。甚至在没有体温计的情况下,通过触摸也可以感觉到烫手。如果需要使用体温计,肛温是为可能中暑的人员检查体温的最安全和最可靠的方法。

2. 应急处理

（1）采用蒸发冷却法，最大限度暴露皮肤，皮肤上喷洒温水，并通过风扇保持身体上方空气流动。此外，在身体上外敷冷毛巾或使用风扇都可以促进蒸发。

（2）在颈部、腋窝和腹股沟放置冰或冰袋。用力按摩皮肤，防止血管收缩，避免患者寒战，否则患者的体温将会升高。

（3）把患者浸泡在冷水中，比如附近的池塘、天然水体或者浴缸中（患者入水后，应当时刻照料并搀扶好患者）。

（4）中暑威胁生命，前24~48小时内可能会发生许多并发症，比如肝脏或肾脏损伤以及异常出血。大多数患者需要接受医院的重症监护管理。如果恢复正常精神状态并且无法立即送至医院，应鼓励能够喝水的患者进行补液，并在数小时内密切监测体温的变化。

3. 注意事项

（1）切忌口渴再补水。出游预防中暑可以多喝矿泉水、温开水、绿豆汤等，若有中暑症状，可选用淡盐水和电解质水。

（2）晒伤后尽快用毛巾冷敷伤处，并避光以防皮肤二次受伤。

（3）晒伤后挑破水泡易引发感染。如水泡破损，应及时消毒并涂药，严重时应迅速就医。

（4）衣服应当轻便、宽松且选择浅色，以便在最大程度上增加空气循环以利于蒸发，同时能够防止日晒。

（5）在轻度到中度运动过程中，不必过度强调补充电解质。不过，对于在高温条件下长时间运动的人员，建议补充盐分。

（三）冻伤

冻伤的发生不仅与环境低温的程度、风速、湿度、受冻时间有关，还与自身衣物潮湿、局部血液循环不良和抗冻能力下降有关。根据轻重程度可分为冻疮、局部冻伤和冻僵。

正常人体温不能低于35℃。核心温度（直肠温度）在35℃~32℃时为轻度低体温；核心温度在32℃~28℃时为中度低体温，可发生心电传导障碍和心律失常；核心温度<28℃为重度低体温，此时发生室颤等致死性心律失常的风险急剧增高。

1. 早期识别

（1）冻疮

多发生于初冬和早春低温或潮湿条件下，好发于手、足、耳、面部。初时局部皮肤发绀、水肿，出现红斑、感觉异常、灼痛和胀痛感。如果水肿突出，可发生水泡；水泡破裂后可形成表面溃疡，渗出浆液；如继发感染，则有脓液渗出。

（2）局部冻伤

患处皮肤苍白、冰冷、肿胀、疼痛和麻木，重者感觉丧失。

（3）全身冻伤

即冻僵，临床症状与体温密切相关。受寒冷初期有头痛、不安、四肢肌肉和关节僵硬、皮肤苍白冰冷、心跳和呼吸加快、血压增高等症状。一般情况下，体温低于33℃时有嗜睡、记忆丧失、心跳和呼吸减慢、脉搏细弱、感觉和反应迟钝。体温低于26℃，出现昏迷、心排血量减少、血压下降、心律失常甚至心室纤颤、血糖降低、血钾增高、尿量减少、血容量降低。体温低至20℃时心跳停止。低温还可引起胃黏膜糜烂、出血及胰腺炎，冻僵恢复后可出现血栓形成和组织缺血性坏死。

2. 应急处理——关键是采取复温措施和改善通气

（1）迅速将患者移至温暖环境，搬动时要小心、轻放，尽量保持患者头低脚高位，防止加重脑部缺血。尽快用棉被包裹患者保暖。在头、颈、胸、腹股沟处放置热敷袋，但切记不可温度过高，以防烫伤。处置过程中动作要轻柔，不要按摩患者肢体。

（2）患者清醒能够吞咽后，可给予热饮料，如热牛奶、热糖水，避免饮用酒类、咖啡等兴奋性饮料。

（3）所有低体温患者均存在组织缺氧情况，应鼓励其咳嗽和深呼吸以改善低氧症状，常规给予吸氧，必要时采用呼吸机辅助呼吸。

（4）对心跳呼吸停止者，不要仅根据临床症状体征或推算受寒时间过长而轻易放弃抢救，应立即进行心肺复苏。现场给氧要特别注意氧气温度，关注储氧容器的保暖。

（5）复温是冻僵抢救的关键环节。首先是脱去湿冷衣服；其次，患者体温在32℃－33℃时，可用棉毛织品包裹身体，逐渐自行复温；体温≤31℃时，可用热风或用40－45℃热水袋温暖全身，也可将患者浸泡于40℃上下的热水中，使其缓慢复温。

二、食

（一）旅行者腹泻

旅行者腹泻（TD）属于最容易预测的旅行相关疾病。根据旅行目的地和季节的不同，发病率在30%～70%之间。细菌病原体是最大的风险，占TD的80%～90%。肠道病毒导致患病的比例通常在5%～8%，不过随着诊断水平的提高，未来鉴别诸如病毒感染的比例可能也会随之升高。

细菌是TD最常见的致病原因。从总体上来说，最常见的病原体是产肠毒性大肠埃希菌，接下来分别是空肠弯曲菌、志贺菌和沙门菌。多种病原体都可以导致病毒性腹泻，包括诺如病毒、轮状病毒和星状病毒。

男女旅行者患 TD 的风险几近相同,年轻成年人患病比老年旅行者更为常见。在短期旅行者中,发病多次并不意味着可以预防未来再次发作,在一次旅行中可能会发生多次 TD。

1. 早期识别

细菌性和病毒性 TD 表现为突然出现的症状,从轻度腹部绞痛和急不可待的腹泻到严重腹痛、发热、呕吐和出血性腹泻,不过诺如病毒性呕吐可能更为常见。原虫性腹泻(比如贾第鞭毛虫或溶组织内阿米巴导致的腹泻)通常表现为逐步出现的轻度症状,每天腹泻 2～5 次。未经治疗的细菌性腹泻会持续 3～7 天,病毒性腹泻通常持续 2～3 天。

2. 应急处理

抗生素是治疗 TD 的主要力量,而且对细菌性病原体导致的病例极为有效。细菌导致的 TD 远超其他微生物,采用抗生素的经验疗法直接以肠道细菌病原体为目标,现在仍然是 TD 的最佳治疗方法。作为经验疗法或者用于治疗特定的细菌性病原体,一线抗生素包括氟喹诺酮类药物,比如环丙沙星或左旋氧氟沙星。

肠蠕动抑制剂能够缓解症状,可以作为 TD 抗生素治疗很有用的辅助性药物。合成麻醉剂(比如洛哌丁胺和地芬诺酯)能够降低肠蠕动的频率,让旅行者在等待抗生素生效的期间能够乘坐飞机或公共汽车。

3. 注意事项

(1) 不宜盲目尝鲜生食水产及野味,避免吃隔夜食物或过于油腻、辛辣食物。

(2) 食物中毒导致腹痛腹泻、恶心呕吐时,及时服用消炎止泻药,必要时就医。按说明书配制并摄入口服补液盐避免脱水,维持电解质平衡。

(3) 暴饮暴食易诱发急性胰腺炎,如上腹部出现剧烈疼痛,伴有发热、呕吐、面色苍白等症状,应禁食并立即就医。

(4) 高脂肪食物易诱发右上腹急性胆绞痛,应及时就医。

(二) 酒精中毒

指在各种情况下饮用或滥用含酒精的饮品等,从而引起神经系统过度兴奋后相继发生抑制的状态,急性酒精中毒往往伴随着许多并发症,主要包括家庭暴力,自杀和他杀倾向,以及交通事故等。

1. 早期识别

一次大量饮酒或不健康饮酒习惯造成的急性酒精中毒可引起神经系统出现抑制状态,症状与饮酒量、血液酒精浓度和个体的酒精耐受量有关,在临床上主要分为 3 期。

(1) 兴奋期

饮酒者表现为面色发红或苍白、易冲动、暴躁。

(2) 共济失调期

表现为动作不协调,姿势不搭配,丑态百出。

(3) 昏睡期

表现为皮肤湿冷、心率加快、呕吐、继而出现昏睡、昏迷等现象,甚至呼吸、循环衰竭而死亡。

2. 应急处理

(1) 首先要制止中毒者继续饮酒。

(2) 其次可以用刺激咽喉的办法(如用勺子、筷子等)引起呕吐反射,将含有酒精的胃内容物尽快呕吐出来(已出现昏睡的患者禁用此方法)。

(3) 严重的急性酒精中毒,会出现烦躁、昏睡、脱水、抽搐、休克、呼吸微弱等症状,应该从速送医院急救。

3. 注意事项

(1) 不宜用咖啡和浓茶解酒。

(2) 饮酒前喝牛奶可保护胃黏膜。

(3) 注意醉酒者的保暖和呼吸通畅,避免呕吐物阻塞呼吸道。醉酒人如久睡不醒,应立即拨打 120 送医院救治。

酒精中毒——双硫仑样反应

头晕、头痛、面色潮红、恶心、呕吐、胸闷、心慌、血压下降,甚至出现休克,严重者危及生命。

切记!吃了下面这些药,一周内千万不要喝酒。

(1) 大部分头孢菌素类抗生素;

(2) 尼立达唑类:甲硝唑、奥硝唑等;

(3) 其他:氯霉素、酮康唑等。

（三）气道异物

呼吸道通畅是保证呼吸的必要条件！梗阻后会导致窒息！

1. 快速识别

"是否被噎住？"——患者点头。"能否说话"——患者摇头。

看到患者手呈"V"字状紧贴于颈前喉部，表情痛苦。

2. 应急处理

（1）患者清醒时——海姆利希手法（又称：立位腹部冲击法）

①急救者站在身后；②双臂环绕其腹部；③握拳置脐上两指；④另一手握紧此拳；⑤快速向内、向上挤压冲击腹部；⑥约每秒一次，直至异物排出或患者失去反应。

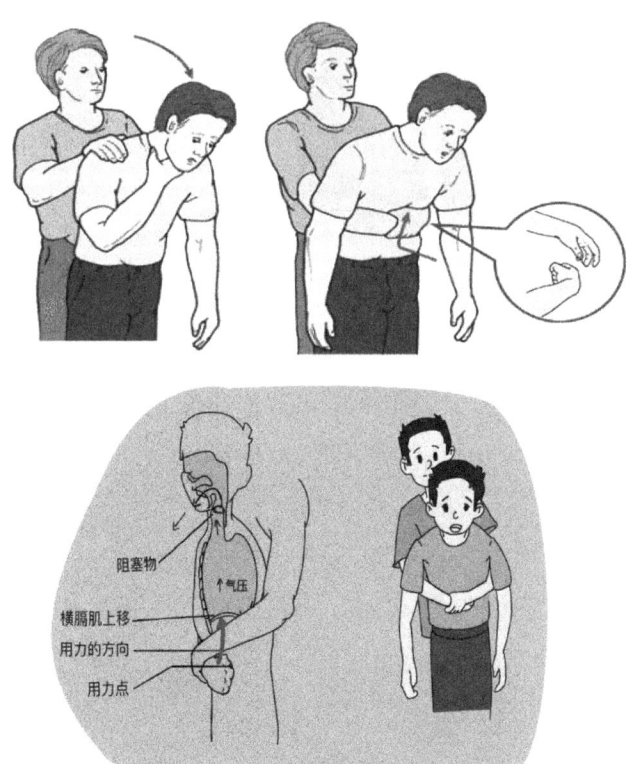

（2）患者意识丧失时——仰卧位腹部冲击法

①将患者置仰卧位；②骑跨在患者髋部；③一手掌根部顶在脐上两横指处；④另一手压在手背上，向内、向上冲击。

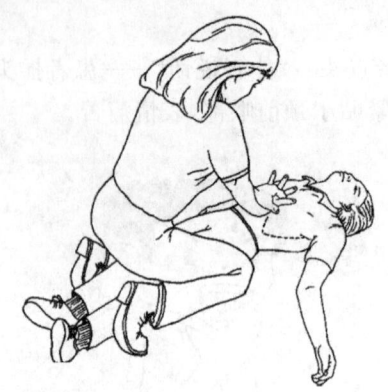

（3）一人自救法——自救腹部冲击法

一手握拳头，另一只手抓住该手，快速冲击腹部

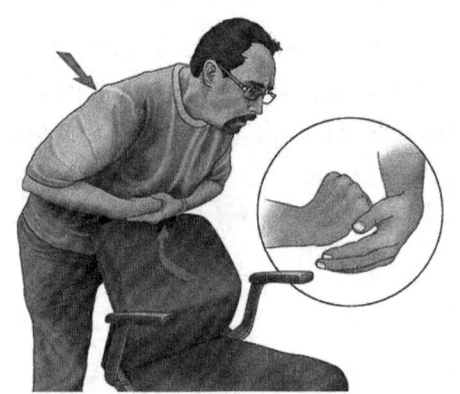

（4）婴幼儿急救方法

方法一：①骑跨前臂上，固定下颌角；②翻转成俯卧位；③背部叩击（两肩胛骨中点）；④固定后颈部

方法二：①翻转成仰卧位；②胸部冲击（两乳头连线中点靠下）

3. 注意事项

(1) 避免吞咽过量或体积过大食物；

(2) 进食时避免大笑；

(3) 应将果冻、豆类、糖果、药丸、药片放在安全地方，避免误服。

三、住

(一) 急性心肌梗死

有研究显示，室外温度低与心肌梗死风险升高相关，气温从17℃下降至0℃以下时，心肌梗死病死率从4.9%上升到6.9%。人体受寒冷刺激，容易引起交感神经兴奋。一方面导致血压升高，心率加快，体循环血管收缩，外周阻力增加，心肌耗氧量增多；另一方面血管收缩，心脏负荷增加，心肌供血量减少，二者相加，导致心肌缺血，严重而持久的缺血可使心肌坏死。

1. 早期识别

急性心肌梗死的典型症状是胸骨正中或偏左部位出现疼痛，有濒死、压迫感，可持续5～15分钟或更长时间，伴有出汗、恶心等症状。一般来说，胸痛持续超过5分钟就应提高警惕，20分钟还不缓解的话则要高度怀疑心梗。

2. 应急处理

(1) 急性心肌梗死发生后，患者及家属不要自行驱车去医院，应马上联系"120"进行救治；

(2) 此外，需要引起注意的是，随意搬动患者或患者自行走动都会增加院外死亡率。相反，家属如果先拨打急救电话，医生会在救护车赶来的路上指导其先行自救；

(3) 患者在等待救护车的过程中，建议在专业人士指导下服用药物。不建议自行服用急救药物，如硝酸甘油。因为有的急性心肌梗死会严重影响血压，过多地含服硝酸甘油会进一步降低血压，增加风险。如果家里有血压计，可在测量后根据血压情况而定，血压和平时差不多或者高于平时的情况下可含服硝酸甘油；

(4)一旦明确了急性心肌梗死的诊断,应该接受胸痛中心主治医生的建议,尽可能早地开通血管,争取尽可能多地挽救濒死的心肌以缩小梗死范围。如果在发病120分钟内开通血管,则可以将心肌的损害减轻到最小。千万不要因为犹豫和不信任而耽误了最佳救治的时间。

(二) 脑卒中

俗称"中风",又称脑血管意外,包括缺血性脑卒中和出血性脑卒中,是由于脑的供血动脉突然堵塞或破裂所导致。其中缺血性脑卒中(脑梗死)占85%;出血性脑卒中就是人们常说的脑出血或脑出血。

1. 早期识别

Face、Arms、Speak、Time(FAST),言语含糊嘴角歪,胳膊不抬奔医院。

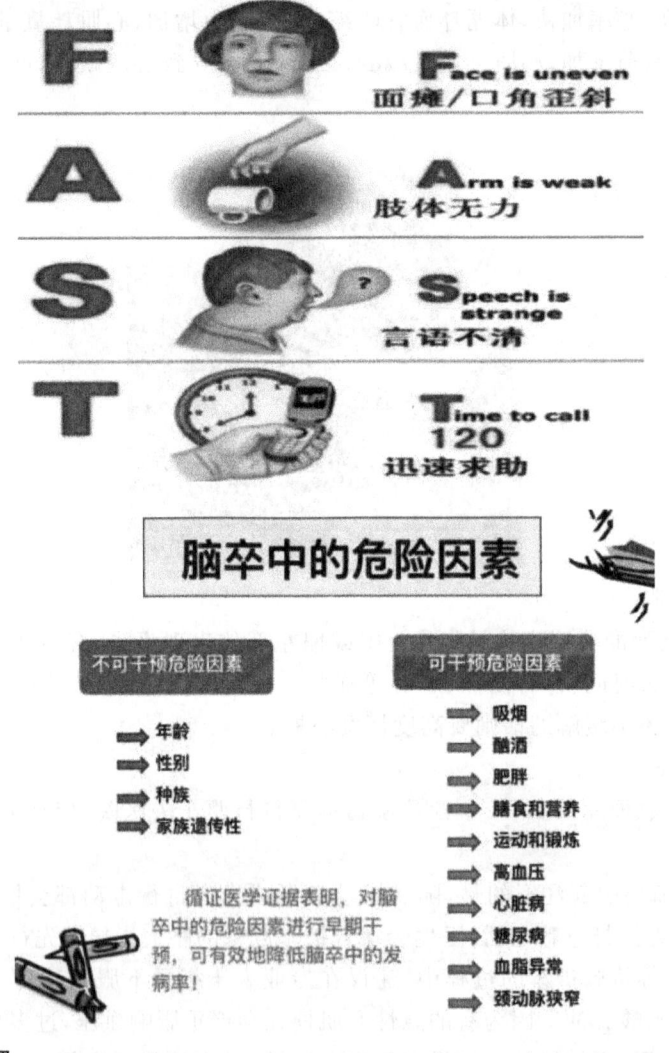

2. 应急处理

(1)立即拨打120急救电话呼叫救护车,简单叙述病情,让急救医生做好抢救准备;

(2) 患者仰卧,头偏向一侧,避免呕吐发生呛咳,误吸到肺部造成患者窒息;

(3) 将患者的上衣领口解开,及时清除患者口腔中的异物,如假牙、呕吐物等,保持呼吸顺畅;

(4) 没有确诊前,绝对不能随便用药;

(5) 正确转运患者,避免将患者扶起坐直、抱、拽、背、扛患者。

(三) 跌倒

跌倒是指突然发生的意外倒地现象。20 世纪 80 年代,Kellogg 国际老人跌倒预防工作组就把跌倒定义为"无意识地摔倒在地上或更低的平面上,但不包括暴力、意识丧失、偏瘫或癫痫发所致的跌倒"。

躯体损伤:跌到引起的躯体损伤率为 10%。主要是肱骨外科颈骨折、桡骨远端骨折等。

心理损伤:约有 50% 跌倒者对再次跌倒产生惧怕心理,因这种惧怕而避免活动者占跌倒的 25%。

1. 注意事项

(1) 如行动不便、年老体弱、不能自我照顾、视力下降等患者,请留陪护陪同。

(2) 若觉得头晕或正在使用止痛、降压、降糖、利尿、镇静安眠等药物时需要下床,应缓慢起身,先坐在床沿,再由家属搀扶下床。

(3) 若出现躁动不安、昏迷意识不清时,或小儿、危重患者,请加装床边护栏,必要时予以保护性约束。

(4) 穿着合适的衣裤,并且穿平底防滑鞋,禁止穿一次性拖鞋,以免绊倒。

(5) 将生活必需品置于易取到的地方,其他物品尽量收于柜内,以保持环境宽敞。

(6) 避免在有水渍处行走,以防不慎跌倒,穿好防滑鞋。

(7) 下床活动时,请遵循活动次序,先在床上坐,缓慢起身下床,床沿缓步行。

四、行

(一) 道路交通伤害

从全球角度来看,估计每天在汽车、公共汽车、摩托车、自行车、卡车和步行的道路交通事故中有3300人死于非命,其中包括720名儿童。每年,交通事故造成124万人死亡,2000~5000万人受伤,这个数字2030年有可能翻一番。虽然发展中国家的车辆仅占全世界的53%,这些国家的道路交通死亡人数所占的比例却超过90%。

道路交通事故在外国旅行者中很常见,其原因可能很多:不熟悉路况、逆行、未系安全带、酒精的影响、车辆制造或保养不佳、旅行疲劳、路面不佳且没有路肩、曲线和悬崖无保护措施以及光线昏暗导致视野不佳。在许多发展中国家,道路和车辆欠安全以及交通基础设施缺乏都会导致交通伤害问题。

危险源	防范策略
未配备安全带和儿童安全座椅	应当使用安全带和儿童安全座椅。租用配备安全带的车辆;如有问题,应乘坐配备安全带的出租车并坐在后座;从家中带上儿童安全座椅和幼儿如高座椅,以便让儿童在乘车过程中正确固定
驾驶危险	如有可能,避免在发展中国家夜驾;在靠左行驶的国家驾车时,应密切注意道路左侧
与特定国家有关的驾车风险	有关基于国家的驾车风险或危险,请访问国际道路旅行协会的网站(www.asirt.ort)
摩托车、汽车和自行车	应戴上头盔(如有必要,可从家中带只头盔)。如有可能,应避免驾驶或乘坐摩托车,包括出租摩托车。海外旅行并非学习摩托车驾驶的良机
酒精对驾车的不良影响	不管人身伤害的原因是什么,酒精会使其风险进一步增大。酒后切勿驾车,避免乘坐饮酒者驾驶的车辆
手机	驾车时不得使用手机或发送短信。许多国家立法禁止驾车时使用手机,有些国家禁止在驾车时使用各种类型的电话,包括免提电话
出租车或雇佣司机	仅乘坐有标志的出租车,尽量乘坐配备安全带的出租车。雇佣司机应熟悉该区域
公共汽车旅行	避免乘坐超员、超重或头重脚轻的公共汽车或面包车
行人风险	穿过街道时应倍加小心,特别在车辆靠左行的某些国家。应与所在国的同伴或其他什么人同行

(二)创伤急救

现场外伤急救四项技术——止血、包扎、固定、搬运

1. 止血——正确处理伤口

(1) 小伤口:简单包扎;
(2) 异物较小:取出;
(3) 异物较大、较深:不取,止血固定异物;
(4) 外露骨折端不要推入伤口;
(5) 出血较多:压迫止血;
(6) 做好个人防护,避免直接接触血液。

a. 快速止血方法

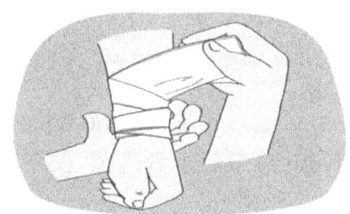
包　先盖后包,力度适中

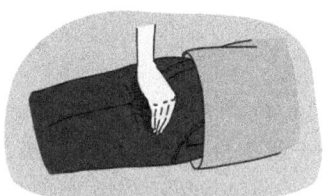
压　有手按压出血区

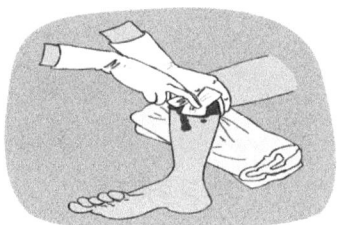
塞　深大伤口或腋窝、肩、口鼻

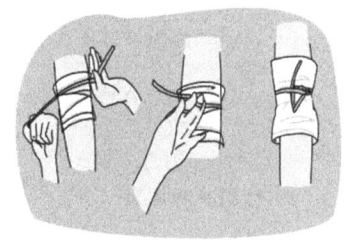
捆　四肢大动脉出血

b. 止血材料

可以用来止血的材料

医用纱布

医用绷带

毛巾

衣物

绳索

电线

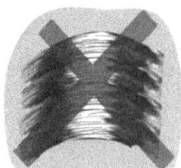
铁丝

2. 包扎——快速、准确地伤口包扎,是外伤救护的重要环节。

　　　三角巾头面部包扎　　　　　　上肢悬吊式包扎　　　　　　胸背部伤包扎

 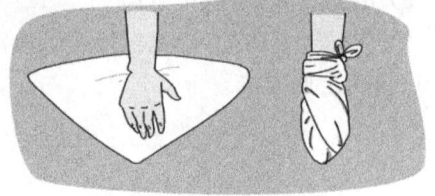

　　　　　膝部伤包扎　　　　　　　　　　手(足)伤的包扎

3. 固定——避免骨折断端刺伤皮肤、血管和神经,减轻患者疼痛,便于转运。

 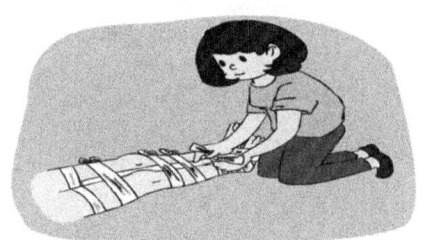

　　　　　上臂夹板固定　　　　　　　　　　下肢自身固定

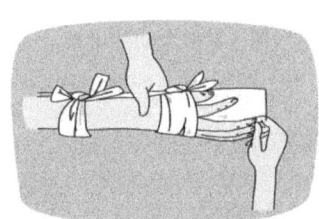 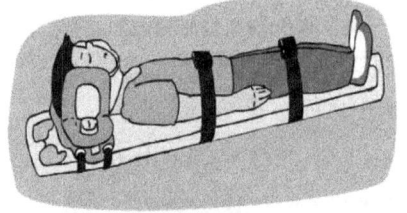

　　　　　手腕夹板固定　　　　　　　　　颈椎脊柱损伤固定

4. 搬运——不要轻易搬动怀疑骨折伤员,学会正确的搬运方法。

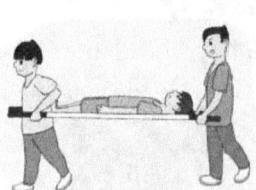 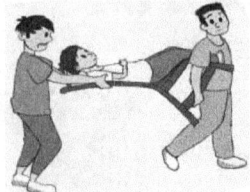 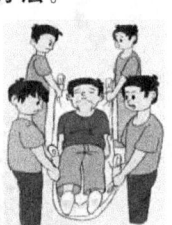

　　　　担架　　　　　　　　椅子　　　　　　　　毛毯

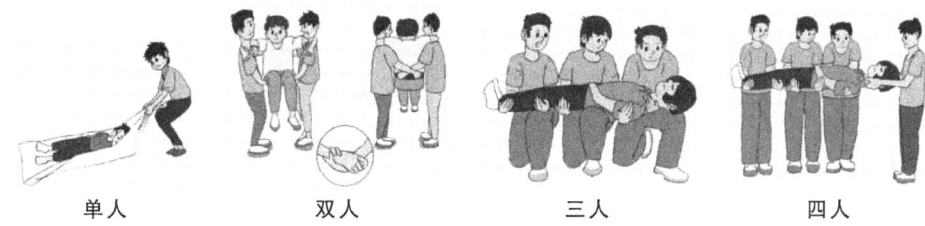

| 单人 | 双人 | 三人 | 四人 |

（三）溺水

虽然无法明确地定义风险因素，此类死亡案例大多数与不熟悉当地水流和水况、不会游泳以及无当值救生员有关。激流非常危险，同样危险的还有海洋动物，比如海胆、水母、珊瑚和海虱。酒精也会导致溺水和船只事故。

1. 他人溺水怎么办？

背后托救

及时呼救

自救之"水母漂"

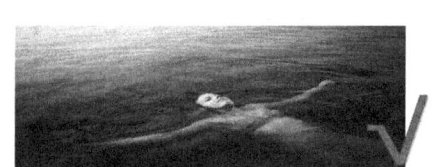
自救之"仰漂"

2. 不提倡未成年人下水营救溺水者！

3. 注意事项

（1）泳前热身可防止抽筋；

（2）加强看护和教育，避免未成年人接近危险水域。

（四）火灾

1. 现场如何逃生？

（1）冷静判断，选择最佳自救方案。

（2）不要顾及财产；不大喊大叫。

（3）潮湿毛巾、衣襟捂住口鼻；保持较低姿势，有秩序撤离。

（4）不乘坐电梯、不选择跳楼。

2. 火灾报警——119

（1）准确报告失火地址或地理位置，如周围明显建筑物或道路标志。

（2）描述火势大小。

（3）尽量提供详细信息，如是否有人被困、是否发生爆炸或毒气泄漏等。

3. 学会使用灭火逃生用品

（1）家庭最好配备家用灭火器、应急逃生绳、简易防烟面具、手电筒等火灾逃生用品。

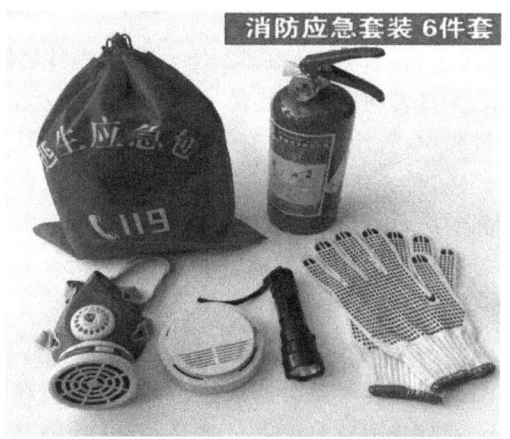

（2）进入商场、宾馆、酒楼、影院等公共场所时，应首先熟悉安全通道。

（五）呼吸道感染

全体旅行者的呼吸道感染发生率达到20%，其常见程度与旅行者腹泻差不多。上呼吸道感染比下呼吸道感染更为常见。通常来说，影响旅行者的呼吸道感染类型与非旅行者类似，国外原因很少见。

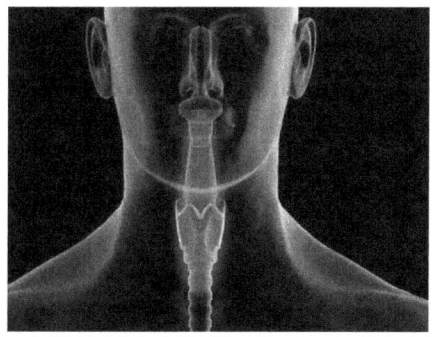

病毒性病原体是旅行者发生呼吸道感染最常见的原因。病原体包括鼻病毒、呼吸道合胞病毒、流感病毒、副流感病毒、人类偏肺病毒、麻疹、腮腺炎、腺病毒和冠状病毒。病毒性病原体引起的呼吸道感染可能会造成病毒性鼻窦炎、支气管炎或肺炎。

细菌性病原体不太常见,但也包括肺炎链球菌、肺炎支原体、流感嗜血杆菌和肺炎披衣菌。

在北半球温带地区,流感盛行的季节在12月~次年2月之间。而在南半球温带地区,流感盛行的季节在6~8月之间。前往热带地区的旅行者全年都会面临危险。

飞机在上升和下降过程中,气压的变化有利于鼻窦炎和中耳炎的恶化。彼此坐得很近的乘客之间可能发生传播,传播途径通常是直接接触或飞沫。某些地点大量人员拥挤在一起,比如机场、游轮和酒店,也有利于呼吸道病原体的传播。

某些旅行者发生呼吸道感染的风险较高,包括儿童、老年人以及合并肺部病变的人员,比如哮喘和慢性阻塞性肺部病变(COPD)。

1. 早期识别

大多数呼吸道感染都属于轻度且不会造成感染,特别是上呼吸道感染。上呼吸道感染常导致流鼻涕或咽炎。下呼吸道感染可能要严重得多,特别是肺炎。下呼吸道感染比上呼吸道感染更有可能导致发热、呼吸困难或胸痛。上下呼吸道感染都经常出现咳嗽。流感患者常常出现发热、肌痛、头痛和咳嗽急性发作。

2. 应急处理

病毒引起的大多数呼吸道感染都很轻微,不需要特殊的治疗,也不需要使用抗生素。如果高风险旅行者出现下呼吸道感染的症状,那么在旅行途中可以使用抗生素自行治疗。在旅行之前,应当为旅行者开具呼吸类氟喹诺酮药物(比如左氧氟沙星)或大环内酯药物(比如阿奇霉素)。

(六) 花粉过敏

1. 早期识别以五官过敏症状为主,鼻、眼、耳、上腭奇痒难忍。

(1) 鼻子:鼻痒、打喷嚏、流涕、鼻子堵塞、呼吸不畅等。

(2) 呼吸道:阵发性咳嗽、胸闷、气短、喘息、突发性哮喘发作并渐重。

(3) 眼睛:眼睛发痒、眼睑肿胀、眼结膜充血、发红和流泪。

(4) 皮肤:面部等部位皮肤红肿、瘙痒,严重者伴有丘疹、红斑、风团,甚至出现渗液等。

2. 应急处理

（1）应及时服用药物，脱离过敏原，用温水洗净口鼻黏膜并更换衣物。

（2）出现急性严重过敏症状，严重时可能会危及生命。若全身大面积红斑、红肿、胸闷、呼吸困难甚至过敏性休克，应慎重对待，尽快就医。有过敏史的人群，建议随身携带抗过敏药物备用。

（3）服用抗过敏药物后，药物起效期间应避免驾车。

（4）花粉过敏或有哮喘和其他过敏症状的患者，应注意适当增减衣物，避免着凉感冒，防止加重过敏症状。

（5）当过敏症状严重时，一定要及时就医，在医生的指导下进行药物治疗。

（七）时差反应

如果旅程过快且其范围达到或超过 3 个时区，乘飞机的旅行者中会出现称作时差反应的临时睡眠障碍。人体生物钟调节到目的地时间的过程相当缓慢，由此形成了时差反应。因此，日常节奏以及睡眠和睡醒的内在动因与新环境失去同步。

松果体分泌的褪黑激素负责设定我们的觉醒周期。黑暗对其合成和释放起到刺激作用，而光线则起到抑制作用。

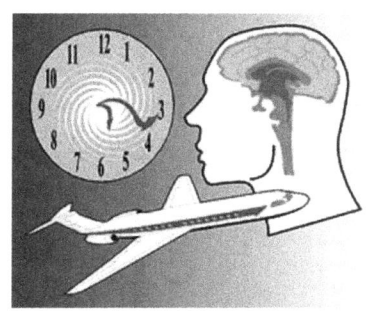

向东旅行会在目的地就寝时间难以入睡,而在早晨则难以起床。向西旅行则会在目的地过早入睡,黎明前就会醒来。在同一个时区内飞行的旅行者通常很少遇到问题。跨越多个时区或者向东旅行通常会延长适应时间。向东飞行后,飞行时差反应的持续天数大体上等于所跨时区数的三分之二;向西飞行后,天数则大体上是时区数的一半。

个人对跨越时区的反应以及对新时区的适应能力各不相同。随着年龄的增长,恢复时间可能延长。飞行时差反应的强度和持续时间与所跨时区的数量、旅行方向、旅途中的睡眠能力、目的地是否提示当地昼夜时间和提示频率以及各人的状态耐受性之间存在关联。

1. 早期识别

(1) 睡眠不佳,包括睡眠时间推迟(向东飞行后)、早醒(向西飞行后)以及睡眠断断续续(向任何一个方向飞行后)。

(2) 负面的主观变化,比如疲劳、头痛、易怒、紧张、注意力无法集中以及沮丧。

(3) 胃肠道功能紊乱以及食欲减退。

2. 注意事项

(1) 运动、享用健康饮食以及充分休息。

(2) 在向西旅行前的几天里,把睡眠时间向后推迟1~2小时;而在向东旅行前的几天里,把睡眠时间向前提早1~2小时,开始对人体生物钟进行重新设置。而改变就餐时间并使之与上述变化相对应,这样做同样大有助益。

(3) 避免暴饮暴食、酒精和咖啡。

(4) 尽量在长途飞行中入睡。

(5) 按照当地时间进餐,足量饮水,避免过多摄入咖啡或酒精。注意饮食均衡,包括碳水化合物。

(八)晕动病

晕动病系指人体因海洋、汽车、火车或飞机的运动产生的生理反应。在足够的刺激强度下,所有具备功能性前庭系统的人群都会发生晕动病。不过各人的易感性彼此不一。

年龄在2~12岁的儿童特别易受影响,但婴儿和学步小儿通常不受影响。怀孕、月经期或激素水平高的妇女。患有偏头痛的人群更易出现晕动病,特别是偏头痛发作期间。某些药物能够加剧晕动病的恶心程度。

药物种类	例子
抗生素	阿奇霉素、甲硝唑、红霉素、甲氧苄啶-磺胺甲噁唑
雌激素	口服避孕药、雌二醇
心血管药物	地高辛、左旋多巴
麻醉性镇痛药物	可待因、吗啡、哌替啶
非甾体类镇痛药物	布洛芬、萘普生、吲哚美辛
抗抑郁药物	氟西汀、帕罗西汀、舍曲林
哮喘药物	氨茶碱
双磷酸盐类药物	阿仑膦酸钠、伊班膦酸钠、利塞膦酸钠

1. 应急处理

(1)东莨菪碱贴剂或抗组胺药(例如苯海拉明或美克洛嗪)可能会有帮助,特别是在旅行前服用。然而,老年人服用这类药物可能会导致嗜睡、口干、神智错乱、跌倒及其它问题。

(2)优化体位,减少运动或运动感知,例如,驾驶车辆而不要乘车、坐在汽车或巴士的前座或者坐在飞机的翼部。

(3)通过饮水、频繁少量进食以及控制饮酒和含咖啡因饮品维持体内水分。

(4)注意分心:听音乐或使用芳香气味,比如薄荷或薰衣草。可口的止咳糖可能也有帮助,特别是姜味。止咳糖也可充当分之物,在使用姜味的情况下,还可以加速胃部排空。

(5)在预防和治疗恶心时,有些人提倡使用指压按摩或磁铁,不过在预防晕动病时,有关这些干预方法的疗效问题,科学数据显得不甚明确。

(九)深静脉血栓形成

当人们在飞机、火车、公共汽车或小汽车旅行过程中久坐时可能会出现血栓(深静脉血栓)。血栓在以下人群中比较常见:老年人、肥胖人群、吸烟者、癌症患者、雌激素(如雌性激素补充剂或避孕药)服用者、孕妇、近期手术者、有血栓病史。

1. 早期识别

在下肢或盆腔静脉形成的血栓有时会离开原位并移至肺中(称为肺栓塞)。有的血栓在下肢不会引起症状,而有些则引起跛行、肿胀、小腿及足部颜色改变。肺栓塞的危险程度远甚于下肢血栓。

2. 注意事项

(1) 频繁更换体位、久坐时经常调直和移动腿,多饮水,每 1 到 2 小时起身走路和伸展运动。

(2) 避免长时间"跷二郎腿",因其会减少腿部血液循环。

(3) 避免使用咖啡因及酒精,穿弹力袜也可降低发生血栓的风险。

(十) 高山病

高海拔环境将旅行者暴露在严寒、低湿度、紫外线增多和低气压之下,所有这些因素都可能导致问题的发生。不过,最大的问题还是缺氧。例如,在 3000m 的高度,吸入的 PO2 仅达到海平面的 69%。缺氧应激的量级取决于海拔、攀爬速度以及暴露时间。在高海拔过夜是大多数低氧血症发生的原因。

目前尚无简易的筛选试验能够预测这种风险。训练或健身对风险无甚影响。儿童的易感程度与成年人相同;超过 50 岁的成人风险稍低。

风险分类	描述	预防建议
低	・无高山病既往病史且攀升高度不超过 9000ft(2750m)的人员 ・在超过 2 天的时间内达到 8200~9800ft(2500~3000m)的高度,每天睡眠高度的增幅不超过 1600ft(500m),且每 3300ft(1000m)安排一天的适应期	通常不需要乙酰唑胺预防性药物
中	・具有 AMS 既往病史且在 1 天内攀升到 8200~9100ft(2500~2800m)或更高海拔的人员 ・无 AMS 既往病史且在 1 天内攀升高度超过 9100ft(2800m)的人员 ・在超过海拔 9900ft(3000m)的高度,所有人员每天的攀升幅度超过 1600ft(500m)(睡眠高度增加),但每 3300ft(1000m)额外安排一天的适应期	乙酰唑胺预防性药物有用处用应当予考虑

续表

风险分类	描述	预防建议
高	• 具有 AMS 既往病史且在 1 天内攀升到超过 9100ft（2800m）的人员 • 有 HAPE 或 HACE 病史的所有人员 • 在 1 天内攀升高度超过 11400ft（3500m）的所有人员 • 在超过海拔 9800ft（3000m）的高度，每天的攀升幅度超过 1600ft（500m）（睡眠高度增加）且未额外安排一天适应期的所有人员 • 攀升速度极快（比如 7 天内爬上乞力马扎罗山）	**强烈建议使用乙酰唑胺预防性药物**

高山病可以划分为 3 种综合征：急性高山病（AMS）、高原脑水肿（HACE）和高原肺水肿（HAPE）。

急性高山病（AMS）

1. 早期识别

AMS 是最常见的高山病，主要症状是头痛，有时伴乏力、食欲缺乏、恶心，偶尔还出现呕吐。头痛通常在抵达高海拔 2~12 小时内发作，通常出现在第一夜期间或之后。AMS 通常在适应 24~72 小时后消失。

2. 应急处理

（1）患有 AMS 的患者应降低≥300m，症状将迅速减轻。

（2）此外，每分钟补氧 2 升能够迅速缓解头痛并且数小时内解决 AMS 问题。

（3）患有 AMS 的人员停留在当前的海拔高度同样也能保证安全，并可使用非阿片类镇痛剂和止呕剂对上述症状进行治疗，比如昂丹司琼。

（4）如果旅行者留在相同的高度时出现症状加重，则必须降低患者的高度。

高原脑水肿（HACE）

1. 早期识别

HACE 是严重恶化的 AMS 且较为罕见；该病症常与 HAPE 有关联。除了 AMS 症状之外，嗜睡变得极为明显，在直线行走测验中出现嗜睡、意识错乱和共济失调等现象。患 HACE 的人员必须立即降低海拔高度；如果未能降低高度，在发生共济失调的 24 小时内就可能因为 HACE 而死亡。

2. 应急处理

（1）如果在人口聚集地患 HACE，在该海拔就诊的时候可以补氧和并接受地塞米松。

（2）在边远地区，被怀疑患 HACE 的任何人员都必须降低身处的高度。

（3）如果因为后勤问题无法降低高度，补氧或便携式高压氧舱可能会起到挽救生命的作用。

高原肺水肿（HAPE）

1. 早期识别

HAPE 可能单发，也可能与 AMS 和 HACE 伴发。初始症状是用力时呼吸困难加重，最后发展到静息状态也出现呼吸困难加重的现象，同时伴乏力和咳嗽。吸氧或降低海拔是两种自救措施。HAPE 威胁生命的速度超过 HACE。

2. 应急处理

（1）降低海拔高度是紧急及必需的，同时应当尽量减少患者的活动量。

（2）如果无法马上降低高度，补氧或便携式高压氧舱就显得非常关键。

（3）如果患有轻度 HAPE 的患者能够补氧（例如，医院或高原诊所），可能就不需要降到较低的海拔，在当前的海拔使用氧气进行治疗即可。

（4）由于野外的资源有限，可以使用硝苯地平作为下降高度、补氧或便携式高压氧治疗的辅助手段。

（5）如果无法提供硝苯地平，则可以使用磷酸二酯酶抑制剂，但不建议同时使用多种肺动脉扩张剂。

药物	适应征	给药途径	剂量
乙酰唑胺	预防 AMS、HACE	口服	125mg,每天两次；250mg,每天 2 次（如果体重＞100kg） 儿童：每 12 小时 2.5mg/kg
	治疗 AMS[1]	口服	250mg,每天 2 次 儿童：每 12 小时 2.5mg/kg
地塞米松	预防 AMS、HACE	口服	每 6 小时 2mg 或者 12 小时 4m 儿童：不同用于预防
	治疗 AMS、HACE	口服、IV、IM	AMS:每 6 小时 4mg HACE:一次 8mg,然后每 6 小时 儿童：每 6 上小时 0.15mg/kg/剂量,最大 4mg
硝苯地平	预防 HAPE	口服	每 12 小时 30mg SR 版，或每 8 小时 20mg SR 版
	治疗 HAPE	口服	每 12 小时 30mg 版，或每 8 小时 20mg SR 版
他拉达非	预防 HAPE	口服	10mg,每天 2 次
西地那非	预防 HAPE	口服	每 8 小时 50mg
沙美特罗	预防 HAPE	吸入	125μg,每天 2 次[2]

缩写：AMS,急性高山病；HACE,高原脑水肿；高原肺水肿；IM,肌注；IV,静脉注射；SR,缓释。

1 在 HACE 的治疗过程中，乙酰唑胺也可以基于该剂量用作地塞米松的辅助性药物，但地塞米松仍然是该病症的主要治疗措施。

2 不得用作单一药物疗法，仅可与口服药物联合使用。

（十一）如何正确拨打 120 急救电话

1. 地址很重要

(1) 详细地址(区、街道、小、区、楼号、门牌号)

(2) 周围明显建筑

2. 病情很重要

(1) 发病表现:如昏迷、出血、外伤等。

(2) 简单病史:如糖尿病、高血压等。

3. 始终保持电话畅通

(1) 提供正确的联系方式。

(2) 始终保持电话通畅。

(3) 通过电话接受医生指导。

4. 安排人员引导

(1) 保证有人看护病人。

(2) 安排人员在住宅门口、交叉路口、显著地标处等候,引导救护车的出入。

5. 成批伤员或中毒病人

(1) 必须报告事故缘由。

(2) 罹患人员的大致数目。

参考文献

[1]白光斌,郭玉麟,罗卓琼,2015.我国拓展运动研究述评及展望[J].体育世界(学术版),(04):15-18.

[2]保继刚,1988.旅游资源定量评价初探[J].干旱区地理,(03):60-63.

[3]蔡燕梅.四川省高校拓展运动的发展现状、问题及对策研究[D].成都大学,2023.

[4]曹璐,2022.构建河北省"红色资源+中医药健康旅游"融合模式探索[J].旅游与摄影,(13):100-102.

[5]曹璐,2022.构建河北省"红色资源+中医药健康旅游"融合模式探索[J].旅游与摄影.

[6]陈红玲,张猛,董法尧,等,2022.多视角下的健康旅游研究:综述与展望[J].资源开发与市场,38(7):9.

[7]陈红玲,张玉君,张灵杰,等,2021.风险感知视角下广西巴马"候鸟式"养老旅游行为意向研究[J].山东农业大学学报:社会科学版,23(3):98-104.

[8]陈建波等,2023.山地城市健康旅游资源及开发策略研究——以重庆市主城区为例[J].西南师范大学学报(自然科学版),41(10)[09-19].

[9]陈建波,明庆忠,2018.基于改进层次分析法的健康旅游资源评价研究[J].地理与地理信息科学,34(4):5.

[10]陈建波,明庆忠,娄思远,等,2016.山地城市健康旅游资源及开发策略研究——以重庆市主城区为例[J].西南师范大学学报:自然科学版,41(10):6.

[11]陈琳琳,王鹏飞,2021.大力推动乡村休闲旅游高质量发展[J].中国发展观察,(Z1):83-85+103.

[12]陈秋美,张坤杉,冯绮婷,张莹,李林柔,2021.健康旅游产品市场需求决策因素分析[J].当代旅游,19(01):56-64.

[13]陈伍香,2020.新冠肺炎疫情防控常态化条件下发展大健康旅游产业的认识[J].社会科学家,(01):57-63.

[14]陈永成,等,2018.促进中医药健康服务业发展的财政政策研究——以江西省为例[J].江西中医药大学学报,(2):95-101.

[15]程捷,刘晓鸿,孙洪艳,2022.自然文化的演进[J].中国地质教育,31(04):7-10.

[16]崔延南,1999.旅游文化新视野[M].北京:中国旅游出版社.

[17]丁柱财,2021.体育运动对人体健康的积极影响研究[J].当代体育科技,11(01):21-22+25.

[18]段子才,吴筱珍,吕新颖,2002.运动对免疫系统功能的影响[J].阜阳师范学院学报(自然科学版),(03):35-39+57.

[19]冯艳滨,2023.基于旅游生态伦理的国家公园管理与实践研究[D].云南大学.

[20]甘棋文,2017.广西药用植物园中医药健康旅游开发研究[D].南宁:广西大学.

[21]高红艳,2020.喀斯特山地健康旅游资源及康养功能——以贵州省为例[J].科技资讯,18(22):3.

[22]高英博,李游,2021.水中运动对老年人健康影响的研究进展[J].体育科技文献通报,29(08):48-50+106.

[23]龚平,2019.2000—2018年美国心脏协会心肺复苏及心血管急救指南主要变化给我们的启示

[J].中华急诊医学杂志,28(1):2-7.

[24]郭佳佳,2011.运动对心理健康产生的积极影响[J].学周刊,(27):169.

[25]郭来喜,吴必虎,刘锋,等,2000.中国旅游资源分类系统与类型评价[J].地理学报,55(3):8.

[26]郭鲁芳,2011.休闲学[M].北京:清华大学出版社,4.

[27]郭鲁芳,虞丹丹,2005.健康旅游探析[J].北京第二外国语学院学报,(3):4.

[28]郭鲁芳,虞丹丹,2005.健康旅游探析[J].北京第二外国语学院学报,(3):63-66.

[29]郭鲁芳,虞丹丹,2005.健康旅游探析[J].北京第二外国语学院学报,(3):63-66.

[30]郭倩倩,2023.康养旅游游客满意度影响因素模型构建及其实证分析[D].云南大学.

[31]韩珠迪,2021.吉林市健康旅游创新发展模式探索[J].产业与科技论坛,20(06):19-20.

[32]贺道远,时立新,柯敏,2003.运动对心理健康的影响[J].荆州师范学院学报,(05):118-119.

[33]黄蓓,2018.关于加强中医药健康服务科技创新的指导意见[N].中国中医药报,16-001.

[34]黄向,2005.徒步旅游国内外发展特点比较研究[J].世界地理研究,(03):72-79.

[35]黄异,2023.山东省健康旅游资源的时空分异研究[D].曲阜师范大学[09-19].

[36]雷丽娜.中共中央办公厅国务院办公厅印发《建立国家公园体制总体方案》[EB/OL].2017-09-26[2023-9-24].https://www.rmzxb.com.cn/c/2017-09-26/1817319.shtml.

[37]李春盛,2011.急诊医学.北京:高等教育出版社,120-121.

[38]李慧芳,杨效忠,刘惠,2017.健康旅游的基本特征和开发模式研究[J].皖西学院学报,33(5):122-127.

[39]李继国,张圣海,2008.恩施州构建中国健康旅游基地战略选择与可持续发展研究[J].湖北民族学院学报(哲学社会科学版),(04):126-130.

[40]李冀莹,朱梅新,2022.新疆冰雪体育旅游服务发展现状及其提升路径研究[J].冰雪体育创新研究,(14):29-32.

[41]李靖,戴文胜,2014.心理健康[M].成都:电子科技大学出版社,05.

[42]李龙,崔文鹏,2018."一带一路"背景下凉山少数民族体育旅游业与健康养老产业深度融合研究[J].文体用品与科技,(17):10-11.

[43]李鹏,2012.湖北武陵山区健康旅游资源评价及开发实证研究[D].华中师范大学.

[44]李鹏,赵永明,叶卉悦,2020.康养旅游相关概念辨析与国际研究进展[J].旅游论坛,13(1):69-81.

[45]李文芬,陈秋燕,杨风,等,2021.少数民族地区健康旅游产业发展研究[J].合作经济与科技,(22):34-35.

[46]李晓,2020.养老服务产业与旅游融合发展探析[J].中国产经,(2):73-74.

[47]李艳兵,张建军,2021.《2019美国心脏协会心肺复苏与心血管急救指南:高级心血管生命支持重点更新》解读[J].中国临床医生杂志,49(01):21-24.

[48]李永文,李源,李瑞,2021.试论健康旅游及其产业发展[J].南阳师范学院学报,20(01):48-53.

[49]李永文,2003.旅游地理学[M].北京,科学出版社.

[50]李永文,闫东坡,孟亚文,赵爽.论环境与健康旅游[J].南阳师范学院学报,2022,21(03):23-27.

[51]李子博,2022.水中运动对青少年身心健康的影响研究[C]//中国体育科学学会体能训练分会,全国学校体育联盟(游泳项目).奋进新征程——推动青少年和学校体育高质量发展——第四届国际水中运动论坛论文摘要汇编.[出版者不详],2.

[52]林进清,2016.论体育活动对社会交往能力培养的影响[J].文体用品与科技,(22):43-44.

[53]刘珂铭,2017.拓展运动修复大学生人际交往障碍路径研究[D].湖南科技大学.

[54]刘思鸿,张华敏,吕诚,2019 等.中医药健康旅游的概念界定及类型探析[J].中医药导报,25

(19):9-12.

[55]刘庭芳,侯胜田,2021.中国健康旅游发展报告(2021)[M].北京:社会科学文献出版社.

[56]刘小滨,2016.中医药健康旅游资源分类及评价[J].旅游纵览(下半月),(11):61.

[57]柳萱,石秀儒,薛群慧,等,2012.2000~2010年中国健康旅游研究综述与展望[J].云南农业大学学报:社会科学版,6(3):6.

[58]路金豫,2022.体育运动促进青少年健康发展的思考[J].青少年体育,(09):42-43.

[59]罗敏菱,2020.异物卡喉的急救指南[J].饮食科学(下半月),(6):5.

[60]罗明义,罗冬晖,2017.关于发展"大健康旅游"之我见[J].旅游研究,(2):2-5.

[61]罗学宏,2008.急诊医学.北京:高等教育出版社,432-436.

[62]罗亚敏,2018.老龄化背景下我国老年人中医药健康管理发展对策研究[D].武汉:武汉大学.

[63]马君,2023.体育运动在心理健康教育中的应用探究[J].亚太教育,(05):81-83.

[64]马驭,秦光荣,何晔晖,等,2017.关于应对人口老龄化与发展养老服务的调研报告[J].社会保障评论,1(1):8-23.

[65]毛晓莉,薛群慧,2012.国外健康旅游发展进程研究[J].学术探索,(11):47-51.

[66]梅俊莹,2019.大休闲时代体验旅游与休闲养老产业融合模式探析[J].人文之友,(21):1-2.

[67]Haukl,2016.美国心脏协会心肺复苏和心血管急救指南更新要点[J].中国全科医学,19(20):2365-2366.

[68]缪洋,2014.运动对人体消化系统体适能的影响研究[J].当代体育科技,4(12):11-12.

[69]倪铭,2020.上海市健康旅游资源现状及开发模式对策研究[J].旅游纵览,No.321(12):96-98.

[70]聂建波,等,2010.旅游心理与行为[M].长沙:湖南大学出版社,08.

[71]欧阳群华,2020.体育强国建设背景下户外运动对当代大学生健康的积极影响[J].体育科技,41(06):49-50.

[72]潘长宏,潘宝明,刘娜,2020.旅游文化[M].长沙:湖南师范大学出版社.

[73]乔玲,王学,2011.心理健康[M].天津:天津大学出版社,07.

[74]邱淑萍,2021.乡村生态旅游与健康产业融合发展探究[J].广东蚕业,55(02):106-107.

[75]沈丽娟,崔志翔,2013."体育"内涵浅析[J].体育研究与教育,28(04):46-49.

[76]史瑞应,2022.体育赛事旅游特殊性对游客重游意愿的影响研究——基于结构方程模型的实证分析[J].价格理论与实践,(02):192-195+203.

[77]宋金豹,都昊,2022.体育运动与营养摄入对身体健康关系的影响[J].食品安全导刊,(12):100-102.

[78]苏文才,孙文昌,1998.旅游资源学[M].北京:高等教育出版社.

[79]孙九霞,2021.数字世界中旅游体验的健康想象[J].旅游学刊,36(7):3.

[80]孙立奇,2018.基于SERVQUAL理论的社区中医药健康服务质量评价研究[D].杭州:杭州师范大学.

[81]孙琪,金志鹏,2021.2020年美国心脏协会心肺复苏及心血管急救指南[J].中华实用儿科临床杂志,36(5):321-328.

[82]孙蓉蓉,2022.和谐理论下我国健康旅游服务机构的发展现状与优化路径探究[J].旅游纵览,(24):61-63.

[83]唐建兵,2010.森林养生旅游开发与健康产业打造[J].成都大学学报(社会科学版),(04):74-77.

[84]陶里,2017.拓展旅游的发展现状与对策研究——以武汉市为例[J].旅游纵览(下半月),(06):113-114.

[85]田广增,田皓宇,王毅彰,2020.河南省中医药健康旅游发展研究[J].旅游纵览,(16):102-104.

[86]田思雨,金成吉,2021.水中运动对青少年健康影响的进展研究[C]//中国体育科学学会体能训练分会,全国学校体育联盟(游泳项目).第三届国际水中运动论坛论文摘要汇编－书面交流.[出版者不详],2.

[87]田万春,等,2006.旅游休闲与健康[M].北京:中国社会出版社,09.

[88]田万春,2006.旅游休闲与健康[M].北京:中国社会出版社,2.

[89]万智慧,2023.云南省康养旅游发展潜力评价研究[D].云南大学.

[90]王超,杜唯,王相博,2023.运动干预对自闭症儿童青少年心理健康与社会交往效益:基于ICF的系统综述[J].吉林体育学院学报,39(02):79-85.

[91]王海霞,叶情,唐艳,等,2019.构建"旅游创新＋公益养老"融合发展模式的对策[J].内江科技,(9):44＋21.

[92]王昆欣,2009.重视温泉旅游资源保护促进温泉旅游健康发展[C]//国际旅游学会;国际养生学会;浙江大学.国际旅游学会;国际养生学会;浙江大学.

[93]王琳,曹建民,郭林,等,2001.运动对循环系统的影响[J].现代康复,(01):18-19.

[94]王赛兰.马拉松,2016.景区健康养生旅游的新助力[J].旅游学刊,31(11):3.

[95]王诗源,营广峰,陈莉军,庄严,2019.中医药健康旅游产业发展存在的问题及对策[J].专家论坛,10(1):15-18.

[96]王石峰,夏江涛,2022.体育赛事旅游:动力机制、运行机制及推进路径[J].体育文化导刊,(04):75-82.

[97]王思敏,言晴,李聪,等,2022.张家界市健康旅游发展模式的探讨[J].旅游纵览,(02):58-60.

[98]王祖玉,蒋青,2009.运动对关节软骨的影响[J].中国运动医学杂志,28(06):706-708.

[99]温波能,牟建军,2009.论发展北京、西安国际健康医疗旅游目的地[J].中国科技信息,(02):280-281.

[100]文化和旅游部,国家中医药管理局.关于促进中医药健康旅游发展的指导意见:旅发[2015]244[EB/OL].(2016-08-08)[2021-11-08].http://roll.sohu.com/20151119/n427102154.shtml.

[101]文化和旅游部,国家中医药管理局.关于开展国家中医药旅游示范区(基地、项目)创建工作的通知:旅发〔2016〕87号[EB/OL].(2016-07-07)[2021-11-20].https://weixin.sogou.com/weixinquery.

[102]文化和旅游部,2011.2012年我国旅游新主题欢乐健康行[N].成都晚报,11-30(1).

[103]吴繁,2012.谈日本的温泉旅游文化及其发展趋势[M].商界论坛,(19):174.

[104]D.CarenL,吴继星,1992.运动对人体免疫系统的影响[J].世界科学,(10):44-46.

[105]吴育俊,2023.基于RMFEP模式的南昌湾里中医药康养旅游产品发展对策研究[D].桂林理工大学.

[106]武小路,2013.户外拓展运动对不同人群的身心影响[J].当代体育科技,3(24):20-21.

[107]谢朝武,2022.《旅游应急管理(第二版)》.北京:中国旅游出版社.

[108]谢彦君,2018.旅游研究方法[M].北京:中国旅游出版社.

[109]熊素玲,2022.广西大健康与旅游产业的融合发展[J].社会科学家,(9):7.

[110]熊小梅,李佳文,王雪飙,等,2023.运动元素在健康旅游领域应用的研究现状——基于CiteSpace分析[J].旅游纵览,(10):16-19.

[111]徐修远,2010.浅析国内老年健康旅游市场的开发[J].旅游论坛,3(05):575-578.

[112]续瑾,2021.长白山地区健康旅游资源分析[J].旅游纵览,(6):5.

[113]薛群慧,蔡碧凡,包亚芳,2014.健康旅游研究对象探析[J].云南社会科学,(6):78-82.

[114]薛群慧,邓永进,顾晓艳,2011.健康旅游开发的若干思考——以浙江为例[J].经济问题探索,(10):85-89.

[115]薛群慧,邓永进,2011.论云南少数民族地区健康旅游资源开发战略[J].云南民族大学学报:哲学社会科学版,28(5):5.

[116]闫旋飞,2022.户外运动课程对普通大学生心理健康和人格发展的影响[C]//广州体育学院,中国体育科学学会运动生理生化分会,中国体育科学学会运动医学分会.2022年第七届广州运动与健康国际学术研讨会论文集.[出版者不详],2.

[117]杨博,2013.论拓展运动对大学生心理健康的促进作用[J].南昌教育学院学报,28(02):121+126.

[118]杨晓敏,2018.浙江省中医药健康旅游发展潜力评价研究[D].金华:浙江师范大学.

[119]杨洋,2012.民俗文化旅游健康发展的策略分析[C]//中国地理学会学术年会.

[120]杨振之,1996.旅游资源开发[M].成都,四川人民出版社,1996.

[121]杨振之,2016.中国旅游发展笔谈——旅游与健康,养生[J].旅游学刊,(11).

[122]杨忠芳,等,1999.现代环境地球化学[M].北京:地质出版社.

[123]姚元章,2012.灾害现场急救的原则是什么?[J].创伤外科杂志,14(6):570.

[124]叶文,2006.城市休闲旅游理论·案例.天津:南开大学出版社,12.

[125]余启慧,余尤骋,2019.旅游业和素质拓展业的融合与发展研究[J].大众文艺,(17):265-266.

[126]袁蕾蕾,2021.利益相关者视角下康养旅游发展研究[D].信阳师范学院.

[127]张海信,李涛,李元,2010.运动对男运动员生殖系统功能的影响及改善措施[J].四川体育科学,(02):31-34.

[128]张娟,2018.中医药健康旅游服务合同的立体研究[D].天津:天津商业大学.

[129]张美英,李柏文,陈晓芬,2022.日本医疗旅游的发展经验及其对中国的启示[J].广西职业师范学院学报,34(01):56-63.

[130]张娜,汤姿,朱德鹏,2017.黑龙江省养生健康旅游创新发展研究[J].对外经贸,(1):3.

[131]张沛棠,1981.体育运动与泌尿系统的关系[J].体育教学与训练,(03):29-30+44.

[132]张文菊,2013.我国医疗旅游研究综述——基于文献计量分析的研究视角[J].河北旅游职业学院学报,18(03):23-26.

[133]张香菊,陈俊君,李竹娟,2013.国内徒步旅游研究进展概述[J].四川烹饪高等专科学校学报,(05):34-39.

[134]张小龙,彭博,2014.运动对呼吸机能的影响[J].文体用品与科技,(22):187+189.

[135]张新生,王剑锋,张静,2015.我国养老产业转型和优化发展的思考[J].湖南科技大学学报:社会科学版,18(3):111-115.

[136]赵鹏,刘捷,2006.休闲与人类健康发展的关系[J].旅游学刊,11:7-8.

[137]赵芝慧,2022.运动与健康的关系[C]//中国国际科技促进会国际院士联合体工作委员会.教育理论与实践科研学术研究论坛论文集(五)[出版者不详],3.

[138]郑航慈,李晓桐,门鹏,等,,2020.《严重过敏反应急救指南》临床问题与结局指标的收集和确定[J].北京大学学报(医学版),52(04):715-718.

[139]郑向敏,2020.体育旅游:理论、方法与研究框架[J].社会科学家,(07):9-18.

[140]中共中央,国务院."健康中国2030"规划纲要[EB/OL].(2016-10-15)[2021-11-20].http://china.cnr.cn/news/20161026/t20161026_523221328.shtml.

[141]周姣,朱冬华,2013.体育运动对学生心理健康的影响分析[J].当代体育科技,13(11):146-149.

[142]周露林,周娟玲,刘伟杰,2022.体育活动对孤独症儿童社会交往能力干预的成效研究[J].当代体育科技,12(11):17-20.

[143]周思灏,2020.江西省老年人康养旅游需求及动机研究[D].江西师范大学,2020.

［144］周伟志,周强,1998.运动对循环系统的影响[J].昌潍师专学报,(02):53-54+52.

［145］周晓琴,明庆忠,陈建波,2017.山地健康旅游产品体系研究[J].资源开发与市场,33(6):5.

［146］周杨,2022.基于GPCA模型的岳阳市康养旅游竞争力研究[D].湖南理工学院.

［147］朱维平,陈灏,1997.试论旅游教育对旅游可持续发展的内驱作用[J].旅游学刊,(增刊):18-21.

［148］A.J.Veal 著,聂小荣,丁丽军,译,2008.休闲与旅游研究方法(第3版)[M].北京:中国人民大学出版社.

［149］庄严,庄子凡,等,,2018.中医药健康旅游产业服务"健康山东"建设的思考[J].南京医科大学学报(社会科学版),18(6):417-420.

［150］Chew GingLee.Health careand tourism,2010:Evidencefrom Singapore[J].Tourism Management,31:486-488.

［151］CONNELL J.MedicalTourism,2006:Sea,Sun,Sand and Surgery[J].Tourism Management,(27):1093-1100.

［152］Herrick DM.Medical Tourism,2007:Global Competitionin Health Care[R].Dallas:NCPA,1-35.

［153］SAUER MV.Healthcare Access and Mobility between the UK and Other European Union States,1997:An 'Implementation Surplus'[J].Human Reproduction,12(09):1844-1845.

［154］SCHICHA H,SCHEIDHAUER K.RadioactiveIodineTherapyin Europe,1993:A Survey[J].Nuklearmedizin,32(06):321-324.

［155］KNOPPERS BM,LEBRIS S.RecentAdvances in MedicallyAssisted Conception,1991:Legal,Ethicaland SocialIssue[J].American JournalofLaw and Medicine,17:329-336.

［156］SRIVASTAVA R,2016.Indian Society forApheresis and Apheresis Tourism in India is there aFuture?[J].LibraryPhilosophy and Practice,5(8):35-42.

［157］Anna G.A,2005.The Development of Health Tourism Services[J].Annals of Tourism Research,32(1):262-266.